普通高等教育“十一五”国家级规划教材
国家级精品课程教材

新编21世纪公共管理系列教材

电子政府与电子政务

第二版

E-Government and Electronic Administration

张锐昕　主编

中国人民大学出版社
·北京·

主编简介

张锐昕 我国知名电子政务专家，吉林大学行政学院教授、博士生导师、电子政府与绩效管理方向学科带头人、公共管理实验中心主任、电子政务研究所所长，澳门理工学院社会经济与公共政策研究所访问教授；兼任国际行政科学学会中国专家委员会委员、东部地区公共行政组织电子政务研究中心专家指导委员会委员、《亚洲公共行政评论》编委、《国际行政科学评论（中文版）》学术委员会委员、《电子政务》学术委员会委员、《智慧城市》编委会副主任等职。长期从事电子政务、绩效管理等领域的教学和研究工作。在相关研究领域出版专著和教材十多部，其中，《电子政府与电子政务》一书被评为普通高等教育"十一五"国家级规划教材；发表论文 130 余篇；承担省部级以上科研项目近 20 项。研究成果多次获奖，同时也是国家宝钢优秀教师奖、吉林省教学名师奖、长春市有突出贡献专家称号获得者。

内容简介

《电子政府与电子政务》一书由吉林大学张锐昕教授主编，清华大学、北京大学、吉林大学、华中科技大学、南开大学、山东大学、东北大学、华南理工大学、大连理工大学、中国人事科学研究院等 17 所高校和科研单位的专家学者合作编写，系普通高等教育"十一五"国家级规划教材，同时也是国家级精品课程"电子政府与电子政务"的配套教材。

本书构建了独特的电子政务教材框架，分上下两篇系统阐述了电子政府与电子政务的理论、方法、技术与实践。上篇"电子政府的理论框架"分析了电子政府提出的背景与动因，梳理了电子政府的概念体系，并系统阐述了电子政府的理论基础、技术基础和政府基础；下篇"电子政务的实践发展"则结合中国及全球电子政务实践的发展状况，系统阐述了电子政务的结构模型、信息安全体系及法律、法规和政策等内容，并对全球电子政务发展的模式和经验及中国电子政务建设的目标和策略进行了分析和总结，最后还安排了两个电子政务建设的典型案例。

本书适合作为高校电子政务及相关课程的教材，同时也是政府机关及企事业单位工作人员系统学习电子政府与电子政务理论和知识的理想参考书。

出版说明

现代意义上的公共行政与公共管理研究和教育始于20世纪初的西方。时至今日，随着公共管理职业化的发展，公共行政与公共管理的研究和教育事业在西方发达国家方兴未艾。自20世纪80年代起，为了适应政府改革与公共管理人才培养的需要，我国的公共行政与公共管理研究和教育在经历了发展的挫折之后，开始了恢复和重建的工作。经过多年的发展，特别是公共管理一级学科的设置和我国公共管理硕士（MPA）教育的启动以及高校公共管理类本科专业的大量开设，公共管理已成为当代中国社会科学和管理科学领域的一个充满生机活力、具有远大发展前景的学科。

为了满足广大高校公共管理类专业的教学需要，在历届教育部高等学校公共管理类学科专业教学指导委员会的指导和支持下，中国人民大学出版社自1999年起，陆续出版了“21世纪公共行政系列教材”“21世纪公共管理系列教材”“21世纪公共事业管理系列教材”“公共管理系列教材”“公共管理核心课程系列教材”“21世纪劳动与社会保障系列教材”“21世纪土地资源管理系列教材”“21世纪城市规划与管理系列教材”等多个本科系列教材。这些教材被国内高校公共管理类专业广泛选用，并得到了公共管理学界的支持和认可，数十种教材被评为“十五”“十一五”“十二五”国家级规划教材，普通高等教育精品教材，以及各省市精品教材，为我国公共管理学科发展和人才培养做出了积极的贡献。

我国高等教育改革的进一步深化，以及新技术和新媒体的不断发展，对高校教材提出了更高的要求。为了回应这种要求，我们在广泛调研的基础上，拟对上述系列教材进行整合和提升，推出“新编21世纪公共管理系列教材”，以满足国内高校公共管理一级学科下设的行政管理、公共事业管理、劳动与社会保障、土地资源管理、城市管理、海关管理、交通管理、海事管理、公共关系学等本科专业的教学需要。

“新编21世纪公共管理系列教材”将秉承中国人民大学出版社“出教材学术精品，育人文社科英才”的宗旨，从本科教育的特点出发，从公共管理教育的特点出发，为广大高校公共管理类专业师生提供一套高质量的本科教材。在教材编写和内容安排上，“新编21世纪公共管理系列教材”强调基础知识、基本理论和基本技能，同时，也尽可能地体现创新性和前沿性，反映相关领域理论与实践的最新发展情况。

“新编21世纪公共管理系列教材”由中国人民大学、中山大学、北京大学、清华大学、复旦大学、厦门大学、武汉大学、浙江大学、吉林大学、东北大学、北京师范大学、山东大学、四川大学、西北大学等数十所国内著名大学的知名学者领衔著述，我们期望通过这种强强联合、优势互补、资源共享的方式，为国内公共管理学界奉上一套体现系统性、权威性、通用性，并兼具创新性、前沿性、启发性的精品教材。

公共管理的实践是不断发展和变化的。随着公共管理实践的不断发展，公共管理学科研究的范围、主题和内容也在不断地发展和变化。我们将紧跟公共管理学科的发展，与所有作者一起，不断对本套教材进行修订和完善。望广大读者给我们反馈信息，对本套教材提出批评和建议，以使我们能够在所有读者和作者的帮助下，与中国公共管理学科共同成长。

中国人民大学出版社

前　言

电子政府（electronic government）构建是信息技术带来的新的政府管理实践。它的提出，源于 1993 年 9 月美国倡导实施的“信息高速公路计划”。当时的美国副总统戈尔发起了一场名为“国家绩效考察”的运动，用以检视美国政府在管理和服务方面存在的弊端，在这场运动中，构建电子政府作为一个重要的改革方向被提了出来。此后，其他国家纷纷跟进，各自提出了适合本国国情的信息高速公路计划和构建电子政府规划，使电子政府成为各国政府争相采用的一种新的管理模式。电子政府现在已经成为政府结构的一个新的组成部分，并向着囊括现实政府和虚拟政府的大的“电子政府”方向发展。这样的大的“电子政府”实现之日，就是各级政府被信息技术应用全面改变之时，那时，冠以“e”的政府将只被简单地视为“超越电子的”“有效的”或“高效率的”政府的象征，而“电子政府”将有可能被重新称为“政府”。

电子政务（electronic administration）是信息技术在政务部门应用的结果，即信息技术与政务活动有机结合的产物，其内涵是指各级政务部门以信息网络为平台，综合运用信息技术，在对传统政务进行持续不断的革新和改善的基础上，实现组织结构和工作流程的重组优化，将其管理和服务职能进行集成，超越时间、空间的界限，打破部门分割的制约，全方位地向社会提供优质、规范、透明、符合国际标准的管理和服务，实现公务、政务、商务、事务的电子化、网络化、一体化管理和运行。其中政务部门包括政府、执政党、国家权力机关、司法机关、政协等，所以，只有政府的电子政务才是 e-government affairs。

电子政府和电子政务是两个不同的概念，本教材以此为名，就是要明确地表达编者的观点——应该对电子政府和电子政务作严格的区分，反对目前学术界和实践界一些人对两者不加区别地使用的做法。

本教材为普通高等教育“十一五”国家级规划教材，由吉林大学行政学院电子政务系博士生导师、澳门理工学院访问教授张锐昕主编，由具有丰富科研和教学经验的教授参与各章的写作，写作阵容强大。按写作章节顺序排列，参与的作者来自国内 17 所高校和科研单位，分别是苏州大学、吉林大学、澳门理工学院、清华大学、北京大学、华东理工大学、中国人事科学研究院、山东大学、大连民族大学、大连理工大学、吉林建筑大学、南开大学、东北大学、华南理工大学、深圳大学、辽宁省委党校、华中科技大学。

本教材分为上下篇两个部分。上篇是“电子政府的理论框架”，分为五章：“第 1 章　电子政府提出的背景及动因”“第 2 章　电子政府的概念体系”“第 3 章　电子政府的理论基础”“第 4 章　电子政府的技术基础”“第 5 章　电子政府的政府基础”。下篇是“电子政务的实践发展”，共有七章：“第 6 章　电子政务的结构模型”“第 7 章　电子政务中的电子商务”“第 8 章　电子政务信息安全体系”“第 9 章　电子政务法律、法规和政策”“第 10 章　全球电子政务发展模式和经验”“第 11 章　中国电子政务建设目标和策略”“第 12 章　电子政务建设典型案例”。其超越张锐昕教授主编的《电子政府概论》之处在于对电子政府理论框架的修改、补充以及对国外最新研究成果的大量引介。其中，“电子政府的理论基础”“电子政府的政府基础”“电子政务法律、法规和政策”这三章内容都是专为本教材创作的，其系统性和创新性与同类教材相比较强。此外，“电子政府的概念体系”一章尽可能地分析与评价了国内外不同的学术观点和认识成果，相信会对读者深刻认知电子政府及其相关概念很有裨益。

本教材的编写还得益于以下人士的工作：

首先，国内外学者们有关电子政府构建和电子政务建设的研究成果为本教材的编写提供了参考。虽然编者对他们的观点并非一致认同，甚至对其中的有些观点持反对意见，但我们对所有在电子政府发展中做出重要贡献的学者充满敬意，他们的名字被写在了每章的注释和参考文献中。

其次，《电子政府概论》和《电子政府与电子政务》前版所有作者的前期努力为本教材再版奠定了基础。

由于时间仓促，加之编者水平有限，教材中的不足与疏漏之处在所难免，恳请读者们不吝赐教，以便我们在再版时做进一步的修正。

编者

目　录

上篇　电子政府的理论框架

下篇 电子政务的实践发展

上篇

电子政府的理论框架

第1章

电子政府提出的背景及动因

本章重点问题

- 电子政府提出的背景
- 电子政府提出的动因
- 信息技术的构成

要灵敏回应和有效治理伴随全球化与信息化而至的复杂治理生态，就必须对传统公共行政理念与模式进行修正、扬弃和重塑，实现公共管理理念、运行原理和实现机制的相适转变。当然，这种修正、扬弃和重塑难以一蹴而就，它既涉及不同理论和理念的撞击与博弈，又涉及极其复杂的制度变迁。从学理分析的视角看，无论是政府理念的撞击和博弈，还是政府治理模式的再造①，无论是复杂的制度变迁，还是简单的制度创新，都将是一个极其漫长的过程。而对政府管理这一特殊领域来说，这种相适转变（或者说变革路径）集中表现为政府管理的信息化，即在管理中强调利用信息资源、信息化方法和信息技术手段，形成高度有序化的政府管理信息系统，向社会高效率地输出信息服务，保障整个社会生活的有序化和最优化。本章阐释电子政府提出的背景，进而厘清电子政府建设的内在动因，其主要涉及四个方面：政府信息化建设、适应社会网络化发展的需要；政府树立全新形象、构建服务型政府的需要；政府转变自身职能、进行机构改革的需要；政府提升自身竞争力、顺应国际形势发展的需要。

① 参见金太军：《从行政区行政到区域公共管理——政府治理形态嬗变的博弈分析》，载《中国社会科学》，2007（6）。

1.1 电子政府提出的背景

现代政府管理所面对的社会环境系统，处在从工业社会向信息社会变迁的过程中，正在经历一场深刻的管理革命，当然也包括政府管理的革命。而从政府办公自动化应用、政府上网、电子政务建设到电子政府构建这一系列前进历程就是这一革命不断深化的结果，也是这场革命内容的重要组成部分。

1.1.1 信息时代的来临为电子政府的构建提供机遇

人类对客观世界的认识从物质实体开始，近代转向能量研究，20 世纪下半叶则深入信息领域。从人类生活基础性资源的要素构成的角度观察，人类历史已经历了以直接利用自然资源为主的农业社会和以加工利用自然资源为主的工业社会，现在正在走向以利用信息资源为主的信息社会。在我们走进信息社会之前所处的这个信息时代中，除了各种自然资源和生产工具以外，信息作为一种重要的资源和财富，已成为人类生活的基础性要素，影响着社会的联系和运转。如今，人们已经认同，客观世界是由三大要素——物质、能量和信息构成的，它们缺一不可，因为没有物质的世界是虚无的世界，没有能量的世界是黑暗的世界，而没有信息的世界是混乱的世界。信息作为客观事物的各种运动变化状态及其规律的表征，与物质、能量一起构成了客观世界的丰富图景。

在现代社会中，科学技术及社会经济的飞跃发展和文化知识的快速增长，使信息日益成为人们需要认识的重要对象和战略资源，信息的基础价值正日益凸显出来。为此，各国争先恐后投入信息化建设中，并把政府信息化尤其是电子政府建设作为切入点和龙头，意图以此推动政府管理的变革，进而带动整个社会信息化的发展，使国家在全球信息化的潮流中立于不败之地。

（1）社会生活的高度复杂化使政府公共管理必须采取信息化方法。越是生产力水平低下的社会，它的社会生活内容越单调，公共管理所面对的事务也就越简单、稳定和同态反复，管理的运行通常表现为直接面对管理对象进行操作。但是，信息时代是一个人类生活高度丰富的时代，是“信息大爆炸”的时代。在这样一种“信息大爆炸”的环境下，公共管理通过传统的、直接面对管理对象的方式来操作已无法胜任工作，所以，必须借助先进的信息化方法，以适应“信息大爆炸”引发的新的管理要求。

（2）产业结构的高新技术化使智力劳动阶层在总人口中的比重迅速上升，这一阶层的比重的增加对政府信息化提出了新的要求。以美国为例，信息产业是其主要支柱产业。信息经济在美国催生了新的创业力量，引发了值得注意的新公司和就业机会的增加。美国产业结构的变化也带来整个国家就业结构的相应变化，即在就业人员中，蓝领职工占全体职工的比重呈现逐年下降趋势。专业性白领职工，即知识型人员占全体职工的比重呈现逐年上升趋势，这一类人主要包括研究开发人员、设计人员、信息咨询人员、经理、教授、科学家以及其他各种专业知识的脑力劳动者。这一阶层不仅人数比重大，而且其工作方式、生活方式乃至思维方式都具有高度信息化的特征。显然，随着我国产业结构的逐步升级，专业知识的脑力劳动者在整个国家的就业结构中所占比重也必然呈现逐步上升趋势。无论是发达国家的政府，还是发展中国家的政府，都必须实现政府公共管理模式的信息化，以有效应对这一新的社会成员结构变化。

（3）社会的“信息大爆炸”和信息技术的普及，使社会公众对政治参与的要求和政治参与的程度迅速提高，因而必然要求政府公共管理的信息化。回顾人类社会的历史，造纸术和印刷术的发明曾使社会公众对政治了解的程度得到提高，因而甚至可以被视为促进西方近代民主制产生的一个重要技术因素。而当代信息技术的普及，似乎使每个愿意了解政治的公众都能了解到最重要的政治信息。仍以美国为例，公众在国际互联网上可以随时浏览任何一个候选人的任何一次演讲，可以查到他的得票数，可以查到自己所关心的关于候选人的各种情况，与报纸、广播、电视相比，其内容更加详尽而丰富，路径更加快捷而方便。同时，公众在国际互联网上还可以了解到议员们的辩论、投票，也可以通过电子投票的方式和虚拟的市政会议在国际互联网上参与公共决策。在这种公民政治参与的技术背景下，政府公共管理无疑必须实现信息化，而且，信息化的发展水平要高于社会已经达到的水平，否则公共管理将无法运作。

（4）在当代社会成本效益核算的标准下，要保证政府管理的高效率，就必须实现政府管理的信息化。随着信息技术的应用，信息流通迅速实现了网络化，不仅流通快捷，而且信息量巨大。如日本三井物业的信息网与世界上 130 个大城市和本国 50 个城市相连，每天获取情报近 10 万份，每份情报都能在几分钟内传至信息网的处理中心，经处理后供领导层决策使用。而一些发达国家的政府情报网络则远比这一企业的网络发达而巨大。仅此一项，节省的公务旅行的开支就是一笔巨大的费用，更不用说因信息的快捷和全面而带来的巨大管理效益了。所以，信息技术在政府管理中的普及已呈日新月异之势，我国的政府管理在这方面的建设必须奋起直追。

（5）近年来，我国互联网事业发展迅猛，已经成为网络大国。但大而不强也是不争的事实。2014 年 2 月 27 日，习近平主持召开中央网络安全和信息化领导小组第一次会议时，强调要总体布局，统筹各方，创新发展，努力把我国建设成为网络强国。总书记提出，我们在自主创新方面还相对落后，区域和城乡差异比较明显，特别是人均带宽与国际先进水平差距较大，国内互联网发展瓶颈仍然较为突出。事实上，长期以来，我国政府部门掌握着社会资源中一半以上的有价值信息及绝大多数信息数据库，但其中大部分信息资源并没有被充分开发和有效利用，大部分数据库也都还是死库，没有在市场流动中发挥出应有的增值作用。这种尴尬局面导致国家的信息市场长期处于混沌状态，垃圾信息、失真信息随处可见，政府部门的职能无法正常行使，企业和个人也无法通过正规渠道获取所需要的各项信息与服务，从而给整个社会的经济效益带来巨大的损失。随着市场经济体制改革的逐步深入，信息部门不仅要保证硬件设备的更新与改造，还要在信息录入、信息更新、信息深加工以及信息加工后的增值等方面加大投资力度，以确保政府部门办公的灵活、高效、快捷。正是在这样的国际背景下和国内环境中，我国政府最终下定决心要借助信息技术构建电子政府，实施电子政务，按照创新、协调、绿色、开放、共享的发展理念，推进网络强国建设，让互联网更好造福国家和人民。

因此，从世界范围来看，推进政府部门办公自动化、网络化、电子化和信息资源共享已是大势所趋。联合国经济和社会事务部把推进发展中国家政府信息化作为今后几年的工作重点，希望通过信息技术的应用改进政府组织，重组公共管理，最终实现政府部门办公自动化和信息资源共享。而在世界各国积极倡导的“信息高速公路”的诸多应用领域中，电子政府名列第一位。全球建设电子政府热潮的兴起有其丰富的技术背景和现实背景。回顾和考察这一背景，有助于我们深入了解电子政府产生的必然性和发展规律，提高建设电子政府的自觉性和主动性。

1.1.2 信息技术的发展为电子政府的构建创造条件

20世纪下半叶以来，以计算机、微电子和通信技术为核心的信息技术飞速发展，将人类社会逐渐带入前所未有的信息时代。尤其是20世纪90年代以后，随着国际互联网的飞速发展和信息技术在政府管理中的普及应用，出现了政府上网、电子政府、信息政府等发展趋势，这又将人类社会带入了网络时代。现在，网络已经延伸到社会的每一个角落，所有的文字、声音、影像都可以转化成数字信息，并经由网络突破时间和空间的限制，在瞬间为全球网络用户所共享。信息技术不仅向人类展现了第一生产力的巨大威力，极大地促进了经济发展，成为推动世界经济发展和社会进步的主导力量，而且还将深层次地诱发生产关系的调整乃至上层建筑的变革。

信息技术是建立在现代科学基础上的获取、传输、存储、分析、处理、显示和分配信息的技术，是当代高新技术的前导。它以微电子技术为基础，是包括通信技术、自动化技术、光电子技术、光导技术、计算机技术和人工智能技术等在内的一个高新技术群。其中，微电子技术是整个技术群的硬技术基础，建立在微电子技术及软件技术基础上的电子计算机是现代社会的“大脑”，由程控交换机、大容量光纤、通信卫星及其他现代化通信装备交织而成的覆盖全球的电信网络则是现代社会的“神经系统”。

具体来讲，信息技术主要包括以下几方面技术①：

1. 感测与识别技术

它的作用是扩展人获取信息的感觉器官功能。它包括信息识别、信息提取、信息检测等技术，这类技术的总称是“传感技术”，它几乎可以扩展人类所有感觉器官的传感功能。传感技术、测量技术与通信技术相结合而产生的遥感技术，使人感知信息的能力得到进一步的加强。信息识别包括文字识别、语音识别和图形识别等，通常是采用一种叫作“模式识别”的方法。

2. 信息传递技术

它的主要功能是实现信息快速、可靠、安全的转移。各种通信技术都属于这个范畴。广播技术也是一种传递信息的技术。由于存储记录可以看成是从“现在”向“未来”或从“过去”向“现在”传递信息的一种活动，因而也可将其看作信息传递技术的一种。

3. 信息处理与再生技术

信息处理包括对信息的编码、压缩、加密等。在对信息进行处理的基础上，还可形成一些新的、更深层次的决策信息，这称为信息的再生。信息的处理与再生都有赖于现代电子计算机的超凡功能。

---

① 参见 http://baike.baidu.com/view/3226.htm? fr=ala0_1。

4. 信息施用技术

信息施用技术是信息过程的最后环节应用的技术。它包括控制技术、显示技术等。

信息技术的技术特征包括数字化、网络化、自动化、多样化等。其中，数字化是在通信系统中用数字信号取代模拟信号，使传输和交换的速度大大加快，同时便于存储、加工处理及计算机自动控制。网络化是把各种电信设备、线路同计算机相连接，使信息传输同信息处理相结合，构成通信网络。这种网络化趋势正在蓬勃兴起，一些发达国家正在大力发展综合业务数字网络，这是一种利用数字传输、数字交换为用户提供多种业务的通信网，可把办公室或家庭的电话、电视、电传、计算机等终端设备同本地、全国、全球的通信网接通，为用户提供电话、电报、数据、图像等电信服务。这种网络系统的优点是，各类资源的利用率高，管理简化，用户使用方便，经济性好，便于加密，可加速信息的传输、流通和交换过程。自动化是运用计算机控制通信设备和用户终端设备，促使信息传输实行自动管理。这不仅能大大提高信息传输的效率，降低服务成本，而且可以大大方便系统用户。多样化是指除传统的电话、电报、传真以外，还增加了用户电报、电子邮政、可视图文及数据业务、移动电话、无线电寻呼以及可视电话、电话会议系统等各种通信业务，这些业务的多样化开发，大大加速了社会生活各个领域里的相互沟通，创造出了难以估量的社会效益，当然也包括各个方面的管理效益。

如果对“电子政府”一词进行解构的话，可以发现它由“电子”和“政府”两部分组成。两者之间存在本质区别。前者是技术工具范畴，追求技术的先进性和稳定性，以效率为基本目标取向。后者主要实现政府职能的基本内容，秉承社会公平的价值理念，追求公共利益的最大化。由此可见，电子政府本身同时包括工具理性与价值理性两部分，其应然关系是工具理性必须为价值理性服务，归属于价值理性。当然，要实现电子政府的价值理性，又必须依赖于工具理性的充分发挥。信息技术的发展为电子政府提供了技术条件和适宜的平台环境。从某种意义上说，电子政府的出现是信息技术以及国际互联网发展到一定阶段的产物。

为了提高国际竞争力，各国政府都在想尽办法精简政府机构、提高工作效率。电子政府的建设和国际互联网的应用恰恰满足了政府的这一要求。政府政策的发布可以利用国际互联网，这使信息的存储、管理、检索、查询更为方便，信息传递更为快捷。当然，电子政府建设热潮的兴起与信息产业厂商的推动是分不开的。信息产业厂商提倡建设电子政府，是为了实现其拓展信息产品市场容量的目的，这是因为政府部门有应用信息产品的需求和可能，同时也有支付能力，是信息产业厂商最大的客户。自从1993年美国时任副总统戈尔在国家竞争力的评论中首次提出要实现政府信息化和重组美国政府以来，世界范围内的政府上网热潮一浪高过一浪。在整个世界政府上网热潮的推动下，中国政府也逐渐认识到推动政府上网的重大意义，开始应用国际互联网向社会发布信息、提供服务。政府承担着大量的社会、经济、文化的管理和服务功能，尤其在调节市场经济运行方面发挥着很大的作用。随着全球信息化的进一步发展，政府信息化程度的高低将直接影响到政府竞争力的强弱，并成为衡量各国经济和社会发展水平的一个重要标准。正因为如此，许多发达国家都在力促政府上网，抢占网上制高点，虽然它们采取的措施各异，但目标都是运用信息技术尤其是国际互联网技术重塑一个更有效率、服务更直接的电子政府。

1.2 电子政府提出的动因

以信息技术为基础的网络经济和网络社会已成为现代经济与社会的重要特征。作为控制与主导社会发展的政府，由于承担着社会公共事务管理和服务的职能，更迫切地需要与国际互联网接轨，以适应对网络经济和网络社会的宏观控制、社会管理与公共服务等职能。这就要求政府必须积极主动地充分利用信息技术，来实现政府职能的转变和行政效率的提高，并引导网络在服务于政治、经济、文化、日常交流等活动中健康稳定地发展。具体来说，电子政府构建的动因主要表现在以下几方面：

1.2.1 政府信息化建设、适应社会网络化发展的需要

电子政府是国民经济信息化建设的重要组成部分，是经济和社会网络化发展的客观需要。在新时期，公众对政府的服务、管理都提出了新的要求。在不同的经济和社会发展阶段，政府的管理特点也明显不同。比如，在农业社会和市场经济早期发展阶段，政府让市场独立运作，政府只充当“守夜人”的角色。19 世纪末 20 世纪初以后，由于社会化程度不断提高，经济分工细化，竞争激烈程度加剧，市场自身的不足（即所谓的市场失灵）越来越突出，于是，政府（主要是一些发展中国家的政府）开始对宏观经济层面和产业结构层面进行干预。近几十年来，随着市场经济体制的不断成熟和经济全球化、网络化趋势的日益显著，政府执政的特点又发生了很大的变化，重点放在创造和培育经济和社会发展的优良环境上。为了回应这一变化，毫无疑问，政府职能、体制和行为方式等都要进行改革。

目前，世界各国都把经济信息化当作 21 世纪国家发展的重大战略目标，其中一个重要方面就是政府的信息化、网络化建设。近年来，网络经济飞速发展，不仅成为经济发展的火车头，而且在经济总量中所占的份额越来越大。在网络经济的带动下，信息技术与传统产业的结合给传统产业带来了新的活力，传统的产业结构被打破，传统的运营模式正在发生变化，信息产业已成为许多国家的第一支柱产业。特别是电子商务的兴起，使原有物流系统和商业结构因网络的发展而发生改变。在经济生活中，网络成为比资本更重要的一种经济发展因素。当然，网络在改变经济生活的同时，也改变着人们的工作方式、学习方式和生活方式，如新出现的家庭办公、现代化远程网络教育、电子邮件、网上聊天、网上查阅资料、网上写作、网上征婚等等。此外，网络文化和民族文化在网络中的快速传递与交融，也在改变着人们的思想和文化观念。可以说，社会正因网络的发展而日新月异地改变着。如今，信息传输和信息公开已达到了一种前所未有的程度。随着经济基础和社会形态的改变，一些经济行为和个人生活行为转移到了网上，这客观上都要求政府充分利用网络技术实现对社会的管理与服务。也只有通过网络，才能探索出行之有效的管理方法。公益或商业网站的建设和业务开展，电子商务和生活网络化的发展，都离不开政府对网络发展的指导、协调与规划。

1.2.2 政府树立全新形象、构建服务型政府的需要

电子政府的构建为服务型政府的高效运作提供了技术支持。1859年马克思在《〈政治经济学批判〉序言》中指出："社会的物质生产力发展到一定阶段，便同它们一直在其中运动的现存生产关系或财产关系（这只是生产关系的法律用语）发生矛盾。"① 随着经济基础的变更，全部庞大的上层建筑也或慢或快地发生变革。服务型政府构建主要是以社会的全球化、信息化和市场的无界化为背景的，而在这样的社会背景下构建服务型政府，如果没有稳定、高效的网络和同步通信技术的支持，其运作难度和实施成本将无法估量。面对突发的公共问题，政府必须及时、高效地了解相关情况，并及时传达正确指令，将公共问题的事态发展限制在可掌控的范围之内。要做到这一点，没有网络和同步通信技术作为平台是不行的。具体来说，网络技术把曾经只能在真实空间里行使的政府职能通过数字化的方式延伸出去，使原来需要大量的人力来处理的行政事务通过数字化设备在虚拟空间中自动地、高效地运行，从而使政府与社会和公众之间的交流、互动都变得十分容易。同时，政府系统的反应、决策和沟通能力也会大大地提高，并从根本上把政府治理从封闭的行政系统中拓展出来，更好地体现服务行政的理念。

调查显示，公众对建立电子政府是支持的，因为它的建立可以增加政府的透明度，节约公众的办事时间，还可以避免公众在与政府打交道时可能遇到的麻烦。德国民意测验表明，有69%的公民不愿与官僚部门打交道，但愿意通过电子政府办理有关事项。跟电子政府打交道，公民再也不用看办事员的脸色，或者听官僚们说"不知道"或"研究研究"等托词，也不必给办事员送礼。电子政府已被人们视为廉政的帮手，不仅可以方便居民，提高政府部门的办事效率，还可以防止"情面"因素的干扰，减少腐败滋生的土壤。在电子政府面前，不分亲疏，不分等级，人人平等。

1.2.3 政府转变自身职能、进行机构改革的需要

始自20世纪70年代的全球行政管理改革实践证明，精简高效的政府是一个国家经济发展的基础和经济成功的保证。政府机构改革的成功依赖于当时的社会经济基础和先进技术的应用。传统政府的组织结构是金字塔式的层级结构，信息传递和政策的制定及执行就是在这样的层级间运作的，并实现对社会的宏观控制、微观管理及提供公共服务，这是一种垂直式的管理结构。这种结构占用了大量的人力、物力、财力，内耗大，效率低。对此，各国政府曾不断尝试变革，但都未找到行之有效的"路子"。随着社会经济总量的不断增加，商业贸易的扩大和社会交往、国际交流的日益频繁，政府机构不但没有精简，反而越来越庞大。20世纪90年代以来，中国政府进行了多次机构改革，但屡屡出现精简后又膨胀的怪现象。为什么会出现这种情况？从一定意义上讲，在没有新的技术来保障政府提高效率、转变职能的前提下，这是社会发展的必然。近一个世纪以来，社会经济、政治、文化、教育、科研飞速发展，人类在这近一百年中所创造的财富比过去几千年所创造的总和还要多，社会结构空前复杂，经济规模空前庞大，文化高度发达，信息量呈爆炸性

① 《马克思恩格斯选集》，2版，第2卷，32页，北京，人民出版社，1995。

增长。政府要做到有效行政，维护社会各个方面的发展，就只能采用增设机构、增加人员的方式，这其中就有信息传递和处理技术的局限所带来的影响。网络最大的优点就是信息传递的高效、准确与及时。网络技术的成熟与信息处理技术的高度发达，为政府进行机构改革、转变职能、提高行政效率提供了技术条件。政府的网络化可以使社会信息及时、准确地传达到政府机构的每一个层面，政府的指令也可以直接下达到指定的地方，这样，许多问题就可以直接解决。同时，利用网络所进行的信息反馈及有目的的信息高效采集，能够做到范围广、速度快、效率高，可以有效提高政府的宏观控制能力和决策水平。

1.2.4 政府提升自身竞争力、顺应国际形势发展的需要

政府要在网上公开政府的组织机构、人员设置及职能定位，实现政务公开和在线服务。公众可以通过上网了解政府制定的各种政策法规、施政方针、发展规划、重大工程的进展和公众关心的问题，这无形中增加了政府的亲和力，拉近了政府同社会公众之间的距离，在增加了解的基础上增强了公众对政府的信任。了解政府各类公务的执行程序，对政府工作人员公务活动进行监督，有利于政府工作人员廉洁、公开、务实地开展工作，在工作中自觉维护政府的形象。

第一，电子政府降低了传统政府的“门槛”。“门难进，事难办”的现象在网上不再出现，普通公众通过网络可以相对容易地了解政府的工作情况，了解政府机构的工作职能。电子政府不会扯皮、不会拖拉，而且没有官僚作风，公众在网上更能享受到“全心全意为人民服务”式的服务，这一切将改变公众对政府的固有印象，促使他们关注和信任电子政府，确保电子政府的勤政与廉洁。

第二，网络宣传迅速、直接、信息容量大，音频、视频技术的应用更使网络宣传生动、直观，电子政府可以利用网络及时、准确地报道政府反腐工作的最新进展，通过权威性的信息发布和形式多样的传播活动，加强网上的反腐宣传，树立政府坚决同腐败作斗争的形象。

第三，网络技术在政府行政中的广泛运用，必然影响到政府权力的重新分配，政府会因此失去或减弱部分职能，这必将引起政府职能的调整，强化政府的服务意识，树立一个全新的政府形象，这是政府职能转变发展的趋势。随着全球经济一体化进程的发展，各国必将在更广泛的领域里参与全球事务①，经济网络化、政府网络化的发展大大加快了这一进程。

在加入世界贸易组织（WTO）前，国内的理论界、经济界有一个共识：加入 WTO 后，受冲击最大的是资本密集型产业，最受益的是劳动密集型产业，农业受冲击的可能最大。经过一个阶段以后，我们发现受冲击最大的并不是产业，而是政府本身，包括对政府管理体制、管理方法、管理机制的冲击等。世界贸易组织推动着贸易投资自由化，要求政府提高行政的透明度，依法行政，高效行政。加入 WTO 后的中国迫切需要在行政管理体制方面进行一系列变革，以满足公众对政府公共服务多元化的需求。同时，全球信息化的

---

① 参见金太军、姚虎：《国家认同的功能及其支撑体系：全球化视野下的结构性分析》，载《中国社会科学》，2014 (6)。

趋势也给政府管理提出了新的课题：如何有效利用信息技术改造政府工作流程和管理模式，以适应信息社会的需要？可见，加入 WTO 客观上也成为我国加快电子政府建设的另外一个非常重要的动力。

对于包括中国在内的广大发展中国家来说，只有积极应对，加强政府信息化和经济网络化建设，积极扩大对外开放，实现与国际接轨，尝试在网络上同发达国家进行经济贸易，同发达国家进行对话与交流，才能赶上发达国家。在以信息技术和网络发展为基础的全球新经济蓬勃发展的今天，要改变在旧的经济秩序中的被动局面，就必须加快政府信息化的发展，以此带动整个国民经济向信息化迈进，顺应国际潮流的发展。

本章小结

本章分析了电子政府提出的背景和动因。其中，背景主要从两个维度展开：一是信息时代的宏观环境与电子政府建设的历史机遇；二是信息技术的发展与电子政府建设的可行性。动因主要涉及四个方面内容：政府信息化建设、适应社会网络化发展的需要；政府树立全新形象、构建服务型政府的需要；政府转变自身职能、进行机构改革的需要；政府提升自身竞争力、顺应国际形势发展的需要。

关键术语

信息技术　　国际互联网　　政府信息化　　电子政府　　电子政务

复习思考题

1. 简述电子政府提出的背景。
2. 简述电子政府提出的动因。
3. 信息技术由哪些技术构成？其技术特征表现在哪些方面？

参考文献

1. 金太军，姚虎．国家认同的功能及其支撑体系：全球化视野下的结构性分析．中国社会科学，2014（6）
2. 张锐昕主编．电子政府概论（第二版）．北京：中国人民大学出版社，2010
3. ［美］道格拉斯·霍姆斯．电子政务．北京：机械工业出版社，2003
4. 王长胜主编．中国电子政务发展报告．北京：社会科学出版社，2003
5. 刘文富．网络政治——网络社会与国家治理．北京：商务印书馆，2002
6. 金太军等．政府职能梳理与重构．广州：广东人民出版社，2002

第2章

电子政府的概念体系

本章重点问题

- 办公自动化的内涵和外延
- 政府上网的内涵和外延
- 电子政府的内涵和外延
- 电子政务的内涵和外延

电子政府是信息技术[①]带来的新的政府管理实践。正因为政府管理具有复杂性，同时信息技术也处于快速的发展变化中，所以电子政府亦是一个极其复杂的、充满变量的系统。要深入理解和把握这样的系统，就必须从科学、合理地构建这个系统的概念体系入手。为此，有必要先把与电子政府有紧密关联的内容纳入其概念体系中，再对这些要素的含义、位置、界限等加以描述和规定，进而对要素之间的关系进行考量，以图建立起能正确反映电子政府的状态、属性、规律的概念体系。

电子政府的概念体系可以包括很多要素，如在电子政府构建中陆续提出的一些新理念和新领域，有“一站式政府”“移动政府”“信息政府”“智慧政府”等，还有在电子政务内容建设方面提出的“电子治理”“电子民主”“电子商务”等。由于一些理论内容还不是十分成熟，本章只对办公自动化、政府上网、电子政府和电子政务这四个关键要素的概念作科学界定并规范其指称，以求在对这些要素的名称和术语达成共识的基础上建立起具有一致性的电子政府的话语体系，使人们能在较高的认知层面上协调和容纳与这一学科领域相关的学科的相应术语体系，并使学科之间的交流与合作能够顺畅进行，同时，为构建科

① 信息技术（information technology，IT），联合国等称其为信息和通信技术（information and communications technology，可简写为 info-communication technology，ICT 或 ICTs），简称信通技术。

学、合理的电子政府理论框架奠定概念基础，使各级政府和全社会都能在明确电子政府的目标追求与努力方向的基础上对其构建进行顶层设计或总体架构，即进行长远思考、宏观把握、全局规划和系统设计，并积极参与协作共建，为电子政府构建的实践发展贡献力量。

2.1　办公自动化

2.1.1　办公自动化的内涵

办公自动化发端于 20 世纪 40 年代，当时美国有部分企业开始使用机器来处理办公室内的业务，人们把这种办公手段称作办公自动化（office automation，OA）。早期的办公自动化是作为计算机应用的一个分支[①]发展起来的。逐渐地，由于其他先进技术，如通信技术、个人计算机、共享资源系统、光符阅读器、智能打印机以及局域网等被引入办公室管理中，办公自动化成为融合多种技术的综合性技术学科。如今，人们尝试把管理理论方法和技术手段相结合，在 OA 中逐步纳入管理科学、决策科学、行为科学、社会学、人机工程学、文秘、电子、机械等学科领域知识，使 OA 成为以管理科学为前提，以行为科学为主导，以系统科学为理论基础，把科学社会学、人机工程、系统工程学、决策学等多门社会科学与技术科学结合在一起，综合运用计算机技术、通信技术和自动化技术等来研究如何实现各项办公业务活动自动化的一门文理交叉型综合性学科。

通常所说的办公自动化，就是要尽可能地利用先进的科学技术，特别是信息技术手段，来实现办公业务活动的自动化。它的实现形式是办公自动化系统，即利用先进的科学技术，不断使人们的一部分办公业务活动物化于人以外的各种现代化的办公设备中，并由这些设备与办公人员构成服务于某种目的的人—机信息处理系统，简称 OA 系统或 OAS[②]。

2.1.2　办公自动化的外延

从实现的内容和范围的角度而言，OA 的外延可以以 OAS 的外延作类比。OAS 最初只具有电子数据处理（EDP[③]）的簿记功能，主要“应用电子计算机或数据处理系统来处理一些例行的事务性工作”[④]；后来建设管理层的 OAS——管理信息系统（MIS[⑤]），主要用于进行信息的收集、传输、加工、储存、更新和维护等信息管理工作，也包括一些结构

---

① 计算机应用的另一个分支是工程自动化（engineering automation）。
② OAS：office automation system.
③ EDP：electronic data processing.
④ 中国电子学会电子计算机学会编：《英汉计算机辞典》，677 页，北京，人民邮电出版社，1984。
⑤ MIS：management information system.

化决策内容，目的是支持管理人员进行正确决策、中层控制和基层运作，不断提高管理水平和经济效益；再后来就是 MIS 向更高一级发展而产生的决策层的 OAS——辅助决策系统或称决策支持系统（DSS①），它以决策主题为重心，构建与决策主题研究相关的知识库、政策分析模型库和情报研究方法库等，通过提供分析问题、建立模型、模拟决策过程和方案的环境，调用各种信息资源和分析工具，为决策主题提供全方位、多层次的决策支持和知识服务，帮助决策者以人机交互方式进行半结构化或非结构化决策，目的是为行业研究机构及政府部门提供决策依据，从而起到协助和辅助决策者提高决策水平与质量的目的。OAS 发展阶段的递进性——对应了其由低到高的三个应用层次——事务处理层、信息管理层和决策支持层。如果以纵向的功能层次为划分标准，OAS 可分为事务处理型、信息管理型和决策支持型。如果以横向的应用领域为划分标准，OAS 可分为通用型和专用型。当然，OAS 也可针对不同工作性质进行分类。在实际应用过程中，OAS 往往体现为纵横交错的组合类型。

1. 以横向应用领域为标准分类

（1）通用型。

通用型 OAS 包括电子账务、电子邮件、信息发布、信息检索、电子会议，以及文字处理、文档管理等应用。主要功能包括：

1）对各类设备的运行状况、状态信息及维护进行管理。

2）实现文件管理、邮件管理、表单管理、档案管理、人事管理、日程安排、资产管理、权限管理等。

3）建立公用信息库，提供信息采集、检索、查询、发布等功能。

4）具有管理各子系统的功能。

（2）专用型。

专用型 OAS 除具有通用型 OAS 的功能外，还根据其特定的业务需求，具有适用于专业领域的特殊功能，如银行业务系统、商场 POS② 系统、酒店管理系统、政府机关办公系统、各类企业管理系统等。

2. 以纵向功能层次为标准分类

（1）事务处理型。

事务处理型 OAS 大体上可分为办公事务处理（如文字处理、电子表格、电子邮件等）和行政事务处理（如公文流转、日常办公事务处理等）两大部分的应用。

（2）信息管理型。

MIS 是一个以人为主导，利用计算机硬件、软件，网络通信设备以及其他办公设备，对信息进行收集、传输、加工、存储、更新、维护和使用的集成化的人—机系统。MIS 刚开始以数据文件为基础，后来发展到由大容量数据库支持、以数据处理为基础的应用系统。MIS 以战略竞优、提高效益和效率为目的，以数据形式的信息支持高层决策、中层控制和基层运作。

---

① DSS：decision support system.

② POS：point of sales.

（3）决策支持型。

DSS 是管理信息系统和运筹学相结合的产物，它是通过数据、模型和知识，以人机交互方式帮助决策者进行半结构化或非结构化决策的应用系统。DSS 为决策者提供分析问题、建立模型、模拟决策过程和方案的虚拟环境，能调用各种信息资源和分析工具帮助决策者提高决策水平与质量，属于 OAS 的最高层次。

此外，还有针对不同工作性质、不同任务的组织机构开发建设的 OAS，即面向不同办公业务特点的 OAS，一般划分为八类，分别是政府机关型 OAS、工厂企业型 OAS、经营公司型 OAS、事务型 OAS、事业型 OAS、案例型 OAS、专业型 OAS、机房型 OAS。①

进入网络时代以后，政务部门既在电子政务内网上实现了更多的办公业务活动的自动化，即机关内部办公自动化；又在电子政务外网或专网上运行专业性服务业务和无须在内网上运行的业务，实现了机关之间的资源共享和业务协同，即机关之间的办公自动化。鉴于我们的研究对象是电子政府和政府的电子政务，所以，本书研究的 OAS 的内容范围局限在以政府为主导或主体开发的 OAS 应该建设、能够建设且可以发挥作用的功能、空间和关系等方面，即只涉及政府机关内部的办公自动化和政府机关之间的资源共享与协同办公。但即使这样，政府 OAS 涵盖的内容也相当广泛，我们在讲述电子政务的外延时会有涉及，在第 6 章中，与之相关的功能、业务模型和工作形式等部分也有进一步介绍。

2.2　政府上网②

“政府上网”一词源于 1999 年中国启动的“政府上网工程”。从字面上理解，政府上网就是政府与网络相连。但是，这里的“网络”不是指以往已经建成的政府部门内部的局域网（Intranet）或实现部门之间互联的超局域网（Extranet），而是特指国际互联网③（Internet）。所以，政府上网对应的英文是 government connecting to Internet，本意是政府的职能工作在互联网上提供。由此，政府信息化建设从原来机关内部的办公自动化跃升到面向公众提供服务的电子政务应用，这是对以往政府机关办公自动化的革命性超越。

2.2.1　政府上网的内涵

关于政府上网的内涵，至今学术界尚无一致的说法，但是人们在以下几点达成了共识：

（1）上网的手段是包括计算机技术、通信技术和网络技术等在内的信息技术。

（2）上网的内容是政府职能，即在互联网上提供政府的职能工作。

（3）上网的目的是要在互联网上建立虚拟政府，以更好地向公众提供快捷便利的公共服务。

---

① 详细内容见张锐昕主编：《办公自动化概论》，88～98 页，北京，清华大学出版社，2004。

② 此部分内容参见张锐昕：《政府上网与行政管理》，37～47 页，北京，中国大百科全书出版社，2003。

③ 国际互联网，简称互联网。它以相互交流信息资源为目的，基于一些共同的协议，并通过许多路由器和公共网互联而成，是一个信息资源共享的集合。

（4）上网的主旨是实现办公自动化和资源共享。

综合上述因素，政府上网的概念通常被界定为：利用信息技术，在网上建立一个虚拟政府，实现政府的管理和服务职能，以更好地服务于公众，最终实现政府办公自动化和资源共享。这一定义得到了中国政府及很多专家学者的首肯，根据是类似的定义出现在启动“政府上网工程”的政府文件中，也经常散见于众多学者研究政府上网问题的著述中。尽管这一定义得到了如此普遍的认同，但是它明显存在着不足之处，即它没有强调或体现出包括“政府上网工程”建设在内的政府上网的整个过程中政府自身的主体地位和主导作用，而这极易导致理念目标的偏差和行动盲目甚至失败的后果，同时这也恰恰是妨碍政府上网成功的主要因素。政府上网确实要靠技术来实现，政府上网工程建设也必须依靠技术人员，而且政府上网的职能内容也应“以公众为导向”来与全社会共同建设，但是，网上政府①构建的理想模式是打破行政机关的组织界限，整合和优化政府管理流程，构建全新的管理模式，其前提基础是对政府职能的简化和量化以及对政府上网实质的理解、把握、阐释和运用，对于这些基础任务，技术人员是无能为力的，只能由政府自己承担，责无旁贷。还有，在网上政府投入运行后，网上政务终归还是要由政府工作人员来操作和驾驭，工作人员的科技素质与工作能力决定着网上政府的实际运行状况和水平。由此可见，网上政府的构建绝不是单纯依靠技术就可以实现的。那种把网上政府建设成功的筹码都押在不懂得行政管理理论和方法的 IT 开发人员身上或推给社会的做法，是不负责任的表现，也是极其危险的行为，势必会增加网上管理风险。在政府上网初期职能内容少时尚可应付，一旦网上职能内容增多，则易导致网上管理出现“越位”、“错位”或“不到位”现象，引发管理危机，产生难以预料的政治、经济和社会后果。这种片面强调技术和技术专家作用的结果，一方面，使政府忽视、回避或消极使用政治和行政力量；另一方面，有可能使网上职能运作受控于技术官僚，使网上政府脱离于现实政府的实际掌控。这些必须引起政府的高度警惕。

鉴于上述原因，当前可以这样界定政府上网的概念：政府上网是政府为适应科技和社会发展潮流，实现办公自动化和资源共享的目标，在行政管理体制、职能和方式不断作出适应性改革和转变的基础上，联合 IT 产业，利用信息技术，在网上建立一个虚拟政府，以加强和完善政府的管理服务职能，提供公共服务的过程。这个定义指出了政府上网的主体是政府，前提是改革传统的行政管理体制和转变行政管理职能、方式，而政府上网本身是一个不断拓展网上职能内容的过程，体现出政府上网的发展性和阶段性。当然，定义也说明了政府上网的背景。可见，政府上网已成为任何国家政府适应信息时代要求的一个行为选择，它也随着电子政务的持续拓展成为政府每天都必须重复、延续下去的工作。

作为网上的特殊用户，政府是网上信息资源的主要提供者和使用者，加之政府自身特殊的地位和作用，这就决定了政府上网与一般用户上网应有原则上的不同。不同之处在于：政府要上网，就必须真正上网。这里所说的“真正上网”，并不是说行政信息简单共享就行了，也不仅指政府职能在网上实现，它还应包含这样一些含义：网上职能的有效行使，管理的有序进行，网上秩序和社会秩序的稳定，政府形象得到维护，等等。这就要求

① 因为至此还没有讲到“电子政府”“虚拟政府”等概念，为与现实政府作区分，这里暂且使用“网上政府”。

政府必须以科学的管理理论为指导，把科学的思维方法、知识体系和先进的技术成果整合到网上政务的实现与运作体系当中，在不断地对政府管理体制、职能和方式进行适应性变革，对政务信息实现数字化，对拟上网职能实现电子化和对服务途径实现网络化的过程中，合理规划网上管理流程，提高网上管理效能，构造性能良好的网上政府。单从维护网上职能安全运作的角度考虑，政府的任务就极为艰巨，不会像一般用户上网那般轻松简单。所以说，政府上网还包括从管理到运作的规划，从资源整合到政务业务流、信息流重组与创新的不断完善的过程。可见，建立网上政府难，要维持网上政府的有效运转和可靠安全更难。因此，政府上网最艰巨的任务是在上网之后。

2.2.2　政府上网的外延

政府上网，就是政府的职能上网。研究政府上网的外延，实际上就是研究政府职能上网的内容范围，即明确政府在网上应该实现哪部分职能和不应该实现哪部分职能。

从技术角度看，政府职能基本上都可以在网上实现。从政府信息公开原则要求看，除国家法律规定的特殊情形外，凡是可以公开的信息，都必须依照法定的程序予以公开。如此，政府上网以后，应尽可能全面地在网上公开政府部门的名称、职能、机构组成、办事章程及相关文件、资料、档案等，也应尽可能多地在网上为公众提供诸如缴税、汽车注册、项目审批等服务。所以，政府上网的内容范围，理论上应该是涵盖政府所掌握的除法律规定的特殊情形之外的全部信息资源和能搬上网络的所有政府职能。当然，由于网上政府职能的拓展绝对不能超出现实政府的职能范围，所以网上政府职能还需要依照现实政府职能的变化作出适时的变化和调整。

从实践方面看，政府应该把上网的目的性与自身的能力限度结合起来权衡上网内容，循序渐进地拓展网上职能范围。这是因为，网上政府实质上是一个信息管理系统，职能上网只是网上政府构建的前期任务，而更重要、更艰巨的内容是在上网后保证职能的有效行使和规范操作。这种有效性将体现在塑造政府的良好形象，维持政府的正常运作，维护国家主权不受侵犯，保护国家利益，维持网上秩序安定等一系列颇具难度的网上操作之中，而规范化又是网上政府信息化、数字化、一体化管理的制度要求和安全保障。网上政府的运作离不开现实政府的参与，政府的素质和能力是左右网上政府最终能否成功的关键要素。如果政府工作人员的能力不足，就可能出现自身无法有效利用因行使网上职能而被赋予的相应权力，而内部技术人员或电脑黑客、敌对者等又窃取到这部分权力的情况，从而招致管理无序、管理失灵甚至管理失败的后果。为此，要以政府的素质和能力作为界定网上管理职能内容实现的参照，这种做法将是政府规避网上管理风险的最好选择。虽然看起来这种做法暂缓了政府上网进程，但实际上，这种做法却为保证政府上网的顺利实施起到了稳固基础、维护成果、保证有效、促进长远发展的作用。如果政府盲目上网，虽解决了暂时问题，满足了一时之需，却可能埋下长久的隐患，损失更大的利益，危害到政府甚至国家信用，得不偿失。

那么，是不是政府的素质和能力逐步提高以后，网上职能就可以任意扩展了呢？答案是否定的。原因在于：网上职能的实现和运作更多是依赖行政环境、科技水平、政府的科技素质和能力，而科学技术发展日新月异，政府要始终站在科技发展前沿，掌握最新科技成果，适应网络环境要求，是非常困难的事情。何况 21 世纪大多数国家都把行政改革的重点放在弱化政府管理职能、下放权力、调整机构、精减人员和提高效率上，政府的发展趋势是建立一个有限政府，即权力、职能、规模和行为都受到宪法和法律的明确限制，并公开接受社会监督与制约的政府。网上政府自然也不能违背潮流。由此，政府科技素质的阶段性提高不足以成为其无限拓展网上职能的理由，政府的能力也难以达到始终维持网上职能持续拓展的程度。还有，政府上网要求政府从上网的根本需求和根本目的出发，对现行政府上网职能进行研究和调整，在总体规划基础上兼顾实效性，采取对职能扩展循序渐进、量力而行并且尽量限制建设周期的做法。如果上网职能过多，就势必导致项目投资过大、建设周期过长，也就可能因为跟不上技术发展和应用需求的变化而丧失项目的一部分开发价值，不仅达不到目的，反而浪费了资源。因此，谨慎地、逐步地把有限的职能搬上网络，又具备足够的能力应对网上职能运作，这种运筹帷幄、游刃有余的境界正是政府上网所应达到的理想效果。

对于政府能否把其改革后保留的所有职能都搬上互联网的提问，答案也是否定的。因为一部分职能涉及国家秘密，还有一部分职能涉及机关内部事务，这两部分职能要独立建网，与互联网实行物理隔离，不能上互联网。对于能够上网的那些职能，还可分两部分对待：第一，如果以满足公众的需求为政府努力的方向，那么，政府的服务职能不仅要上网，而且应尽可能多地上网。这促使政府不断拓展和丰富其网上服务项目，以更好地满足公众需求，把为人民服务的宗旨贯彻落实到实际操作层面。第二，对政府的管理职能部分，网上政府只应实现其中的一部分。政府应考虑网上政府的权限和能力问题，弄清政府上网到底该做什么，能做什么，怎么做和什么时候做。对于那些能做得好的管理职能，应马上上网；对于那些不一定能做好或现在不能做好又或根本就不能做好的，要推迟上网或拒绝上网。如果政府无视自己的管理权限和能力限制，随意上网实现其无法承担或无力承担的职能，那么必然会带来网上工作的无序和管理的混乱，招致公众的不满，引发社会矛盾，影响政府的信誉，损害国家的声望。

需要明确的是，虽然界定政府上网职能时必须遵循上述原则，但在承担诸如维护国家主权、保卫国家安全等职能方面，尽管网上政府管理职能的实现有太多的困难，政府的能力也很有限，但政府必须勇于承担。

从发展趋势上看，政府确实应采取逐渐缩小管理职能，并仅把其中一部分能在网上有效运行的管理职能搬上网络的做法。其依据在于，互联网是一个开放式的网络，政府上网的同时就对全世界敞开了自己的门户。一方面，网上政府的管理职能虽具有行政性，却无法施展行政权力所特有的普遍的约束力和极强的公共权威，黑客的小小手段就有可能使网上政府瘫痪或失信。政府如果既要在网上实现社会管理、政治统治和网上控制的任务，又要保证这些任务运作实现预期的目的和有效的结果，就必须采取措施保障网络安全，而目前单纯依靠技术又无法办到，所以，政府所能做的就只有强调自律和实行法治了。然而，互联网从一开始就是一个以自律为主、管理为辅的领域，由于网上行为的开放性和相当程度的隐秘性，传统的管理方式已不再适用，这使得行为者的行为自律成为关键。但是，依靠自律来进行的管理毕竟欠缺可靠性，而单纯地依靠技术又无法做到绝对安全，法律和规章制度建设的滞后性又是不争之事实，何况网上政府只认数据不认人，政府所能做的最多只是协调制定网络的技术规范和各种行为规则而已，政府的权力受到很大的限制和制约，但政府又必须采取上网这一工作方式，所以，如果安全性得不到保障，电脑罪犯就可能通过修改程序和规则在网上窃取政府的部分权力，也可能通过将敏感数据密码化的有效技术方法进行政治和刑事犯罪活动，给国家带来毁灭性的灾难。由此，政府应认识到自己的能力有限，实在无力承担过多的网上管理职责。另一方面，政府上网不断采用开放技术建设办公信息系统，不断在开放系统平台上建立共享的信息资源库，以提高政府管理行为和过程的透明度，适应民主政治发展的要求，这实际上是在增加政府上网的难度，威胁其安全性。有鉴于此，政府必须适当限制上网职能。

实际上，政府究竟应把它自身承担的哪部分职能搬上网络由政府决定，这些职能能否上网运行受技术制约，而这些职能的有效运作则依赖于政府的素质、信息系统的能力以及安全体系的效能。由于政府上网的目标和任务还不十分明确并缺乏可操作性，所以政府在上网过程中逐步地修正和完善其网上职能定位是十分必要的。这一方面可避免政府听凭 IT 业的鼓噪盲目冒进，另一方面可有的放矢，切实推进政府上网进程，并可随着技术的发展来不断提高网上政府的管理服务能力。

从政府上网的动态性来考虑，似乎把“政府上网”作为一个动词来看待更合适些。政府上网的外延是不断变化的，认识到这一点，有助于政府立足现在，放眼未来，树立科学的上网理念，重视推进网上政府建设不断地向更高层次发展。

2.3　电子政府

电子政府的提出，源于 1993 年 9 月美国倡导实施的“信息高速公路计划”。当时的美国副总统戈尔发起了一场名为“国家绩效考察”（NPR①）的运动，用以检视美国政府在管理和服务提供方面存在的弊端，在这场运动中，构建电子政府被作为一个重要的改革方向提了出来。此后，其他国家纷纷跟进，各自提出了适合自己国情的信息高速公路计划和构建电子政府规划，使电子政府成为各国政府争相采用的一种新的管理模式，并且现在“已经成为政府结构的一个新的组成部分”②。

在美国，与政府常常使用“电子政府”相比，学术界早期的很多著作倾向于使用“数字政府”，而现在大多数学者往往不对“电子政府”和“数字政府”作区分，常将两者交替使用。至于早期学术著作为什么多以“数字政府”为题，美国著名电子政府学者、麻省大学国家数字政府研究中心主任简·E·芳汀（Jane E. Fountain）教授解释说，这是因为美国国家科学基金会（NSF③）设有专门的数字政府计划，用于为数字政府方面的许多重大研究项目提供资金，而接受这个计划资金支持的所有项目全都被冠名为数字政府项目，这是“数字政府”一词流行的来历，也是早期有影响的学术著作常常使用它的原因。美国

---

① NPR：national performance review.

② Donald F. Norris，*Current Issues and Trends in E-government Research*，Hershey，PA：Idea Group Pub.，2007.

③ NSF：National Science Foundation.

学术界最初较少使用“电子政府”这种大众化的用词，但现在更多学者倾向于使用“电子政府”作为术语。达雷尔·M·韦斯特（Darrell M. West）所著的《数字政府：技术和公共部门绩效》一书为上述说法提供了一个例证。在达雷尔的这部以“数字政府”为题的著作中，各章标题没再出现“数字政府”，而全部代之以“电子政府”，而且书中在介绍不同学者对“电子政府”的观点和看法时也是把两个词同时并用的。[①] 但也有不同的声音。比如，G·戴维·加森（G. David Garson）在他的《公共信息技术和电子治理：管理虚拟政府》一书中提出：“数字政府是总称，包括信息和电信技术[②]在公共部门的所有应用。电子政府是指数字政府的一个方面，即通过电子手段（通常是通过互联网）来提供政府服务。”[③] 在中国，对“数字政府”和“电子政府”也没作本质区分。基于目前学术界多数研究成果所反映的观点以及各国政府信息化建设的现实状况和接受程度，本书也不对这两个术语作区分，而统一使用“电子政府”。

2.3.1 电子政府的内涵

“电子政府”一词直译自 electronic government，简写有 e-government、eGovernment、e-Government、Egovernment 和 e-gov 等。“把‘e’放在政府前面，是因为承认目前公共管理正处在利用信息和通信技术以转变它的内部和外部的关系的过程之中”[④]，并不是要特殊强调它的技术特征，但“e”的确是很好地诠释了“电子政府的特殊之处，在于公共部门使用互联网和其他数字设备来提供服务、信息和民主”[⑤]。

电子政府的原意是指利用网络技术构建一个虚拟政府（virtual government），从而使公众能够随时随地享用各类政府服务。这里的“虚拟政府”是与现实中的物理形态的政府相对应的一种形态，就是我们在前面讲到的网上政府，它一直被当作电子政府的最重要的内涵和精髓。简·E·芳汀在她的《构建虚拟政府》一书中对虚拟政府做了界定：“虚拟政府就是根据虚拟机构、跨机构及公共—私有网络三个方面组建的政府”[⑥]。她又解释说：“虚拟政府指的是这样一种政府，它的信息流动和传播流动越来越依靠网络而不是官僚渠道或其他正式渠道……它的政府组织日益存在于组织间网络以及网络化的计算系统内，而不是各自独立的官僚机构内。一个虚拟政府由许多覆盖在正式官僚结构之上的虚拟机构组成。当结构监督及预算过程的正式机构被修正以符合因特网的政策网络的逻辑时，这样一个政府就和官僚政府区别开来。”[⑦] 她又进一步解释了虚拟机构：虚拟机构不过是由网络化

---

① Darrell M. West, *Digital Government: Technology and Public Sector Performance*, New Jersey: Princeton University Press, 2005.

② information and telecommunications technologies.

③ G. David Garson, *Public Information Technology and E-Governance: Managing the Virtual State*, Raleigh, North Carolina: Jones and Bartlett Publishers, Inc., 2006: 18.

④ Department of Economic and Social Affairs, *World Public Sector Report 2003: E-Government at the Crossroads*, United Nations, New York, 2003: 1.

⑤ Darrell M. West, *Digital Government: Technology and Public Sector Performance*, New Jersey: Princeton University Press, 2005: 1.

⑥ ［美］简·E·芳汀：《构建虚拟政府》，4页，北京，中国人民大学出版社，2004。

⑦ 同上书，113页。

的计算机所连接起来的组织。这个术语描述了政府使用因特网及其相关技术的至少四种不同方式，分别是：机构建立了单个机构的网站；由相同客户端（比如学生和老人）所连接的机构群体发展了虚拟机构；机构的内部网；虚拟机构可能包括一群组织：它们在网上以及网站“背后”、在机构内部以及跨机构地整合了它们的一些活动。① 可见，电子政府原本是要构建一个跨越时间、地点、部门的全天候的政府服务体。

与其原意相比，现在的电子政府是一个包容量呈不断扩大趋势的概念，含义要丰富得多。只是学者、专家和从业者对电子政府的内涵的理解总有些许抵触，并没有哪种界定能够获得一致的认可。究其原因，一方面是由于他们的专业背景、所处位置和看问题的角度不同，认知存在差异；另一方面是由于电子政府一直处在不断变化和快速发展中，实践明显超前，理论相对滞后，不确定性合理存在，所以，在发展中有诸多不同的内涵界定极其自然，既可以理解，亦有一定的积极作用。但是，毕竟构建电子政府是一项涉及各级政府和全体公民的极其复杂的社会化的系统工程，迫切需要各级政府统一思想、统一认识和统一行动，也需要争取全社会的积极认同和倾力参与，为此，对电子政府的内涵作出科学的界定和合理的解释不仅十分必要，也特别紧要，因为它既是构建电子政府理论体系的逻辑起点，也涉及国家的电子政务工程建设甚至整个信息化建设的观念、认识、体制和策略等一系列关键问题的解决。

表 2—1 中引用了一些权威机构的电子政府定义的要点。如果继续援引其他机构的定义的要点，如高特纳集团（Gartner Group）：利用信息和通信技术、互联网、新的媒体，转变政府的内部和外部关系，实现服务交付、顾客参与和治理的持续最优化②；维基百科（Wikipedia）：在政府和公民间、政府和企业间创建一个舒适、透明和廉价的交互，在政府间创建关联③……那么，通过对这些要点进行比较和鉴别，会很容易地找出它们之间存在的重复或近似的内容，这说明人们对电子政府的认识实际上存在着一致性。

表 2—1　　电子政府定义的要点

组织	定义的要点
OECD[a]	使用信息和通信技术，特别是互联网； 更好的政府； 一种工具。
EU[b]	较小的但是智能化的后台办公室操作和既大且好的前台办公室。
UN[c]	政府承诺； 政府必须提供最好的服务； 不断增加的、符合成本效益且有效的服务、信息和知识的提供； 改善普通公民和公共部门之间的关系。

① 参见［美］简·E·芳汀：《构建虚拟政府》，114～115 页。

② Gartner Group，“Key Issues in E-Government Strategy and Management”，Research Notes，Key Issues，23 May 2000.

③ 参见 http://en.wikipedia.org/wiki/Electronic_Government。

续前表

组织	定义的要点
The World Bank	政府机构使用信息技术（如广域网、互联网和移动通信等）来改变政府与公众、企业和其他政府分支机构之间的关系； 较少腐败，增加透明度，更大的便利，税收的增长和（或）成本的降低； 政府向公众提供更好的服务，和工商业间的相互关系得到改善，通过提供信息赋予公民权利或实现更有效率的政府。
CTG Albany[d]	利用信息技术支持政府运作、公民参与和提供政府服务； 反映政府自身职能的四个关键维度：电子服务、电子民主、电子商务和电子管理。

a. OECD：Organization for Economic Cooperation and Development，经济合作与发展组织，简称经合组织。

b. EU：European Union，欧洲联盟，简称欧盟。

c. UN：United Nations，联合国。

d. CTG Albany：The Center for Technology in Government at the University at Albany，SUNY，纽约州立大学奥尔巴尼分校政府技术研究中心。

资料来源：OECD. The e-government imperative：main findings（2003）. http://www.oecd.org/dataoecd/60/60/2502539.pdf. Kim Viborg Andersen. *E-government and Public Sector Process Rebuilding*（*PPR*）：*Dilettantes*，*Wheel* Barrows，and Diamonds，Boston：Kluwer Academic Publishers，2004：81。

进一步地，把持有不同观点的人们对电子政府内涵的认识按照认知范围和深度递进的顺序进行排列，并提取其中的核心观念作为各个认识层面的主题标签，就可归纳整理出以下十类典型说法：

● 工具说。电子政府是使用信息和通信技术特别是互联网来实现更好的政府的一种工具。①

● 系统说。电子政府是指在政府内部采用电子化和自动化技术的基础上，利用现代信息技术建立起网络化的政府信息系统，并利用这个系统为政府机构、社会组织和公民提供方便、高效的政府服务和政务信息。②

● 能力说。电子政府被定义为通过信息和通信技术应用来转变公共管理的一种能力③；电子政府是指政府机构利用信息技术，以便有能力改善与公众、企业和其他政府分支机构的关系。④

● 机制说。电子政府是一种机制，借此能以较少的预算提供指定标准的服务，或以不变的预算获得增量的产出。⑤

● 模式说。电子政府是利用信息技术在公众和业务机构之间交换信息、服务和商品的

---

① OECD，*The E-Government Imperative*，Paris：OECD Publications，2003：23.

② 参见 http://baike.baidu.com/view/8452.htm? fr=ala0_1。

③ OECD，*The E-Government Imperative*，Paris：OECD Publications，2003：23.

④ K. Nikolopoulos，C. Z. Patrikakis，B. Lin，“Forecasting Systems for E-government”，*Electronic Government*，2004，Vol. 1，No. 4：374-383.

⑤ Viktor Mayer-Schonberger and David Lazer，*Governance and Information Technology*：*From Electronic Government to Information Government*，Boston：The MIT Press，2007：4.

一种治理模式，目的是提高绩效和效率。①

● 形态说。电子政府指的是通过运用虚拟技术手段引导社会进程的一种政府形态。不像传统的线下政府，公民有选择在什么时候、什么位置使用政府服务的权利。②

● 服务说。电子政府经常被认为是通过电子手段向公众提供政府服务的同义词。一个综合的定义是：电子政府＝电子商务＋客户关系管理＋供应链管理＋知识管理＋商务智能＋合作技术。③

● 改革说。电子政府是为完成公共管理改革，通过面向公众提供服务改进、经济活动创造以及民主保障来实现。④

● 过程说。电子政府可以被定义为公共管理的全面转变过程和它与公众互动的转变过程。⑤

● 政府说。电子政府是利用 ICT 来实现更有效率和效益的政府，提供更加便利的政府服务，给予更多的公共信息通路，使政府对公众更负责任。⑥ 前英国电子大臣艾伦·马瑟（Alan Mather）认为，电子政府"就像政府，它只是更智能化，更快速"⑦。

通过分析上述内涵界定之间的关联，我们会发现，这些说法虽看似各有侧重，但整体而言其要点也表现出了与表 2—1 中要点的交叉重复或彼此近似，且其认知成果的递进态势亦有着高度的同向性，这反映出这些内涵之间其实有着密切的内在联系。应该说，以上说法充分展现了理论界和实践界在电子政府发展的不同阶段对电子政府内涵的认知的轨迹与进展，各有其存在的合理性，但也不可避免地带有阶段性认识的局限性，即使处于较高级认知阶段的政府说也不例外。例如，金·维·安德森（Kim Viborg Andersen）就对艾伦·马瑟的观点表示担忧，他说："我们主张面向客户和决策者活动的分权和所有权。前英国电子大臣的电子政府定义并没有使我们更接近这种情形，相反，他的观点可能会更加巩固现有的结构和模式。"⑧ 可见，上述内涵界定并不完善，需要加以修正。

---

① Türkiye Bilişim Derneği (2002), a. g. e, p. 22, see What Is E-government, Digital Government (Digital State)?, 2008, http://www.digital-government.net/e-government.html.

② 原书中此处定义的是数字政府，见 Donald F. Norris, *Current Issues and Trends in E-government Research*, Hershey, PA: Idea Group Pub., 2007: 4。

③ A. P. Balutis, "Digital Government－When All is Said and Done", *Electronic Government Journal*, Vol. 2, No. 6, November 1999, see Koen Zweers and Kees Planque, "Electronic Government. From an Organization Based Perspective Towards a Client Oriented Approach", J. E. J. Prins, *Designing E-Government: On the Crossroads of Technological Innovation and Institutional Change*, Netherland: Kluwer Law International, 2001: 92.

④ Mehdi Asgarkhani, "The Effectiveness of E-Service in Local Government: A Case Study", *The Electronic Journal of E-Government*, Volume 3 Issue 4 December 2005, p. 164, available online at www.ejeg.com.

⑤ Giorgio Petroni and Fanic Cloete, *New Technologies in Public Administration*, IOS Press, 2005: 24.

⑥ Subhash Bhatnagar, *E-Government: From Vision to Implementation: A Practical Guide with Case Studies*, New Delhi: SAGE Publications, 2004: 19.

⑦ J. Millard (2003), "The (R) E-Balancing of Government", UPGRADE IV (2): 48－51, see Kim Viborg Andersen, *E-government and Public Sector Process Rebuilding (PPR): Dilettantes, Wheel Barrows, and Diamonds*, Boston: Kluwer Academic Publishers, 2004: 76.

⑧ Kim Viborg Andersen, *E-government and Public Sector Process Rebuilding (PPR): Dilettantes, Wheel Barrows, and Diamonds*, Boston: Kluwer Academic Publishers, 2004: 76.

随着信息技术和设备在政府管理领域的普及应用以及政府管理与服务提供等对信息技术和设备的依赖日深，理论界和实践界对电子政府内涵的认识不断拓展与加深，理解也渐趋全面和客观，内涵界定已由以往的主要关注技术应用逐渐转到了更为关注如何利用技术应用促使政府管理和公共治理变革，内容范围也从局限于虚拟政府扩展到包括现实政府管理中的更多的内容和过程，甚至还在趋向于包括现实政府中与之相关的所有内容和过程，呈现出“递增式变化模式”[①]。试想，现实政府中能有哪些内容和过程与之完全不相关呢？况且未来的发展趋势必定是相关的内容和过程逐渐增多，可见，未来的电子政府将达到几乎囊括现实政府所有功能内容与相关过程的程度，那时就将是包含现实政府和虚拟政府的所有功能内容与相关过程在内的大的“电子政府”了。这样大的“电子政府”实现之时，就是各级政府被信息技术的应用所全面改变之时，那时，冠以“e”的政府将只被简单地视为“超越电子的”、“有效的”或“高效率的”政府的象征，而“电子政府”将有可能被重新称为“政府”，虽然它已经是“转变”的政府或“网络”的政府[②]，抑或是现实与虚拟相结合的政府。这是总体演进的态势。

就个体理解演进态势而言，以最初持工具说的人们为例，当他们认识到发展趋势是要在政府机构运作的所有方面使用 ICT 之后，已经开始认同必须进行政府改革。如作为工具说观点典型代表的 OECD 在其 2001 年 11 月的报告中提出的电子政府定义中就有“改革政府的结构和运作”的说法，也承认“电子政府更多的是关于政府而非电子”[③]，其成员国墨西哥政府虽然也是把电子政府定义为一个旨在提高政府和公众服务的质量、透明度和效率的工具，但从其发起并实施的一项旨在使墨西哥进入世界上在线服务最好的执行者的国家行列的电子政府策略中可知，墨西哥政府正在高度关注如何在更广泛的改革议程中整合电子政府的问题[④]，可见，这种观点其实已然趋向综合服务说和改革说了。再如持系统说的人们，如果把服务系统作宽泛的理解，则将更贴近政府说了。事实上，人们的观点并非泾渭分明、彼此对立，相反，人们更多的是相互借鉴、彼此融合。比如这样一种内涵界定：“电子政府是政府工作方式改革的过程，与内外部客户共享信息和提供服务”[⑤]。这种观点分明是服务说、改革说、过程说的要点的综合。有鉴于此，我们可以采用提取前期研究成果的要点并对其进行综合归纳的做法来界定电子政府的内涵。

上述十类界定中重合度高的核心要点可综合归纳为以下要素：

（1）使用的工具和手段是信息技术以及网络等信息服务设施。

（2）运行的内容是信息、管理和服务职能，主要形式是电子服务、电子民主、电子商

---

① Darrell M. West, *Digital Government: Technology and Public Sector Performance*, New Jersey: Princeton University Press, 2005: 13.

② Leon J. Osterweil, Lynette I. Millett, and Joan D. Winston, *Social Security Administration Electronic Services Provision: A Strategic Assessment*, Washington, D. C.: The National Academies Press, 2007: 121.

③ OECD. The e-government imperative: main findings, Policy Brief, Public Affairs Division, Public Affairs and Communications Directorate, OECD, March 2003. http://www.oecd.org/dataoecd/60/60/2502539.pdf.

④ OECD. e-Government Studies: Mexico. http://www.oecd.org/document/29/0,3343,en_2649_34129_35249437_1_1_1_1,00.html, 2010-01-11.

⑤ Subhash Bhatnagar, *E-Government: From Vision to Implementation: A Practical Guide with Case Studies*, New Delhi: SAGE Publications, 2004: 22.

务和电子管理。

（3）构建的前提是打破行政机关的组织界限，转变政府的内外部关系，公众参与。

（4）构建的目的是为改革行政体制提供最好的服务，构建更好的政府。

（5）构建的效用是能通过提供信息向公民赋权，可引导社会进程，实现精简、高效、廉洁、公平的政府。

据此可得出对电子政府内涵的更为宽泛和明确的界定，即电子政府指的是政府机构全面应用信息技术以及网络等信息服务设施，在进行组织变革和内外部关系转变的基础上，将其信息和管理服务职能移到网络中去运行，以改革行政体制，构建更好的政府。需要说明的是，受现阶段认识水平的限制，这一界定也只能是对电子政府现阶段发生过程的一种描述，其局限性亦在所难免，有待于接受实践检验并在实践中逐步修正。

如今，世界主要国家和地区的政府都在努力将电子政府构建付诸实践，力图在对现有的工业时代的政府形态进行再造的基础上构建起一种与信息社会新生产力模式相适应的、有效和全面的管理和服务体系，这使得电子政府的称谓被世界各国和地区普遍接受，并成为约定俗成的术语。政府正在向未来的电子政府迈进，所经历的是持续地被改造和不断地被电子化的过程，即构建电子政府的过程。只是，电子政府已经存在，电子政府构建的目标还没有达成，这使得统一采用“电子政府”一词来同时称谓过程中的电子政府（不断变化着的电子政府）与作为目标结果的理想中的电子政府（未来的大的电子政府）的时候，极易产生混乱，造成误解。相比较来讲，中国香港和台湾地区的“电子化政府”[①] 的提法就强调了变化的趋势和过程，更加清晰明确。

2.3.2　电子政府的外延

在电子政府构建过程中，人们对电子政府的外延的认识在持续扩展。从最初的只把它当作一种工具、一类系统，主要为政府内部提供计算、统计、计划和监控等功能，到后来理解它是一种能力、机制、模式或管理形态，而在政府管理中全面应用信息技术，再到认同它重在提供服务，借助它向政府内外部提供更多的信息、知识、管理和服务内容；从构建内容仅涉及虚拟政府，再到逐渐增加更多的政府管理活动内容及与之相关的过程，使它包含了“信息技术形成的所有政府的角色和活动”[②]，并朝向使其外延与政务活动的外延渐趋重合的方向发展和变革，渐渐地，其内容范围几乎涵盖了政府职能转变、组织结构调整、业务流程再造、行政体制改革甚至工作人员素质培训等所有政府管理内容。这些都充分说明了电子政府的外延呈现出变化性、发展性和不确定性的特点。首先，外延在其每个发展过程的每个阶段都是不同的，具有变化性；其次，外延容量整体上呈现递增态势，体现发展性；最后，各级政府和部门受其所处环境、意识观念、领导决心、财政状况、配套机制和技术能力等诸多条件的限制，在电子政府发展的每一个阶段都会有不同的工作重

---

① 英文中与之对应的词是 digitized government（数字化政府），还有一种说法，叫 digitisation activities（数字化活动）。

② David Brown，“Electronic Government and Public Administration”，Public Policy Forum，Ottawa，Canada，http://ras.sagepub.com/cgi/content/abstract/71/2/241，*International Review of Administrative Sciences*，2005，71（2）：241-254.

点，所以，各个阶段中各级政府的电子政府建设的内容必定有所差异，这使得外延又具有了不确定性。不管怎样，既然已经明确了未来的发展趋势是电子政府与政府的外延渐趋重合，那么，实际上只需明了电子政府内容范围的应然状态就可以了。我们在此仅从治理和公共行政、职能维度、构建次序、构成形态、表现形式等视角分析电子政府的内容范围，而有关其组成部分、实现内容、服务对象和应用形式等方面的内容请参照电子政务的外延部分的相应内容。

(1) 从治理和公共行政视角，电子政府主要涵盖治理和公共行政的四个领域：国家的经济和社会的计划；电子政府与公民和法治之间的关系（电子民主）；电子政府的内部操作；电子政府与国际环境的关系。[①]

(2) 从政府职能关键维度来看，电子政府包括电子服务（e-service）、电子民主（e-democracy）、电子商务（e-commerce）和电子管理（e-administration 或 e-management），统称为电子政务（e-government affairs）。其实，这四项职能电子化的内容互有交叉，并没有严格的界限。比如，电子服务和电子民主有重合内容，没有电子服务，多方沟通和全面参与就不可能实现；电子服务和电子商务有重合内容，缺少电子商务，一些电子服务就无法有效提供；电子商务和电子管理也有重合内容，政府有自己的电子商务活动，而电子管理中也会涉及政府采购、电子银行、电子支付等方面。当然，在把这些职能电子化之后以系统功能呈现时，要求这些功能的内容和流程必须是事先经过集中、优化和整合的，并以协同、互动的形式存在。实际上，电子政府包括其电子政务乃至与其电子政务建设相关的所有事务。

(3) 从构建次序来看，电子政府由这样一个递进的序列组成：一是政府机构中有效率的个体。政府工作人员应掌握与岗位相适应的信息技术，并学会利用这些新技术提高工作效率，增强协作和信息处理能力。二是部门中高绩效的办公自动化小组。基于先进的信息技术平台，政府部门将有效率的个体整合在一起，在群体合作、信息处理、时间管理以及决策制定等多方面，形成新的结构模式。三是政府信息基础设施。依照标准规范建立起企业化、大规模的政府信息基础设施，把局部的自动化扩充到整个政府体系中，从而在更加广阔的范围内保障信息的共享和交流，这是新的政府突破传统政府界限的先决条件。四是政府信息内容数字化。五是开放的电子化政府。在以互联网为核心的全球互联的虚拟空间中，只要人们需要，政府就可以跨越时空障碍执行公务。政府可以产生一些新的行政程序来赢得公众的支持和认同，而公众也将以极大的热情介入“数字化政治行为”中，从而形成良性的互动。[②] 这个递进序列清晰地阐明了工作人员科技素质提高、组织结构模式重组、信息基础设施建设以及信息和服务数字化等都是电子政府构建的阶段性任务，都是电子政府的重要构件和基础前提。

(4) 从构成形态视角，电子政府主要分为后台办公室（back office）和前台办公室（front office）。其中，后台办公室是指政府部门内部管理系统，又称后台管理或后台系

---

① David Brown, “Electronic Government and Public Administration”, Public Policy Forum, Ottawa, Canada, http://ras.sagepub.com/cgi/content/abstract/71/2/241, *International Review of Administrative Sciences*, 2005, 71 (2): 241-254.

② 参见李永刚：《“电子政府”的理念与现实》，载《中国行政管理》，1999 (11)，40～41 页。

统，它覆盖了部门内部所有业务操作环节的管理，将各种业务环节的“信息孤岛”连接在一起，使得各种业务的信息能够实现集成和共享，进而实现业务环节之间协同办公；前台办公室是指客户关系管理（CRM[①]）系统，由于其管理范围和功能直接面向公众，位于部门运作的最前端，故又被称为前台管理或前台系统，它能帮助改善政府与公众、企业及其他政府部门之间的关系，更好地响应公众的个性化需求，提供多元化服务，提高公众的满意度。做好后台办公室，可以有效管理政府的内部环节，而只有做好了前台办公室，才能吸引公众，让更多的人享受到政府提供的信息和服务。至于前后台办公室构建的次序，欧盟大多数国家采取的是“前台服务带动后台整合”的策略，而比利时政府采用的是“先后台整合，再前台建设”的策略。[②]

（5）从表现形式视角，电子政府主要包括各级政府部门的电子政务网络（包括政务内网、外网，有的还有专网）及其上运行的系统和内容、行政服务中心[③]及其服务窗口、政府门户网站[④]及其用户界面等，而这些形式赖以存在的支撑环境既包括国家信息基础设施建设、信息通信设备建设、信息资源数据库建设等技术层面的内容，也涉及组织变革和政府内外部关系转变，包括政府观念和认识转变、政府职能转变、组织结构调整、业务流程再造、管理方式和运行模式转变，以及与信息管理和安全相关的法律、法规、政策及制度建设等管理与法律层面的内容，所有这些都属于电子政府的内容范畴。

如果把构成形态和表现形式结合起来看，电子政府包括三层“前台—后台”关系：第一层是企业和公众与政府门户网站之间的“前台—后台”关系，第二层是政府门户网站与行政服务中心之间的“前台—后台”关系，第三层是行政服务中心与各政府部门之间的“前台—后台”关系。其实，在不同的信息化和电子政务发展水平下，“前台—后台”层级关系数量及其密切程度会存在很大的差异。在电子政务发展水平较低的情况下，层级数量较少，相互之间关系的密切程度也较低；随着发展水平的提高，层级数量应逐渐增加，其密切程度也会相应地增加。[⑤]

2.4　电子政务

在研究政府上网时，人们也探讨党委、人大、政协、法院和检察院等的上网问题，但

① CRM：customer relationship management.

② 参见马蕴：《比利时电子政务发展特点及启示》，见 http://www.yn.gov.cn/yunnan,china/72633751015784448/20040601/2648.html，2004-06-01。

③ 行政服务中心是在服务型政府理念的指导下，通过集中式办公的政府组织方式，依靠先进的信息技术手段，为公众和企业提供一体化服务的一种新型的综合性管理机构的总称，其名称有政务大厅、行政审批中心、办证中心、市民服务中心等。

④ 政府门户网站是指一级政府在各部门信息化建设的基础之上，将各种应用系统、数据资源和网络资源集成，在互联网上建立一个跨部门的、综合的信息管理平台并提供通向这一平台的单一的通信接口，使公民、企业与政府工作人员都能快速便捷地接入所有相关政府部门的政务信息与业务应用，并获得个性化的服务，从而使合适的人能够在恰当的时间获得恰当的服务。

⑤ 参见李广乾：《解析：电子政务前台—后台服务体系特点》，见 http://www.enet.com.cn/article/2007/0208/A20070208433391_2.shtml，2007-02-08。

并没有把后面几个政务部门归于政府之列，因为政府虽然有广义和狭义之说[1]，但我国宪法中已经明确规定，政府指的是各级国家行政机关，包括中央人民政府——国务院和地方各级人民政府。[2]“电子政府”中的“政府”也是同样指代。因此，虽然各级党委、人大、政协、法院和检察院等政务部门也采取与各级政府相同或相近的模式建设相似的网络系统和业务系统，且有些地方的所有政务部门共用统一的政务网络和信息平台，但人们还是将政府和其他政务部门分开。然而到研究电子政务时，问题却来了，因为政务的概念有广义和狭义之分，广义的政务泛指各类行政管理活动，狭义的政务才专指政府部门的管理和服务活动，而党委、人大、政协、法院、检察院等本身就是政务部门，所有的企事业单位也都有自己的行政管理活动，于是，各行各业的人争相使用电子政务的概念，组织自己的“电子政务建设”，开发自己的“电子政务系统”，概念泛化的倾向出现了。这种现象的是与非我们暂且不论，单就中国电子政务建设战略规划与行动计划而言，它并没有涉及企事业单位一类组织单元和层次，为此，基于中国管理体制的实际情况，我们把狭义的政务从政府部门扩大至涵盖执政党、国家权力机关、政协、司法机关等其他政务部门是比较合适的。事实上，这种范畴与我国已经建成的电子政务的重要基础设施——国家电子政务外网的服务对象范围是一致的，该政务公用网络建设的服务对象正是党委、人大、政协、政府、法院和检察院等政务部门。

2.4.1 电子政务的内涵

电子政务这个名词也是个舶来品，它对应的英文是 electronic administration，简写为 e-administration、eAdministration 或 e-Administration。也有用 electronic public administration[3] 的，但由于很多国家的政务都是狭义的，指代很明确，所以，一般并不需要用 public 来特殊限定。我国也是如此。然而，我国学术论文在英文摘要中采用这种译法的并不多，却是误用 electronic government 的相当多，这种误用既有前期误译的历史因素，也有国内外对电子政府和电子政务的认识存在分歧的现实原因。还有，很多专注于政府部门的电子政务研究的成果，多采用的是 electronic government（al）affair（s）的译法，也有人使用 electronic government administration，本书后续章节重点关注的就是这部分内容。

在中国，电子政务是信息技术在政务部门应用的结果，即信息技术与政务活动有机结合的产物，由此，我们界定电子政务的内涵主要取决于两点：一是如何给信息技术和政务活动下定义，二是信息技术和政务活动何以相互结合。

我们先来看信息技术和政务活动的定义。首先，信息技术是能够扩展人的信息器官功能的一类技术。根据这个基本定义得出的两个导出性定义被人们广泛使用：一是信息技术是指完成信息的获取、传递、加工、再生和施用等功能的一类技术；二是信

---

① 广义上的政府，泛指一切国家政权机关，如立法、司法机关，行政机关以及一切公共机关；而狭义上的政府，专指一个国家的中央和地方的行政机关。

② 参见《中华人民共和国宪法》第八十五条和第一百零五条。

③ The Prime Minister's Office of Hungary，E-PUBLIC ADMINISTRATION 2010 STRATEGY，Annex to Government Report No. …/2008，p1，2010，http://www.ekk.gov.hu/hu/ekk/strategia/egovstrategy.pdf.

息技术是指感测、通信、智能（包括计算机硬件、软件、人工智能）和控制等技术的整体。[①] 其次，政务活动是指所有政务部门的管理和服务活动。“电子”和“政务”两者相互依存，缺一不可，但关系有主从之别，即“政务”是核心，其属性要得到保留；“电子”是手段，是为“政务”服务的，正是因为信息技术手段的应用，才导致了政务电子化和网络化的结果。由此，可以把电子政务初步定义为：政务部门使用信息技术手段实现政务处理的电子化和网络化。

这一定义仍不完整，因为它虽然明确描述了电子政务的关键成因、操作对象和主要结果，却没有说明信息技术和政务活动相互结合的前提条件。而对于电子政务这样的涉及整个国家所有政务部门的庞大的社会化系统工程来说，由于最终是要在统一的信息平台上为社会公众提供整合的信息和服务，还必须保证信息可靠和服务有效，所以这种开放的、统一的、需要共享合作的管理环境必然要求所有政务部门的组织结构、流程、内容和工作模式等适应环境进行变革并率先实现规范化、标准化和一体化。而变革和“三化”的达成，牵涉复杂的组织变革和利益关系，关乎政治、权力和风险，因此，将遭遇来自体制内外的诸多顽固性障碍阻挠，如果没有强有力的政治和行政手段推动政务部门职能、组织结构、业务流程等行政体系要素作出相应转变来加以配合，是无法克服这些障碍的。可见，这些行政要素的相应转变实际上是“电子”和“政务”两者相互结合的必要的促发条件。

在定义中明确描述电子政务的发生过程和必要的促发条件，还缘于以往信息化建设实践给予的教训。以往，由于电子政务重要的战略地位，加之国家信息政策的全力推动，人们总以为从道理上“各个地方当局有独立的责任义务来发展自己的行动”[②]，并会为电子政务建设预备好所需的基础条件。然而，严峻的现实是：已经建立起来的政务部门的强大的制度化和职业化的秩序很难改变。以政府为例，“决策者们很少考虑在网络背后，对政府的基本组成部分进行整合或者重组”[③]，“只要有可能，无论是否创新，决策者在使用信息技术的时候，决不触动那些更深层面的结构和程序，比如说权力关系、政治关系和监督程序。政府组织倾向以一种提高效率和能力同时维持现状的方式，将信息系统纳入现行的轨道”[④]，而其结果只能是“导致现存制度结构的再生产……在大多数案例中，在缺乏真正的结构性改革的情况下，现有的结构已经被数字化”[⑤]，而这导致了现存制度结构的固化，直接影响到“电子”和“政务”结合的范围与程度，严重损害了电子政务的功能发挥和绩效提升，甚至增加了继续改革的阻力和风险。由此可见，为电子政务建设过程提供明确的规划指导和有力的制度保障是非常必要的。

在许多具有行政要素转变内容的电子政务定义中，都或多或少地提出了“电子”和

---

① 参见中国科学技术协会编：《信息技术》，63 页，上海，上海科学技术出版社，1994。

② Katarina Giritli Nygren，“E-Governmentality：on Electronic Administration in Local Government”，*Electronic Journal of E-Government*，2009，7 (1)：55.

③ ［美］简・E・芳汀：《构建虚拟政府》，10 页。

④ 同上书，24 页。

⑤ Katarina Giritli Nygren，“E-Governmentality：on Electronic Administration in Local Government”，*Electronic Journal of E-Government*，2009，7 (1)：55.

“政务”两者相互结合的促发条件，其中有一个定义集成了其他定义的内容，比较全面地揭示了电子政务的属性和特征，同时，也较好地揭示了信息技术和政务活动相互结合的发生条件：电子政务就是各级政府部门以信息网络为平台，综合运用信息技术，在对传统政务进行持续不断的革新和改善的基础上，实现政府组织结构和工作流程的重组优化，将政府的管理和服务职能进行集成，超越时间、空间的界限，打破部门分割的制约，全方位地向社会提供优质、规范、透明、符合国际标准的管理和服务，实现公务、政务、商务、事务的一体化管理和运行。只是它定义的主体限于政府部门，需要将之扩展到所有政务部门。为此，我们认为电子政务是指各级政务部门以信息网络为平台，综合运用信息技术，在对传统政务进行持续不断的革新和改善的基础上，实现组织结构和工作流程的重组优化，将其管理和服务职能进行集成，超越时间、空间的界限，打破部门分割的制约，全方位地向社会提供优质、规范、透明、符合国际标准的管理和服务，实现公务、政务、商务、事务的电子化、网络化和一体化管理与运行。

这个定义至少包含三个方面的信息：第一，电子政务必须借助于信息网络和信息技术，离不开信息基础设施和相关软件技术的发展，它们是电子政务的物质基础；第二，电子政务的主体是国家各级政务部门，客体是与公共权力行使相关的公共事务，除了政府机关的行政事务以外，还包括执政党、立法部门、司法部门以及其他一些公共组织的管理事务，如检务、审务、社区事务等，主客体统一于作为物质基础的工具化的网络信息技术平台；第三，电子政务并不是简单地将传统政务原封不动地搬上网络，而是要对政务部门的传统政务进行革新和改善，对组织结构和业务流程进行重组优化，使其更适应于行政网络环境的发展，也有利于信息技术的应用，最终是要实现公务、政务、商务、事务的电子化、网络化和一体化。可见，电子政务与传统政务之间有着显著的区别，具体对比情况如表 2—2 所示。

表 2—2　　传统政务和电子政务的区别

对比项目	传统政务	电子政务
办公手段	纸质文件和传媒作为信息传递的介质	利用计算机和互联网传输与交换信息
存在方式	实体性	虚拟性
空间属性	地域性	超地域性
管理方式	集中管理	分权管理
运行环境	传统经济环境	以知识为基础的数字经济环境
组织结构	金字塔形垂直化分层结构	网络型扁平化辐射结构
运行方式	实体性管理	系统程序式管理
工作中心	以部门和职能为中心	以公众需求为中心
工作重心	以管理、审批为重心	以服务、指导为重心
业务处理流程	复杂，前后串行作业	标准化、规范化、一体化，协同并行作业
决策参与范围	主要集中在部门内部	内部与外部共同参与
主要议事方式	会议	网络会议
办事时间和方式	8 小时工作时间，面对面	7×24 式，跨越时空限制

续前表

对比项目	传统政务	电子政务
办事要求和过程	必须事先了解各部门的职能、权限和分工，然后按照先后顺序分别到不同部门去办理	无须了解办理部门及流程，在政务服务中心窗口统一受理，或在互联网上提供单一窗口，实现“一站式”办公和“一条龙”服务
管理成本效益	边际成本递增而收益递减	边际成本递减* 而收益递增
生效标志	公章等	数字签名

* 政务边际成本递减是指社会管理的中间成本在社会管理范围扩大中相对减少。

我们所希望的或理想中的政务处理的“电子化”和“网络化”，绝不是简单地仿真或直接地平移，而应该是由一连串的政治行为和行政干预促发的彻底的行政体系要素转变之后形成的结果，而这种结果到底怎样，取决于政务部门能否为电子政务建设创设必备的促发条件并进而使其合法化地发挥作用。如果适合的促发条件不能提供的话，非但组织变革不能发生，利益关系难以调整，而且会增加对未来政府组织和管理进行变革与创新的难度。为此，需要政府在深刻理解和认识到这种结合的复杂性与困难度的前提下，积极主动地采取强有力的措施，提供两者结合的促发条件。

2.4.2　电子政务的外延

我们可以从电子政务的组成部分、实现内容、建设主体、服务对象和应用形式等方面对电子政务的内容和范围进行分类。

1. 从电子政务的组成部分看

从组成部分看，围绕政务部门内部、部门之间和部门与公众之间这三条主线，电子政务主要包括政务部门内部核心政务的电子化和网络化、政务部门之间通过网络实现信息共享和实时通信达成的信息传递与交换电子化、政务部门通过网络与公众之间进行双向信息交流实现的信息发布与公众服务电子化三个部分。由此，也把一级政务部门的电子政务系统分为政务部门内部的办公自动化系统，政务部门之间的资源共享和协同办公系统，政务部门面向公众提供信息服务、网上办事与互动交流的信息系统等三个组成部分。一个完整的电子政务系统，就是由这三个组成部分有机结合而成的。

（1）政务部门内部政务的电子化和网络化办公。这是电子政务的基础，但这绝不是简单地将传统的办公模式照搬到网上，即既不是传统政务模式与信息技术的简单叠加，也不是用信息技术适应封闭、僵化、落后的传统行政体制，而是要以政务流程优化等需求为导向，引导政府管理模式改革，这将带来行政观念与办公模式上的一次革命。目前各级政务部门广泛建设和使用的办公自动化系统即属此类，它使得各级领导可以在网上及时了解、指导和监督各部门的工作，并向各部门作出各项指示。

（2）政务部门之间通过网络实现信息共享和实时通信。各级政务部门的信息资源要为全社会所共享，以推动社会和经济的发展，为此，要求各部门在资源共建共享的基础上进行协同办公（具体形式有远程视频会议等），以实现“7×24”（每周 7 天，每天 24 小时）式的信息和服务提供，它的信息含量大、服务效率高。国家建设完成的“三金”工程和电子口岸执法系统等就是这类电子政务系统的典型例子。这类系统既可使政务部门提高办事效率、质量和标准，又能节省开支和起到监督反腐的作用。

（3）政务部门通过网络与公众之间进行的双向信息交流。各个政务部门通过建设信息服务、网上办事与互动交流等信息系统，来发布公共信息，进行网上招标、网上招聘和网上服务，接受网上投诉，进行网上民意调查，听取公众反馈，体现政务部门整体的高效、便捷。

2. 从电子政务的实现内容看

从上网的政务内容看，电子政务主要包括：

（1）部门上网。对于政务部门的名称、组成、职能、办事章程、时限以及各项政策法规等，凡是可以公开的“权限”都必须彻底公开。

（2）信息上网。网上适时公布政务部门的各种数据、文件、资料、档案等信息，并及时更新。

（3）日常活动上网。网上公开政务部门的各项活动，在方便公众有序参与政府决策过程和行使民主监督权利的同时，也适时展开社情民意调查，并针对公众意见和建议做出快速反应和有效处理。

（4）办公活动上网。网上开展审批、申报备案、年检、注册和无纸化办公等，在政务部门实现互联互通和资源共享的同时，各级领导可以在电子政务网络上指导工作，而公众可以在互联网上完成项目审批、申请护照、缴税、投诉、更新车辆牌照等业务活动。

（5）监管上网。通过网上电子公示系统、电子监察系统等提供信息查询、过程跟踪、结果披露、投诉举报、意见反馈等功能，为公众和各方监督机构实时监管政务部门权力运作情况提供渠道和工具，以查处和打击违纪违法问题。

除了上述相关职能和内容上网以外，电子政务还可以建立起与各个部门相应的专业交易市场、人才市场、网上展销会等。这些电子政务内容由于大多是由国家部门来牵头组建的，故具有极高的权威性，不仅可以吸引更多的企业和公众参与，逐渐形成规模和气候，还可以避免重复建设，提高社会和经济效益。

3. 从电子政务的建设主体看

从作为建设主体的政务部门看，电子政务主要分为政府的电子政务、党委的电子政务（也称为电子党务）、人大的电子政务、政协的电子政务、法院的电子政务和检察院的电子政务，等等。需要说明的是，本教材后文中所讲的电子政务，如果没作特殊说明，指的都是政府的电子政务（e-Government affair）。如，政府的主要职能在于经济管理、市场监管、社会管理和公共服务，而电子政务就是要利用信息技术对政府进行信息化改造，将这四大职能电子化和网络化。

4. 从电子政务的服务对象看

从服务对象和工作内容看，电子政务主要包括四个方面的内容。

（1）政府对公众（government to citizen，G2C）的电子政务。它致力于网络系统、信息渠道以及在线服务的建设，不仅通过网络向公众公开政务信息，还为公众提供更便捷、更高品质、更多元化的服务，以及快捷方便的服务获取渠道和参政议政平台。G2C 是电子政务的重要内容，业务应用主要包括教育培训服务系统、电子人才中介服务系统、电子民主管理系统、电子身份认证系统、电子化社会保障服务系统、电子医疗保险服务系统、电子证件服务系统、电子就业服务系统、公众信息服务系统、公民报税服务系统、交通管理服务系统等。

（2）政府对企业（government to business，G2B）的电子政务。它致力于为企业提供各种信息服务，通过电子网络系统进行电子采购与招标，在打破各政府部门之间的界限、精简管理业务流程、简化行政审批手续等基础上，使电子商务和电子政务一体化运行，以实现政府相关业务部门在资源共享基础上的高效率服务，为企业营造安全、有序、合理的电子商务环境，并引导和促进电子商务发展。G2B 业务应用主要包括政府电子商务系统、政府电子采购与招投标系统、电子税务系统、电子工商行政管理系统、综合信息服务系统、电子证照办理系统、信息咨询服务系统等。

（3）政府与政府（government to government，G2G）之间的事务。G2G 是上下级政府、不同政府部门之间的电子政务，致力于政府办公系统自动化建设，主要通过网络连接对政府部门进行横向或纵向的跨功能整合，实现部门间的信息交换、信息共享和业务协同，以提高行政效率和降低工作成本。G2G 业务应用主要包括电子办公系统、电子法规政策系统、电子公文系统、电子财政管理系统、电子邮递系统、绩效评估系统、电子司法档案系统等。

（4）政府与政府工作人员（government to employee，G2E）之间的事务。也有学者称之为内部效率效能电子政务模式。G2E 致力于实现政府机构内部的电子化管理，主要是利用内网建立起有效的行政办公和员工管理体系，内容既包括管理部门利用信息化手段对工作人员进行管理，还包括工作人员通过信息技术实现网络办公、接受管理部门的管理并进行反馈等，主要目的是提高政府工作效率和工作人员管理水平。G2E 是 G2G、G2B 和 G2C 电子政务模式的基础。G2E 的业务应用主要包括工作人员日常管理系统、电子人事管理系统、电子培训系统等。

此外，从电子政务的应用形式看，当前建设的电子政务系统主要包括：电子办公系统、电子法规政策系统、电子公文系统、电子财政管理系统、电子邮递系统、横向网络协调管理系统、垂直网络管理系统、绩效评估系统、政府电子商务系统、政府电子采购与招投标系统、电子税务系统、电子工商行政管理系统、综合信息服务系统、中小企业电子服务系统、教育和培训服务系统、电子民主管理系统、电子身份认证系统、电子化社会保障服务系统、电子医疗保险服务系统、电子就业服务系统、公众信息服务系统、工作人员日常管理系统、电子人事管理系统、电子培训系统等，我们将在第 6 章中具体介绍。

可见，电子政务绝不是一个相对固定的单一事物，而是一个包罗万象的范畴，其外延建设不可能一步到位，需要经历一个渐进的发展过程。

需要说明的是，电子政务外延建设的主要途径是电子政务系统建设。电子政务系统从本质上讲是程序系统。狭义的电子政务系统，仅指程序系统本身。而广义的电子政务系统，却包括网络平台、存储平台、应用平台、硬件设备、程序系统和组织建设等诸多组成要素，是一个关系复杂的网状立体的交叉结构的系统。我们研究的电子政务系统虽然取其狭义，但其内容范围却延伸至系统所依托的平台和所依靠的管理与操作人员。可见，电子政务与电子政务系统之间的关系，是业务和载体的关系，是处理对象和工具手段的关系，也是操作对象和操作主体的关系。一般来讲，实现电子政务就是实现政务的电子化、网络化和一体化，即建设电子政务系统。[①]

对于上述这些时刻处于变化和发展之中的新兴事物来说，要想给出一个非常周全的概念界定并不是一件容易的事情。为此，我们在研究和讨论上述一些概念，尤其是没有取得一致观点的概念时，尽可能地列举出了理论界和实践界的不同观点，我们认为这对读者全面、系统地了解电子政府的发展历史和前沿动态来说是十分必要的。这一方面能全面反映人们在该事物发展过程中不同阶段的认识及其达到的高度，另一方面也能提醒读者们学会全方位、多角度地综合和辩证地看待事物。具体反映在概念上，就是概念应该是灵活的和可以相互转化的，是富有具体内容的、有不同规定的、多样性的统一，因为对一个快速发展的事物来说，认识、观念和知识的不断更新是至为重要的。

电子政府的概念体系的适应性就应表现在它的各个组成要素相对稳定，而要素自身却始终随时间层面的递进性和实践层面的上升性而丰富，也就是说，要素是在不断发展和变化的，这样才能使其彼此之间保持相对平衡，并能够适应电子政府构建和电子政务实践的发展，从而达到为其实践发展提供正确的理论指导的目的。由此可见，构建电子政府的概念体系是十分必要和重要的。当然，这一概念体系能不能站得住脚，关键看它能否经受住实践的检验，看它为实践提供的认识、观念和知识是否客观、正确。

最后，关于电子政府与电子政务、电子政务与办公自动化、电子政务与电子商务之间的关系，不同领域的专家学者基于对这些概念的本质、应用范围和作用能力的不同的认识与预期而形成了各自不同的观点，且有些人常常把电子政府和电子政务混用，把电子政务系统与办公自动化系统建设等同，把电子政务和电子商务严格对立起来。这种概念不清、认识不统一的状况对于政府构建统一的电子政府框架和开展电子政务服务是极为不利的，既不利于对电子政府构建项目实行有效的目标管理，也难以对电子政府构建过程中的障碍问题提出理性的预期和解决方案。此外，由于电子政府概念的界定还牵涉电子政府的目标理念以及构建方式等问题，为了给电子政府构建提供统一的思想基础和必要的前提条件，在对这些概念进行合理界定的基础上再对其相互关系进行澄清，是非常必要和重要的。

本章小结

电子政府是一个极其复杂的、充满变量的系统。要深入理解和把握这样的系统，就必须从科学、合理地构建这个系统的概念体系入手。而科学、准确地把握概念体系中的关键概念，是我们对其进行理论研究和实践探索的逻辑起点。为此，本章比较详尽地分析了办公自动化、政府上网、电子政府和电子政务的内涵与外延，并简要探讨了电子政府的概念体系的组成要素，目的是帮助读者全方位、多角度地理解电子政府及其相关概念，并深刻体认它们之间的区别和联系，以便在统一认识、达成共识的基础上为电子政府构建和电子政务建设提供概念基础与思想基础。

---

① 参见张锐昕：《基于电子政务系统的政府绩效评估系统研究》，载《理论探讨》，2009（4），12页。

关键术语

信息技术（IT）　信息和通信技术（ICT）　国际互联网（Internet）　办公自动化（OA）　办公自动化系统（OAS）　管理信息系统（MIS）　决策支持系统（DSS）　政府上网　网上政府　电子政府　数字政府　虚拟政府　虚拟机构　电子化政府　前台办公室　后台办公室　电子政务　电子政务系统

复习思考题

1. 电子政府概念体系的组成要素有哪些？
2. 简述办公自动化和办公自动化系统之间的关系。
3. 简述办公自动化系统的三个层次。
4. 如何确定政府职能上网的内容范围？
5. 从行政管理的角度看，政府职能可以分为内向性行政和外向性行政。内向性行政是指行政人员对其机关内部事务的管理活动；外向性行政是指行政人员对国家事务和社会公共事务的管理活动。你认为内向性行政应不应该搬上互联网？谈谈你的理由。
6. “政府要上网，就必须真正上网。”这里所说的“真正上网”的含义是什么？
7. 过去一些人认为“电子政府就是虚拟政府”，发展到现在，这种说法是否成立？简述你的想法和理由。
8. 请你解释 e-government 中“e”的含义。
9. 你是如何理解“电子政府”将可能重新被称为“政府”的？
10. 你是如何理解“电子化政府”的？你认为使用这一术语能否对人们正确、深入地理解“电子政府”有所帮助？
11. 有学者这样定义数字政府：数字政府是指政府运用地球信息系统、遥控、网络、多媒体、虚拟仿真等高新技术搜集信息、整合信息、产生信息，并依据所产生的信息对城市和社会实施有效管理的技术手段。你如何看待把数字政府仅当作一种技术手段这种观点？
12. 在电子政务内涵界定中，谈到“超越时间、空间的界限，打破部门分割的制约”，为什么在已提出“超越空间的界限”之后又特别强调要“打破部门分割的制约”？谈谈你对此的理解。
13. 简述办公自动化的内涵和外延。
14. 简述政府上网的内涵和外延。
15. 简述电子政府的内涵和外延。
16. 简述电子政务的内涵和外延。

参考文献

1. 张锐昕编著. 办公自动化概论（第二版）. 北京：清华大学出版社，2012

2. 张锐昕主编. 电子政府概论（第二版）. 北京：中国人民大学出版社，2010

3. ［美］简·E·芳汀. 构建虚拟政府. 北京：中国人民大学出版社，2004

4. 张锐昕. 政府上网与行政管理. 北京：中国大百科全书出版社，2003

5. Ibrahim Kushchu. *Government：An Emerging Direction in e-Government*. IGI Publishing，2007

6. Donald F. Norris. *Current Issues and Trends in E-government Research*. Hershey，PA：Idea Group Pub，2007

7. Viktor Mayer-Schonberger and David Lazer. *Governance and Information Technology：From Electronic Government to Information Government*. Boston：The MIT Press，2007

8. G. David Garson. *Public Information Technology and E-Governance：Managing the Virtual State*. Raleigh，North Carolina：Jones and Bartlett Publishers，Inc.，2006

9. Darrell M. West. *Digital Government：Technology and Public Sector Performance*. New Jersey：Princeton University Press，2005

10. Mehdi Asgarkhani. The Effectiveness of e-Service in Local Government：A Case Study. *The Electronic Journal of e-Government*，Volume 3 Issue 4，2005

11. Kim Viborg Andersen. *E-government and Public Sector Process Rebuilding (PPR)：Dilettantes，Wheel Barrows，and Diamonds*. Boston：Kluwer Academic Publishers，2004

12. OECD. The e-government imperative：main findings. http://www.oecd.org/dataoecd/60/60/2502539.pdf，2003

第3章 电子政府的理论基础

本章重点问题

- 新公共管理
- 新公共服务
- 协同政府
- 管理信息系统

电子政府是一种新的政府管理形态，电子政务是一种新的公共服务范式，而无论是电子政府构建还是电子政务建设，都只有依靠新公共管理、新公共服务、协同政府和管理信息系统等理论的支撑才能进行，否则与之相关的管理活动和服务策略就失去了可靠性。为此，本章从新公共管理、新公共服务、协同政府和管理信息系统等方面介绍这些理论对电子政府构建的理论支撑作用及对电子政务建设的影响与推动作用。

3.1 新公共管理

3.1.1 电子政务与新公共管理的关系

电子政务是政府在公共管理过程中应用信息技术的一种新的治理方式。新公共管理（NPM[①]）是政府应对新技术变革过程中在管理理论和技术创新上所形成的结果，其主要趋向是再造信息时代的政府治理结构——电子政府。电子政务体现了把工商管理的理论、

① NPM：new public management.

方法和管理经验移植到政府公共管理中的新公共管理精神，具体表现为：它既吸收了电子商务顾客导向和客户关系管理等管理理念，又进一步发展为民主管理，使政府管理更为透明；既吸收了电子商务运用互联网提供服务的技术手段和网络化管理与服务的管理方式、服务范式，又进一步发展为运用信息技术促进政府组织结构的完善、行政业务流程的优化再造、政府管理效能与服务质量的提高和政府管理创新。①

电子政务以提高政府治理效能为核心。新公共管理奉行效率至上的原则。新公共管理强调市场机制、工商企业管理方式和社会化手段在公共管理中的广泛运用，强调管理的高效率。为了提高效率，政府部门需要灵活配置有限的资源，从规章导向转向结果导向，即向注重提供优质公共服务的方向发展，创造更多的公共产品，提供更好的公共服务。电子政务则践行了新公共管理这种效率至上的理念，采用先进的通信技术、信息处理技术和业务建模技术，快速传送工作信息，全面掌握资源信息，灵活配置业务流程，科学评价工作成果，有效地提高了政府部门的行政能力。

新公共管理倡导通过发展电子政务，对金字塔形的传统政府组织结构进行再造，实现扁平化管理。电子政务技术通过构建虚拟政府，重组组织结构与业务流程。新公共管理强调采用分权化组织结构对政府机构进行再造，目的是缩小政府规模，压缩垂直机构，使政府组织结构向扁平型方向发展。电子政务技术通过采用信息网络技术，有效缩减了政府机构。即使是在政府部门之间、中央和地方政府之间关系的调整与改革方面，如部门之间要求建立稳定而有弹性的相对合理的动态平衡关系，电子政务也可以相应地实行技术再造，支撑政府机构的改革，再造电子政府。

3.1.2 新公共管理理论简述

20 世纪最后的 20 余年，为迎接经济全球化、信息化和国际竞争加剧的挑战以及摆脱财政困境和提高政府效率，西方各国相继掀起了政府改革的热潮，其基本取向是以采用工商企业管理理论、方法及技术，引入市场竞争机制，强调顾客导向以及提高服务质量为特征的新公共管理实践模式。② 新公共管理起源于英国、美国、澳大利亚和新西兰，并逐步扩展到其他西方国家乃至全世界，成为当代政府管理改革的主要理论，对当代政府改革与治理影响巨大。

作为一种正在成长并且日益取代旧的公共行政模式的公共部门管理的新模式，“新公共管理”有不同的名称，如“公共管理主义”（或“管理主义”）、“企业化政府”、“后官僚体制模式”、“以市场为导向的公共行政”等。新公共管理理论并不强调采用规范、集权、监督、控制以及加强责任制的方法来改善政府管理绩效，不过分注重工作过程，而是将公民视为顾客，把顾客放在首位，主张在政府管理中采纳企业化的管理方法来提高管理效率，改革和再造政府部门，注重工作结果，追求“3E”③，强调市场的作用，在公共管理中引入竞争机制来提高服务的质量和水平，以市场或顾客为导向来改善行政绩效。新公共

① 参见蔡立辉：《电子政务：信息时代的政府再造》，31～32 页，北京，中国社会科学出版社，2006。

② 参见陈振明主编：《公共管理学——一种不同于传统行政学的研究（第二版）》，106 页，北京，中国人民大学出版社，2003。

③ 3E：economy，efficiency and effectiveness，即经济、效率和效益。

管理理论的主要观点是：

1. 掌舵型政府

重塑起催化作用的政府——掌舵而不是划桨[①]，即政府应该只是聚精会神地制定政策（掌舵）而不是执行政策（划桨），通过权力下放，把管理和操作分开，从具体执行的政府转变为善于治理的政府，把提高行政效率作为工作重点，创造一个少花钱多办事的高绩效政府。掌舵型政府转向将政策制定（掌舵）与政策执行（划桨）分开的公共管理体制[②]，通过发现实现公共目标的最佳途径，提出更加全面的解决公共问题的办法，利用和整合公共部门、私营部门和第三部门的资源优势来提供更加优质的公共服务。

2. 企业化政府

为了提高政府工作效率，可将绩效评估、目标管理、成本核算等企业管理方法引入公共行政领域。通过将企业管理的讲求投入和产出、讲求成本核算的精神引入政府管理之中，政府可以提高公务员的责任感，同时还可以科学衡量其工作业绩。政府应广泛采用企业的管理手段，重视人力资源管理，采用短期聘用制和高级雇员制，签订绩效合同，实行合同外包，推行服务承诺制，引入货币化激励，采用全面质量管理，降低成本，提高效率。

3. 分权化结构

政府应广泛采用授权和分权的管理方式，适应社会的快速变化，增强政府的灵活性、敏捷性、高效性，实现管理创新。通过减少层级、授权和分散决策权的办法可以对外界变化迅速作出反应，有效地解决社会问题。将社会服务与公共管理的权限通过社会参与或民主的方式下放至社会组织，如社区、家庭、志愿者组织，实现社会的自我服务、自我管理。

4. 市场式治理

新公共管理认为市场竞争机制有助于提高资源配置效率，主张用某种建立在市场基础上的机制代替传统的官僚体制。[③] 政府应该在公共服务供给和政府管理过程中引入市场竞争机制，通过放松管制，广泛引进竞争机制，取消公共服务供给的垄断性，让企业参与公共服务的供给，在各公共部门之间、公共部门与私营部门之间为公共物品和服务的提供展开竞争，迫使垄断组织对顾客的需要作出反应，通过竞争鼓励革新，让提供公共物品和服务的公共部门接受市场的检验。

5. 顾客导向型政府

新公共管理主张政府提供的服务应该满足顾客需求而非官僚需要，即政府应重视提供公共管理的效率、效果和质量，对顾客负责，实施明确的绩效目标控制，改变“只计投入，不计产出”和只对上级负责的传统管理方式，根据绩效目标对工作完成情况进行测量和评估，按效果而不是按投入拨款，按业绩而不是按目标付酬，按顾客需求作预算，实行绩效管理，增强组织的使命感。

---

① 参见［美］戴维·奥斯本、特德·盖布勒：《改革政府——企业精神如何改革着公共部门》，1 页，上海，上海译文出版社，1996。

② 参见上书，11～12 页。

③ 参见［美］B·盖伊·彼得斯：《政府未来的治理模式》，25 页，北京，中国人民大学出版社，2001。

3.1.3 新公共管理对电子政务发展的推动作用

新公共管理的兴起和发展为解决政府管理问题提供了新的视角，给公共行政的发展注入了新的活力，极大地推动了政府管理技能与方法的研究和发展，导致电子政务及在线服务等公共管理方法在实践中的产生和广泛运用。① 从一定意义上说，电子政务是政府管理发展到以新公共管理为理论基础阶段的必然形态，是信息时代的政府再造。新公共管理理论对电子政务发展具有较大的影响，主要表现在以下几个方面：

1. 推进政府在线服务

电子政府以公众至上和顾客导向为服务理念②，即以公众为中心，加强政府网站建设，为不同公民提供涵盖全生命周期范围的公共服务。首先，新公共管理主张的顾客导向原则，渗透到电子政务的设计、实施和使用的全过程中，特别体现在政府在线服务上。在线服务是通过政府网站提供公共服务的有效方式，服务内容需要从信息发布服务、业务办理结果查询服务、工作表单下载服务等方面，不断拓展到业务在线办理、资料网上流转、结果在线反馈等方面。其次，新公共管理强调政府部门需要仔细聆听顾客的心声，认真分析其需求，承诺提供顾客所关注的公共服务。电子政务的需求分析、系统设计和用户界面设计都在全面体现新公共管理的顾客导向观。很少有像电子政务这样的管理方式，把顾客的需求放在首要位置，从真实和潜在需求的获取、需求内容的逻辑转换、信息处理流程再造、系统界面模块设计等方面，全面体现顾客的需求。最后，新公共管理认为公民是以顾客的身份有选择性地参与。不同类型的顾客具有不同的需求。电子政府针对不同的用户，设计不同的界面，提供不同的功能，满足各类用户的需求。即使是多元化的公共管理主体，电子政务也可为不同的主体，如公务员、民间组织、企业等，分别提供有效的管理手段。

2. 促进部门业务协同

电子政务促进部门之间业务协同，全面提升政府工作效率。政府提升工作效率的难点，并不是单个部门的工作效率的提高，而是跨部门办公的工作效率的提高。跨部门工作的开展，经常受制于制度效力不高、资源配置不到位、动力机制不健全、部门自身工作繁忙等多种原因。已经制度化的跨部门的工作，比如公文收转发、商征工作意见等，在开展业务协同方面难度不大。在这方面，电子政务建设的重点将逐步放在具有时代特征、地域特色的重大现实问题的跨部门协同解决上，比如重大项目绿色审批通道、省市县三级联网监察等。

3. 电子政务服务外包

政府是掌舵者，需要把船桨交由社会来划。电子政府也要加强服务外包，引入竞争机制。电子政务服务不能单由政府的技术支持部门来完成，而是需要深化政府与社会的合作，让企业参与公共服务的供给，依靠社会的资源，采取政府采购的形式，将电子政务的工程建设、技术管理、系统运维等工作内容直接外包给社会单位，鼓励政府的技术支持和

---

① 参见蔡立辉：《电子政务：信息时代的政府再造》，12页。

② 同上书，32页。

社会单位共同参与电子政务服务的外包，在政府部门之间、政府部门与企业之间为服务的提供展开竞争，通过竞争提升服务质量，让提供外包服务的政府部门接受市场的检验。

4. 推动公共信息共享

政府管理中通过引入企业管理方法来降低管理成本，电子政务则需要通过推动公共数据的共享，加强数据质量管理，来全面提升基础设施的服务能力。政府管理可以采用全面质量管理，核算管理成本，降低投入，提高产出。电子政务建设方面，需要在更广范围、更高级别加强公共数据的建设，规范和控制数据质量，推动数据交换和共享，同时快速提升政府和社会的各种信息化基础设施，如互联网、城域网、部门局域网、系统虚拟网络、网络信任体系、信息安全管理体系、数据交换和共享平台等。

5. 促进政务绩效评价

电子政务的根本目的就是提高政府管理效能。新公共管理强调顾客导向，推行绩效合同制，电子政务需要突出需求分析，加强绩效评价。新公共管理要求以顾客为导向改善政府管理绩效，电子政务则需要继续以提高服务效率、改进服务手段为工作方向。顾客导向，要求政府部门根据顾客需求确定公共服务提供内容与方式。在电子政务建设和管理过程中，则需要高度重视顾客需求的获取，正确识别和准确表达出顾客的需求，通过信息系统的建设和运行满足顾客的需要。在政府管理工作中，经常需要确立工作目标，对外签订工作合同，电子政务就可以以此为基础，建立相应的绩效管理目标，开展绩效评价。

3.2　新公共服务

3.2.1　电子政务与新公共服务的关系

电子政府以为公众提供优质、高效的公共服务为存在目的。从根本上改善政府的公共服务质量是电子政府的核心价值。电子政务作为一种在线公共服务范式①，体现了把公众本位、服务导向、民主与公平和公开透明等贯彻到政府公共管理中的新公共服务（NPS②）精神。电子政务的可持续发展，需要新公共服务理论的支持。如果说新公共管理理论为电子政务插上高效的翅膀，那么，新公共服务理论则为电子政务指明飞翔的方向。新公共服务理论强调公共服务对象是全体社会公民，而不是拥有话语权或其他资源的个别利益集团。公共服务不能照搬企业管理把赢利作为目的，其最终目标是公共利益，是社会的公平和正义。电子政务的服务对象没有停留在网民和信息技术熟练使用者这个层次，而是面向全体公民；没有局限于高新技术企业和大型企业，而是面向全体企业法人。电子政务以全体公民的公共利益实现为方向，从没有在办公自动化、行政审批、政府网站这些传统内容上原地踏步。

新公共服务提倡的回应性，反映了电子政务的普适性和敏捷性需求。新公共服务认为，政府必须对公民的需求和利益作出反应，对更广泛意义上的公民而不仅仅是具有合法

① 参见蔡立辉：《电子政务：信息时代的政府再造》，32 页。

② NPS：new public service.

身份的公民作出反应。在电子政务中，那些不具有当地合法公民身份的个人或者企业，不仅可以得到政府信息系统所提供的在线服务，还被引导参与当地各级政府部门组织的公共活动。新公共服务和电子政务都遵循公民优先的原则。政府服务的对象是公民，而不是顾客。[①] 政府必须主动倾听公民的呼声，理解其诉求，把公民的价值实现放在首要位置，对其利益诉求作出敏捷的、更好的回应。电子政务是政府获取公民诉求的最佳途径，是各种潜在社会冲突的探测器，是回应利益诉求的有效渠道。

电子政务是落实新公共服务所倡议的公民权的最佳平台。新公共管理把公民当成顾客，认为公民以顾客身份有选择性地参与公共管理；新公共服务则纠正了仅把服务对象当作顾客、委托人和选民的倾向，关注公民的社会身份，强调社会责任，认为服务对象以公民身份积极主动地参与管理。市场化不能产生更好的社会公民，只会培养更加精明的顾客。电子政务系统完全支持政府部门追求更强的社会责任感和公民信任度的努力，并辅助政府部门开展公民参与的对话与协作活动，以此不断推进社会发展进程。电子政务有助于帮助政府部门清晰识别、明白和满足公众共享的利益，而不是试图协助政府控制社会发展的新方向，也就是不断提供公共服务，而不是单纯依靠政府来掌舵。电子政务促进政府运用技术直接作用于顾客，推动政府治理模式由管制型向服务型转变。

3.2.2 新公共服务理论简述

登哈特夫妇（Janet V. Denhardt and Robert B. Denhardt）在《新公共服务：服务，而不是掌舵》一书中阐述了“新公共服务”的基本内涵。“新公共服务是关于公共行政在将公共服务、民主治理和公民参与置于中心地位的治理系统中所扮演角色的一系列思想和理论。”[②] 新公共服务起源于当前对居于支配地位的新公共管理主义的批判，抛弃新公共管理追求效益、效率、效能的单一价值取向，以民主治理、公民社会、公共对话、社会资本等为理论基础，认为公平比效率更重要，致力于寻找行政价值与公共精神相互融合的道路，重塑公平、公正、民主、正义等价值取向，修正管理主义的价值方向。

新公共服务理论重新强调民主化、公共性、合法性、公民精神、政府责任在公共管理中的作用，强调公民社会与政府资源的融合和协调，成为现代公共管理的希望之所在。公共服务导向型的现代化公共管理应是以政府为主体的公共组织提供公共物品和服务，以促进公共利益最大化为取向，公平、民主地运用公共权力，并以科学的方法对社会公共事务进行有效管理的公共活动。新公共服务认为管理者不只是给顾客提供服务，而是在服务的同时也提供民主，维护公民权利，把公共利益的民主价值、公民权和服务视为公共管理的价值。

以登哈特夫妇为代表的新公共服务理论的提倡者提出了以下改革原则：

1. 追求公共利益

公共行政追求的是公共利益，公共利益是新公共服务的一块基石。[③] 公共利益是就社

---

① 参见［美］珍妮特·V·登哈特、罗伯特·B·登哈特：《新公共服务：服务，而不是掌舵》，40页，北京，中国人民大学出版社，2004。

② 同上书，22页。

③ 参见上书，79页。

会共同利益进行对话与协商的结果，而不是个人自身利益的聚集。因此，政府部门及其工作人员不仅要关注“顾客”的需要，而且要着重关注“公民”并且在“公民”之间建立信任和合作关系。因为追求公共利益，公共行政才显得崇高神圣；因为崇高神圣，公共管理者的工作才显得富有意义。作为代表性公民的公共管理者，必须促进建立一种集体的、共同的公共利益观念。[①] 同时，公共管理者必须具备良好的公民精神与较强的公共服务能力，将观念与能力统一于公共服务实践过程之中。

2. 共享式公共治理

新公共服务理论认为，公民不仅仅是政府的顾客、投票者、委托人，还应该与政府部门分享权力，彼此信任，共同治理社会。政府不仅要关注“顾客”的需要，而且要着重关注“公民”并且在“公民”之间建立信任和合作关系。[②] 因此，政府需由传统的社会控制者转变为公共议题的安排者，不仅要分享权力，而且要创造条件，增强与公民和其他社会组织共同解决问题的能力，实现多元化治理。公共管理人员必须认识到他们在治理过程中所扮演的角色是责任的参与者或承担者，而不是企业家。

3. 参与式公共决策

公共管理人员不能单独决策，而应在对话、讨价还价、公民的授权和广泛的公民参与的基础上，来解决存在的问题，并制定政策，同时确保和证实这些决策产生的过程充分考虑到社会公平和正义。新公共服务理论不是以顾客为导向，而是强调以公民为主导，也即由公民来参与决策，并且让公民和政府共享政策制定和执行的权力，培养公民的责任和风险意识。

4. 重视公民资格与身份

新公共服务强调社群之类的合作性组织结构。新公共服务所指的社群，建立在关心、信任以及团队工作的基础之上，理解和承诺追求共同利益，通过合作解决冲突。社会中的每个人作为公民在社群中行动，必须发自内心地关心社群，关注更广泛的社会，承担具有非短期性利益的公共事务，乐意为社群内其他人引发的麻烦承担个人责任，为超越短期利益之上的问题承担责任，在追求个人权利的同时，对改进社群的行动也勇于承担责任。

以公民身份行动的社群在公民个体和整个社会之间可以建立有效的联系，推动社会的和谐发展。典型的社群，如家庭、邻里组织、志愿者组织、俱乐部和社会团体，提供更为积极的公民参与机制，在个人和社会之间建立起积极的、高效的联系。政府管理人员不仅要促进公民自我利益的实现，还要与公民一起去发现和明确地表达社会共同利益，并推动其实现。

5. 承认政府的公共责任

新公共服务理论承认责任在民主治理中的中心地位。这种公共责任主张基于这样一种理念，即公共行政官员即便是在涉及复杂价值判断和重叠规范的情况下也能够并且应该为了公共利益而为公民服务。[③] 公共责任包含专业责任、法律责任、政治责任和民主责任，

---

① 参见［美］珍妮特・V・登哈特、罗伯特・B・登哈特：《新公共服务：服务，而不是掌舵》，40 页。

② 参见上书，42 页。

③ 参见上书，115 页。

这些责任表明需将公共管理者的角色界定为引导者、服务员和使者，而不仅仅是企业家式政府。也就是说，政府部门不仅要充当提供公共产品和服务的角色，还要充当公共服务和产品提供过程中的协调者、调解者甚至仲裁者的角色。政府鼓励公民超越私利去关注广泛的公共利益和社会命运，认知公共事务，形成集体意识，承担公共责任。政府部门自身作为与公民相向而行的社会善治的好伙伴，应竭力实现公平、正义等政治系统的核心价值。此外，政府还要在公民之间推动建立信任与合作关系。

3.2.3 新公共服务理论对电子政务发展的推动作用

新公共服务推动公共管理从效率和业绩导向移向民主、公平、正义、回应和公共责任等实质性公共价值，重新返回公共行政的核心价值主张——“民主政府是为它们的公民服务而存在的”①。建设电子政府固然离不开信息技术的广泛运用，但更离不开政府公共服务理念的塑造与公共服务能力的提升。新公共服务理论倡导的公共服务精神构成当前电子政务发展的重要理论支撑。或者说，信息技术的广泛运用与公共服务原则相结合，并融合为电子政务的有机组成部分。新公共服务理论对电子政务发展的影响，主要反映在加快政治民主进程、促进公民身份认同、关注民生、共建和谐社会等方面（见图 3—1）。

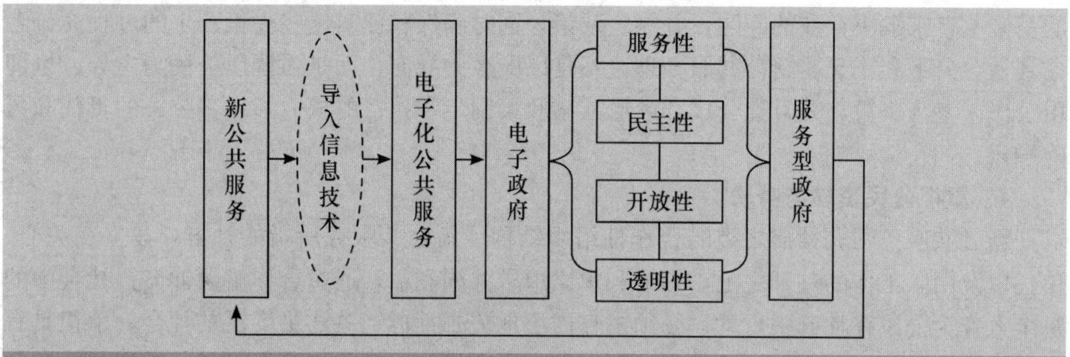

图 3—1　新公共服务与电子政府的互动关系

1. 增强电子政务的民主性与服务性

根据新公共服务理论，电子政府需要在电子民主、电子参与、网络反腐等方面加快电子治理的进程。新公共服务理论认为，基于共同利益的对话产生的且经过深思熟虑后界定的公共利益，不是个人的自我利益或者行业（区域）短期利益的累加，而是实现人民主权、公民权利、人性尊严、社会公正、社会责任等多元价值。政府的作用是确保公共利益居于主导地位，确保政策制定和政策实施的过程符合公平、公正的价值准则，经受得起历史的检验。通过电子治理，政府部门能够提供更好的管理和服务，建立一个开放的、透明的、与民互动的公共机构，实行过程的公开和民主，这有利于政府接受公众的监督，提高政府自身的反腐倡廉能力。

当代西方发达国家在推动电子政务建设和发展的过程中，把改善传统的政府服务范式放在了十分重要的位置，坚持以顾客为中心的理念，建设服务型和顾客导向型政府，不断

① ［美］戴维·奥斯本、特德·盖布勒：《改革政府——企业精神如何改革着公共部门》，149 页。

增强政府的人民性与公共服务精神。著名电子政务专家雷切尔·西尔科克（Rachel Silcock）和2001年美国发布的《电子商务及发展报告》都强调电子政府运用信息技术来进行公共事务的管理和公共服务的传递，以便使公民、商行与职员受益。普林斯（J. E. J. Prins）也认为，电子政务就是要使公众在任何地方、任何时候都能方便地获得政府的信息与服务。[①]

2. 增强电子政务的开放性与透明度

电子政务需要在政府与社会之间、社会内部、政府内部建立起高效的互动方式。政府需要与公民一起去发现和明确地表达共同利益，并积极推动公共利益的实现。电子政务通过与电子商务、电子社区等其他领域的信息化相互结合，借助于3G[②]、4G[③]、物联网[④]、云计算[⑤]、框计算[⑥]等现代信息技术，可以快速获取和准确识别表达不同利益诉求的信息，并将其转化为公共需求或者私人需求，依靠政府和社会的各种信息系统的业务协同来实现。换言之，政府需要广泛使用电子政务应用软件在虚拟世界中服务企业与公民，这样才会使政府更具回应性、更富有责任感和更能体现公共性。

政府信息公开是共享权力和参与决策的前提，政府网站是实现政府信息公开的有力手段。新公共服务，在寻找公共精神的过程中，在重塑公平、公正、民主、正义的道路上，必须充分发挥"阳光"的效力，坚持"公开为原则，不公开是例外"，实现政府信息的全面、主动公开。当前，一些政府奉行"公开为例外，不公开为常态"，或者避重就轻，选择制度性、结论性、日常性、事务性、要闻性的内容进行公开，而对公众关心的财政预算、资金安排、项目审批、人事变动、土地详规等重要信息则是能躲则躲。政府网站建设需要在拓宽公开内容、完善公开方式等方面加强工作。此外，为了促进公民之间、政府与公民之间信任关系的建立，进而促进和谐社会的建立，电子政务需要在加强企业商业秘密和个人隐私保护方面进一步强化，为信息社会的共信体系建立基础。

作为电子政府的理论基础，新公共管理理论、新公共服务理论同权力下放与民主化理论、规范与反乌托邦理论具有一致性。前两个理论足以解释电子政府理论的基本变化。权力下放与民主化理论围绕着技术潜力的逐渐上升对电子政务进行积极的政治推动，即政府利用信息技术与公众互动来提高其技术价值，从而使电子政府具有更大的普及率。权力下

---

① 参见蔡立辉：《当代中国电子政务：反思与走向》，载《中山大学学报（社会科学版）》，2005（3），12～18页。

② 3G是指第三代移动通信技术，是英文3rd Generation的缩写。它是将无线通信与互联网等多媒体通信结合的新一代移动通信系统。

③ 第四代移动通信技术（4G）的概念可称为广带接入（broadband）和分布网络，具有超过2Mb/s的非对称数据传输能力。它包括广带无线固定接入、广带无线局域网（WLAN）、移动广带系统和互操作的广播网络。4G标准比3G标准具有更多的功能。

④ 物联网（Internet of things）的定义是：通过射频识别（RFID）、红外感应器、全球定位系统、激光扫描器等信息传感设备，按约定的协议，把任何物品与互联网连接起来，进行信息交换和通信，以实现智能化识别、定位、跟踪、监控和管理的一种网络。

⑤ 云计算（Cloud Computing）是并行计算（Parallel Computing）、分布式计算（Distributed Computing）和网格计算（Grid Computing）的发展，或者说是这些计算机科学概念的商业实现。狭义云计算是指IT基础设施的交付和使用模式，指通过网络以按需、易扩展的方式获得所需的资源（硬件、平台、软件）。广义云计算是指服务的交付和使用模式，指通过网络以按需、易扩展的方式获得所需的服务。

⑥ 框计算（Box Computing）为用户提供基于互联网的一站式服务，是一种最简单可依赖的互联网需求交互模式，用户只要在框中输入服务需求，系统就能明确识别这种需求，并将该需求分配给最优的应用或内容资源提供商处理，最终返回给用户相匹配的结果。

放与民主化理论预言：随着电子政务为公民和政府自身所带来的益处不断得到证实，电子政务将会像滚雪球一样迅速扩散。规范与反乌托邦理论强调有关信息技术应用的高失败率，它反对实证进步主义者的权力下放与民主化理论。任何一个思想流派都会既有支持者又有批判者。无论是权力下放与民主化理论，还是规范与反乌托邦理论，两者都不能被视为电子政府理论架构的总体描述，它们只能为电子政府理论架构提供一个有益的描绘。事实上，当代电子政府理论基础研究，已经把工作重心聚焦到公民需求和整体化服务上来了。

3.3 协同政府

3.3.1 电子政务与协同政府的关系

网络环境下的政府协同研究是当今世界各国在开展电子政务和提供公共服务过程中的一个新课题。现代政府公共管理职能范围经常涉及多个部门，需要有关政府部门开展协同工作，以便提高行政效率。因此，电子政务必须强调协同政府理念，发展电子政务必须建立整体化基础上的信息化、网络化协同政务系统。或者说，必须推进电子政务协同化建设：各级政府及其所属各部门内部可以在自身的局域网内实现行政办公的自动化处理和跨政府部门的网络化协同办公；各部门之间通过网络互联，实现跨部门资源共享与整合；优化跨越多个职能部门边界的业务流程，同一项业务流程所涉及的各个职能部门、所需要的各个功能环节和机构的人员以及各种资源都被整合在这个流程上，构建跨部门网络化协同办公系统，使公众感受到整个政府是没有部门边界的“无缝隙”政府。

打破公共管理过程中部门各自为政和机构“碎片化”的局面，整合和联结各个孤立的政务系统，把分散的政务资源整合集中起来，构建整体化的协同政务系统，提升电子政务系统的服务水平，是当今世界各国建设电子政府的中心内容。美国联邦政府在建设电子政务时提出的口号是“让人们用鼠标点击 3 次把事情办完”[①]。如果没有协同政府的理念指导，这恐怕很难真正实现。建设信息化政府，是英国“协同政府”（JUG[②]）改革的一项重要内容。1999 年 3 月英国政府发布了《政府管理现代化》白皮书，并先后发布了《21 世纪政府电子服务》《电子政务协同框架》等政策规划。《政府管理现代化》白皮书提出，“建设信息时代的政府：信息技术是改革政府间割裂的有效方式，同时还可以提高公共服务的质量”[③]。《政府管理现代化》白皮书还提出，到 2002 年英国 25％的政府服务要电子化，到 2005 年英国 50％的政府服务要电子化，到 2008 年英国全面实施电子政务，即所有政府服务都应该电子化。它同时提出：到 2001 年 3 月，90％的政府低值物品采购要实现电子化；到 2002 年，100％的政府采购实现电子化。

在我国，建立健全政府部门间协调配合机制，发展协同政务，是打破当前电子政务建

---

① 金江军、潘懋编著：《电子政务高级教程》，130 页，北京，中国人民大学出版社，2005。

② JUG：Joined-Up Government.

③ Norman Flynn，“Modernizing British government”，*Parliamentary Affairs*，1999，52（4）：582-597.

设中部门间各自为政、信息分割和机构裂化、“信息孤岛”等逆协同政务现象，避免电子政务投资黑洞的必然要求。例如，企业在办理许多事情时要与多个政府部门打交道，传统的管理方式是让企业办事员挨个部门跑，办一件事情不知道要盖多少个章、跑多少趟。当代协同政府改革理论主张，利用信息通信技术，使政府部门间能够协同办公，建立整体化、信息化、网络化的公共服务界面，企业、公众办事和申请行政许可只要在一个“一站式”服务中心或网络入口递交相关材料就可以了，剩下的业务由政府部门通过网络化办公协同处理。这样不仅显著提高了政府的办事效率，也减少了企业和公众的办事时间。

协同政府理论对于电子政府及其功能的有效发挥具有十分重要的意义，它强调以政府工作人员的协作为核心，强化公共信息资源的共享，整合政府部门的行政职能，梳理和优化政府行政流程，促进政府信息化系统的整体集成，推动跨部门无缝隙链接，构建部门间网络化协同办公结构，包括协同组织结构、协同领导结构、协同决策结构、协同执行结构、协同监控结构以及协同评估机制等，实现以信息网络为纽带的无时空界限的政府部门内部（G2E）和政府部门之间（G2G）信息资源的深度整合与高度共享，提供公共服务的协同性。同时，强化政府与公众（G2C）和企业（G2B）之间的沟通及协作，增强政府的回应能力与服务能力。

3.3.2　协同政府理论简述

协同政府是 20 世纪 90 年代中期以来公共部门管理改革背后的突出思维，是对 20 世纪 80 年代公共服务提供碎片化和这种碎片化阻碍了公共政策的重要目标实现的回应。[①] 新公共管理改革倡导市场化、商业化和民营化等管理方式在政府部门中的积极利用，在有效提高公共部门管理效率的同时也产生了“机构裂化”和公共服务碎片化的实践局限性。为了克服这些问题，从 20 世纪 90 年代中后期开始，英国、澳大利亚、新西兰、美国和加拿大等国从解决新公共管理模式的实践局限性出发，重新思考如何有效地为公众和社会提供公共服务，开始了以协同政府为主要内容，超越新公共管理的第二轮改革。

英国是协同政府改革的先驱。1997 年，布莱尔领导的工党政府上台执政，布莱尔政府在肯定了以往行政改革的成果的同时，也指出了许多未能克服的弊端，诸如：新的管理主义模式带来的转化成本至今难以消化；企业管理模式是否能与公共管理运行机制相兼容；企业文化改造政府带来的伦理争议；等等。布莱尔政府认为，撒切尔时期的行政改革在引入竞争机制的同时却忽视了部门之间的合作与协调，带来了碎片化的制度结构。[②] 因此，布莱尔政府在 1999 年颁布《政府管理现代化》白皮书，推出了新型的行政改革战略，其中最重要的一项内容就是提出了“协同政府”的改革目标。为了实现为公众提供整体化电子公共服务的战略目标，英国协同政府改革采取的一项主要措施就是建立政府间协同工作的基本框架，即 E-GIF[③] 结构，实现跨部门网络化协同办公。[④] E-GIF 结构为政府各部

① Tom Ling, “Delivering Joined-up Government in the UK Dimensions, Issues and Problems”, *Public Administration*, 2002, 80 (4): 615-642.

② 参见陈振明主编：《政府再造——西方“新公共管理运动”述评》，58 页，北京，中国人民大学出版社，2003。

③ E-GIF: e-government interoperability framework.

④ 参见蔡立辉：《电子政务：信息时代的政府再造》，155 页。

门提供了协同办公的政策与标准，为政府网络、“英国在线”门户、“政府入口”以及电子服务传递建立了基础结构。

西方学者在协同政府研究方面出版和发表了许多高质量的学术著作、论文和研究报告。其中，具有代表性的有美国白宫管理与预算办公室发布的《无边界政府：跨政府项目管理方法》，这是一篇研究跨部门电子政务项目建设的研究报告。该报告研究和探讨了一个以政府部门间的合作框架与利益共同体的方式来推进跨政府部门电子政务建设的新思路，并指出了要由“无边界”政府走向“无缝隙”政府，形成跨部门网络化协同办公、管理与服务。[①] 英国学者汤姆·林（Tom Ling）对协同政府改革的实践经验进行了理论总结，归纳出一种最佳实践的协同政府模式——为实现政府治理目标，对不同组织实施正式组合和促进这些组织有效沟通与合作的各种方式的总称（见图 3—2）。[②] 协同政府建立在这种观点基础上，即公共政策的重要目标既不能通过现有组织的独自行动来提供，也不能通过创建一个新的“超级机构”来提供。因而，针对公共政策的特定目标，需要寻求协调和整合现有正式的独立组织的行动。协同工作的目标就是在不消除边界的情形下协调跨组织边界的行动，协同政府的不同层级和机构共同提供更为整体化的公共服务。这些边界包括部门间、中央与地方之间、单位间的边界。为了协同工作，必须用不同的文化、动力、管理体制和目标调整组织，制定跨部门政策。[③] 帕瑞（Perri6）分析了协同政府中协调与整合的实现层次（见表 3—1）。

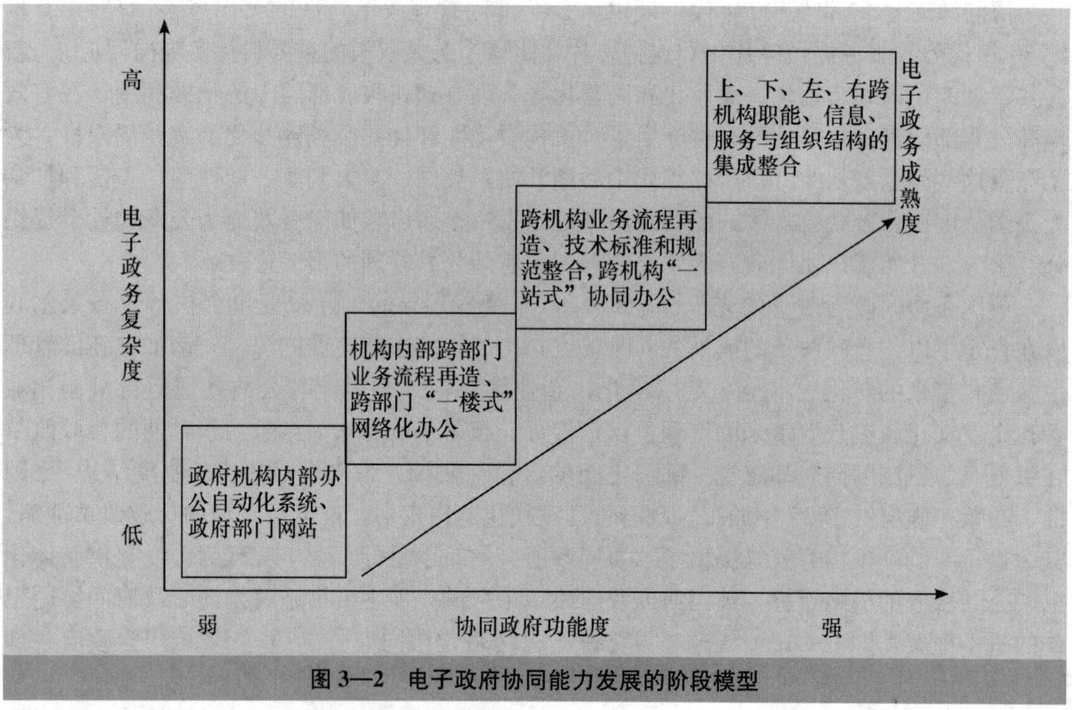

图 3—2　电子政府协同能力发展的阶段模型

① 参见蔡立辉：《电子政务：信息时代的政府再造》，20 页。

②③ Tom Ling，“Delivering Joined-up Government in the UK Dimensions，Issues and Problems”，*Public Administration*，2002，80 (4)：615-642.

表 3—1　协同政府中协调与整合的实现层次

管辖单位 / 行为	国家（中央政府）	州或区域	地方	邻里
政策规划	如：跨部门支出审查，部门间委员会	如：区域整体化的环境、经济与交通政策	如：地方战略规划伙伴	如：跨机构社区战略规划决策过程
政策（项目）执行	如：部门间公共服务小组监督州政府执行养老保险政策	如：跨部门、跨领域成员组成的区域经济发展论坛	如：提供整体化卫生医疗服务的地方卫生机构联合委员会	如：基于地区的跨机构公共卫生或就业行动网络
服务提供组织	如：卫生、安全和环境部门开展联合检查	如：整体化的航空、铁路、公路、的士票务方案	如：学区、警察局和卫生部门联合处理青少年犯罪问题	如：整体化的儿童福利项目
面向个体的服务	如：整合服务中心或信息资源共享	如：整体化的服务呼叫中心	如："一站式"服务中心	如：在线一揽子整体化服务

资料来源：Perri6，"Joined-up Government in the Western World in Comparative Perspective：A Preliminary Literature Review and Exploration"，*Journal of Public Administration Research and Theory*，2004，14（1）：103-138。

根据汤姆·林对协同政府模式的概括，协同政府有四个基本维度：（1）新的组织类型，通过文化、价值观、信息和培训进行协同工作，最大限度地清除损害彼此利益的边界和不同政策，建立跨部门协作网络，将某一特定政策领域或网络中的不同利益相关者组织在一起，实现协同效应；（2）跨组织工作的新方式，通过共同的领导、预算、整合结构、联合团队，以及资源整合和政策整合进行协同，以更有效地利用稀缺资源；（3）提供公共服务的新方式，通过联合咨询和参与、共享客户关注点和客户界面（如"一站式"服务中心），为公民和整个社会或社会局部提供无缝隙、整体化而非碎片化的公共服务；（4）新的责任与激励，通过共同的结果目标、绩效指标和规制监管推进协同（见图 3—3）。

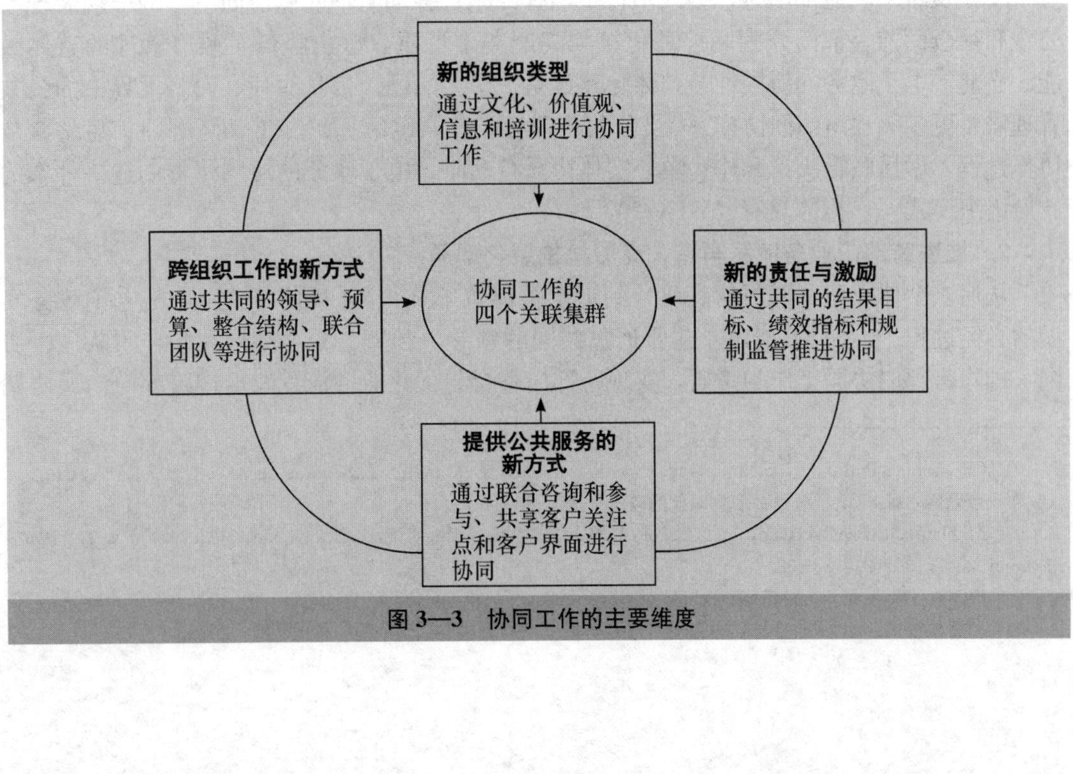

图 3—3　协同工作的主要维度

波利特（Pollitt）归纳了协同政府带来的许多好处：第一，损害彼此利益的不同政策的情形可以消除；第二，有利于更有效地利用稀缺资源；第三，将某一特定政策领域或网络中的不同的主要利益相关者组织在一起，可以实现协同效应；第四，可以为公民提供一系列无缝隙或整体化而非碎片化的公共服务。[①] 作为一种公共管理新模式，协同政府是在反思传统官僚制行政模式和新公共管理模式的基础上形成与发展起来的。协同政府是指在公共政策与公共服务过程中，采用交互式、协作性和一体化的管理方式与技术，促使各种公共管理主体（政府、社会组织、私人组织以及政府内部各层级与各部门）在共同的管理活动中协调一致，实现功能再造整合、有效利用稀缺资源、提供无缝隙服务的整体政府。协同政府代表了当前政府管理新的发展趋向，也为电子政府建设提供了坚实的理论支撑。

3.3.3 协同政府理论对电子政务发展的推动作用

1. 推进跨部门信息资源共享，克服“信息孤岛”问题

电子政务的一个主要目标就是要在互联网上建立覆盖跨部门、多层次的政府服务、管理和保障的“虚拟政府”，从而为公众、企业和社会提供整体化、电子化的公共服务。为了实现这个目标，协同政府主张通过网络化技术来支持信息资源跨部门流动，使不同部门间有一致的信息环境，促进政府部门在规划、决策、组织、实施、监控等方面协同行动。我国以往在电子政务建设过程中，强调以各个部门为主进行建设。各个部门从自身的义务需求出发，从本部门所要解决的问题出发，往往只考虑自己业务系统的建设和技术的使用，其结果虽然提高了各个部门自身的办公自动化水平，在一定范围和程度上也方便了公众办事，但由于各个部门使用的技术标准、技术规范不一致，各个部门之间、各应用系统之间相互不能联通、信息不能共享，从而形成了一个个“技术孤岛”和“信息孤岛”。[②] 这种状况导致公众陷于“机构迷宫”——不得不在多个部门之间寻找服务，当申请的行政许可事项涉及若干职能部门时，公众不得不东奔西跑；各部门不能以协同工作的面貌展现在公众和社会面前，部门分割和碎片化结构问题非常严重，这也降低了政府管理的整体效能。当前，电子政务的协同性与整体化建设是一个大问题。信息时代、网络世界中的公共管理需要更多关注组织间协作。[③] 当公共管理者或公共组织拥护和推动跨部门信息整合与协作过程，做出联合决策和作为单一实体协同行动时，电子政务的协同化将创造一种新的政府组织模式——整体政府（WOG[④]）。

2. 推进跨部门业务流程再造，克服机构裂化问题

从追求个体效率（部门信息化）到追求整体效率（跨部门协同政务），是电子政务发展的必经过程。[⑤] 协同政府改革主张通过共同的领导、预算、整合结构和联合团队进行协同，排除跨部门协同工作的障碍，实现跨部门整合与优化业务流程，促进跨部门沟通协调

---

① Christopher Pollitt，“Joined-up Government：A Survey”，*Political Studies Review*，2003，1（1）：34-49.

② 参见蔡立辉：《电子政务：信息时代的政府再造》，183页。

③ Muhittin Acar，Chao Guo，and Gregory D. Saxton，“Managing Effectively in a Networked World”，*The Public Manage*，2007，36（2）：33-38.

④ WOG：Whole of Government/Whole-of-Government.

⑤ 参见杜治洲：《电子政务与政府管理模式的互动》，185页，北京，中国经济出版社，2006。

与协同工作，最大限度地解决由于部门、行业、职能分割所带来的公共政策、公共服务碎片化问题，以协同化、整体化、信息化和网络化的流程界面为公众提供整体、优质、高效的公共服务。首先，对跨政府部门的业务流程进行优化。整合和优化跨越多个政府部门边界的行政业务流程，把涉及同一项业务的各个部门整合在流程上，使完成该项业务所涉及的各个职能部门、所需要的各个功能环节和机构的人员以及各种资源通过信息通信技术整合成为一个整体化、网络化、无缝隙的跨部门协同办公流程，打破部门间立桩定界所带来的机构碎片化问题。其次，在总结和避免"一楼式"集中化物理办公缺陷的基础上，实现由"一楼式"办公向"一站式"网络化虚拟办公的方向转化，完善"一门受理、统筹协调、规范服务"的运作方式，解决"窗口"（前台）受理与其本部（后台）办理之间的互动关联的问题，解决各个窗口之间的关联整合与资源共享问题。①

3. 推进跨部门职能体系整合，提升协同服务能力

随着更多的公共管理者逐渐看到电子政务所开拓的视野，公共部门的职能特性的局限性就越来越明显。从公众的角度来看，信息通信技术的全部潜能只有通过横向整合跨不同职能部门的政府服务才可实现。② 横向整合跨不同职能部门的政府公共服务不是由利用信息技术的效率和效能的前景所驱动，而是由公众对政府职能转向更多的服务导向的要求所推动。整合公共管理过程中不同部门的职能，对于公共管理者来说是一个难题。当从信息需求或交易的角度考虑时，每个机构的领导都会将其所在部门视为最重要的而无视其他机构。③ 这种碎片化管理结构在职能和服务为了规模经济效应而专业化的工业社会背景下能够运作良好。然而，随着信息时代的到来及信息技术的广泛运用，按照专业化设计的政府运作流程可能不是有效的，或者不会受到公众欢迎。换言之，建立在部门职能分工基础上的功能专业化的行政组织结构作为治理结构，在信息时代的政府治理体系中可能并不恰当。要打破部门之间的行政壁垒，建设电子化协同政务体制，为公众、社会和企业提供无缝隙的公共服务，从根本上说，就必须完善目前电子政务的顶层组织结构。协同政府主张从结构的或工具的角度有意识地推动信息化政府的组织设计或机构重组。④ 其主要目标是促进各政府组织更好地团结协作，减少电子政务的总体成本，减少"信息割据"，构建整体化、信息化与网络化的电子政务治理结构，提升电子政府的协同服务能力。

3.4 管理信息系统

3.4.1 电子政务和管理信息系统的关系

电子政务的发展进程也称为政府信息化进程，其核心内容就是将 MIS 流程再造

---

① 参见蔡立辉：《电子政务：信息时代的政府再造》，184 页。

②③ K. Layne and J. Lee，"Developing Fully Functional E-government：A Four Stage Model"，*Government Information Quarterly*，2001，18（2）：122-136.

④ 参见［挪威］Tom Christensen，Per Lægreid：《后新公共管理改革——作为一种新趋势的整体政府》，载《中国行政管理》，2006（9），83～90 页。

（BPR[①]）等理论方法引入政府管理实践中[②]，其核心目标是利用各类信息技术手段，精简、优化、整合、重组各级政府的管理和服务职能，超越时间、空间及部门分割的制约，向社会提供高效、优质、透明、全面的公共管理和公共服务。在这一进程中，信息技术基础设施、信息系统以及系统中存储、交换并用于数据分析的海量信息资源是电子政务得以发展的根源，它们就像人体中的血管组织和流动的血液，支撑着信息时代政府组织庞大身躯的正常运转。

信息技术的飞速发展及其在社会、经济、生活中的全面渗透，对社会组织的运行方式、企业的经营活动以及人们的自身行为习惯，都产生了深刻而长远的影响。面对全方位的影响和变革带来的机遇与挑战，需要解决的不仅仅是技术层面的问题，更多的是管理层面的问题。在这种背景下，信息管理与信息系统作为一门主要关注同信息技术相关的管理问题的学科应运而生，电子商务、电子政务、电子社会等众多由信息技术应用催生的崭新领域也成为信息管理与信息系统理论和实践学习所依托的场景。

尽管信息管理与信息系统是一个仅有50年左右历史的学科，但在20世纪90年代后才被广泛讨论的电子政务是比它更年轻的领域。电子政务的核心始终是“政务”，需要解决信息化后的若干公共管理与服务问题，这同样属于管理层面问题。因此，可在电子政务规划和实施过程中充分借鉴信息管理与信息系统领域多年来积累的理论及方法，它已成为应对电子政府发展若干问题的重要利器。

3.4.2 信息管理与信息系统理论简述

以下将从起源和发展、主要问题、经典理论三个方面简述信息管理与信息系统理论。

1. 信息管理与信息系统的起源和发展

信息管理与信息系统学科是由管理信息系统、经济信息管理及信息学等学科发展合并而成，是在20世纪60年代后期到70年代中期产生的管理信息系统理论与实践基础上发展而来的。第二次世界大战后，以第一台电子计算机的诞生为标志的工业现代化革命席卷全球。信息技术作为高新技术的卓越代表，迅速成为支撑现代工业发展的有力工具。随着信息技术对生产和管理的不断渗透，富有远见的学者开始意识到，信息技术不仅是实现工业生产自动化的工具，还将对现代管理、组织结构及运作等方面产生深远而重大的影响。面对这一系列全新课题，1968年，美国明尼苏达大学（University of Minnesota）的戴维斯（Gordon B. Davis）教授创办了世界上第一个MIS专业博士班，从而开创了这一融合计算机科学、管理科学、行为科学等多种渊源的交叉学科。[③]

自MIS诞生以来，信息技术的发展速度及其对社会的影响远远超出了当初所有人的想象。MIS学科的理论体系在帮助人们应对信息技术挑战和变革中发挥了巨大作用。与此同时，MIS学科自身的理论框架也不断发展和完善。20世纪80年代末90年代初，国际

---

① BPR：business process reengineering.

② 参见蔡立辉：《电子政务：信息时代的政府再造》，2页。

③ 参见黄伟、魏国基、R. T. Watson：《管理信息系统（MIS）：背景、核心课程、学术流派及主要国际学术会议与刊物评介》，载《管理科学学报》，2003（6），85～91页。

信息系统协会（AIS[①]）成立，成为统一全球范围内信息管理与信息系统研究的学术团体，使得MIS在学术界的影响力逐步扩大。

近年来，随着信息技术的发展，基于信息技术的数据存储和数据交换逐渐成为信息资源管理的重点。在此背景下，图书馆学和情报学中出现了关注信息管理与电子政务的学术分支。信息管理研究虽然在学科基础上与MIS并不相同，但针对信息时代背景，二者探讨的热点问题具有颇多相似与重合之处。来自图书馆学与情报学领域的积累也为信息管理与信息系统学科的发展贡献了许多重要的理论和方法。中国相关学科与理论的融合发生在20世纪90年代末。1998年，信息管理与信息系统专业正式设立，目前全国有数百所大学设立了这个专业，与该专业相关的理论与方法在相关领域的教学和实践中发挥了重要作用。

2. 信息管理与信息系统的主要问题

在信息管理与信息系统学科确立以来的半个世纪中，理论在不断发展和进步，但其中一些基本的问题多年来始终是这一学科关注的焦点。其中，最重要的问题当属信息技术发展过程中困扰管理者和实施者的两类主要矛盾。

（1）信息技术投入与产出间的矛盾。

一方面，政府和企业在信息技术方面的投入不断增加。统计数据表明：自20世纪80年代以来，企业在信息技术方面的投资大约占新增投资的50%。[②] 另一方面，很多时候对信息技术的高投入并未带来预期的收益。信息技术变革在投入上的轰轰烈烈和在产出绩效上的不显著形成了一个生产力悖论，也称价值悖论。2003年《哈佛商业评论》上发表的文章《IT不再重要》（IT Doesn't Matter）掀起了有关IT价值及其实现讨论的高潮。[③] IT价值究竟何在？不断涌现的新技术是否值得跟进？研究者和实践者实际上每天都在寻找着答案。

（2）技术进步与实施困难间的矛盾。

一方面，信息技术自身发展的速度令人瞠目结舌，技术障碍被不断攻克，微机主频的发展速度甚至突破了"摩尔定律"的预言，软件的发展同样日新月异；另一方面，信息系统实施仍然是很多企业不堪回首的滑铁卢。斯坦迪什[④]（Standish）的统计显示：仅有26%的信息系统项目在计划时间和预算内顺利完成，而28%的项目因为种种原因甚至胎死腹中。[⑤] 如果实施失败，不是技术层面的原因，那又是什么原因？企业和政府机构的CIO[⑥]们应如何应对？这同样是信息管理与信息系统领域的热点问题。

信息管理与信息系统领域的经典理论几乎全部是围绕解决上述两类矛盾所涉及的问题

---

① AIS：Association for Information Systems.

② V. Venkatesh, et al., "User Acceptance of Information Technology: Toward a Unified View", *MIS Quarterly*, 2003, 27 (3): 425-478.

③ N. G. Carr, "IT Doesn't Matter", *Harvard Business Review*, 2003, 71 (5): 41-49.

④ 美国专门从事IT项目追踪研究的咨询机构。

⑤ P. Legris, J. Ingham, P. Collerette, "Why do People Use Information Technology? A Critical Review of the Technology Acceptance Model", *Information & Management*, 2003, 40 (3): 191-204.

⑥ CIO：chief information officer，首席信息官或信息主管。CIO是一种新型的信息管理者，不同于一般的信息技术部门或信息中心的负责人，而是已经进入最高决策层的重要官员。

而产生和发展的。

3. 信息管理与信息系统的经典理论

信息管理与信息系统有代表性的经典理论包括：

（1）信息技术扩散阶段理论。

信息技术扩散阶段理论，源于传播学中的创新扩散理论（IDT[①]），认为信息技术在组织或社会中的扩散速度不是均匀的，会随技术的成熟程度及与周围环境的融合程度呈现规律的变化，并可用“S”形曲线来描绘，根据曲线的斜度变化，信息技术扩散过程可分为初始、传播、控制、集成四个阶段，每个阶段有不同的计划和关注点。[②]

（2）信息技术采纳理论。

信息技术采纳理论是信息系统领域过去 20 年最重要的理论之一。采纳在这里是指在社会环境下组织与个人面对信息技术的任何主动和被动的尝试，信息管理与信息系统领域学者认为这些尝试行为是受意图支配的。1989 年，戴维斯（Fred D. Davis）等人提出了关注技术有用性和易用性的技术接受模型（TAM[③]），从而催生了之后近 20 年管理科学领域关注信息技术采纳的研究热潮（见图 3—4）。[④] 其间，计划行为理论（TPB[⑤]）、社会认知理论（SCT[⑥]）、任务—技术适配模型（TTF[⑦]）和技术接受及使用综合理论（UTAUT[⑧]）等众多理论模型被先后提出并验证。这些模型的关注点不是局限于技术本身的特性，而是逐渐将外部环境因素、心理因素和社会影响等维度引入技术采纳与扩散研究中，更全面地考察人类在复杂环境下的信息技术采纳影响因素。[⑨]

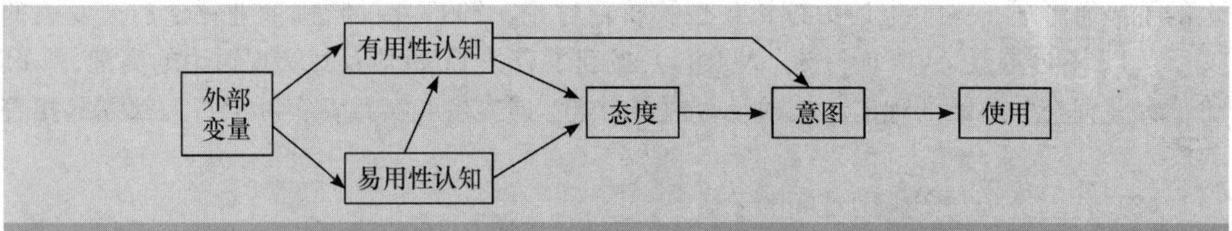

图 3—4　技术接受模型的基本结构

（3）信息资源管理理论。

在图书情报学基础上发展而来的理论框架，关注信息资源流动的全过程，即数据描述、数据关联和数据共享：数据描述理论包括描述数据的方法，以标准化的语言和句法结构描述数据，实现数据的结构化，从而便于数据的分类和共享；数据关联理论提供了一系

① IDT：innovation diffusion theory.

② 参见陈国青、郭迅华编著：《信息系统管理》，39 页，北京，中国人民大学出版社，2005。

③ TAM：technology acceptance model.

④ F. D. Davis，R. P. Bagozzi，P. R. Warshaw，“User Acceptance of Computer Technology：A Comparison of Two Theoretical Models”，*Management Science*，1989，35（8）：982-1002.

⑤ TPB：theory of planned behavior.

⑥ SCT：social cognitive theory.

⑦ TTF：task-technology fit model.

⑧ UTAUT：unified theory of acceptance and use of technology.

⑨ 参见张楠、郭迅华、陈国青：《行为建模角度的信息技术采纳研究综述》，载《科学管理研究》，2009（4），13～19 页。

列根据分类系统对数据进行分类的方法，从而明确数据资源与业务线之间的联系；数据共享理论用于支持数据访问和交换及相关的特殊请求（如数据资源查询等）。① 在美国联邦企业构架（FEA②）中处于基础地位的数据参考模型（DRM③）较好地描述了信息资源管理的框架（如图3—5所示）。④

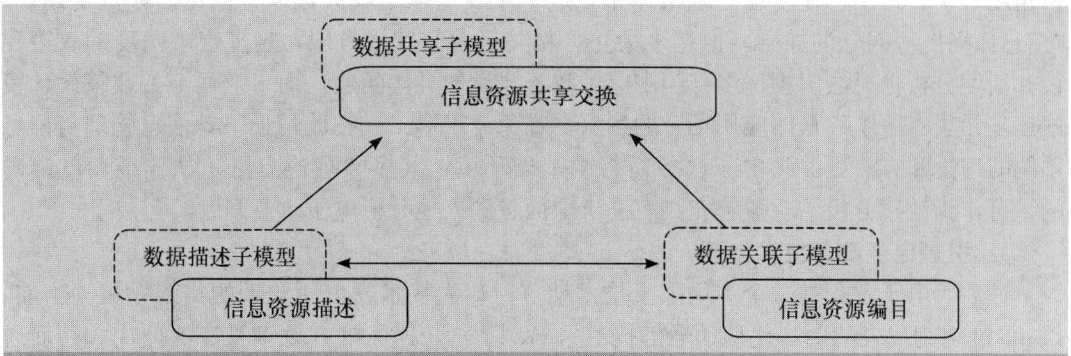

图3—5　数据参考模型

（4）信息系统设计与评价理论。

在信息化建设的早期建设阶段，信息系统设计与评价理论曾经是信息系统与信息管理的主流方向，有着较强的计算机科学背景。随着信息技术应用的泛化，管理问题在信息技术应用中得到了更多关注，信息系统设计与评价理论所侧重的问题也有所变化。总体来看，相关领域包括信息系统规划方法、结构化信息系统设计方法、信息系统项目评估方法等，工作流理论、可用性理论及平衡计分卡等基础理论在其中得到广泛应用。而近年来，基于业务模式的系统设计与使用者角度的系统评价更为实践领域所重视。⑤

3.4.3　信息管理与信息系统理论对电子政务发展的推动作用

电子政府是信息时代的政府治理结构，电子政务是电子政府的运行方式——一种网络化公共服务范式，是在现代信息技术与信息管理理论的推动和政府改革理论的指导下孕育及产生的。信息化进程的高速推进和电子政务建设的持续发展给中国公共管理改革带来了全新的机遇与挑战，信息管理与信息系统的理论和方法积累对于中国电子政务建设的长效发展至关重要。

1. 促进电子政务系统整合

信息管理与信息系统理论最初的发展于商务领域。商务企业在信息化进程中进行了大量自发的、富有创造力的有益探索。电子政务在信息化进程中扮演了“跟随者”的角色，这使电子政务的发展充分借鉴商务领域的经验和教训，实现更加高效和稳妥的发展。而信

① 参见马费成主编：《信息资源开发与管理》，北京，电子工业出版社，2004。
② FEA：federal enterprise architecture.
③ DRM：data reference model.
④ CIO Council，The Data Reference Model，www.whitehouse.gov. 2005.
⑤ 参见陈国青、郭迅华编著：《信息系统管理》，291页。

息管理与信息系统的理论和方法为总结上述经验和教训，提炼信息化最佳实践模式，提供了有效的理论工具。

2. 改善电子政务运行环境

在解决当前中国电子政务建设主要问题的研究和实践中，以往的更多努力是从政策分析角度入手，力图构建合理的政策体系，进一步规范电子政务建设，避免诸如重复建设、“信息孤岛”等问题的加剧。但迄今为止，相关努力的效果有限，过多宏观角度的政策建议和制度分析仍无法解决许多部门中电子政务建设的具体问题，而自上而下的政策设计模式还是无法克服脱离具体应用场合的痼疾，难免流于形式。在此情形下，信息管理与信息系统的理论和方法更关注电子政务运行的基础环境，其多数理论方法是从实证角度出发的，可作为政策分析的有益补充，有助于全面、深入地分析电子政务问题。

3. 引领电子政务技术创新

最后，电子政务是一个不局限于技术细节，却为技术发展所驱动的实践领域。当前，以 4G 网络为代表的新一代移动通信技术（MCT①）飞速发展并逐渐被广泛应用。移动通信技术所具有的便捷性、泛在性、个性化及位置相关性等特点，成为各类组织提升业务能力与管理水平的新切入点。有关移动电子政务的探索和尝试在世界范围内也已广泛展开。信息管理与信息系统领域的理论方法和思路同样有助于实践者把握技术发展的脉搏，并在前沿信息技术的应用的场景下不断探索电子政务的新思路和新问题。

本章小结

电子政务是信息时代的政府管理的新形态，新公共管理、新公共服务、协同政府和管理信息系统理论推动了这种新形态的形成与发展。本章重点介绍了新公共管理、新公共服务、协同政府及管理信息系统等支撑电子政务发展的理论基础，阐述了这些基本理论与电子政务的关系及其对电子政务发展的推动作用。对这些理论的学习和理解，有助于学习者深化对电子政务建设和发展的认识与把握。

关键术语

新公共管理　　新公共服务　　协同政府　　管理信息系统

复习思考题

1. 简述电子政务与新公共管理、新公共服务、协同政府和管理信息系统理论的关系。
2. 简述新公共管理理论的基本内容及其对电子政务的推动作用。
3. 简述新公共服务理论的基本内容及其对电子政务的推动作用。
4. 简述协同政府理论的基本内容及其对电子政务的推动作用。

---

① MCT：mobile communication technology.

5. 简述管理信息系统理论的基本内容及其对电子政务的推动作用。

参考文献

1. 张楠，郭迅华，陈国青．行为建模角度的信息技术采纳研究综述．科学管理研究，2009 (4)

2. 孟庆国，樊博编著．电子政务理论与实践．北京：清华大学出版社，2006

3. 蔡立辉．电子政务：信息时代的政府再造．北京：中国社会科学出版社，2006

4. 杜治洲．电子政务与政府管理模式的互动．北京：中国经济出版社，2006

5. [挪威] Tom Christensen，Per Lægreid．后新公共管理改革——作为一种新趋势的整体政府．中国行政管理，2006 (9)

6. 陈国青，郭迅华编著．信息系统管理．北京：中国人民大学出版社，2005

7. 金江军，潘懋编著．电子政务高级教程．北京：中国人民大学出版社，2005

8. 蔡立辉．当代中国电子政务：反思与走向．中山大学学报（社会科学版），2005 (3)

9. [美] 珍妮特・V・登哈特，罗伯特・B・登哈特．新公共服务：服务，而不是掌舵．北京：中国人民大学出版社，2004

10. 马费成主编．信息资源开发与管理．北京：电子工业出版社，2004

11. 陈振明主编．公共管理学——一种不同于传统行政学的研究（第二版）．北京：中国人民大学出版社，2003

12. 陈振明主编．政府再造——西方“新公共管理运动”述评．北京：中国人民大学出版社，2003

13. [美] B・盖伊・彼得斯．政府未来的治理模式．北京：中国人民大学出版社，2001

14. [美] 戴维・奥斯本，特德・盖布勒．改革政府——企业精神如何改革着公共部门．上海：上海译文出版社，1996

15. Muhittin Acar，Chao Guo，and Gregory D. Saxton. Managing Effectively in a Networked World. *The Public Manage*，2007，36 (2)

16. Perri6. Joined-Up Government in the Western World in Comparative Perspective：A Preliminary Literature Review and Exploration. *Journal of Public Administration Research and Theory*，2004，14 (1)

17. V. Venkatesh，et al. User Acceptance of Information Technology：Toward a Unified View. *MIS Quarterly*，2003，27 (3)

18. Christopher Pollitt. Joined-up Government：A Survey. *Political Studies Review*，2003，1 (1)

19. Tom Ling. Delivering Joined-up Government in the UK Dimensions，Issues and Problems. *Public Administration*，2002，80 (4)

20. K. Layne and J. Lee. Developing Fully Functional E-government：A Four Stage

model. *Government Information Quarterly*，2001，18（2）

21. Norman Flynn. Modernizing British government. *Parliamentary Affairs*，1999，52（4）

22. F. D. Davis，R. P. Bagozzi，P. R. Warshaw. User Acceptance of Computer Technology：A Comparison of Two Theoretical Models. *Management Science*，1989，35（8）

第 4 章

电子政府的技术基础

本章重点问题

- 电子政府的各项支撑技术

本章从计算机技术、计算机网络技术、电子政务信息管理、电子政务应用、电子政务服务、电子政务集成、电子政务智能管理以及电子政务安全等电子政务建设的不同侧面，全面地介绍构建电子政府的各种支撑技术，它们共同建立起电子政府的技术基础。

4.1 计算机技术

计算机是以一种能够自动、快速、高效地按照人们预先设计好的程序进行信息处理的多功能电子设备，它具有准确、快速、逻辑性和通用性强的特点。计算机在刚发明的时候主要是用于辅助人们从事复杂的科学计算工作。然而，随着技术的进步和时代的发展，现代计算机的应用已经遍及人类社会的方方面面，其工作已经转变为以信息处理为主。

一般来说，计算机按性能可以分为五种类型：巨型机、大型机、小型机、工作站和微型机。其中，大型机主要从事现代科学技术，特别是尖端科技方面的应用；小型机在一些单位有较多的应用；微型机的应用范围最为广泛，遍及社会各个领域。微型计算机主要是面向个人用户设计的，也称为 PC[①]，具有体积小、重量轻、操作容易和成本低的特点。计算机在电子政务中应用数量最多的是微型机，一些较大型服务器可能会用到小型机。

计算机系统是指以计算机为中心，配以相应的外部设备和系统软件所构成的整体，包括计算机硬件系统和软件系统两大部分。硬件系统是计算机的基本实体，软件系统是运行在计算机硬件设备上的程序和数据。由于技术的不断发展，计算机的体积不断变小，性能不断提高，从桌面发展到便携，既可用于日常信息处理，也可用于科学计算。

4.1.1 计算机硬件

硬件是指构成计算机的物理实体，是计算机运行的物质基础。计算机的硬件主要包括主机和外部设备。

下面以微型计算机为例说明计算机硬件的组成。

1. 主机

主机是计算机的核心，它承担数据运算、逻辑控制和信息存储等主要工作，主要由微处理器、主机板、内存、显示卡和其他扩展卡等组成。

（1）微处理器。

微处理器也称为中央处理单元（CPU[②]）。CPU 是一个集成有上万个到数千万个晶体管的超大规模集成电路。CPU 的内部结构可以分为控制单元、算术逻辑单元、存储单元三大部分，这三大部分共同完成计算机执行指令、处理数据的主要工作。CPU 是整个微型计算机的核心部件，它的性能直接影响到微机系统的整体性能，所以它也成为各种不同档次微机的代名词。

（2）主机板。

主机板也简称为主板或母板（mainboard 或 motherboard），是主机中最大的一块矩形电路板。主板上安装有 CPU 的外围支持元件和输入输出接口等器件及电路，负责为 CPU、内存、输入输出等部件提供电气连接，并为这些部件提供插槽、接口和控制功能。主板的性能对整个微型机的性能有一定的影响。由于大多数主板只支持某一系列的 CPU 和内存，所以单独购买时要考虑它所支持的 CPU 和内存的类型。

（3）内存。

内存是内部存储器的简称。现代计算机一般都采用半导体存储器，由一片或多片超大规模集成电路构成。内存一般可分为只读存储器（ROM[③]）、可改写的只读存储器（EPROM[④]）和随机存储器（RAM[⑤]）等。在 ROM 和 EPROM 内保存的信息在计算机关机以后不会消失，常用来保存基本输入输出系统（BIOS[⑥]）。BIOS 是一种固化在微机系统中的最基本的软件，它在开机引导系统启动时有着重要的作用。RAM 是一种必须依靠电

---

① PC：personal computer.

② CPU：central processing unit.

③ ROM：read only memory.

④ EPROM：erasable programmable ROM.

⑤ RAM：random access memory.

⑥ BIOS：basic input output system.

源才能保存信息的存储器，关机以后在它上面保存的信息会消失，但由于它的存取速度快、容量大，在微机中被用来作为正在使用中的程序和数据的载体。我们通常所说的内存一般指的是 RAM，它是微机系统中一个主要部件。内存的存取速度和容量对微机整机性能有一定的影响。

（4）显示卡和其他扩展卡。

显示卡是微机中用来与显示器连接的输出接口卡，它的功能是把计算机内部的二进制信息转换成显示器上的字符和图形。由于显示器是微机的主要输出设备，所以显示卡在微机中也成为一个非常重要的接口卡。某些显示卡具有图形运算能力，可以代替 CPU 完成图形处理，在很大程度上提高了微机的图形处理能力，有时也被称为图形加速卡。

微机还支持很多种扩展卡，这些扩展卡可以用来扩展微机的某些功能。如：声卡可以用来使微机具备声音处理能力，是多媒体系统必不可少的部件之一；网卡是网络接口卡的简称，它可以使微机具备网络连接能力。

2. 外部设备

外部设备也简称为外设，它是计算机系统的重要组成部分，由外部存储器、输入设备和输出设备等构成。

（1）外部存储器。

外部存储器一般具有存储容量大、信息不易丢失、单位容量价格便宜等特点，但它的存取速度慢、结构复杂，不能满足 CPU 直接存取的要求，所以，这种信息载体适合长久保存信息。常用的外存有磁盘、光盘、U 盘和磁带等。

1）磁盘。磁盘是用磁介质来保存信息的一种设备。常用的磁盘有硬盘和软盘两类。硬盘一般具有容量大、存取速度快等特点，常用作微机的主要存储部件，通常被安装到主机箱内部。软盘容量相对较小，存取速度慢，常用作信息交换的载体。

2）光盘。光盘是利用光学原理来保存信息的一种媒介。常用的光盘有 CD-ROM①、CD-R②、CD-RW③、DVD④ 等。CD-ROM 盘和 DVD 盘是只读的，它们上面的信息是在制作光盘的过程中预先制作好的，可以通过光盘驱动器读出；CD-R 盘是一次性可写光盘，空白的 CD-R 可以通过刻录机来保存信息，但只能写入一次，读出次数不限；CD-RW 盘则可以通过刻录机多次写入和读出，就像一张大容量的软盘一样。

3）U 盘。U 盘是通过通用串行总线（USB⑤）来与计算机相连接的一类外部存储器的总称。现在常用的 U 盘有两种：一种是移动硬盘，通常把硬盘安装到一个外壳中，加上接口支持电路而成，具有容量大、体积大的特点；另一种是采用半导体闪烁存储器加上

---

① CD-ROM 或叫 CDROM。CD 是 compact disc 的简称，意思是激光唱片或光盘。CD-ROM 正逐渐被 DVD-ROM 所代替。

② CD-R 与 CD-ROM 的工作原理相同，都是通过激光照射到盘片上的“凹陷”和“平地”产生的反射光的变化来读取的，不同之处在于 CD-ROM 的“凹陷”是印制的，而 CD-R 是由刻录机烧制而成。

③ CD-RW，即可擦写光盘。CD-RW 光盘较之 CD-R 光盘主要有四个方面的不同：可重写、价格更高、写入速度慢和反射率更低。

④ DVD：digital versatile disc，即数字多功能光盘，是一种光盘存储器，通常用来播放标准电视机高清晰度的电影、高质量的音乐，也可用于大容量存储数据。DVD 与 CD 的外观极为相似。

⑤ USB：universal serial BUS，即通用串行总线。

接口控制电路而成，具有体积小、重量轻的特点。

4）磁带。磁带也是利用磁介质保存信息的一种媒介，由于它具有容量大、可靠性高等特点，故常用作大量数据备份的主要载体。

（2）输入设备。

输入设备是微机从外部获取信息的主要设备。常用的输入设备有键盘、鼠标器、扫描仪、麦克风和摄像头等。

1）键盘。键盘是人们用来向微机录入数据的主要设备，它把人们的按键动作转换成二进制编码传送到微机内部进行处理。

2）鼠标器。鼠标器是一种图形输入设备，它把自己的移动轨迹通过二进制编码传送给主机。

3）扫描仪。这是一种图像输入设备，它可以把静止的图片、照片等输入微机中。

4）麦克风和摄像头。它们分别可以把声音和视频图像输入微机中，是多媒体系统常用的输入设备，在远程多媒体会议系统中有着重要的应用。

（3）输出设备。

输出设备是把微机中处理过的数据和运算结果等内部信息转换成人们可以接受的形式的一类设备。常用的输出设备有：显示器、打印机、绘图仪、音箱等。

1）显示器。显示器是微机系统中主要的输出设备，它把计算机内部的信息以字符或图像的形式显示在屏幕上，供人们浏览。当前主要的显示器有两类：一类是以显像管为主要器件的阴极射线管（CRT①）显示器，这种显示器技术成熟，亮度和彩色还原指标都很好，但缺点是体积大、耗电多；另一类是以液晶屏为主要器件的液晶显示器（LCD②），由于液晶显示器具有健康环保、辐射几乎为零、耗电少、可视面积大、节省空间等特点，现正逐渐成为微机显示器的主流。

2）打印机。打印机是微机系统中主要的硬拷贝设备，它可以把数据以字符或图像的方式打印到纸张上，作为长期的信息资料。打印机根据工作原理不同，可以分为针式打印机、激光打印机、喷墨打印机、热敏打印机等。

4.1.2 计算机软件

软件是指计算机上所运行的程序和相关数据的总称。软件可以看作计算机系统运行的知识资源。通常根据软件的用途，可以将其分为系统软件和应用软件两大类。

1. 系统软件

系统软件是为方便用户使用计算机、提高工作效率、充分发挥计算机的功能而编制的计算机通用程序，主要包括操作系统、语言处理程序。

（1）操作系统。

操作系统是一种直接控制和管理（计算机系统）硬件与软件资源的基本系统软件，它为用户和应用程序提供操作计算机的统一接口，并使用户和应用程序充分有效地利用计算

---

① CRT：cathode-ray tube.

② LCD：liquid crystal display.

机的资源，提高计算机性能。目前，常用的微机操作系统有：Windows、Unix、Linux 等。

（2）语言处理程序。

语言处理程序是把人们编写的源程序翻译成机器能够识别和执行的二进制代码序列（即机器语言）的一种系统软件。翻译的方式有两种：编译和解释。编译方式是一次把源程序全部转换成机器语言的目标程序，以后只需要执行目标程序即可；解释方式则是逐条翻译并立即执行源程序的语句，并不生成目标文件，每次执行都需要对源程序进行逐条翻译。常用的语言处理程序有：BASIC、Visual Basic、Delphi、Borland C＋＋Builder、Visual Java、Power Builder 等。

2. 应用软件

应用软件是指在计算机系统软件支持下开发的解决各种实际问题的软件，如：工程设计程序、文字处理软件、自动控制程序、企业管理软件、数据检索程序、科学计算程序等。

4.2　计算机网络技术

随着计算机的广泛应用以及信息处理量的激增，单个计算机应用和原始的数据交换方式已难以满足人们对信息量与处理速度的需求，于是人们把计算机技术和通信技术结合起来，产生了计算机网络。计算机网络是将地理位置不同并具有独立功能的多个计算机系统通过通信设备和线路连接起来，借助网络软件（网络协议和网络操作系统等）实现计算机资源共享和信息交换的系统。它的主要功能有：硬件资源共享、软件资源共享和信息交换。资源共享是指网络用户能够利用网络上其他计算机系统的资源，包括软件资源和硬件资源。使用计算机网络的主要目的就是实现资源共享。

计算机网络的分类方式有多种，通常按地理范围可以分成局域网、城域网和广域网三种类型。其中，局域网（LAN①）是指地理范围在几百米到十几千米的计算机网络，通常由一个小型单位内或办公楼群、校园内的计算机连接构成；城域网（MAN②）是一种大型的局域网，地理范围介于广域网和局域网之间，通常为几千米到几十千米，其运行方式接近于局域网；广域网（WAN③）的地理覆盖区域很大，通常为几十千米甚至几万千米，网络可以跨越城市、地区、国家乃至覆盖全球。当前最大的广域网是 Internet。

为了解决网络系统之间互联的问题，国际标准化组织（ISO④）于 1984 年正式颁布了计算机网络的国际标准：ISO7498，即 OSI 参考模型⑤，简称 OSI 模型。这个模型是当前网络体系结构的国际标准。Internet 采用的网络互联主要协议是 TCP/IP⑥ 协议，该协议

① LAN：local area network.

② MAN：metropolitan area network.

③ WAN：wide area network.

④ ISO：International Organization for Standardization.

⑤ OSI 参考模型：open system interconnection reference model 或 OSI model。

⑥ TCP/IP：transmission control protocol/Internet protocol，传输控制协议/网际协议。

并没有严格遵守 OSI 模型，但由于它简单易用，得到了广泛的应用。最终 TCP/IP 成为工业标准。

4. 2. 1　Internet 技术

在 Internet 出现之前，世界上一些著名的计算机厂商，如 IBM、Banyan vines、Novell、Digital、Apple 等已经在研究发展自己的网络技术。这种分散、孤立性的研究结果导致了网络技术的互不兼容，不同类型的网络无法通信。对用户来说，只选用一种网络，又往往不能满足自身的多种要求。那么如何解决这个问题呢？方案有两种：一是研究一种能满足所有用户所有要求的网络技术。到现在为止，对于一个计算机厂商来说，这是不可能的——用户的要求千变万化，一种网络技术要面面俱到，其成本可想而知。二是用户可以选择多种能满足不同要求的网络技术，然后寻找一种方法将所有类型的网络互联起来。显然，第二种方案在现实中是可行的。Internet 技术正是采用了这种策略。TCP/IP 的诞生，提供了互联任意网络的机制和网络间数据传输的标准，允许一个或多个甚至全球的用户把各种不同类型的网络成功地连接在一起互相通信。

在结构上，Internet 大致可以分为三层，如图 4—1 所示。最上面的第一层是指覆盖全国乃至连接全球各大 Internet 服务提供商（ISP[①]）的高速骨干网，如美国的 MCInet 和 SprintLink；第二层是覆盖某个地区或城域的区域骨干网；第三层是直接把一般用户接入 Internet 的网络，通常这一层距离用户最近。

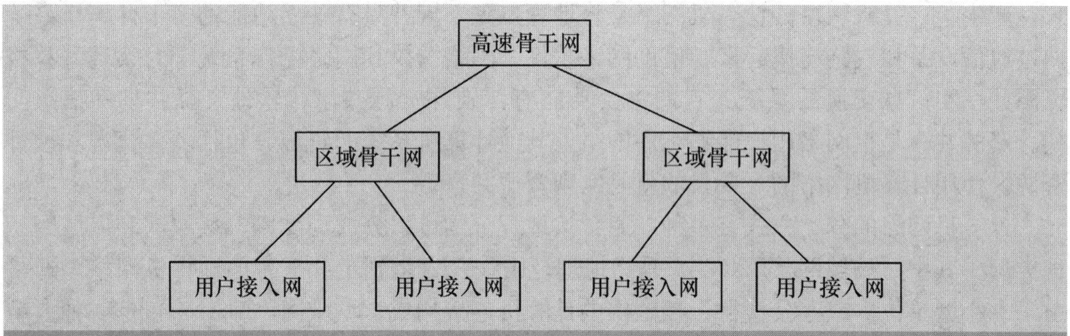

图 4—1　Internet 的基本结构

连接在 Internet 上的节点主要分为两类：一类是提供服务或接受服务的计算机（也称为主机）；另一类是具有连接功能的网络连接设备，如路由器、交换机等。

在 Internet 中，大部分的服务都是采用客户机/服务器的模式提供的。当用户从一台服务器上得到某方面信息时，所得到的信息不一定是直接从这台服务器的数据库中取出来的，而很有可能是该服务器从别的服务器那里取来再送到用户手中的。所以，客户机与服务器的概念是相对的。Internet 上提供的主要服务包括：WWW[②] 服务、FTP[③] 服务、电

① ISP：Internet service provider，这里的服务主要是指 Internet 接入服务，即通过电话线把用户的计算机或其他终端设备连入 Internet。

② WWW：world wide web，指利用超文本方式的信息查询服务。

③ FTP：file transfer protocol，文件传输协议。

子邮件服务等。

1. 网络互联设备

为了实现更大范围的资源共享和信息交流，我们需要将多个计算机网络互联在一起组成互联网。网络互联依靠网络连接设备，常用的网络互联设备有如下几种：

(1) 中继器。中继器常用于局域网扩展。它是一种最简单的连接设备，作用是将网络上的一个电缆段上传输的信号进行放大和整形，再发送到另一个电缆段上去，主要用来扩展网络电缆的长度。用中继器连接后的局域网在物理上仍是一个大的物理网络。

(2) 网桥。网桥主要用于局域网与局域网之间的互联。它的主要作用是将两个以上的局域网互联为一个逻辑网，以减少网上的无用通信量，提高整个网络的性能。它的另一个作用是扩大了网络的物理范围。

(3) 路由器。路由器主要用于局域网和广域网、广域网和广域网之间互联。用路由器互联起来的网络是多个不同的逻辑网（即子网）。路由器不仅能够连接同类网，而且能够连接异类网。路由器具备的两个最基本的功能是路由选择和数据转发。

(4) 网关。网关在互联设备中属于较复杂的一种设备，主要用于不同体系结构的网络之间的互联。网关的主要功能是完成协议转换。

2. TCP/IP 协议

每一种计算机网络都有一套协议。由于现在计算机网络种类很多，所以现有的网络通信协议的种类也很多。TCP/IP 是为 Internet 互联的各种网络之间的互相通信而专门设计的通信协议。TCP/IP 使接入 Internet 的异种网络和不同设备之间能够进行正常的数据通信。从 TCP/IP 的分层结构来看，可以很容易地理解网络互联的实质。互联就是不同协议的转换。这种协议的转换必须在相同的对应层之间实现。

TCP/IP 协议实际上是一系列协议的总称，它包含了一系列网络协议，其中两个最重要的协议就是 TCP 和 IP。TCP/IP 协议是 Internet 上所使用的主要网络协议。随着 Internet 的普及，支持 TCP/IP 的网络产品也成为主流。TCP/IP 协议的参考模型如图 4—2 所示。

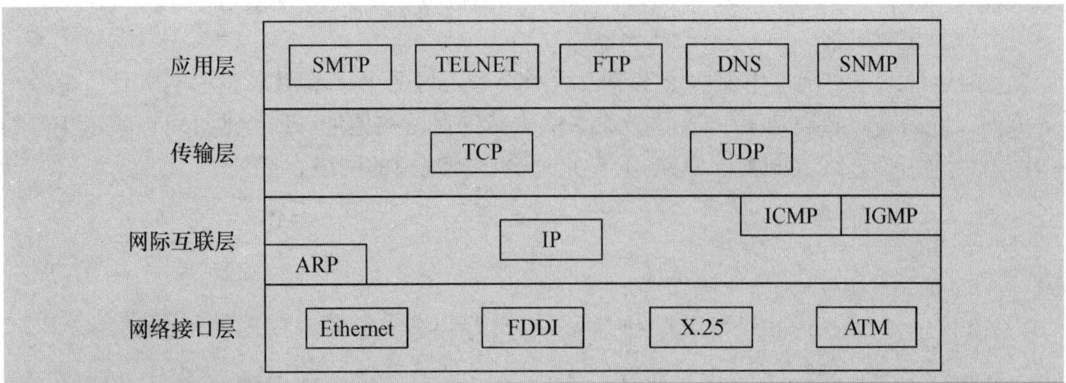

图 4—2　TCP/IP 参考模型

注：ICMP：Internet control message protocol，Internet 控制报文协议；IGMP：Internet group management protocol，Internet 组管理协议；ARP：address resolution protocol，地址解析协议；Ethernet：以太网；FDDI：一种令牌环网协议。

（1）网络接口层：在 TCP/IP 参考模型中没有详细定义这一层的内容，仅指出必须采用某种协议连接到网络上，并能够传输网络分组。根据具体网络，这一层可以采用不同的协议。如在局域网中，可以采用以太网协议、令牌环网协议等。

（2）网际互联层：主要负责在互联网上传输数据分组。这一层的一个重要的协议就是 IP①。这一层对应 OSI 模型的网络层。

（3）传输层：主要负责端到端②的对等实体之间的通信，与 OSI 模型的传输层功能类似。这一层有两个重要的协议：面向连接的可靠的传输控制协议 TCP 和无连接的不可靠的用户数据报协议 UDP③。

（4）应用层：这一层是 TCP/IP 模型的最高层，包含了 OSI 模型的会话层、表示层和应用层的功能。目前应用层的主要协议有：简单邮件传输协议（SMTP④）、超文本传输协议（HTTP⑤）、远程登录协议（TELNET）、文件传输协议、域名服务器（DNS⑥）、简单网络管理协议（SNMP⑦）等。

3. IP 地址

Internet 采用了一种统一的、有效的地址模式，这使得在 Internet 中的每一个网络节点或主机都有一个唯一、确定的地址来识别，不会造成混乱。

从名称上可以看出，这个地址是在 IP 层定义的。Internet 上的每个主机都有唯一的 IP 地址。IP 地址由专门的 Internet 管理机构来分配。

当前使用的 IP 地址由 4 个字节（32 位）组成，即第 4 版本的编码方式——IPv4⑧。每个 IP 地址包含两部分：网络号和主机号。网络号用于区分不同的网络，它的长度决定了 Internet 中可以容纳多少个网络。主机号用来标识网络中的主机，它的长度决定了一个网络中可以容纳多少个主机。4 字节的 IP 地址通常用小数点来分隔，每个字节用十进制数来表示，如 172.16.10.1，其中 172.16 是网络号，10.1 是主机号。

根据网络号部分的长度，IP 地址被分为 A、B、C、D、E 五类，如图 4—3 所示。

A 类地址：这一类地址用第一个字节表示网络号，剩余的三个字节表示主机号。第一个字节的二进制高位必须是 0，用来表示这个 IP 地址是 A 类。除去特殊保留的地址，A 类地址共可以标识 126 个网络号和 16 777 214 个主机号。这类 IP 地址适用于大型网络，如一些大型公司或机构。

B 类地址：这类地址用前两个字节表示网络号，另两个字节用来表示主机号。第一个字节的二进制高位必须是 10，表示 B 类。除去特殊保留的地址，B 类地址可以表示 16 384 个网络号和 65 534 个主机号。这类 IP 地址适合中等规模的网络。

---

① IP：Internet protocol.

② 端到端：通信的源端到目的端，其间可能经过多个互联的网络节点。

③ UDP：user datagram protocol.

④ SMTP：simple message transfer protocol.

⑤ HTTP：hypertext transfer protocol.

⑥ DNS：domain name server.

⑦ SNMP：simple network management protocol.

⑧ IPv4：Internet protocol version 4，指网际协议版本 4，是构成现今互联网技术的基石的协议。

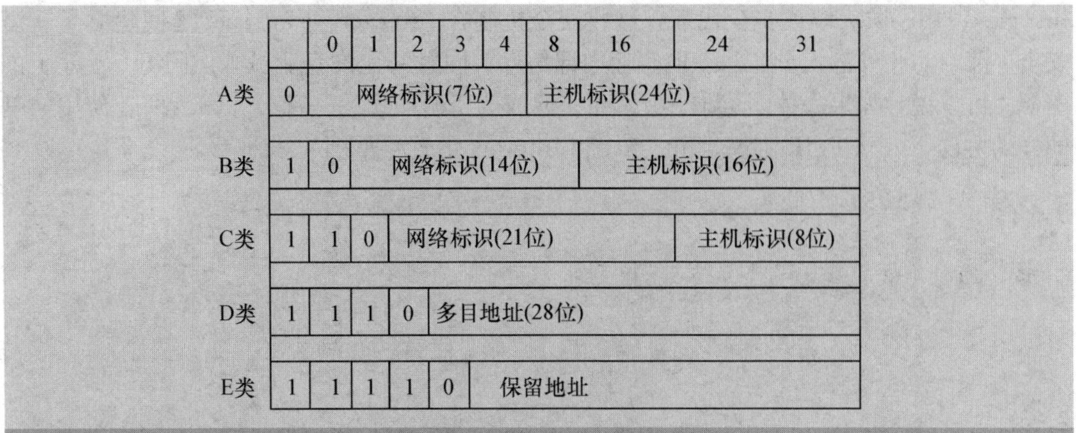

图 4—3　IP 地址结构图

C 类地址：这类地址用前三个字节表示网络号，余下的一个字节表示主机号。第一个字节的二进制高位必须是 110，来标明它是 C 类地址。除去保留的部分，C 类地址可以表示 2 097 152 个网络号和 254 个主机号。这类 IP 地址适用于较小规模的网络。

D 类和 E 类地址：D 类地址用于组播①，可以把信息发送给一组主机，在网络广播、组播等方面有所应用。E 类保留为将来扩展使用。

这样，实际由 Internet 管理机构分配使用的只有 A、B、C 三类地址。原则上，不同规模的网络，可以获得不同类型的 IP 地址。可是，一般来说，网络千差万别，某一类地址很难恰好得到充分利用，特别是 A 类地址和一些 B 类地址。于是，出现了子网（subnet）的概念，进一步把现有分类中的主机号部分划分为子网和主机部分，这样分配的 IP 地址通过与前面为全 1、后面为全 0 的 4 字节的掩码②（mask）进行“与”运算③，来区分不同的网络。如一个 B 类网络 172.16.0.0 可以用掩码 255.255.255.0，分为 254 个包含 2^8 个主机的子网络（172.16.1.0～172.16.254.0）。

随着 Internet 的发展，主机数急剧增多，即使采用了一些有效的办法充分利用每个地址，当前版本的 IP 地址也已经越来越不够用。为了使 Internet 能容纳足够的计算机，有必要增加 IP 地址的长度，于是出现了 128 位的 IP 地址——IPv6，它正逐渐取代 IPv4。IPv6 的编址方式相对比较复杂，在此不做介绍。

4.2.2　Intranet 技术与 Extranet 技术

1. Intranet 技术

Intranet 是指基于 TCP/IP 协议的企业内部网络，它通过防火墙等安全机制与 Internet 建立连接。Intranet 上可以提供 Internet 所有的应用服务，如 WWW、E-mail 等，只不过服务主要面向企业内部。和 Internet 一样，Intranet 具有很高的灵活性，企业可以根据自己的需求，利用各种 Internet 互联技术建立不同规模和功能的网络。两者的区别在于

① 组播是一种数据包传输方式，多用于有多台主机同时成为一个数据包的接收者时。
② 掩码是用来划分子网的编码。
③ “与”运算是一种逻辑运算。

Intranet 使用了防火墙或安全代理，这些安全机制在 Internet 和 Intranet 之间建立了一道安全屏障，防止外部人员非法获取企业内部信息，同时又允许企业员工访问 Internet 上的资源。可以说，如果去掉防火墙，Intranet 便成为 Internet 的一部分，因为两者使用的是同样的协议——TCP/IP 协议。Intranet 和 Internet 的连接如图 4—4 所示。

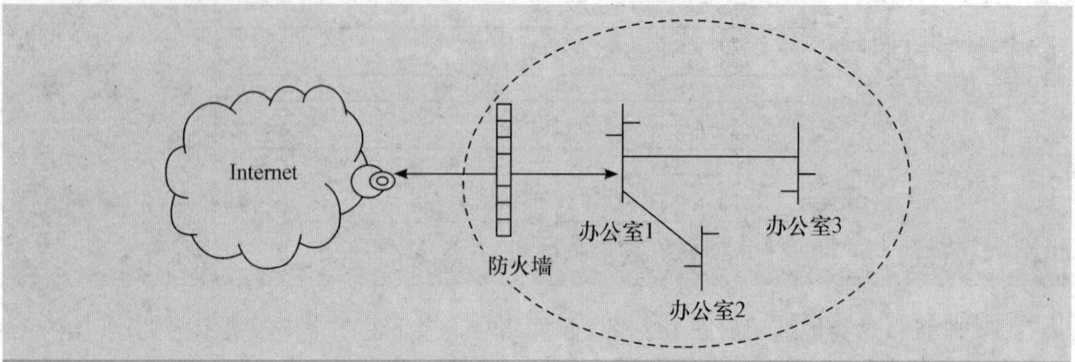

图 4—4 Intranet 和 Internet 的连接

Intranet 是局限于单位内部的 Internet。与 Internet 相比，Intranet 具有如下优点：

（1）在网络安全方面提供更加有效的控制措施，克服了 Internet 安全保密方面的不足。Intranet 属于具体的机构所有，对外界的开放是有限制的，可防止外来的入侵和破坏，适用于金融、保险、政府机构等对安全要求严格的单位。为了确保安全，有些 Intranet 同 Internet 在物理上是隔离的，有些则是连入 Internet，并利用防火墙技术来保护内部网络的安全。

（2）Intranet 的信息传输速度一般要比 Internet 快得多。有了大多基于高速宽带的局域网，Intranet 就可提供快速的 WWW 服务，从而使多媒体信息和虚拟现实在 Intranet 的应用日益普遍。从企业或机构的角度来看，Internet 是面向全球的，而 Intranet 是面向单位内部的。Intranet 可以说是 Internet 的企业版本，是一个企业内部的 Internet。

Intranet 一般由以下组件构成：计算机网络设施、支持 TCP/IP 协议的网络操作系统、Intranet 服务器、Intranet 客户机及其他组件（如防火墙和代理服务器）。

2. Extranet 技术

Intranet 的发展导致了 Extranet 的产生，并逐渐被人们所接受。简单地说，Extranet 就是一种采用 Internet 技术在企业及其合作伙伴之间建立的特殊的网络，主要为企业以外的合作伙伴提供信息服务，是 Intranet 的延伸或扩展。

Extranet 已成为企业把自己的 Intranet 向其合作伙伴开放的重要方式。通过建立和开放 Extranet，企业可充分地利用 Internet 技术，使企业及其合作伙伴之间建立电子连接，在网上安全地开展通信、合作和交易等业务。其主要目的是通过 Internet 技术加强企业之间的合作。Extranet 可以以各种方式限制不同的用户的访问权限，实现安全管理，提供商业应用。

电子政务系统的网络框架是以 Internet 技术为基础，以政府内部的 Intranet 为核心，实现政府内部工作流的电子化；通过 Extranet 允许政府合作伙伴以及政府内部外出人员对内部应用的授权访问，实现相互间授权的信息交换；通过 Internet 为社会公众提供在线的政务服务和信息服务。

4.3　电子政务信息管理技术

电子政务信息管理技术主要包括数据库技术和多媒体文档管理技术。

4.3.1　数据库技术

电子政务应用系统需要处理大量数据资料，数据库技术产生的目的是有效地管理和存储大量的数据资源，使得人们可以方便而充分地利用收集到的大量数据资源，并从中获得有用的信息。

1. 数据库的概念

(1) 数据。

数据 (data) 是事物的描述信息在计算机内部的表示，包括数字、字符、声音、图像以及能输入计算机中并能被计算机程序加工处理的信号的集合，是数据库存储的基本对象。

(2) 数据结构。

数据结构是指数据的组织形式或数据之间的联系。如果用 D 表示数据，用 R 表示数据对象之间存在的关系集合，那么数据结构 DS 就可以表示为 DS=(D，R)。

(3) 数据库。

数据库 (database) 是利用计算机存储和管理的具有一定数据组织结构的相关数据的集合。数据库中的数据是结构化的，无有害和不必要的数据冗余；数据的存储是独立于使用它的程序的。大部分数据库中的数据是可以为多个用户共享的。

(4) 关系数据库。

数据库通常按照不同的数据结构和组织方式可分为层次型、网络型和关系型。关系数据库以二维表的形式组织和存放数据。这种二维表有两部分信息需要存放在数据库中：一是表的格式，即表的第一行的内容，它指出表由多少项组成以及每一项的名称。它表示的是事物之间的联系。二是表的内容，即表中每一项的信息，包括表中所有的数据。它表示事物本身的信息。二维表用于描述一个关系，对应于某个关系模型的所有关系的集合就叫作关系数据库。

关系数据库采用了最简单的规范化的数据结构，其操作灵活、方便、简单、规范，易于用户理解和使用；关系数据库的存取路径对用户是透明的，因此它具有更强的数据独立性和安全保密性，也简化了程序开发工作和数据库建立工作。

近年来，随着面向对象技术的发展，为了能够更好地与应用程序设计语言相连接，面向对象数据库也得到了广泛的应用。目前数据库的发展趋势是：面向对象数据库技术和关系数据库技术不断融合，从而出现一种继承了两种数据库优点的对象关系数据库，这种数据库已经成为当前数据库发展的主流方向。

2. 数据库系统

数据库系统 (DBS①) 一般指引进数据库的计算机应用系统，如图 4—5 所示。数据库系统至少应包括硬件、数据库、数据库操作系统、数据库管理系统和数据库应用系统等五

---

① DBS：data base system.

个组成部分。

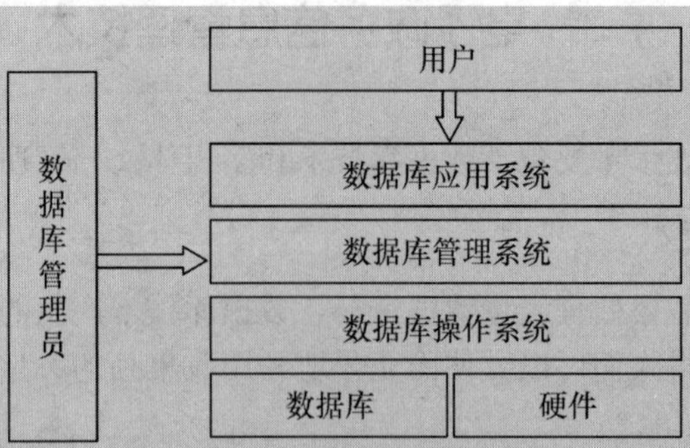

图 4—5　数据库系统

（1）数据库管理系统。

数据库本身只是一组有一定结构和组织方式的数据文件，要管理和组织其中的各种数据，就需要一个软件系统——数据库管理系统。

数据库管理系统（DBMS①）是介于用户或数据库应用系统和操作系统之间的一类数据管理软件。它负责数据库的建立、使用、维护等工作，使用户能够方便地定义数据和使用数据，并保证数据的安全性和完整性，管理多用户并发使用。

目前，关系数据库管理系统有许多种类，用户可以根据具体的应用环境和数据量的大小来进行选择。一般来说，对于小型数据库系统或单机应用环境，可以选择 Visual FoxPro 或 Microsoft Access 数据库；对于中等规模的数据库系统，可以选择 Microsoft SQL Server 或 Sybase、Mysql 等；对于大型数据库系统，Oracle 数据库为首选。

在选择数据库管理系统时还要考虑操作系统的支持程度，如：在 Microsoft Windows 环境下，Visual FoxPro、Microsoft Access、SQL Server 等可以运行得很好；而在 Unix 操作系统下一般选用 Oracle 数据库；在 Linux 免费操作系统下可选择性能很好的数据库管理系统 Mysql。

（2）数据库应用系统。

数据库应用系统是用户为了解决某一具体领域的实际问题而开发的数据库软件系统。为了给用户提供方便的人机界面和使用户能够正确地使用数据库中的数据，开发一个功能完善、操作简单、界面友好和稳定可靠的应用程序是数据库系统建设的必要步骤。具体采用哪种方式可以根据实际情况和人员素质来确定。支持数据库应用的开发语言工具很多，如 VB、VC、C++ Builder、Delphi、Power Builder 等；如果要开发 Web 环境下的应用系统，可以选择 ASP②、JSP③、PHP④、J2EE⑤、ASP. net⑥ 等开发工具。

---

① DBMS：data base management system.

② ASP：active server page，动态服务器页面，是微软公司开发的代替 CGI 脚本程序的一种应用，它可以与数据库和其他程序进行交互，是一种简单、方便的编程工具。

③ JSP：Java server pages，是由 Sun Microsystems 公司倡导、许多公司参与建立的一种动态页面技术标准。

④ PHP：professional hypertext preprocessor，超级文本预处理语言，是一种服务器端的动态脚本编程语言。

⑤ J2EE：Java 2 platform，enterprise edition.

⑥ ASP. net 不仅仅是 ASP 的下一个版本，而且是一种建立在通用语言上的程序构架，能被用于一台 Web 服务器来建立强大的 Web 应用程序。

4.3.2　多媒体文档管理技术

办公自动化系统处理信息的载体大多是以文件、报表、信函、传真等形式出现，因此，办公自动化系统是典型的文档处理系统。这些区别于传统数据类型的信息，就是“非结构化数据”或“复合文档数据”。

一般认为，关系数据库系统（如 Oracle、DB/2、SQL Server、FoxPro 等）适合传统数据类型（结构化信息）的表示和存储，但是对复合文档数据并不能够完全表示，其存储效率也并非最高。因此，“文档数据库”或“对象存储”的概念就被引入数据库领域，其目标就是针对新出现的需求，高效率地表示和存储管理“复合文档数据”。

办公自动化系统是对复合文档数据进行处理，因此在建立办公自动化系统时，必须以文档数据库为核心，同时选择性地结合关系数据库。

1. 多媒体文档数据库

多媒体文档数据库又称全息数据库，它有两层含义：第一，全息是全部信息的简称，表示非结构化数据库能存储各种信息；第二，它有物理学的“全息技术”的全息含义，表示可以处理全方位信息。

多媒体文档数据库是一种非结构化数据库，数据库的变长记录由若干不可重复和可重复的字段组成，每个字段又可以由若干不可重复和可重复的子字段组成；多媒体文档数据库通过倒排文档①技术实现快速查询，借助字段和子字段定义及标识系统来实现数据的存取与关联，借助规范文档实现规范化检索，以获得较高的查全率和查准率。

由此定义可知，多媒体文档数据库的记录是不定长的，这是与关系数据库的最大不同点。这种不定长的特性是由其每个记录的字段的个数和长度皆可变决定的。因而，多媒体文档数据库可以存储各种信息，如文字、图像、视听资料等。

为了识别和处理每个字段数据，多媒体文档数据库系统的每个库都建立了一套特定的标识系统。字段以特定的标识符号（数字或字符）作为起始标识，称为字段标识符；字段个数和长度仅受记录长度的限制。每个字段由定长数据项或者由表示字段属性的指示符（可选项）及若干不可重复和可重复的子字段组成；子字段由特定标识符（与记录的数据内容相区别的特殊字符）作为起始标识，称为子字段标识符。有了这套标识系统，系统就能够十分准确、方便地驾驭变长记录。

关系数据库是通过建立索引而实现快速检索的。与此相同，多媒体文档数据库通过倒排文档技术来实现记录的快速定位。倒排文档由“检索词典”集合和“定位数据”集合两部分组成。检索词典是根据用户定义的检索规则，从数据库的记录中抽取的检索数据的集合，至少由检索词、抽词规则、所对应的定位数据的个数以及映射定位数据的指针组成。定位数据描述检索词的提取来源，由记录号、字段标识符、重复次数以及检索词在该重复中的位置等组成。通过定义抽词规则和建立倒排文档，多媒体文档数据库不仅能够实现复杂的逻辑组配检索，还可以实现全文检索。

---

①　倒排文档（inverted file）也常被称为反向索引、置入档案或反向档案，是一种索引方法，被用来存储在全文搜索下某个单词在一个文档或者一组文档中的存储位置的映射，它是文档检索系统中最常用的数据结构。

规范文档是对系统在著录、标引和检索中所使用的词进行规范化处理后所产生的各种词表，如主题词表、著者规范文档等。通过对检索词的属性（如同义、近义和反义等）和关联进行全面的规范化处理，有效地提高查询效率。

2. 全文数据库

近年来，迅速发展起来的全文数据库已成为处理文献信息中的知识与数据的有力工具。对全文数据库技术及检索系统的研究和开发，是当前数字化资源存储与检索的前沿课题。

全文数据库是一种存储文献全文或其主要部分并能提供全文检索的源数据库，其主要特点是：

（1）包含信息的原始性。库中信息基本上是未经信息加工的原始文本，具有客观性。

（2）信息检索的彻底性。可对文中任何字、词、句进行检索，还可表示检索词之间的复杂位置关系。

（3）所有检索语言的自然性。不作标引，借助截词、邻接等匹配方法，以自然语言检索所需文献，这是全文数据库检索方法与传统主题词检索方法的根本区别。

（4）数据相对稳定性。全文数据库中的数据基本上是封闭的，一般不需要更新。

（5）检索结果的准确性。利用后控制表及检索技术可以改善检索效果。

（6）数据的非结构性。非结构化数据包括报表、账单、影像、电子文档、图片、音频、视频等，强调内容管理，难以用关系数据库进行管理。

20 世纪 80 年代以来，特别是在 20 世纪 90 年代，全文数据库获得大发展。1985 年至 1989 年的 5 年里，全球全文数据库增长了 50%，在所有数据库中增长率最高。全文数据库的结构不像关系数据库那样有明确定义，而是随全文检索软件不同而不尽相同。

全文数据库的管理软件称为全文检索系统，主要是对全文数据库进行管理，对文章中任意词进行检索，对检索词之间的关系进行位置和逻辑运算。目前，全文检索系统有汉化全文检索系统、自主开发的通用全文检索系统和专用全文检索系统等。

3. Web 数据库技术

电子商务、Web 医院、远程教育、数字图书馆、移动计算等都需要新的数据库技术支持，因此，对半结构化和无结构数据模型的描述、管理、查询和安全控制等问题的研究已成为新的研究课题，特别是 Web 数据库的发展成为新的热点和难题。

由于 Internet 的发展，网上数据激增，对网上信息的应用需求也不断提高，原有的对文本文件的链接浏览和关键词检索已无法满足一些复杂的应用需求。近年来，大量的研究致力于将数据库技术应用于网上数据的管理和查询，使查询可以在更细粒度上进行，并集成多个数据源的数据。但是，将传统数据库技术直接应用于网上数据的最大困难在于：网上数据缺乏统一的、固定的模式，数据往往是不规则且经常变动的。因此，半结构化数据模型应运而生，其无模式及自描述的特点适宜描述网上数据。事实上，日益普及的 XML① 数据就是一种自描述的半结构化数据，它的出现推动了 WWW 在电子商务、电子政务、电子数据交换和数字化图书馆等多方面的应用，但对如何有效地存

① XML：extensible markup language.

储、管理和查询这类数据仍然莫衷一是，已有的数据库技术，如关系数据库、面向对象数据库，都不能完全适应新的应用需求，而专用的半结构化的数据管理系统目前仍然处于初步实验阶段。

4.4　电子政务应用技术

电子政府的目标之一是实现政府内部办公自动化和行政管理自动化。本节将介绍与此相关的主要技术，包括中间件技术、工作流技术、群件技术和办公软件等。

4.4.1　中间件技术

1. 中间件的定义

中间件（middleware）是一种独立的系统软件或服务程序，分布式应用软件借助这种软件在不同的技术之间共享资源。中间件位于客户机/服务器的操作系统之上，管理计算资源和网络通信。中间件不仅要实现互联，还要实现应用之间的互操作；中间件是基于分布式处理的软件，最突出的特点是其网络通信功能。

中间件屏蔽了底层操作系统的复杂性，减少了程序设计的复杂性，使程序开发人员面对一个简单而统一的开发环境，将注意力集中在自己的业务上，不必再为程序在不同系统软件上的移植而重复工作，从而大大减轻了技术上的负担。另外，中间件作为新层次的基础软件，其重要作用是将不同时期、在不同操作系统上开发的应用软件集成起来，使它们像一个天衣无缝的整体一样协调工作，这是操作系统、数据库管理系统本身做不了的。中间件的这一作用，使得在技术不断发展之后，我们以往在应用软件上的劳动成果仍然物有所用，从而节约了大量的人力、财力。

2. 中间件分类

中间件的种类很多，根据中间件在系统中所起的作用和采用的技术不同，大致划分为以下几种：

（1）数据库中间件（DM①）。

数据库中间件是一种应用广泛、技术成熟的中间件。一个最典型的例子就是 ODBC②，ODBC 是一种基于数据库的中间件标准，它允许应用程序和本地或者异地的数据库进行通信，并提供了一系列的应用程序接口（API③），当然，在多数情况下这些 API 都是隐藏在开发工具中，不被程序员直接使用。

不过，在数据库中间件处理模型中，数据库是信息存储的核心单元，中间件完成通信的功能，这种方式虽然灵活，但是并不适合一些要求高性能处理的场合，因为它们需要大量的数据通信，而且当网络发生故障时，系统不能正常工作。

---

① DM：database middleware.

② ODBC：open database connectivity.

③ API：application programming interface.

（2）远程过程调用（RPC[①]）中间件。

远程过程调用是另外一种形式的中间件，它在客户机/服务器计算方面比数据库中间件又迈进了一步。它已经存在了相当长的时间，而且沿用了大多数程序员都非常熟悉的编程模式，程序员就像调用本地过程一样在程序中调用远程过程，启动远程过程的运行，然后将运行结果返回给本地程序。

RPC 的灵活特性使得它可以应用于更复杂的客户机/服务器计算环境中。远程过程调用的灵活性还体现在它的跨平台性上，它不仅可以调用远端的子程序，而且这种调用是可以跨不同操作系统平台的，而程序员在编程时并不需要考虑这些细节。

RPC 也有一些缺点，主要是因为 RPC 一般用于应用程序之间的通信，而且采用的是同步通信方式。因此，对于比较小型的简单应用这种方式还是比较适合的，因为这些应用通常不要求异步通信方式；但是对于一些大型的应用，这种方式就不是很适合了，因为此时程序员需要考虑网络或者系统故障，处理并发操作、缓冲、流量控制以及进程同步等一系列复杂问题。

（3）面向消息中间件（MOM[②]）。

面向消息中间件适用于需要在多个进程之间进行可靠的数据传送的分布式环境。

面向消息中间件的优点在于能够在客户机和服务器之间提供同步与异步的连接，并且在任何时刻都可以将消息进行传送或者存储转发，这也是它比远程过程调用更进一步的原因。另外，面向消息中间件不会占用大量的网络带宽，它可以跟踪事务，并且通过将事务存储到磁盘上实现网络故障时系统的恢复。

（4）对象请求代理（ORB[③]）中间件。

对象请求代理是近年来才发展起来的一项新技术，它可以看作和编程语言无关的面向对象的 RPC 应用，被视为从面向对象过渡到分布式计算的强大推动力量。从管理和封装的模式上看，对象请求代理和远程过程调用有些类似，不过对象请求代理可以包含比远程过程调用和面向消息中间件更复杂的信息，并且可以适用于非结构化的或者非关系型的数据。

（5）事务处理中间件。

事务处理中间件，也称事务处理监控器（TPM[④]），是一种复杂的中间件产品，是针对复杂环境下分布式应用的速度和可靠性要求而出现的。它给程序员提供了一个事务处理的 API，程序员可以使用这个程序接口编写高速而且可靠的分布式应用程序——基于事务处理的应用程序。

事务处理中间件向用户提供一系列的服务，如应用管理、管理控制，以及应用程序间的消息传递等。常见的功能包括全局事务协调、事务的分布式两段提交、资源管理器支持、故障恢复、高可靠性、网络负载平衡等。

3. 中间件应用

尽管中间件的概念很早就已经产生，但中间件技术的广泛运用却是在最近 10 年，这

① RPC：remote procedure call.

② MOM：message oriented middleware.

③ ORB：object request broker.

④ TPM：transaction processing monitor.

期间出现了许多商用中间件产品。例如 BEA 公司的 Tuxedo，IBM 的 MQSeries，东方通科技的 TongLINK/Q 等。

融合完全不同的内部业务系统的复杂性和成本，以及与防火墙外的合作伙伴结成一体的巨大困难，常常会妨碍企业进行合作。为了解决这一难题，Web 服务被推出，以满足更加灵活而有效的企业合作环境的需要。

Web 服务提供了一个基于标准的方法，使企业可以将应用程序在防火墙后或防火墙外连接在一起，并且独立于硬件、操作系统或 Java、. NET 或 CORBA[①] 等应用程序环境。Web 服务为企业提供一种能力，使其可以与客户、供应商、交易伙伴甚至在企业内部建立低成本的多对多连接。

包括 HP、IBM、Sun、Microsoft、BEA 和 Oracle 等公司在内的主要中间件厂商都在致力于发展 Web 服务。目前，有关 Web 服务的标准正在加紧制定，未来将出现 Web 服务的应用高潮。

4.4.2 工作流技术

工作流（workflow）技术是实现办公自动化系统及电子政务应用系统协同办公功能的核心技术。

1. 工作流的定义

工作流是一组人员为完成某一项业务所进行的所有工作及工作转交（交互）过程。几乎所有的办公及业务管理过程都是工作流。每一项工作以流程的形式，由发起者发起流程，经过本部门以及其他部门的处理，最终到达流程的终点。工作流是可以打破单位界限的，支持各级政府间或同级政府间的联网办公和互动式作业的新的办公模式。

工作流自动化属于软件分类中的“群组软件”范畴。而“群组软件”是指那些能够满足一群人共同工作需要的软件。

工作流是办公自动化系统的重要部分。当工作流制定好后，文件将按照工作流的定义进行自动的流转，文件流经每一个部门或者人员，且一般无须指定文件流转的下一个结点。工作流设置的简易性及使用的灵活性是办公自动化系统的灵魂。

2. 工作流技术

现行的工作流软件都是建立在四种基本的技术元素之上，即流程逻辑、组织机构、工作处理对象和工作流自动化。流程图是工作流软件最直观的表现。

流程逻辑定义了任务的顺序、工作项所遵循的路由规则、工作项完成的截止日期、提交给工作流引擎所执行的办公和业务处理规则。

组织机构包括用户表、部门机构表和角色表。一般一种角色对应于完成某一工作项或任务的权限。一般通过角色对部门及用户个人授权，控制其访问系统的权限。这样，机构调整、人员岗位的变化可在不改变流程逻辑的情况下进行。

---

① CORBA：common object request broker architecture，公共对象请求代理体系结构，是由对象管理组织（OMG）组织制定的一种标准的面向对象的应用程序体系规范。或者说 CORBA 是 OMG 为解决分布式处理环境中硬件和软件系统的互联问题而提出的一种解决方案。

工作处理对象是每一工作项对应的所有的数据和文档。它们作为一个整体可在系统中流动，通过流程图表现出来。

工作流自动化的目标就是协调组成工作流的四大元素，即人员、资源、事件、状态，推动工作流的发生、发展、完成，实现全过程监控。自动化技术提供系统的三种运行模式：系统按事先定义好的任务的顺序自动运行；满足触发条件后再按定义的脚本[①]（script）运行；在交互式任务中按用户的选择及定义的处理规则进行处理。截止日期的处理是工作流自动化应用中最常用的功能之一。如果一个工作项在规定的时间内没有完成，系统会进行如下处理：

（1）自动发送提醒、警告信息。

（2）触发更高级的处理过程。

（3）提供交互式界面，按当事人或其上级或系统管理员的输入的处理规则进行处理。

政府各部门的职能、业务及业务处理流程各不相同，而且在同一机关内部也会进行办公流程及业务管理流程再造，因此，实现工作流灵活定义、工作流自动化也是电子政务系统的核心功能。

3. 标准化

在工作流的概念被明确提出并得到重视的同时，人们就认识到了“标准化”在其中的重要性。有关工作流标准的开发和推广，基本是与工作流的开发和推广同步进行的。目前，在这方面的权威性机构是“工作流管理联盟”（WfMC[②]）。

4. 工作流管理系统

根据 WfMC 的定义，工作流管理系统（WfMS[③]）通过软件定义创建工作流并管理其运行。它运行在一个或多个工作流引擎上，与工作流的参与者（包括人或软件）相互作用，并根据需要调用其他的 IT 工具。

总体来说，实际企业中运作的工作流管理系统，是一个“人—机”结合的系统。它的基本功能体现在如下几个方面：

（1）定义工作流，包括具体的活动、规则等，这些定义是同时被人以及电脑所“理解”的。

（2）遵循定义创建和运行实际的工作流。

（3）监察、控制、管理运行中的业务（工作流），例如任务、工作量与进度的监察、平衡等。

工作流管理系统是一个真正的“人—机”系统。用户是系统中的基本角色，是直接的任务分派对象，可以直接看到电脑针对自己列出的“任务清单”，跟踪每一项任务的状态或继续一项任务，而不必从一个模块退出后再进入另一个模块搜索相应任务的线索。这样，用户的任务分派和任务的完成状态，可以被最大程度地电脑化和受到控制。

---

① 脚本：是使用一种特定的描述性语言、依据一定的格式编写的可执行文件，是批处理文件的延伸，是一种纯文本保存的程序。一般来说，计算机脚本程序是确定的一系列控制计算机进行运算操作动作的组合，在其中可以实现一定的逻辑分支等。

② WfMC：workflow management coalition.

③ WfMS：workflow management system.

现在典型的工作流产品是客户机/服务器软件，而日益受推崇的重要途径是通过万维网界面——可以令客户或远程的职员更好地参与。工作流的定义经常是借助于图形化工具，依照业务过程实例的情况来定义相应工作的安排。

4.4.3　群件技术

群件是帮助群组协同工作的软件，一般包括电子邮件、文档管理与工作应用等几大部分。由于实现了对非结构化信息的管理和共享，群件对电子政务来说就意味着一种高效的协同工作手段，从而成为知识管理的基础技术之一。

群件产品与 Internet 相结合，使其功能更加强大。群件从功能上必须满足“3C”要求，即满足通信（communication）——个人或组织间的信息传递，合作（collaboration）——工作团队中的信息共享，以及协作（coordination）——业务过程自动化与协调的要求。

群件产品主要有 Lotus 公司的 Domino/Notes、Novell 公司的 GroupWise 和微软的 Exchange。

1. Lotus 公司的 Domino 和 Notes

Lotus 公司的 Domino 和 Notes 是结合了公司级电子邮件、分布式文档数据库与快速应用开发的强大技术，集成了 Internet 技术，提供以网络为中心的应用计算平台。用户可以充分利用这一平台快速开发并实施与业务密切相关的、具有战略意义的群件应用，以满足业务和知识管理对信息技术的要求。

Domino 是个全能的服务器软件，允许客户进行通信、合作和协作。它能够处理电子邮件、进行 Web 发布并构筑工作流应用，支持多样化的客户机和设备，包括 Web 浏览器、Notes 客户机以及 POP3①、IMAP② 客户机。服务器控制 Notes 数据库的访问，控制 Notes 内部的通信、Notes 邮件的路由，以及其他 Notes 用户和 Domino 服务器及工作站之间复制数据等。

Domino 中内置了文档数据库与工作流，具有通过自动寻找路由来传递、批阅和出版文档，跟踪传递中文档的状态，分发公司级与跨公司级的文档等功能。

2. Novell 公司的 GroupWise

GroupWise 将电子邮件扩展成一个更广泛的协同工作环境，它可以在 IntranetWare/Netware、Windows 以及 Unix 服务器平台上运行。它将目前最常用的应用如电子邮件、Web 地址、传真、语音邮件、文档、约会以及工作列表等紧密集成到通用信箱中，从而节省了时间，并提高了工作效率。

GroupWise 同时还具备远程访问功能。只要有电话接口，在任何地方均可以通过电话或 IE 浏览器访问 GroupWise。GroupWise 通过 Web Access 与办公室的 Web Server 相连。

---

① POP3：post office protocol 3，POP3 协议是 TCP/IP 协议族中的一员、邮局协议的第三个版本。它是规定个人计算机如何连接到互联网上的邮件服务器进行收发邮件的协议，是互联网电子邮件的第一个离线协议标准。POP3 协议允许用户从服务器上把邮件存储到本地主机（即自己的计算机）上，同时根据客户端的操作删除或保存在邮件服务器上的邮件，而 POP3 服务器则是遵循 POP3 协议的接收邮件服务器，用来接收电子邮件。

② IMAP：internet message access protocol，交互邮件访问协议。这是一个应用层协议，用来从本地邮件客户端（如 Microsoft Outlook、Outlook Express、Foxmail、Thunderbird）访问远程服务器上的邮件。

对于移动计算，GroupWise 可通过 Phone Access 支持非计算机设备，如 PDA[1]、手机等，公司员工可以在世界上任何一个地方打电话到公司 GroupWise 的 Phone Access 上，并能够从通用信箱中阅读信息。

为确保在旅途中能自始至终地接收到重要信息，用户可以让 GroupWise 通过自动拨打移动电话将符合设定要求的重要信息传递给用户。

GroupWise 不仅可以利用 NDS[2] 管理，还能支持多达 200 种以上的文件格式，如 Exchange、SmartSuite、Word、WordPad 等，各种类型的文件都可以在 GroupWise 中方便地打开。

3. 微软的 Exchange

Exchange Server 是微软 BackOffice 服务器产品家族的重要成员，也是其 Internet/Intranet 整体解决方案的一部分。用户可以在 Exchange Server 上开发各种协作应用。微软于 1998 年 3 月 31 日正式发布了中文版 Exchange Server 5. 5。

微软 Exchange Server 5. 5 具备公司通信所需要的可扩展性、可靠性、可用性和可管理性，其提供的无限数据存储能力使每台服务器的用户数量仅受到硬件资源的制约，这样便可充分满足用户对处理多媒体数据和文档的需求。另外，微软 Exchange Server 5. 5 还具备 Internet、传输体系及桌面系统之间的互操作性，提供用户熟悉的 Internet 工具，易于创建广泛的协作应用。

Exchange Server 5. 5 协作应用的出发点是信息交换。Internet 提供诸如电子邮件、会议安排、团体日程管理、任务管理、文档管理、实时会议和工作流等丰富的协作应用，所有的应用都可以通过 Internet 浏览器来访问。如果与微软的其他成员（IIS[3]、SQL、Server 等）结合，使用 Visual InterDev 等开发工具，那么 Exchange Server 5. 5 可以快速构建协作应用。它除提供支持中文处理的服务器软件外，还提供完全中文化的客户端工作流软件，如 Outlook 以及 Visual InterDev1. 0 开发工具。

4. 4. 4 办公软件

顾名思义，办公软件是指辅助人们进行日常办公的软件。从产品的角度而言，办公软件常常以套件的形式出售。办公套件包括文字处理软件、电子表格、个人用数据库、办公演示软件、个人信息管理、电子邮件等。简而言之，就是办公软件的套装。当然，既然是套件，它们就不会是单纯地组合在一起，而是相互之间有一定的集成性，使相互间能配合工作。目前市场上主要的办公套件有微软的 Office、金山的 Office[4]、莲花的 Lotus123 Office Pro。在中国，人们最为熟悉的办公软件还是 WPS、Office。

微软 Office 办公软件是目前应用最为广泛的办公软件。Office 套件是一个庞大的办公软件和工具软件的集合体，是日常生活中电脑作业不可缺少的得力助手。在电子政务办公应用中，所使用的 Office 主要工具软件包括文本编辑软件 Word、电子表格软件 Excel 以及演示文稿软件 PowerPoint 等。

① PDA：personal digital assistant，个人数码助理，掌上电脑。
② NDS：nintendo dual screen，双屏掌机。
③ IIS：internet information services，互联网信息服务。
④ WPS：word processing system，文字处理系统。

4.5　电子政务服务技术

电子政府的另一个主要目标是向政府内部、企业和社会公众提供网上政府办公及信息化服务。本节介绍电子政务服务所涉及的主要技术，包括 Web 技术、XML 技术、Web Service 技术、政府门户网站群与支撑平台等。

电子政务服务技术也称门户技术，是政府部门向政府内部、企业和社会公众提供网上政府办公及信息化服务的技术。门户是一个提供个性化和适应性接口的软件系统，用户通过这个接口能方便地找到相关的人、应用程序和信息。门户技术经历了从 Internet Web 门户、Intranet Web 门户到企业信息门户和企业知识门户的发展过程。

对于机关工作人员，政府信息门户是他们进入电子政务系统的大门。用户可在内网任意一台计算机上进行登录，系统提供用户身份认证，合法的用户便可看到自己定制的亲切的个性化界面，得到自己有权访问的和自己专门定制的所有的信息资源，进入自己有权访问的应用系统（即办公自动化系统及各类业务管理系统）。政府门户网站为机关工作人员提供单点登录、统一界面和相同的风格、通过内网或政府专网按权限访问政府信息资源的功能。

公众用户可通过访问政府网站了解政府的相关政策、法律法规文件、政务信息等，可进行各类申报及申请，可向政府部门提出自己的建议和意见。

4.5.1　Web 技术

采用传统的 C/S[①] 体系结构开发电子政务应用系统，其安装、调试、管理维护的工作量都很大。基于 Web 的多层体系结构，提高了设计开发和应用部署的灵活性，通过对 Web 服务器的集中管理，有效地降低了安装、调试和管理维护的工作量。目前，Web 技术已成为应用开发和管理的主流技术。

Web 技术采用多层体系结构，在浏览器端通过对 Web 服务器的访问实现对数据的处理。采用基于 Web 的技术需要考虑两个问题——采用何种动态页面技术和采用何种构件技术。动态页面技术在一定程度上决定了可以采用的构件技术。

1. 动态页面技术

动态页面技术是指通过 Web 服务器或应用服务器上的脚本文件或构件实现动态生成超文本页面。基于 Web 的动态页面技术，目前主要有 CGI、ASP 和 JSP 三种。

公共网关接口（CGI[②]），是一种常用的动态页面技术。目前，几乎所有的 Web 服务器都支持 CGI 脚本，且可以选用多种编程语言，例如，C、Perl 等语言。但由于每个 CGI 请求都需要为其分配进程资源，因此，在大量用户并发使用时占用的资源较多，效率较低。

---

① C/S：client/server，客户机/服务器。

② CGI：common gateway interface.

ASP是基于微软Windows平台的动态页面技术，可以用VBScript或JavaScript语言来编写，支持COM/DCOM构件模型，其技术易学、开发效率高，缺点是难以移植到其他操作系统平台上（如Unix操作系统）。

JSP是跨平台动态页面Java开发技术，它是J2EE的一个子集。JSP不仅集成了ASP技术易学和开发高效的优点，而且支持自定义标签，开发者可以屏蔽建立逻辑和扩展函数的烦琐工作，从而建立更易读的页面。J2EE提供了一套开放的标准和接口，充分利用了构件技术的优势，支持开放的EJB① 和CORBA规范，具有很强的可伸缩性，易于建造和维护大型应用。

2. 构件技术

动态页面技术与构件技术密不可分，因为动态页面实现的本身就是构件思想的一种体现。构件技术支持软件重用，可以提高软件开发效率。

构件技术的核心思想是创建可重用的构件并将其集成起来，得到新的应用系统。构件模型定义了构件的基本结构和构件接口。在基于构件的软件开发中，构件开发人员开发那些实现应用系统逻辑的构件，而应用系统开发人员则把这些预先开发好的构件组合成应用系统。采用构件技术的优点是：提高重用程度，减少重复开发，提高软件生产效率和软件质量。

对于软件构件技术，众多厂商形成了几大体系。以微软为首的COM/DCOM体系，包括DDE②、OLE③ 和ActiveX等技术，提供了Windows平台下构件开发的基础。如在Windows环境下，VC、VB、DELPHI、PB、Java等多种语言都支持COM/DCOM构件的开发；使用Microsoft事务处理服务器可以对COM/DCOM构件进行管理；通过ASP脚本对构件进行调用。另一种重要的体系是由OMG④ 推出的CORBA，已逐渐成为业界的标准。EJB是基于Java的、与CORBA兼容的构件规范，与J2EE一起推出后，已成为应用服务器的标准技术。

随着应用需求和网络技术的不断发展，基于网络的信息共享和交换将会继续向纵深发展，且网络和信息安全技术也将日趋成熟，从而推进Web技术的应用。从构件技术的发展看，EJB有可能成为面向对象数据库的新平台，构成企业级信息系统的基础。从信息共享和交换的角度讲，XML格式的文件将成为下一代在网络上交换通用数据的标准。因此，基于Web技术的应用开发应该考虑XML技术的应用问题。

4.5.2 XML技术

1. XML的概念

可扩展标记语言XML，是国际组织W3C⑤ 为适应WWW的应用，将SGML⑥ 进行简

---

① EJB：enterprise Java beans，企业级Java beans。

② DDE：dynamic data exchange，动态数据交换。

③ OLE：object linking and embedding，对象链接与嵌入。

④ OMG：object management group，对象管理组织，是一个国际性开放会员的非营利的计算机组织，成立于1989年，是目前拥有约300家机构的国际联盟，开发了对象管理体系结构（OMA）。

⑤ W3C：World Wide Web Consortium，万维网联盟。

⑥ SGML：ISO组织于1986年发布的国际标准，是一种通用的文档结构描述置标语言，主要用来定义文献模型的逻辑和物理类结构。

化而形成的标记语言，其功能比HTML[①]强大得多，不再是固定的标记，而是允许通过定义数量不限的标记来描述文档中的数据，允许嵌套的信息结构。XML提供了一个直接处理Web数据的通用方法。

HTML和XML的主要区别是，前者着重描述Web页面的显示格式，而后者着重描述的是Web页面的内容。

XML作为一种标记语言，是运用"标记法"描述结构化数据的形式语言。所谓"标记法"，就是出于处理的目的，在数据中加入附加信息的方法，而这些附加的信息就称为标记。

例如：

```
<联系人>
    <姓名>abc</姓名>
    <公司>xyz公司</公司>
    <地址>
        <街道>中关村1234号</街道>
        <城市>北京市</城市>
    </地址>
    <EMAIL>zhang@xyz. com</EMAIL>
    <电话>（010）12345678</电话>
</联系人>
```

2. XML标准体系

XML提供的是描述具体应用语言的基本方法。针对具体的应用领域需要制定相应的应用标准。例如，具体的标记表示的语义、附加的语法约束等。另外，针对XML应用中的公用特征、方法或规则，W3C制定了一些XML的基础标准。

XML已开始被广泛接受，大量的应用标准，特别是针对Internet的应用标准，纷纷采用XML进行制定。在Internet时代，几乎所有的行业领域都与Internet有关。而这些行业一旦与Internet发生关系，就必然要有其行业标准。这些应用标准往往采用XML来制定。当前较为重要的应用标准主要包括：用于XML显示的标准XHTML[②]、SVG[③]、SMIL[④]、MathML[⑤]，用于电子商务领域的标准Micropayments[⑥]、BizTalk[⑦]、ebXML[⑧]，等等。

3. XML应用

XML是WWW上信息交换的新标准，它支持用户自定义文档标记，用有序的、嵌套

① HTML：hyper text mark language，超文本标记语言，是WWW的描述语言。

② XHTML：extensible hypertext markup language，是一种置标语言，采用XML对HTML的重新定义。

③ SVG：scalable vector graphics，可缩放矢量图形。

④ SMIL：synchronized multimedia integration language，同步多媒体集成语言。

⑤ MathML：mathematical markup language，有关数学公式符号的语言。

⑥ Micropayments由W3C制定。

⑦ BizTalk是由Microsoft发起的电子商务的schema库。

⑧ ebXML：electronic business XML.

的元素组织有一定结构的数据。XML 是面向数据的，程序可解读这些标记并依据这些标记的语义处理数据。以 XML 文档为主体的 WWW 将成为新一代以数据为中心的 WWW 计算环境。可以预言，XML 将成为数据组织和交换事实上的标准，大量的 XML 数据将很快出现在 Web 上。

在电子政务系统中，由于许多工作需要系统进行自动的分析处理，所以文档信息的结构化非常重要。由于 XML 的结构化、规范性、可扩展性及简洁性特点，系统中的文档与交换通常采用 XML 格式。

4.5.3 Web Service 技术

Web Service 主要是为了使原来各孤立的站点之间的信息能够相互流通、共享而提出的一种接口。Web Service 所使用的是 Internet 上统一、开放的标准，如 HTTP、XML、SOAP①、WSDL② 等，所以，Web Service 可以在任何支持这些标准的环境中使用。

Web Service 建立在 SOAP 传输的基础上，应用程序通过 SOAP 访问 Web Service，而 Web Service 的发布、发现和绑定是由 UDDI③ 提供的。Web 服务提供者主要是定义要提供给他人访问的服务，服务接口文件（WSDL 文档）通过 Web 服务中介者发布，并在 UDDI 注册中心注册 Web 服务。同时，UDDI 向用户提供发现访问服务的标准；Web 服务请求者向 Web 服务中介者请求特定的服务，查询服务地址和服务接口，再通过他们访问使用这些服务。

1. SOAP

它是一个用于分散和分布式环境下网络信息交换的基于 XML 的通信协议。在此协议下，软件组件或应用程序能够通过标准的 HTTP 协议进行通信。它的设计目标就是具有简单性和扩展性，这有助于大量异构程序和平台之间的互操作，从而使存在的应用程序能够被广泛的用户访问。

2. WSDL

WSDL 是一种 XML 应用，它将 Web 服务描述定义为一组服务访问点，客户端可以通过这些服务访问点对包含面向文档信息或面向过程调用的服务进行访问。WSDL 首先对访问的操作和访问时使用的请求/响应消息进行抽象描述，然后将其绑定到具体的传输协议和消息格式上，以最终定义具体部署的服务访问点。相关的具体部署的服务访问点通过组合就成为抽象的 Web 服务。

在具体使用中，我们可以对 WSDL 进行扩展，这样无论通信时使用何种消息格式或网络协议，都可以对服务访问点及其使用的消息格式进行描述。在 WSDL 的框架中，可以使用任意的消息格式和网络协议，如同 SOAP 中可以使用任意的网络协议一样。在 WSDL 规范中，定义了如何使用 SOAP 消息格式、HTTP GET/POST 消息格式以及 MIME④ 格式来完成 Web 服务交互的规范。

---

① SOAP：simple object access protocol，简单对象访问协议。
② WSDL：web service definition language，Web 服务定义语言。
③ UDDI：universal description discovery and integration，统一描述、发现和集成协议。
④ MIME：multipurpose internet mail extensions，多用途网际邮件扩充协议。

3. UDDI

UDDI，即统一描述、发现和集成协议，提供了一个机制，以一种有效的方式来浏览、发现Web Services以及它们之间的相互作用。UDDI是一个广泛的、开放的行业计划，它使得商业实体能够彼此发现，定义它们如何在Internet上互相作用，并在一个全球的注册体系架构中共享信息。UDDI是这样一种基础的系统构筑模块：它使商业实体能够快速、方便地使用它们自身的企业应用软件，来发现合适的商业对等实体。

UDDI同时也是Web服务集成的一个体系框架，它包含了服务描述与发现的标准规范。UDDI规范利用了W3C和Internet工程任务组织的很多标准作为其实现基础，例如XML、HTTP和域名服务（DNS）这些协议。另外，在跨平台的设计特性中，UDDI主要采用了SOAP协议。

4.5.4　政府门户网站群与支撑平台

网站群是指统一部署、统一标准、建立在统一技术构架基础之上，信息可以实现基于特定权限共享呈送的一群网站。政府门户网站群的实现是电子政务发展到一定历史阶段的必然，也是政府网站资源的综合利用和规范管理的需要。

然而，要实现真正意义上的网站群体系，就必须在建设模式和技术手段上达到必要的高度。在建设模式上，必须建设统一的规范标准体系，建立必要的规范制度，通过分布式信息维护模式和审核机制，做到信息层级管理、资源共享和再利用。

政府门户网站群的建设依赖于电子政务公共服务支撑与管理平台。该平台主要功能应包括以下几个方面：

（1）提供对政府门户网站群的三大功能即信息服务、互动服务和在线服务的支持与管理。

（2）支持政府门户网站群的前后台结构。在前台实现“以用户为中心”，按照服务对象的生命周期来组织和呈现政务信息与业务服务，在后台依托内容管理平台、公众参与服务管理平台、在线业务服务管理平台，以及信息资源整合平台实现政府信息资源的整合。

（3）整个平台功能模块实行统一灵活的部署。后台各个平台既可以统一部署，也可以灵活地、独立地部署运行。

（4）支持政府门户网站群多层级结构及不同层级间政务信息资源的共享与交换。平台应具有内容整合能力，在政府门户网站群间建立有效的协同资源整合共享机制，以适应政府门户网站群三大功能定位的深化发展的要求。

4.6　电子政务集成技术

目前，政府部门拥有多个业务子系统。通常情况下，这些系统并不是按照政府部门的统一组织和规划建立的，而可能是在不同时期建立的，采用的硬件、软件分别来自不同的厂商，数据、报表的格式也可能互不兼容，用户界面也是五花八门，在业务运作过程中，用户常常从一个系统切换到另一个系统，或者重复输入大量的数据，结果造成工作效率低下、数据准确性差等一系列问题。更为重要的是，由电子政府发展阶段性和过程性所产生的多数电子政务应用系统普遍存在相互独立的现象，难以完成系统间的动态交互和信息共享，这种“信息孤岛”现象成为实施电子政务的屏障。

与所有的信息化建设一样，电子政务建设和应用是政务管理改革与信息技术运用的互动过程，在这个过程中，电子政务既面临着飞速发展的信息技术更新换代等技术应用问题，也需要不断地进行跨越各种应用、各个部门及各地业务过程的更新和改善，还要通过新的技术和管理模式向各类用户提供新的价值，尤其是要面临如何引入新的应用、如何实现新旧应用集成、如何用新的方式组合已有应用、如何保持数据同步和一致性，以及如何更加有效地支持内外团队的紧密协作等一系列集成和整合问题。为此，中国的电子政务建设迫切需要解决应用集成和整合的问题。

综合信息系统建设就是电子政务应用集成问题，也可以说是电子政务应用的一体化问题，它与电子商务中的企业应用集成（EAI①）具有同样的内涵。本节将介绍电子政务集成技术。

4.6.1 集成方式

电子政务应用集成服务方式的划分方法很多。EAI 的实施可以分为以下四个级别：

（1）点对点集成。通常使用面向消息中间件，应用程序之间通过应用程序接口进行点对点的数据和信息交换。系统是松散的集成，应用之间存在一定程度的依赖性。

（2）结构集成。在这一层次，集成采用的是一种中央集线器式的架构，它取代了点对点的集成架构。这种集成方式采用中间件工具来统一实现和控制数据的传输与交换。控制应用程序之间的数据和事务的业务规则都集中到所采用的中间件中，如：应用服务器、对象请求代理、消息代理（message broker）等。

（3）流程集成。使用公共的、统一的业务模型来扩展系统。在这一层次，组织不是单纯地共享信息和数据，而是更好地管理数据在应用程序间的单向流动，业务流程得到集成和管理。这时需要采用一些中间件来实现流程的建模、工作流的自动化以及决策支持。

（4）外部集成。与合作伙伴进行外部集成。

按照拓扑结构，电子政务集成方式可以分为以下几种类型：

（1）点到点型：应用之间直接连接，适合同步通信以及永久连接的应用情况。

（2）网络型：适合有一些异步活动以及相关交易必须和其他应用同时存在的情况。

（3）总线型：源应用将消息集中放置在逻辑服务软总线上，各个应用在总线上提交和广播消息。

（4）管线型：适合无须动态配置且多个应用管线相互作用的结构。

（5）集线器型：将消息从各自的源发送到中央集线器，由中央集线器集中转换和发送。

尽管目前有许多提供不同集成方法的厂商，但多数应用集成软件包会提供工具给用户，帮助用户建立业务处理过程，将应用程序与中间件连接，使各种应用程序可以通过数

---

① EAI：enterprise application integration.

据消息进行通信。由于 EAI 软件在很大程度上独立于它所连接的不同应用程序，因此，业务处理过程可以在不改变应用程序的情况下进行变化和扩展。

4.6.2　集成技术

电子政务应用集成解决方案可以呈现多种形式，并以多种级别出现。EAI 适合的级别依赖于许多因素，包括系统规模、业务类型、应用的集成度或项目的复杂度以及预算等。目前，电子政务应用集成解决方案通常采用如下一种或多种技术：

1. 应用服务器集成技术

应用服务器为开发网络应用提供环境，帮助保护遗留系统上的投资，使原有系统可以保留它们的业务逻辑和数据存储，巩固了网络应用和后端遗留系统之间的业务数据。这种服务器通常包含一个强大的数据库访问部件。应用服务器还通过简单的网关代理提供一些简易的设施以实现遗留系统的通信，而它们最擅长的或许是为特定用户提供对通用业务对象模型的支持。

把应用服务器集成到遗留系统有三种主要的方式。

(1) 建立包含或隐藏遗留系统的新的公共接口。这种方式使将来覆盖遗留系统更加简单，但如果隐藏在下面的系统仍然需要使用而不可以马上被覆盖的话，就需额外的维护。

(2) 建立业务对象，从遗留系统中透明地析取信息。这种方式也妨碍未来的升级和改变，因为遗留系统的接口被隐藏并且贯穿在新的应用当中。

(3) 在新的应用和遗留系统之间使用一个集成引擎。

2. 应用集成引擎

解决应用集成问题最常用的方法是轮状集线器（Hub-Spoke）结构，通常与“发布—订阅引擎”相结合。Hub-Spoke 包括适配器（adaptor）和集线器（hub）。

适配器负责与遗留系统接口，它将原来的信息形态（例如 TCP/IP 协议信息、字符终端信息）转换成集线器能看懂的通信协议；适配器还用于数据格式转换，将数据转换成通用格式，比如 Unicode 或 ASCII①；适配器的第三个也是最重要的任务是转换数据结构。

集线器或数据路由器负责将源数据发送到目标系统，保证数据在传输过程中不会遗失。基本的集线器提供路由表，有时会提供识别和映射源系统与目标系统的规则。高级一些的集线器提供“发布—订阅”服务，对请求进行智能过滤。目标系统（订阅者）请求新的数据或特殊类型数据的更新，而源系统（发布者）发布数据和更新。集线器自动将数据送到对它感兴趣的地方并执行管理任务。

这种方式保证了一个系统中的数据更新能反映到另一个系统中。另外，在连接新的订阅者系统时可以不影响发布者系统的操作，并且不需要太多的人工干预。

3. 工作流处理的集成

工作流处理的集成包括确定、监控和改变业务过程，通常使用图示模型，将流经系统

---

① ASCII：American standard code for information interchange，美国信息交换标准代码。

的信息和组织边界画在图中，生成一个集成方案。但是，业务处理通常很复杂，不容易被重新绘制到一个人工生成的模型工具中去。另外，很多方案只是改变信息的路由方式，而不支持数据的协作处理。工作流技术很擅长高度有序的程序化流程，其显著特征是能够高效完成可以预先确定的重复性任务。但是，大多数组织有横跨各个部门和组织的、复杂的多层次业务处理需求，在这种时候，工作流技术就很难处理数据和实现应用的同步。

4. 数据仓库集成技术

数据仓库方法是在规定的时间里从不同系统中捕获数据，这样就不必重写这些系统来支持集成数据仓库，从而降低成本。但在进行数据处理的时候，这种方式不支持实时交易和真正的系统集成。数据集成工具可以读取、转换、移动、载入数据，通常提供批量和定时的解决方案，解决初始载入仓库或大批量转移数据的问题。数据集成工具在直接读取和载入数据的时候，只允许数据在物理层复制。这种方式在将数据在特定时间内从一个地方移动到另一个地方时，不提供数据库层之上的增值业务逻辑。

5. 中间件集成技术

依靠中间件为应用系统之间提供整合是主要的 EAI 方案。一般来说，中间件产品主要应用以下几类技术：

（1）数据访问技术：提供直接访问不同数据源的手段，而不必改变应用层的程序，比如 ODBC、JDBC[①]、JDO[②]、ADO[③] 等数据标准接口。

（2）面向消息中间件技术：面向消息中间件提供了一种异步消息传送机制。面向消息中间件在所有需要集成的应用系统内，都要安装中间件的 API 调用程序，以把消息传递给中间件进行处理。显然，面向消息中间件的优点是发送方不必在线等待（松耦合），缺点是会发生过载情况。当然，随着产品的不断改进，其在负载平衡方面会得到进一步改进。

（3）远程过程调用（RPC）：RPC 利用客户机/服务器模式，发送方与接收方是同步在线的，即发送方要等到接收方的回复才继续自己的工作，这样降低了出错概率，但等待使速度变慢。

（4）交易处理监控器（TP Monitor[④]）：中间件是现代应用服务器的雏形，它主要用于监控和管理客户端及多个后台应用之间的交易状况，考虑负载平衡，将客户的请求映射到各个应用。

（5）对象请求代理（ORB）：ORB 是专门替各种应用转交功能组件的“中介”，是业务功能整合层次的整合中间件，它基于 COM、CORBA 及 Java RMI[⑤] 等标准组件。

（6）门户服务器（portal server）技术：门户服务器技术往往是提供一种集成的门户服务。通过可扩展的门户框架，集成了对企业信息的标准的访问途径，可以将合作伙伴与它们所需要的信息连接起来。

---

① JDBC：Java data base connectivity，Java 数据库连接。

② JDO：Java data object，Java 数据对象，是 Java 对象持久化的新的规范。

③ ADO：ActiveX data object，ActiveX 数据对象。

④ TP Monitor：transaction processing monitor.

⑤ RMI：remote method invocation，远程方法调用。

4.7 电子政务智能管理技术

信息技术的发展和电子政务应用的普及与深化，促进了大量的有价值的电子数据的产生，同时也带来了诸如“信息过剩/信息爆炸”等严重的问题。电子政务中的智能管理就是要在电子政务应用的深层次解决这一问题，帮信息用户有效地分析、综合、发现和使用存在于大量数据与信息中的有用信息。

现有的数据库系统虽然可以高效地实现数据的录入、查询和部分统计等功能，但是无法发现数据中存在的关系和规则，无法根据现有的数据预测未来的发展趋势。因此，电子政务迫切需要拥有一个智能化的辅助决策支持系统。

本节介绍电子政务智能管理技术，包括数据仓库技术、OLAP① 技术及数据挖掘技术等方面的内容。

4.7.1 数据仓库技术

政府部门政务方面的信息量很庞大。对多年来积累下来的业务数据的整理是一项繁杂的工作。另外，由于各级政府部门实行信息化建设的规模和程度各不相同，各个数据库管理信息系统对数据的存储格式也不尽相同，因此，建立数据仓库，整理和归并各种形式的数据，是电子政府实施智能管理首先要解决的问题。使用数据仓库技术，主要是将政府系统中各个面向应用的数据重新按照面向分析的方式进行组织，并依照数据仓库的主题，在对各种数据源中的信息进行抽取和转换中，逐步缩小业务数据和分析数据之间的差异，并在对数据转移的全过程中采用专门的源数据进行控制。

1. 数据仓库的概念

目前，数据仓库一词尚没有统一的定义，著名的数据仓库专家英蒙（W. H. Inmon）在其著作《建立数据仓库》（*Building the Data Warehouse*）一书中给予如下描述：数据仓库（data warehouse）是一个面向主题的（subject oriented）、集成的（integrated）、相对稳定的（non-volatile）、反映历史变化（time variant）的数据集合，用于支持管理决策。对于数据仓库的概念，我们可以从两个层次来理解：首先，数据仓库用于支持决策，面向分析型数据处理，它不同于企业现有的操作型数据库；其次，数据仓库是对多个异构的数据源进行有效集成，集成后按照主题进行重组，并包含历史数据，而且存放在数据仓库中的数据一般不再修改。

根据数据仓库的概念，数据仓库拥有以下四个特点：

（1）面向主题。操作型数据库的数据组织面向事务处理任务，各个业务系统之间各自分离，而数据仓库中的数据是按照一定的主题域进行组织的。主题是一个抽象的概念，是指用户使用数据仓库进行决策时所关心的重点方面，一个主题通常与多个操作型信息系统相关。

（2）集成性。面向事务处理的操作型数据库通常与某些特定的应用相关，数据库之间

① OLAP：on-line analytical processing，联机分析处理。

相互独立，并且往往是异构的。而数据仓库中的数据是在对原有分散的数据库数据进行抽取、清理的基础上经过系统加工、汇总和整理得到的，必须消除源数据中的不一致性，以保证数据仓库内的信息是关于整个企业或政府的一致的全局信息。

（3）相对稳定性。操作型数据库中的数据通常实时更新，数据根据需要及时发生变化。数据仓库的数据主要供企业或政府决策分析之用，所涉及的数据操作主要是数据查询。某个数据进入数据仓库以后，一般情况下将被长期保留，也就是数据仓库中一般有大量的查询操作，但修改和删除操作很少，通常只需要定期地加载、刷新。

（4）反映历史变化。操作型数据库主要关心当前某一个时间段内的数据，而数据仓库中的数据通常包含历史信息，系统可记录企业或政府从过去某一时点（如开始应用数据仓库的时点）到目前的各个阶段的信息，通过这些信息，可以对企业的发展历程与未来趋势作出定量分析和预测。

数据仓库的建设，是以现有业务系统和大量业务数据的积累为基础。数据仓库不是静态的概念，只有把信息及时交给需要这些信息的使用者，供他们作出改善其业务经营的决策，信息才能发挥作用，也才有意义。而把信息加以整理归纳和重组，并及时提供给相应的管理决策人员，是数据仓库的根本任务。因此，从产业界的角度看，数据仓库建设是一个工程，是一个过程。

2. 数据仓库系统的体系结构

整个数据仓库系统的体系结构包含四个层次，如图 4—6 所示。

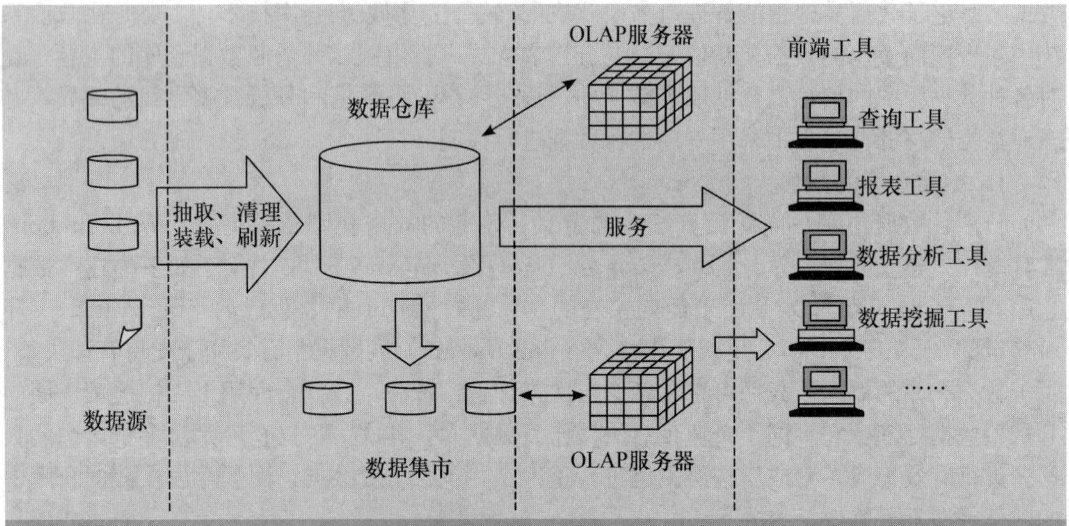

图 4—6 数据仓库系统的体系结构

（1）数据源。

数据源是数据仓库系统的基础，是整个系统的数据源泉，通常包括企业或政府的内部信息和外部信息。内部信息包括存放于关系数据库管理系统中的各种业务处理数据和各类文档数据。外部信息包括各类法律法规、市场信息和竞争对手的信息等。

（2）数据的存储与管理。

数据的存储与管理是整个数据仓库系统的核心。数据仓库的真正关键是数据的存储和管理。数据仓库的组织管理方式决定了它有别于传统数据库，同时也决定了其对外部数据的表现形式。要决定采用什么产品和技术来建立数据仓库的核心，就需要从数据仓库的技术特点着手分析，针对现有各业务系统的数据，进行抽取、清理，并有效集成，按照主题进行组织。数据仓库按照数据的覆盖范围可以分为企业级数据仓库和部门级数据仓库。

(3) OLAP服务器。

OLAP服务器对需要分析的数据进行有效集成，按多维模型予以组织，以便进行多角度、多层次的分析，并发现趋势。

(4) 前端工具。

前端工具主要包括各种报表工具、查询工具、数据分析工具、数据挖掘工具以及各种基于数据仓库的应用开发工具。其中，数据分析工具主要针对OLAP服务器，报表工具、数据挖掘工具主要针对数据仓库。

4.7.2 OLAP技术

1. OLAP的概念

联机分析处理（OLAP）的概念最早是由关系数据库之父科德（E. F. Codd）于1993年提出的。OLAP的提出引起了很大的反响。OLAP作为一类产品，同联机事务处理（OLTP[①]）明显区分开来。

当今的数据处理大致可以分成两大类：联机事务处理和联机分析处理。OLTP是传统的关系数据库的主要应用，主要是基本的、日常的事务处理，例如银行交易。OLAP是数据仓库系统的主要应用，支持复杂的分析操作，侧重决策支持，并且提供直观易懂的查询结果。

OLAP是使分析人员、管理人员或执行人员能够从多角度对信息进行快速、一致、交互地存取，从而获得对数据的更深入了解的一类软件技术。OLAP的目标是满足决策支持或者满足在多维环境下特定的查询和报表需求，它的技术核心是“维”这个概念。

2. OLAP的多维分析

“维”（dimension）是人们观察客观世界的角度，是一种高层次的类型划分。维一般包含着层次关系，这种层次关系有时会相当复杂。通过把一个实体的多项重要的属性定义为多个维，用户能对不同维上的数据进行比较。因此，OLAP也可以说是多维数据分析工具的集合。

人们很容易理解一个二维表（如通常的电子表格），对于三维立方体同样也容易理解。OLAP通常将三维立方体的数据进行切片，显示三维的某一个平面。如一个立方体有时间维、商品维、收入维，其图形很容易在屏幕上显示出来并进行切片。但是要加一维（如加入商店维），则图形很难想象，也不容易在屏幕上表现出来。OLAP的多维分析视图就突破了物理的三维概念，采用了钻取、切片、切块以及旋转等技术，在屏幕上展示多维视图的结构，使用户直观地理解、分析数据，进行决策支持。

(1) 钻取是改变维的层次，变换分析的粒度。它包括向上钻取（drill up）和向下钻取

① OLTP：on-line transaction processing.

(drill down)。向上钻取是在某一维上将低层次的细节数据概括到高层次的汇总数据，或者减少维数；向下钻取则相反，它从汇总数据深入细节数据进行观察或增加新维。

(2) 切片和切块是在一部分维上选定值后，关心度量数据在剩余维上的分布。如果剩余的维只有两个，则是切片；如果有三个，则是切块。

(3) 旋转是变换维的方向，即在表格中重新安排维的放置（例如行列互换）。

3. OLAP 数据处理方法

OLAP 有三种数据处理方法。

(1) 关系型联机分析处理（ROLAP①）。

ROLAP 中的全部数据（基本数据和聚合数据）均存放在关系数据库之中，在关系数据库上完成多维计算。

在关系数据库上完成复杂的多维计算不是好的选择，因为 SQL② 的单语句并不具备完成多维计算的能力，要获得哪怕是最普通的多维计算的功能也需要多重 SQL。在许多情况下，一些 OLAP 工具用 SQL 做计算，然后将计算结果作为多维引擎输入。多维引擎在客户机或中层服务器上做大部分的计算工作，这样就可以利用 RAM 来存储数据，提高响应速度。

(2) 多维联机分析处理（MOLAP③）。

MOLAP 中的数据均存放于多维数据库中。大部分 OLAP 应用采用这种方式，在多维服务引擎上完成多维计算，并且具有良好的性能。这种方式可以同时优化引擎和数据库，而服务器上的足够内存为有效地计算大量数组提供了保证。

(3) 前端展示联机分析处理（DOLAP④）。

所有数据下载到客户机上，然后在客户机上进行数据结构/报表格式重组，使用户能在本机实现动态分析。前端展示联机分析处理方式比较灵活，然而它要求用户具有性能良好的 PC，以此来完成部分或大部分的多维计算，因此，它能够支持的数据量非常有限，严重地影响了使用的范围和效率。对于日益增多的瘦型客户机，OLAP 产品将把基于客户机的处理转移到新的 Web 服务器上。

4.7.3 数据挖掘技术

1. 数据挖掘的概念

随着数据库技术的不断发展及数据库管理系统的广泛应用，数据库中存储的数据量急剧增大，在大量的数据背后隐藏着许多重要的信息，如果能把这些信息从数据库中抽取出来，将会创造很多潜在的利润，而这种从海量数据库中挖掘信息的技术，就称为数据挖掘。

数据挖掘工具能够对将来的趋势和行为进行预测，从而很好地支持人们的决策。比如，经过对公司整个数据库系统的分析，数据挖掘工具可以回答诸如“哪个客户对我们公

---

① ROLAP：relational OLAP.

② SQL：structured query language，结构化查询语言。

③ MOLAP：multi-dimensional OLAP.

④ DOLAP：desktop OLAP.

司的邮件推销活动最有可能作出反应？为什么”等类似的问题。有些数据挖掘工具还能够解决一些很消耗人工时间的传统问题，因为它们能够快速地浏览整个数据库，找出一些专家们不易察觉的极有用的信息。

2. 数据挖掘常用技术

数据挖掘技术是人们长期对数据库技术进行研究和开发的结果。起初各种商业数据是存储在计算机的数据库中的，人们可对其进行查询和访问，然后发展到人们可对数据库进行查询和访问，进而发展到人们对数据库的即时遍历。数据挖掘使数据库技术进入了一个更高级的阶段，它不仅能帮助人们对过去的数据进行查询和遍历，并且能够帮助人们找出过去数据之间的潜在联系，从而促进信息的传递。现在数据挖掘技术在商业应用中已经可以马上投入使用，因为对这种技术进行支持的三种基础技术，如海量数据搜集、强大的多处理器计算机和数据挖掘算法已经发展成熟。

商业数据库正在以空前的速度发展，并正在广泛地应用于各种行业；对计算机硬件性能越来越高的要求，也可以用现在已经成熟的并行多处理机的技术来满足；数据挖掘算法经过了多年的发展，已经成为一种成熟、稳定且易于理解和操作的技术。

数据挖掘的核心模块依赖于数理统计、人工智能和机器学习技术。在历经数十年的发展后，相关技术走向成熟，加上高性能的关系数据库引擎以及广泛的数据集成，数据挖掘技术在当前的数据仓库环境中进入了实用的阶段。

在数据挖掘中，最常用的技术方法有以下几种：

（1）人工神经网络：仿照生理神经网络结构的非线性预测模型，通过学习进行模式识别。

（2）决策树：代表着决策集的树形结构。

（3）遗传算法：基于进化理论，并采用遗传结合、遗传变异以及自然选择等设计方法的优化技术。

（4）近邻算法：将数据集合中每一个记录进行分类的方法。

（5）规则推导：从统计意义上对数据中的“如果……那么……”规则进行寻找和推导。

采用上述技术方法的某些专门的分析工具已经发展了十多年的时间，不过这些工具所面对的数据量通常较小。现在这些技术已经被直接集成到许多大型的工业标准的数据仓库和联机分析系统中去了。

数据挖掘技术未来的发展方向是：专门用于知识发现的类似 SQL 那样的形式化和标准化的数据挖掘语言将会出现；用户易于理解和操纵的可视化的数据挖掘过程可使数据挖掘过程成为用户业务流程的一部分，包括数据用户化呈现与交互操纵两部分；Web 下的网络挖掘的应用技术的发展，有助于在 Internet 上建立强大的数据挖掘引擎与数据挖掘服务市场；融合各种异构数据的挖掘技术出现。

4.8　电子政务安全技术

网络及信息的安全是电子政务真正得以实施的关键。能否建立起有效的网络信息安全防范系统，在某种程度上决定着政府部门信息化建设的成败。本节介绍电子政务建设实施中所应用的几种主要安全技术，包括信息加密、防火墙、CA① 认证系统和公钥基础设施、访问控制、VPN②、入侵检测技术、防病毒技术等。

4.8.1 信息加密

信息加密技术是利用数学或物理手段，对电子信息在传输过程中和存储体内进行保护，以防止电子信息泄露的技术。保密通信、计算机密钥、防复制软盘等都属于信息加密技术。通信过程中的加密主要是采用密码。在数字通信中可利用计算机采用加密法，改变负载信息的数码结构。计算机信息保护则以软件加密为主。

衡量一种加密技术的可靠性，主要取决于解密的难度，而这取决于密钥的长度和算法。

（1）对称密钥加密体制使用相同的密钥对数据进行加密和解密，发送者和接收者用相同的密钥。对称密钥加密技术的典型算法是 DES③。DES 的密钥长度为 56 位，其加密算法是公开的，其保密性仅取决于对密钥的保密程度。优点是：加密处理简单，加密和解密速度快。缺点是：密钥管理困难。

（2）非对称密钥加密体制，又称公钥加密体制。其特点是加密和解密使用不同的密钥。

非对称密钥加密体制的关键是寻找对应的公钥和私钥，并运用某种数学方法使得加密过程成为一个不可逆过程，即用公钥加密的信息只能用与该公钥配对的私钥才能解开，反之亦然。

非对称密钥加密的典型算法是 RSA④。RSA 算法的理论基础是数论的欧拉定律，其安全性是基于大数分解的困难性。它具有以下优点：

1）解决了密钥管理问题，通过特有的密钥发放体制，使得当用户数大幅增加时，密钥也不会向外扩散。

2）由于密钥已事先分配，不需要在通信过程中传输密钥，因而安全性大大提高。

3）具有很高的加密强度。

缺点是：加密、解密的速度较慢。

4.8.2 防火墙

在电子政务建设中，防火墙是用于隔离 Intranet 与 Extranet、Intranet 与 Internet，保障网络信息安全的重要技术手段。

防火墙是一个或多个设置了访问策略的系统，通常放在两个网络之间，可以检查、控制通过的数据，允许授权的信息通过，限制非法的入侵和窃取。简单的防火墙可以只用路

---

① CA：Certificate Authority.

② VPN：virtual private network，虚拟专用网。

③ DES：data encryption standard，数据加密标准。

④ RSA 算法是一种非对称密码算法，是用算法的发明者的名字命名的。所谓非对称，就是指该算法需要一对密钥，使用其中一个加密，则需要用另一个才能解密。

由器实现，复杂的可以用主机甚至一个子网来实现。防火墙可以在 IP 层设置屏障，也可以用应用层软件来阻止外来攻击。但无论如何配置，设置防火墙都是为了在内部网与外部网之间设立唯一的通道。它简化了网络的安全管理。归纳起来，防火墙的功能有以下几点：

（1）控制不安全的服务，防止用户的非法访问和非法用户的访问。

（2）控制对特殊站点的访问。

（3）某些防火墙提供内容过滤功能，可以完成病毒过滤功能。

（4）集成了入侵检测功能。

（5）集中安全保护，提供了监视 Internet 安全和预警的方便端点。

（6）提供网络连接的日志记录及使用统计。

防火墙根据不同的标准有不同的分类。从技术实现角度，防火墙可分为数据包过滤、应用级网关和复合型防火墙等三种类型。

1. 数据包过滤

数据包过滤技术是在网络层对数据包进行选择，选择的依据是系统内设置的过滤逻辑，被称为访问控制表（access control table）。数据包过滤技术通过检查数据流中每个数据包的源地址、目的地址、所用的端口号、协议状态等因素或它们的组合来确定是否允许该数据包通过。数据包过滤防火墙逻辑简单，价格便宜，易于安装和使用，网络性能和透明性好，传输性能和可扩展能力强。它通常安装在路由器上，路由器是内部网络与 Internet 连接必不可少的设备，因此，在原有网络上增加这样的防火墙几乎不需要任何额外的费用（见图 4—7）。

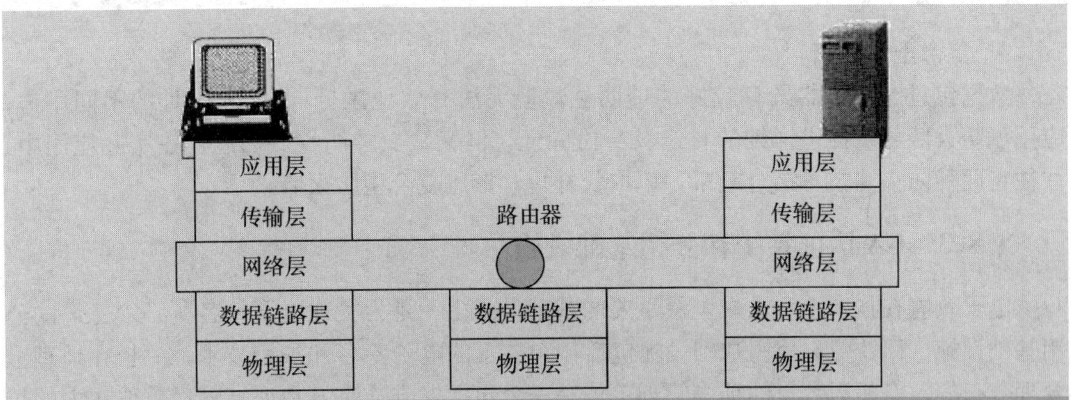

图 4—7　数据包过滤防火墙工作原理图

数据包过滤防火墙的安全性有一定的缺陷，因为系统对应用层信息无感知，也就是说，防火墙不理解通信的内容，所以可能被黑客所攻破。归纳来说，数据包过滤防火墙的缺点有二：一是非法访问一旦突破防火墙，即可对主机上的软件和配置漏洞进行攻击；二是数据包的源地址、目的地址以及 IP 的端口号都在数据包的头部，很有可能被窃取或假冒。

2. 应用级网关

应用级网关也常常被称为代理服务器，是在网络应用层上建立协议过滤和转发功能。应用型防火墙的物理位置与数据包过滤路由器一样，但它的逻辑位置在 OSI 模型的七层协议的应用层上，所以，主要采用协议代理服务（proxy services）。就是在运行防火墙软件的堡垒主机（bastion host）上运行代理服务程序 Proxy。应用型防火墙不允许网络间的直接业务联系，而是以堡垒主机作为数据转发的中转站。堡垒主机是一个具有两个网络接口的主机，每一个网络接口与它所对应的网络进行通信，既能作为服务器接收外来请求，又能作为客户转发请求。如果认为信息是安全的，那么代理就会将信息转发到相应的主机上，用户就只能够使用代理服务器支持的服务。在业务进行时，堡垒主机监控全过程并完成详细的日志（log）和审计（audit），这就大大地提高了网络的安全性。应用型防火墙易于建立和维护，造价较低，比数据包过滤路由器更安全，但缺少透明性，效率相对较低（见图 4—8）。

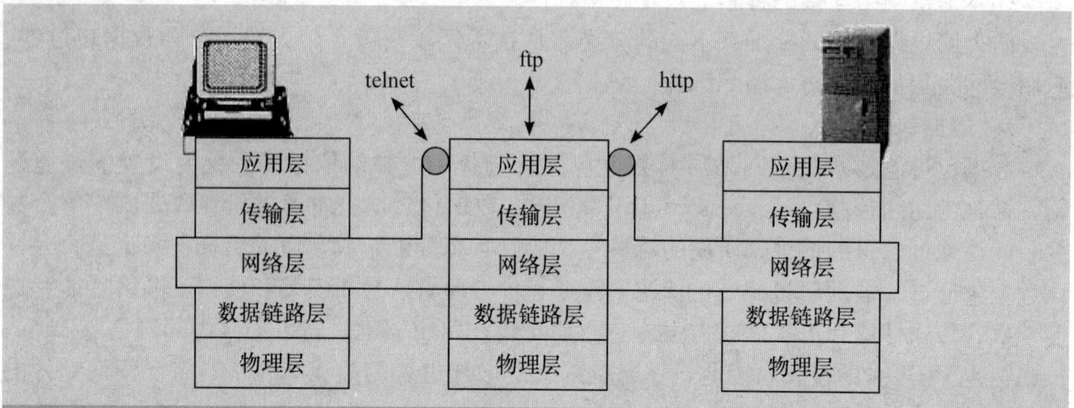

图 4—8　应用级网关原理图

3. 复合型防火墙

数据包过滤路由器虽有较好的透明性，但无法有效地区分同一 IP 地址的不同用户；应用型防火墙可以提供详细的日志及身份验证，但又缺少透明性。因此，在实际应用中，往往将两种防火墙技术结合起来，以取长补短，形成复合型防火墙。

4.8.3　CA 认证系统和公钥基础设施

电子政府在技术上和法规上最重要的基础设施之一是为实现电子签名所必须建设的公钥基础设施（PKI①）。公钥基础设施包括：一整套的电子签名和加密技术；一个在地理上合理分布的、有相当数量的证书管理单位；一个包括发方、收方和证书管理单位在内的数据通信网络（软、硬件设备）。

为了确保电子政府中确定访问者的合法身份和文档的有效性，需要在网络中建立并维持一种可以信任的环境和机制。目前，基于公钥基础设施的数字证书解决方案已经成为普遍采用的方案。公钥基础设施采用证书管理公钥，通过第三方的可信任机构即 CA，把用户的公钥和用户的其他标志信息捆绑在一起，在网上验证用户的身份。公钥基础设施就是提供公钥加密和电子签名服务的系统，目的是管理密钥和证书，保证网上数字信息传输的

① PKI：public key infrastructure.

机密性、真实性、完整性和不可否认性。

1. CA 认证系统

（1）电子认证。

1）数字证书。

数字证书就是标识网络用户身份信息的一系列数据，用来在网络通信中识别通信各方的身份。

数字证书是由权威、公正的第三方机构即 CA 签发的，以数字证书为核心的加密技术可以对网络上传输的信息进行加密和解密、电子签名和签名验证，确保网上传递信息的机密性、完整性，以及交易实体身份的真实性，签名信息的不可否认性，从而保障网络应用的安全性。

数字证书采用公钥密码体制，即利用一对互相匹配的密钥进行加密、解密。每个用户拥有一个仅为本人所掌握的私钥，用它进行解密和签名；同时，拥有一个公钥并可以对外公开，用于加密和验证签名。

2）电子签名。

电子签名是通过一个单向函数对要传送的信息进行处理，得到的用来认证信息来源和核实信息在传送过程中是否发生变化的一个字母数字串。电子签名能够对信息来源进行确认，并能检测信息是否被篡改。

3）什么是电子认证。

电子认证可以解决判定公共密钥的确定性以及私人密钥持有者否认签发文件的可能性等问题。这里面包括两种可能性：一是密钥持有人主观恶意，即有意否认自己的行为；二是客观原因，即发生密钥丢失、被窃或被解密情况，使发件人或收件人很难解释归属责任问题。

在传统的签名使用中，为了防止签名方提供虚假或被篡改的签名和发送人否认该签名为其本人所为，一般采取通过具有权威性的公证机关对某签名提前做出备案，并可提供证明的方式，防止抵赖或伪造等情形发生。在电子交易过程中，也需要一个具有权威性的公证机关为认证中心，对公开密钥进行辨别及认证等，以降低发件人抵赖概率或减少密钥丢失、被窃或被解密等风险。事实上，电子签名的安全使用必须与建立安全认证体系相配合。

（2）CA 认证系统。

CA 认证系统就是一个负责发放和管理数字证书的权威机构。对于一个大型的应用环境，认证系统往往采用一种多层分级结构，各级的认证中心类似于各级行政机关，上级认证中心负责签发和管理下级认证中心的证书，最下一级的认证中心直接面向最终用户。CA 认证系统结构如图 4—9 所示。

1）CA 认证中心负责为整个体系的各类证书用户发放和撤销证书，接受各审核受理中心发来的证书请求，对高级证书申请进行审核，并维护和发布全国黑名单库。为保证系统的可靠性，CA 认证中心采用异地备份方式。

2）RA[①] 中心即数字证书审核受理中心，负责汇总本中心所辖的各业务受理点接受的

---

① RA：registration authority.

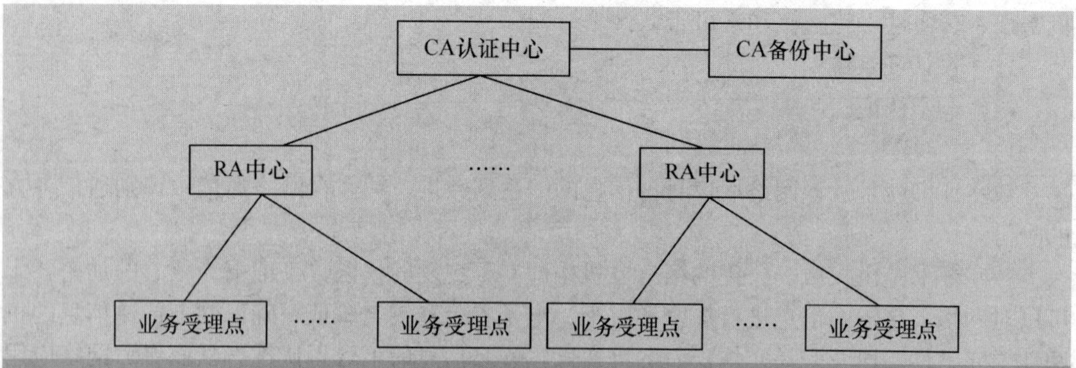

图 4—9 CA 认证系统

各类用户的证书申请，并负责对某些证书申请进行二级审核，维护并发布本中心所管理的用户黑名单库。RA 中心的建立可以以省或行业为单位进行。

3）业务受理点是为用户提供证书申请服务的受理窗口，负责接收用户的证书申请请求，对用户提交的资料进行初级审核，并将资料提交给相应的审核受理中心。

CA 认证系统提供的主要功能有：证书发放、证书更新、证书作废、证书和证书作废列表的公布、证书状态的在线查询、证书管理（查询、统计）、计费和结算、密钥备份与密钥恢复，以及证书归档和查询等。

2. 公钥基础设施

（1）公钥基础设施的概念。

公钥基础设施 PKI，是一种遵循既定标准的密钥管理平台，它能够为所有网络应用提供加密和电子签名等密码服务，并提供这些服务所必需的密钥和证书管理体系。也就是说，公钥基础设施就是利用公钥理论和技术建立的提供安全服务的基础设施。公钥基础设施技术是信息安全技术的核心，也是电子政务的关键和基础技术。

原有的单密钥加密技术采用特定加密密钥加密数据，用于解密的密钥与加密密钥相同，这被称为对称加密算法。如果在网络上采用此种加密技术进行数据加密，则无法保证安全。因为在发送加密数据的同时，也需要将密钥通过网络传输通知接收者，第三方在截获加密数据的同时也获得了相应密钥，这样数据就会被解密或非法篡改。

区别于这种单密钥加密技术，PKI 采用非对称加密算法，即由原文加密成密文的密钥不同于由密文解密为原文的密钥，以避免第三方获取密钥后将密文解密。

PKI 的基础技术包括加密、电子签名、数据完整性机制、数字信封、双重电子签名等。

（2）公钥基础设施的基本组成。

完整的 PKI 必须具有认证中心、数字证书库、密钥备份及恢复系统、证书作废系统、应用接口等部分。

1）认证中心：即数字证书的申请及签发机关，认证中心必须具有权威性。

2）数字证书库：用于存储已签发的数字证书及公钥，用户可由此获得所需的其他用户的证书及公钥。

3）密钥备份及恢复系统：如果用户丢失了用于解密数据的密钥，则数据无法被解密，这将造成合法数据丢失。为避免这种情况，PKI 提供备份与恢复密钥的机制。但需注意，密钥的备份与恢复必须由可信的机构来完成。并且，密钥的备份与恢复只能针对解密密钥，签名私钥为确保其唯一性不能作备份。

4）证书作废系统：证书作废系统是 PKI 的一个必备的组件。与日常生活中的各种身份证件一样，证书在有效期以内也可能需要作废，原因可能是密钥介质丢失或用户身份变更等。为实现这一点，PKI 必须提供作废证书的一系列机制。

5）应用接口：PKI 的价值在于使用户能够方便地使用加密、电子签名等安全服务，因此一个完整的 PKI 必须提供良好的应用接口系统，以使各种各样的应用能够以安全、一致、可信的方式与 PKI 交互，确保安全网络环境的完整性和易用性。

一般来说，认证中心是证书的签发机构，它是 PKI 的核心。密码服务系统的核心内容是如何实现密钥管理。公钥密码体制涉及一对密钥（即私钥和公钥），私钥由用户独立掌握，无须在网上传输，公钥则是公开的，需要在网上传输，故公钥密码体制的密钥管理主要是针对公钥的管理，目前较好的解决方案是数字证书机制。

4.8.4　访问控制

1. 访问控制的概念

访问控制（access control）是通过一组机制来控制不同级别的主体对受保护的资源客体的不同级别的授权访问。具体地说，主体可能包括网络用户、用户组、终端、主机或者应用程序等对网络资源进行访问的实体。资源客体可能包括主机、设备、程序、数据、目录等受访问的实体。访问控制就是要在这些主体和客体之间建立可否访问、可以如何访问的关系，将绝大多数攻击阻止在到达攻击目标之前。

访问控制的原理如图 4—10 所示。

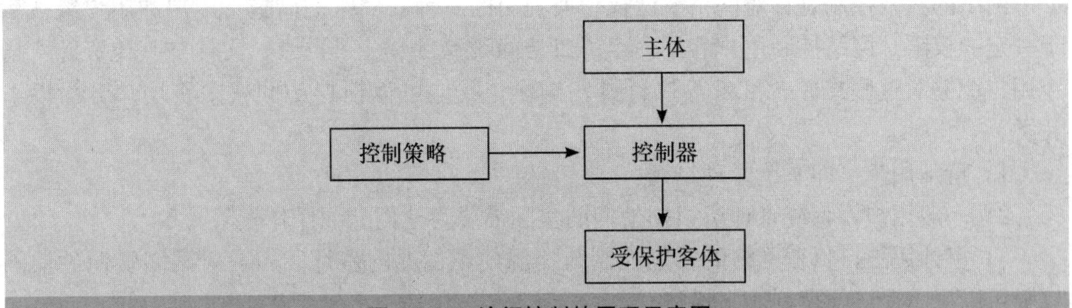

图 4—10　访问控制的原理示意图

2. 访问控制的功能

访问控制的功能有以下几点：

（1）防止非法主体进入受保护的网络资源。

（2）允许合法用户进入受保护的网络资源。

（3）防止合法用户对受保护的网络资源的非授权访问。

访问控制的中心内容就是实现对主体身份的认证和识别以及客体对于主体的授权访问两个环节。

3. 访问控制的实现策略

访问控制通常包含以下几种实现策略：

（1）入网访问控制。

入网访问控制为网络访问提供了第一层访问控制。它控制哪些用户能够登录到网络并获取网络资源，控制准许用户入网的时间和准许他们在哪台计算机入网。

用户的入网访问控制包括三个步骤：用户名的识别与验证、用户口令的识别与验证、用户账号的缺省限制检查。如果有一个步骤不能通过，那么该用户便不能进入该网络。

对网络用户的用户名和口令进行验证是防止非法访问的第一道防线。用户注册时，首先输入用户名和口令，服务器验证所输入的用户名是否合法，只有验证合法，才继续验证用户输入的口令，否则，用户将被拒之网络之外。用户的口令是用户入网的关键所在。为保证口令的安全性，用户口令不能显示在显示屏上，口令长度应不少于6个字符，口令字符最好是数字、字母和其他字符的混合。用户口令必须经过加密，加密的方法很多，其中最常见的方法有：基于单向函数的口令加密，基于测试模式的口令加密，基于公钥加密方案的口令加密，基于剩余平方的口令加密，基于多项式共享的口令加密，基于数字签名方案的口令加密等。经过上述方法加密的口令，即使是系统管理员也难以得到。用户还可采用一次性用户口令，也可用便携式验证器（如智能卡）来验证用户的身份。

用户名和口令验证有效之后，再进一步履行用户账号的缺省限制检查。网络应能控制用户登录入网的站点，限制用户入网的时间，限制用户入网的工作站数量。当用户对交费网络的访问“资费”用尽时，网络还应能对用户的账号加以限制，用户此时应无法进入网络访问网络资源。网络应对所有用户的访问进行审计，如果多次输入口令不正确，则认为是非法用户的入侵，并给出报警信息。

（2）网络的权限控制。

网络的权限控制是针对网络非法操作所提出的一种安全保护措施。用户和用户组被赋予一定的权限。网络控制用户和用户组可以访问哪些目录、子目录、文件与其他资源，指定用户能够对这些文件、目录等执行哪些操作。我们可以根据访问权限将用户分为以下几类：

1）特殊用户（即系统管理员）。

2）一般用户，系统管理员根据他们的实际需要为他们分配操作权限。

3）审计用户，负责网络的安全控制与资源使用情况的审计。用户对网络资源的访问权限可以用一个访问控制表来描述。

（3）目录级安全控制。

应允许控制用户对目录、文件、设备的访问。用户在目录一级被指定的权限对所有文件和子目录有效，用户还可进一步被指定对目录下的子目录和文件的权限。对目录和文件的访问权限一般有八种：系统管理员权限（supervisor）、读权限（read）、写权限（write）、创建权限（create）、删除权限（erase）、修改权限（modify）、文件查找权限（file scan）、存取控制权限（access control）。一个网络系统管理员应当为用户指定适当的访问权限，这些访问权限控制着用户对服务器的访问。八种访问权限的有效组合可以让用户有效地完成工作，同时又能有效地控制用户对服务器资源的访问，从而加强了网络和服务器的安全性。

（4）属性安全控制。

当使用文件、目录和网络设备时，网络系统管理员应为文件、目录等指定访问属性。属性安全控制可以将给定的属性与网络服务器的文件、目录和网络设备联系起来。属性安全在权限安全的基础上提供更进一步的安全性。网络上的资源都应预先标出一组安全属性。用户对网络资源的访问权限对应一张访问控制表，用以表明用户对网络资源的访问能力。属性往往能控制以下几个方面的权限：向某个文件写数据、拷贝一个文件、删除目录或文件、查看目录和文件、执行文件等。网络的属性可以保护重要的目录和文件，防止用户对目录和文件的误删除等等。

总的来说，访问控制是网络安全防范和保护的主要策略，它的主要任务是保证网络资源不被非法使用和非常访问，它也是维护网络系统安全、保护网络资源的重要手段。各种安全策略必须相互配合才能真正起到保护作用，但访问控制可以说是保证网络安全最重要的核心策略之一。

4.8.5　VPN

1. VPN 的概念

VPN 为虚拟专用网，是利用公共网络基础设施，通过“隧道”技术等手段实现类似私有专网数据安全传输的一种技术。

针对不同的用户要求，VPN 有三种解决方案：远程访问虚拟网（Access VPN）、企业内部虚拟网（Intranet VPN）和企业扩展虚拟网（Extranet VPN），这三种类型的 VPN 分别与传统的远程访问网络、企业内部网络以及相关合作伙伴的企业网所构成的 Extranet 相对应。

VPN 综合了传统数据网络的性能优点（安全和服务质量保证）和共享数据网络结构的优点（简单和低成本），能够提供远程访问，实现外部网和内部网的连接，在降低成本的同时满足了对安全性、网络带宽、接入和服务不断增加的需求。因此，可以预测，VPN 必将成为未来企业传输业务的主要工具。同样，VPN 技术也必将成为组建安全的电子政务网络的可选技术。

2. 基于 IPSec[①] 的 VPN 技术

VPN 可以建立在 IP、帧中继、DDN[②]、X. 25[③]、PSTN[④] 和 ATM[⑤] 等网络上，其中，基于 IPSec 的 VPN 是目前研究和开发的重点。基于 IPSec 的 VPN 能够在公用网的环境中保障数据的安全传输，它还可以通过其他安全技术，如身份认证技术、防火墙等来保障网络的安全。

---

① IPSec：Internet protocol security，是由互联网工程任务组（Internet engineering task force，IETF）定义的安全标准框架，用以提供公用网络与专用网络的端对端加密和验证服务。

② DDN：digital data network，数字数据网，利用数字信道提供永久性电路，以传输数据信号为主的数字传输网络。

③ X. 25：是国际电报电话咨询委员会（国际电信联盟的前身）建议的一种协议，它定义终端和计算机到分组交换网络的连接。

④ PSTN：public switched telephone network，公共交换电话网，是一种全球语音通信电路交换网络。

⑤ ATM：asynchronous transfer mode，异步传输模式。

基于 IPSec 的 VPN 的工作原理如图 4—11 所示。

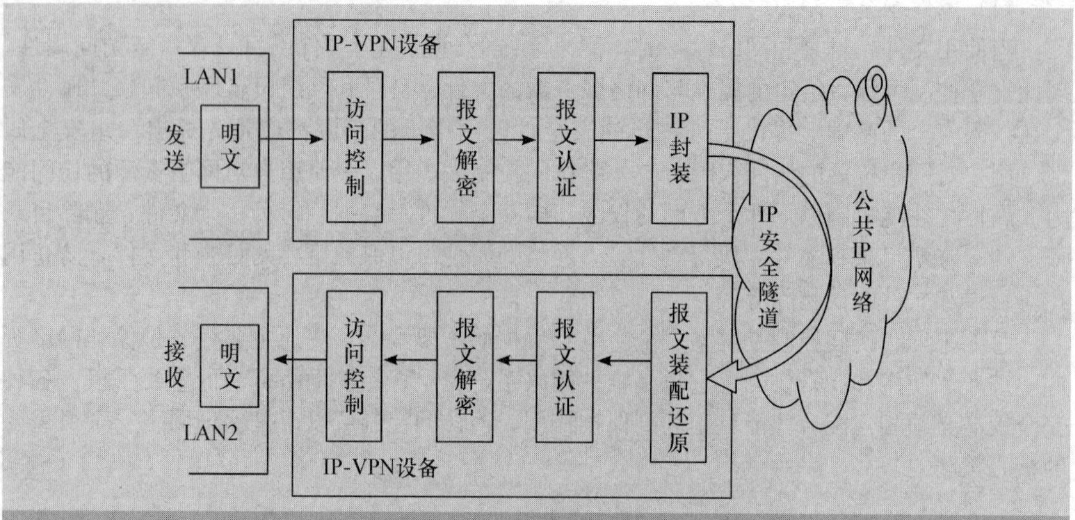

图 4—11　IPSec-VPN 工作原理示意图

在基于 IPSec 的 IP-VPN 中，报文传递流程如下：当发送端的明文进入 IP-VPN 设备，首先由访问控制模块决定是否允许其进入公网，若允许进入，应根据设定的安全规则，确定是直接明文进入，还是应该加密而进入安全隧道。对于需要加密传递的报文，一般需要进行加密和摘要、签名等认证处理，保证报文的完整性和可鉴别性。然后按进入公共 IP 网络的要求，重新对报文进行 IP 封装。最后，经 IP 封装以后的报文通过公网传递至目的端。因为这些包经过加密、认证和再封装，所以数据包就像通过一个加密“隧道”而直接送入接收方，其他用户不知道也不能篡改或伪造、仿冒所传递的内容。接收方通过相反的过程对报文进行解密。

4.8.6　入侵检测技术

1. 入侵检测的基本概念

入侵检测是通过从计算机网络或计算机系统中的若干关键点收集信息并对其进行分析，以发现网络或系统中是否有违反安全策略的行为和遭到攻击的迹象。

入侵检测技术是动态安全技术中最核心的技术之一。传统的操作系统加固技术和防火墙隔离技术等都是静态安全防御技术，对网络环境下日新月异的攻击手段缺乏主动的反应。目前，利用最新的可适应网络安全技术和 P2DR① 安全模型，已经可以深入地研究入侵事件、入侵手段本身及被入侵目标的漏洞等。

入侵检测系统（IDS②）主要通过以下几种活动来完成任务：监视、分析用户及系统活动；对系统配置和弱点进行审计；识别与已知的攻击模式匹配的活动；对异常活动模式进行统计分析；评估重要系统和数据文件的完整性；对操作系统进行审计跟踪管理，识别

① P2DR：policy protection detection response.

② IDS：intrusion detection system.

用户违反安全策略的行为。除此之外，有的入侵检测系统还能够自动安装厂商提供的安全补丁软件，并自动记录有关入侵者的信息。

2. 入侵检测的分析方式

入侵检测技术通过对入侵行为的过程与特征的研究，使安全系统对入侵事件和入侵过程作出实时响应。入侵检测的分析方式分为两种。

（1）异常发现技术。

假定所有入侵行为都是与正常行为不同的。如果建立系统正常行为的轨迹，那么理论上可以把所有与正常轨迹不同的系统状态视为可疑企图。对于异常阈值（或门限值）与特征的选择是异常发现技术的关键。比如，通过流量统计分析将异常时间的异常网络流量视为可疑的现象。异常发现技术的局限是并非所有的入侵都表现为异常，而且系统的轨迹难以计算和更新。

（2）模式发现技术。

假定所有入侵行为和手段（及其变种）都能够表达为一种模式或特征，那么所有已知的入侵方法都可以用匹配的方法发现。模式发现的关键是如何表达入侵的模式，把真正的入侵与正常行为区分开来。模式发现的优点是误报少，局限是它只能发现已知的攻击，对未知的攻击无能为力。

目前，国际顶尖的 IDS 主要以模式发现技术为主，并结合异常发现技术。

3. 入侵检测的实现手段

IDS 从实现方式上一般分为两种：基于主机的 IDS 和基于网络的 IDS。一个完备的 IDS 一定是基于主机和基于网络两种方式兼备的分布式系统。另外，能够识别的入侵手段的数量多少，最新入侵手段的更新是否及时，也是评价 IDS 的关键指标。

（1）基于网络的 IDS。

基于网络的 IDS 使用原始的网络分组数据包作为进行攻击分析的数据源，一般利用一个网络适配器来实时监视和分析所有通过网络进行传输的通信。一旦检测到攻击，IDS 应答模块就通过通知、报警以及中断连接等方式来对攻击作出反应。

（2）基于主机的 IDS。

基于主机的 IDS 一般监视 Windows 上的系统、事件、安全日志以及 Unix 环境中的系统日志文件。一旦发现这些文件发生任何变化，IDS 将比较新的日志记录与攻击签名以发现它们是否匹配。如果匹配的话，检测系统就向管理员发出入侵报警并且采取相应的行动。

4.8.7 防病毒技术

1. 病毒的概念和特征

计算机病毒，是指编制者在计算机程序中插入的破坏计算机功能或者毁坏数据，影响计算机使用，并能自我复制的一组计算机指令或者程序代码。它是一种特殊的程序，具有传染和破坏作用。

计算机病毒能够对自身进行复制和传播，而且往往是在用户不知情的情况下进行。计算机病毒的传播方式是将自身嵌入其他程序，例如文字处理软件或者电子表格软件或者磁盘的引导扇区中。大多数情况下，计算机之间的病毒传播是通过人来进行的。人通过电子邮件发送附件，通过磁盘传递程序，或者将文件复制到文件服务器中，都有可能造成病毒的传播。当一位用户收到已被病毒感染的文件或磁盘时，同时也就将病毒传播到自己的计算机中。而当用户运行感染病毒的软件或者从感染病毒的磁盘启动计算机时，病毒程序也就同时被运行了。在通常情况下，病毒隐藏在内存中，随时准备感染正在运行的其他程序或者访问的磁盘。有些病毒执行触发式操作，例如，它们可能在某个特定的日期显示一条信息，或者在某个感染文件运行了特定次数之后删除其他文件。这些触发操作中的一部分是无恶意的，但是另外一些则代价高昂，会造成严重的危害。

计算机病毒本质上是一段程序，判别一段程序是不是计算机病毒必须抓住计算机病毒的几个基本特征。

（1）传染性：病毒的基本特征。这是判别一个程序是否为计算机病毒的最重要的条件。

（2）隐蔽性：病毒通常附在正常程序中或磁盘较隐蔽的地方，也有个别的以隐含文件的形式出现，目的是不让用户发现它的存在。一般在没有防护措施的情况下，计算机病毒程序取得系统控制权后，可以在很短的时间里传染大量程序，而且受到传染后，计算机系统通常仍能正常运行，使用户不会感到任何异常。

（3）潜伏性：大部分的病毒感染系统之后一般不会马上发作，而是可长期隐藏在系统中，只有在出现满足其特定条件的情况时才启动其表现（破坏）模块，这样它们才能进行广泛传播。如“PETER-2”在每年 2 月 27 日会提 3 个问题，答错后会将硬盘加密。著名的“黑色星期五”在逢 13 日的星期五发作。

（4）破坏性：任何病毒只要侵入系统，都会对系统及应用程序产生不同程度的影响。轻者会降低计算机工作效率，占用系统资源；重者可导致系统崩溃。根据此特性可将病毒分为良性病毒与恶性病毒。良性病毒可能只显示些画面或发出音乐以及无聊的语句，有时根本没有任何破坏动作，但会占用系统资源。恶性病毒则有明确目的，或破坏数据、删除文件，或加密磁盘、格式化磁盘，会对数据造成不可挽回的破坏。

2. 网络病毒的新特点

随着互联网的迅速发展和日益普及，计算机病毒的传播方式发生了重大的改变。磁盘在作为病毒传播源方面的重要性日益下降，而通过电子邮件附件、FTP 下载等网络方式传播的病毒感染日益增多，特别是电子邮件附件病毒在最近几年出现了愈演愈烈的趋势。

通过网络途径，原来在单机运行的病毒程序迅速地但却是被动地蔓延到网络上的其他主机。更为严重的是，一些病毒具有自动通过网络传播的功能，这使得它们的威力大大强于一般的单机病毒。这种病毒我们称之为网络病毒，它不仅具有单机病毒的一切特征，而且具有自己的新特点。

（1）破坏性强。以 Novell 网为例，一旦文件服务器的硬盘被病毒感染，就可能造成 NetWare 分区中的某些区域上内容的损坏，使网络服务器无法启动，导致整个网络瘫痪，造成不可估量的损失。

（2）传播性强。网络病毒普遍具有较强的再生机制，一接触就可通过网络扩散与传染。根据有关资料介绍，在网络上病毒传播的速度是单机情况下的几十倍。

（3）潜伏性和可激发性更强。网络病毒与单机病毒一样，具有潜伏性和可激发性，在一定的环境下受到外界因素刺激，便能活跃起来，这就是病毒的激活。激活的本质是一种条件控制，此条件是多样化的，可以是内部时钟、系统日期和用户名称，也可以是在网络中进行的一次通信。一个病毒程序可以按照病毒设计者的预定要求，在某个服务器或客户机上激活，并向各网络用户发起攻击。

（4）针对性强。网络病毒并非一定对网络上所有的计算机都进行感染与攻击，而是具有某种针对性。例如，有的网络病毒只能感染 IBM-PC 工作站，有的却只能感染 Macintosh 计算机，有的病毒则专门感染使用 Unix 操作系统的计算机。

（5）扩散面广。由于网络病毒能通过网络进行传播，所以其扩散面很广，一台 PC 的病毒可以通过网络感染与之相连的众多机器。由于网络病毒造成网络瘫痪的损失是难以估量的，一旦网络服务器被感染，其解毒所需的时间将是单机情况下的几十倍以上。

3. 网络病毒的预防、检测和清除

由于在网络环境下计算机病毒有不可估量的威胁性和破坏力，因此对网络病毒的防范是网络安全性建设中极其重要的一环。网络反病毒技术包括预防病毒、检测病毒和消毒三种技术。

（1）预防病毒技术：它通过自身常驻系统内存优先获得系统的控制权，监视和判断系统中是否有病毒存在，进而阻止病毒进入计算机系统和对系统进行破坏。这类技术有：加密可执行程序、引导区保护、系统监控与读写控制（如防病毒卡等）。

（2）检测病毒技术：它是对病毒的静态或者动态特征进行判断的技术，如自身校验、关键字、文件长度的变化等。

（3）消毒技术：它通过对计算机病毒的分析，开发出具有删除病毒程序并恢复原文件功能的软件。

网络反病毒技术的具体实现方法包括：对网络服务器中的文件进行频繁的扫描和监测；在工作站上安装防病毒芯片和对网络目录及文件设置访问权限等。

4.9 移动互联技术

随着宽带无线接入技术和移动终端技术的飞速发展，人们迫切希望能够随时随地乃至在移动过程中方便地从互联网获取信息和服务，移动互联网由此应运而生并迅猛发展。但是，移动互联网在移动终端、接入网络、应用服务、安全与隐私保护等方面还面临着一系列的挑战。

移动互联网（MI①）是一种通过智能移动终端，采用移动无线通信方式获取业务和服务的新兴业务，包含终端、软件和应用三个层面。其中，终端层包括智能手机、平板电脑、电子书、移动互联网设备（MID②）等；软件层包括操作系统、中间件、数据库和安全软件等；应用层包括休闲娱乐类、工具媒体类、商务财经类等不同类别的应用与服务。随着技术和产业的发展，LTE③ 和 NFC④ 等网络传输层关键技术未来也将被纳入移动互联

① MI：mobile Internet.

② MID：mobile Internet device.

③ LTE（long term evolution，长期演进）项目是 3G 的演进，LTE 并非人们普遍误解的 4G 技术，而是 3G 与 4G 技术之间的一个过渡，是 3.9G 的全球标准，它改进并增强了 3G 的空中接入技术，采用 OFDM 和 MIMO 作为其无线网络演进的唯一标准。

④ 近场通信（near field communication，NFC），是一种短距离的高频无线通信技术，允许电子设备之间进行非接触式点对点数据传输（在十厘米内）交换数据。这个技术由免接触式射频识别（RFID）演变而来，并向下兼容 RFID，最早由索尼（Sony）和菲利普斯（Philips）各自开发成功，主要用于手机等手持设备中提供 M2M（machine to machine）的通信。

网的范畴之内。本节介绍移动互联技术中的物联网、云计算和大数据技术。

4.9.1 物联网

1. 物联网的概念

1995年，比尔·盖茨在《未来之路》中提及物物互联，但当时这个新概念没有引起太多的关注。1999年，在美国召开的移动计算和网络国际会议提出，传感网是下一个世纪人类面临的又一个发展机遇。2005年11月，在突尼斯举行的信息社会世界峰会（WSIS）上，国际电信联盟（ITU）发布了《ITU互联网报告2005：物联网》，正式提出了“物联网”的概念。2009年奥巴马就任美国总统后，对IBM首席执行官彭明盛首次提出的“智慧地球”概念给予积极回应，并将其上升至美国的国家战略，由此引发了世界各国对物联网的追捧。物联网被称为继计算机、互联网之后世界信息产业的第三次浪潮。

物联网（IoT①）是一个基于互联网、传统电信网等信息承载体，让所有能够被独立寻址的普通物理对象实现互联互通的网络。② 随着移动通信技术的发展，以移动通信技术实现机器设备联网已成为可能。

可以从两个角度理解物联网。

（1）技术角度。

物联网是指物体通过智能感应装置，经过传输网络，到达指定的信息处理中心，最终实现物与物、人与物之间的自动化信息交互与处理的智能网络。

（2）应用角度。

物联网是指把世界上所有的物体都连接到一个网络中，形成“物联网”，然后“物联网”又与现有的互联网结合，实现人类社会与物理系统的整合，从而以更加精细和动态的方式管理生产和生活。

在物联网的若干定义中，麻省理工学院的定义较为精准。麻省理工学院提出，物联网是指物体通过智能感知装置，经过传输网络，到达指定的信息承载体，实现全面感知、可靠传送和智能处理，最终实现物与物、人与物之间的智能化识别、定位、跟踪、监控和管理的一种智能网络。

物联网的本质是首先通过RFID、无线传感器以及卫星定位等自动识别和感知技术获取物品基础资源（名称、地址等）信息和物品相关属性信息；其次，借助各种通信技术将物品的相关信息集成到信息网络中，通过基础资源服务（类似互联网中解析、寻址、发现等），实现海量物品相关信息的智能索引和整合；最后，利用云计算、模糊识别、数据挖掘以及语义分析等智能计算技术，对海量物品的相关信息进行分析处理，最终实现对物理世界智能化的决策和控制。

物联网一般为无线网。由于每个人周围的设备可以达到1 000～5 000个，所以物联网可能要包含500兆至1 000兆个物体。在物联网上，每个人都可以应用电子标签将真实的物体上网联结，并可以查找出它们的具体位置。通过物联网可以用中心计算机对机器、设备、人员进行集中管理、控制，也可以对家庭设备、汽车进行遥控，以及用来搜寻位置、防

① IoT：Internet of things.

② 参见刘云浩编著：《物联网导论》，北京，科学出版社，2010。

止物品被盗等。

物联网的应用范围十分广泛。应用领域主要包括运输和物流领域、健康医疗领域、智能环境（家庭、办公、工厂）领域、个人和社会领域等，具有十分广阔的市场和应用前景。

2. 物联网的特征

IP 地址和域名作为互联网基础资源，用于标识和定位互联网中的联网设备，而与之相关的解析、管理及信息检索等服务，已成为互联网的重要基础设施，为互联网各种应用提供支撑。与互联网类似，物联网也需要物品名称和联网地址作为基础资源，以实现物联网中联网物品的标识和定位。随着物联网中海量联网物品的不断流通，与其相关的信息也将在全球随机分布，因此物联网更加需要基础资源解析、管理及信息检索等服务，用于满足物联网各种应用对于物联网基础资源的相关信息数据的需求。

物联网的实现需要给每个物体分配唯一的标识或地址。最早的可寻址性想法是基于 RFID 标签和电子产品唯一编码来实现的。也可以用现有的命名协议，如统一资源标志符来访问所有物品（不限于电子产品、智能设备和带有 RFID 标签的物品）。这些物品本身不能交谈，但是通过这种方式它们可以被其他节点访问。

下一代互联网将使用 IPv6 协议，它拥有极大数量的地址资源。使用 IPv6 的程序能够和几乎所有的接入设备进行通信。这个系统将能够识别任何一种物品。

物联网的特征主要有三个。

（1）全面感知。

利用 RFID、传感器和二维码等随时随地获取物体的信息。

（2）可靠传递。

通过各种电信网络与互联网的融合，将物体的信息实时准确地传递出去。

（3）智能处理。

利用云计算、模糊识别等各种智能计算技术，对海量的数据和信息进行分析和处理，对物体实施智能化的控制。

3. 物联网的应用

物联网主要应用于以下八个领域：

（1）城市管理。

1）智能交通（公路、桥梁、公交、停车场等）。

物联网技术可以自动检测并报告公路、桥梁的“健康状况”，可以避免过重的车辆经过桥梁，也能够根据光线强度对路灯进行自动开关控制。在交通控制方面，可以通过检测设备，在道路拥堵或特殊情况时，自动调配红绿灯，并向车主预告拥堵路段，推荐行驶最佳路线；在公交方面，物联网技术构建的智能公交系统通过综合运用网络通信、GIS、GPS 及电子控制等，集智能运营调度、电子站牌发布、IC 卡收费、快速公交系统管理等于一体。通过该系统可以详细掌握每辆公交车每天的运行状况。另外，在公交候车站台上通过定位系统可以准确显示等候下一趟公交车需要的时间；还可以通过公交查询系统，查询最佳的公交换乘方案。

物联网技术能帮助人们更方便地找到车位。智能化的停车场通过采用超声波传感器、摄像感应、地感性传感器、太阳能供电等技术，能第一时间感应到车辆停入，然后立即反馈到公共停车智能管理平台，更新当前的车位使用情况。同时物联网技术可将周边地段的停车场信息整合在一起作为市民的停车向导，这样能够大大缩短市民寻找车位的时间。

2）智能建筑（绿色照明、安全检测等）。

通过感应技术，建筑物内照明灯能自动调节光亮度，实现节能环保；建筑物的运作状况也能通过物联网及时发送给管理者。同时，建筑物与 GPS 实时连接，在电子地图上可准确、及时反映出建筑物的空间地理位置、安全状况、人流量等信息。

3）文物保护和数字博物馆。

数字博物馆采用物联网技术，通过对文物保存环境的温度、湿度、光照、降尘和有害气体等进行长期监测和控制，建立长期的藏品环境参数数据库，研究文物藏品与环境影响因素之间的关系，从而创造最佳的文物保存环境。

4）古迹、古树实时监测。

通过物联网采集古迹、古树的年龄、损毁等状态信息，有助于及时作出数据分析和采取保护措施。借助这一技术还可以有选择地将有代表性的景点图像传递到互联网上，对全世界做现场直播，以达到扩大知名度和广泛吸引游客的目的。另外，还可以建立景区内部的电子导游系统。

5）数字图书馆和数字档案馆。

数字图书馆和数字档案馆，从文献的采访、分编、加工到流通、典藏和读者证卡，已经用 RFID 标签和设备完全取代了原有的条码、磁条等传统设备，并实现了架位标识、文献定位导航和智能分拣。在应用物联网技术的自助图书馆，借书和还书都是自助的。借书时只要把身份证或借书卡插进读卡器里，再把要借的书放在扫描器上扫一下就可以了。还书过程更简单，只要把书投进还书口，传送设备就会自动把书送到书库。同样通过扫描装置，工作人员能迅速知道书的类别和位置以进行分拣。

（2）数字家庭。

如果简单地将家庭里的电子产品连接起来，这只是一个多功能遥控器控制所有终端，仅仅实现了电视与电脑、手机的连接，不是发展数字家庭产业的初衷。只有在连接家庭设备的同时，通过物联网与外部的服务连接起来，才能真正实现服务与设备的互动。通过物联网，人们可以在办公室指挥家庭电器的操作运行：在下班回家的途中，家里的饭菜已经煮熟，洗澡的热水已经烧好，个性化电视节目将会准点播放；家庭设施能够自动报修；等等。

（3）定位导航。

物联网与卫星定位技术、GSM/GPRS/CDMA 移动通信技术、GIS 相结合，使在互联网和移动通信网络覆盖范围内使用 GPS 技术成为可能，使使用和维护成本大大降低，并实现了端到端的多向互动。

（4）现代物流管理。

通过在物流商品中植入传感芯片（节点），供应链上的购买、生产制造、包装/装卸、堆栈、运输、配送/分销、出售、服务等每一个环节都能无误地被感知和掌握。这些感知信息与后台的 GIS/GPS 数据库无缝结合，成为强大的物流信息网络。

（5）食品安全控制。

通过标签识别和物联网技术，可以随时随地对食品生产过程进行监控，对食品质量进行联动跟踪，对食品安全事故进行有效预防，从而极大地提高食品安全的管理水平。

（6）零售监控。

RFID取代了零售业的传统条码系统，使物品识别的穿透性（主要指穿透金属和液体）、远距离以及商品的防盗和跟踪有了极大改进。

（7）数字医疗。

以RFID为代表的自动识别技术可以帮助医院实现对病人不间断的监控、会诊和共享医疗记录，以及对医疗器械的追踪等。而物联网将这种服务扩展至全世界范围。RFID技术与医院信息系统（HIS）及药品物流系统的融合，是医疗信息化的必然趋势。

（8）防入侵系统。

通过成千上万个覆盖地面、栅栏和低空探测的传感节点，防止入侵者的翻越、偷渡、恐怖袭击等攻击性入侵。

4.9.2　云计算

在Web2.0时代，社交网站的访问量，已经远远超过传统门户网站。在用户需要处理的数据量和计算量变得越来越庞大的现实情况下，如何利用高速互联网的传输能力，将数据的存储和处理过程从个人计算机或专有服务器转移到互联网上的计算机集群，为巨大的用户群体提供有效的服务，让他们在参与中享受到方便、快捷的服务，成为这些网站面对的难题。而Web2.0正为云计算提供了这样的机遇。在Web2.0的引导下，只要有一些有趣而新颖的想法，就能够基于云计算快速搭建Web应用。这正是云计算所带来的直接变化。为此，一些有影响力的大公司为了提高自身产品的服务能力和计算能力而开发了大量新技术，如谷歌（Google）凭借其文件系统搭建起了Google服务器群，为Google提供更快的搜索速度与更强的处理能力。于是，如何有效利用已有技术并结合新技术，为更多的组织或个人提供强大的计算能力与多种多样的服务，就成为许多拥有巨大服务器资源的企业考虑的问题。正是因为网络用户的急剧增多和对计算能力的需求逐渐旺盛，而计算机等IT设备公司、软件公司和计算服务提供商能够满足这样的需求，所以集成了各类计算资源，并以服务的形式提供资源的使用和繁衍的云计算便应运而生。云计算同时是物联网、“智慧地球”等前沿理念的技术支撑，代表了信息技术及其基础架构的发展方向，因此受到了高度重视。

1. 云计算的概念

云计算将许多原本在实验室中或仅在某些特定领域使用的技术统合起来，使其在技术上和应用上比传统集中式的IT模型具有更好的性能价格比。① 它利用大量的计算机，构建出强大的计算能力，并在此基础上构建稳定而快速的存储以及其他服务。由于云计算的多

---

① 目前的个人计算机每个CPU芯片的处理能力是200MIPS，即每秒钟执行两亿次指令。雅虎（Yahoo）公司报道已经实现一万台计算机连接的分布式系统，总的处理能力是2 000 000MIPS。最快的芯片也达不到这个速度。世界著名的超级计算机——TOP500，达到每秒执行几百万亿次指令的速度，采用分布式设计的、世界第一的IBM BlueGene超级计算机采用了32部机架，每部机架部署有768个PowerPC440 CPU。

数应用场景本身就是分布式的，如工业企业的应用，它们的管理部门和工业现场可能不在同一个地理区域，类似分散的应用环境和工作模式使得云计算成为一种广受欢迎的 IT 服务模型，并显示出巨大的商业价值。

大数据时代，计算能力已成为衡量一个国家经济竞争力和科学研究能力的重要指标，是国家的重要战略资源。由于目前的个人计算机最多只有 30％的计算机能力被利用，其余 70％均被闲置，而这些闲置的计算资源和计算能力只有通过分布式系统才能得到有效的利用，才可以大大提高国家的计算能力，这为具有把普通的服务器或者个人计算机连接起来以获得高性能和高可用性计算功能的云计算带来了广阔的应用空间。云计算的利用必定能大大提高我国的科学计算和商业计算能力，使得我国的经济竞争力和科学研究能力大大提升。

安德鲁・S・坦嫩鲍姆（Andrew S. Tanenbaum）认为，分布式系统是这样的系统：它运行在不具有共享内存的多台机器上，但在用户的眼里却像是一台计算机。[①] 它的目标是让每个用户感觉联网的计算机是一个分时系统，就像使用个人计算机一样，而不是一个由许多计算机联合起来的集合体。目前的云计算严格说还没有达到真正的分布式计算的语义学水平。它之所以被关注是因为人们需要找到一种办法以在不增加新的投资、新的人力和新的软件的情况下增加互联网的能力和容量。目前，云计算正处于一个起步的阶段，基础设备提供商、SaaS[②]（软件即服务）提供商提供着各式各样的云计算服务，云计算的聚合和整合也正在逐步推进。而在云计算时代，“云”会替我们做存储和计算的工作。“云”就是计算机群，每一个群包括了几十万台，甚至上百万台计算机。“云”的好处还在于，其中的计算机可以随时更新，保证“云”长生不老。Google 就有好几个这样的“云”，其他 IT 巨头，如微软、雅虎、亚马逊（Amazon）也有这样的“云”。届时，我们只需要一台能上网的电脑就能进行存储和计算，而不需要关心存储或计算发生在哪朵“云”上，而且一旦有需要，我们就可以在任何地点用电脑、手机等，快速地计算和找到这些资料。我们再也不用担心资料丢失。

云计算的技术基础为网格计算。在网格计算的演进过程中，逐渐分化出两个不同层次的云计算概念，即狭义的云计算和广义的云计算。

狭义的云计算是一种 IT 基础设施的交付和使用的模式，通常是指通过网络以按需和易扩展的方式获得所需的资源（硬件、平台、软件）；提供资源的网络被称为“云”。“云”中的资源在使用者看来是可以无限扩展的，并且可以随时获取，按需使用，按使用付费，随时扩展，就像水电一样使用 IT 基础设施和软件服务。

广义的云计算是服务的交付和使用的模式，指通过网络以按需、易扩展的方式获得所需的服务。这种服务可以是基于互联网的软件服务、带宽服务，也可以是任意其他的服务。所有这些网络服务我们都可以理解为网络资源，众多资源形成所谓的“资源池”。这种资源池我们通常称为“云”。

不难看出，云计算是并行计算、分布式计算和网格计算的发展，或者说是这些计算机

① 参见［美］Andrew S. Tanenbaum：《现代操作系统》，北京，机械工业出版社，1999。

② SaaS：software as a service，是一种通过 Internet 提供软件的模式，用户不用再购买软件，而改用向提供商租用基于 Web 的软件，来管理企业经营活动，且无须对软件进行维护，服务提供商会全权管理和维护软件。

科学概念的商业实现。云计算是虚拟化（virtualization）、效用计算（utility computing）、IaaS（基础设施即服务）、PaaS（平台即服务）、SaaS（软件即服务）等概念混合演进并跃升的结果。

云计算由并行计算、分布式计算和网格计算演化而来，但又融合了协同工作、社交网络、搜索引擎等 Web 2.0 技术和虚拟化技术，依托强大的高性能计算基础结构，提供能够同时满足大量个人和商业需求的租用式服务。这一新型的共享基础架构平台注定会得到主流软硬件厂商的广泛认同。

2. 云计算的特征

（1）超大规模性。

“云”具有相当的规模，Google 云计算已经拥有 100 多万台服务器，Amazon、IBM、微软、Yahoo 等的“云”均拥有几十万台服务器。企业私有云一般拥有成百上千台服务器。“云”能赋予用户前所未有的计算能力。

（2）虚拟化。

云计算支持用户在任意位置，使用各种终端获取应用服务。所请求的资源来自“云”，而不是固定的有形的实体。应用在“云”中某处运行，但实际上用户无须了解，也不用担心应用运行的具体位置。只需要一台笔记本或者一部手机，就可以通过网络服务来实现需要的一切，甚至包括超级计算这样的任务。要实现云计算，虚拟化技术是关键。

（3）高可靠性。

“云”使用了数据多副本容错、计算节点同构可互换等措施来保障服务的高可靠性，使用云计算比使用本地计算机可靠。

（4）通用性。

云计算不针对特定的应用，在“云”的支撑下可以构造出千变万化的应用，同一个“云”可以同时支撑不同的应用运行。

（5）高可扩展性。

“云”的规模可以动态伸缩，满足应用和用户规模增长的需要。

（6）高度兼容性。

能够兼容不同硬件厂商的产品，兼容低配置机器和外设而获得高性能计算。

（7）按需服务性。

“云”是一个庞大的资源池，用户按需购买；“云”可以像自来水、电和煤气那样计费。

（8）廉价性。

“云”的特殊容错措施使得可以采用极其廉价的节点来构成“云”，“云”的自动化集中式管理使大量企业无须负担日益高昂的数据中心管理成本，“云”的通用性使资源的利用率较之传统系统大幅提升，因此用户可以充分享受“云”的低成本优势，经常只要花费几百美元、几天时间就能完成以前需要数万美元、数月时间才能完成的任务。

云计算对人们生活的影响是巨大的，只有高度重视云的管理和安全问题，才能使其真正为人类进步做贡献。

3. 云计算的应用

云计算基本的应用分为八大类。

（1）云物联。

随着物联网业务量的增加，对数据存储和计算量的需求将带来对“云计算”能力的要求。在物联网高级阶段，需要虚拟化云计算技术等技术实现互联网的泛在服务（TaaS①）。

（2）云安全。

云安全（cloud security）是一个从云计算演变而来的新名词。云安全的策略构想是：使用者越多，每个使用者就越安全，因为如此庞大的用户群，足以覆盖互联网的每个角落，只要某个网站被挂马或某个新木马病毒出现，就会立刻被截获。“云安全”通过网状的大量客户端对网络中软件行为的异常进行监测，获取互联网中木马、恶意程序的最新信息，然后将其推送到服务器端进行自动分析和处理，最后再把病毒和木马的解决方案分发到每一个客户端。

（3）云存储。

云存储是在云计算概念上延伸和发展出来的一个新的概念，是指通过集群应用、网格技术或分布式文件系统等，将网络中大量各种不同类型的存储设备通过应用软件集合起来协同工作，共同对外提供数据存储和业务访问功能的一个系统。当云计算系统运算和处理的核心是大量数据的存储和管理时，云计算系统中就需要配置大量的存储设备，这样云计算系统就转变成一个云存储系统，所以云存储是一个以数据存储和管理为核心的云计算系统。

（4）私有云。

私有云（private cloud）是将云基础设施与软硬件资源创建在防火墙内，以供机构或企业内各部门共享数据中心内的资源。创建私有云，除了硬件资源外，一般还要有云设备软件。

（5）云游戏。

云游戏是以云计算为基础的游戏方式，在云游戏的运行模式下，所有游戏都在服务器端运行，并将渲染完毕后的游戏画面压缩后通过网络传送给用户。在客户端，用户的游戏设备不需要任何高端处理器和显卡，只需要基本的视频解压能力。对于用户来说，他们可以省下购买主机的开支，但是得到的是顶尖的游戏画面。可以想象，一台掌机和一台家用机拥有同样的画面，家用机和今天用的机顶盒一样简单，甚至家用机可以取代电视的机顶盒而成为次时代的电视收看方式。

（6）云教育。

视频云计算应用在教育行业的实例：某区教育局信息中心的流媒体平台采用分布式架构部署，分为 Web 服务器、数据库服务器、直播服务器和流服务器，如有必要可在信息中心架设采集工作站，搭建网络电视或实况直播应用，在各个学校部署录播系统或直播系统的教室配置流媒体功能组件，这样录播实况可以实时传送到流媒体平台管理中心的全局直播服务器上，同时录播的教学课件也可以上传并存储到流存储服务器上，方便日后的检索、点播、评估等应用。

---

① TaaS：everything as a service.

（7）云会议。

云会议是基于云计算技术的一种高效、便捷、低成本的会议形式。使用者只需要通过互联网界面，进行简单易用的操作，便可快速高效地与全球各地团队及客户同步分享语音、数据文件及视频，而会议中数据的传输、处理等复杂技术由云会议服务商帮助使用者进行操作。

目前，国内云会议主要集中在以 SaaS（软件即服务）模式为主体的服务内容，包括电话、网络、视频等服务形式。基于云计算的视频会议就叫云会议。云会议是视频会议与云计算的完美结合，带来了最便捷的远程会议体验。及时语移动云电话会议，是云计算技术与移动互联网技术的完美融合，通过移动终端进行简单的操作，就可随时随地高效地召集和管理会议。

（8）云社交。

云社交（cloud social）是一种物联网、云计算和移动互联网交互应用的虚拟社交应用模式，以建立著名的“资源分享关系图谱”为目的，进而开展网络社交。云社交的主要特征，就是对大量的社会资源进行统一整合和评测，进而构成一个资源有效池向用户按需提供服务。参与分享的用户越多，能够创造的利用价值就越大。

4.9.3　大数据

21 世纪是数据信息大发展的时代，移动互联、社交网络和电子商务等极大拓展了互联网的边界和应用范围，各种数据正在迅速膨胀并变大。互联网（社交、搜索、电商）、移动互联网（微博）、物联网（传感器、智慧地球）、车联网、GPS、医学影像、安全监控、金融（银行、股市、保险）、电信（通话、短信）都在疯狂产生数据。2011 年 5 月，在“云计算相遇大数据”为主题的会议中（EMC World 2011）EMC 抛出了“big data”（大数据）概念，“大数据”时代降临。

1. 大数据的概念

大数据是指那些超过传统数据库系统处理能力的数据，指无法在一定时间内用传统数据库软件工具对其内容进行抓取、管理和处理的数据集合。它的数据规模和传输速度要求很高，或者其结构不适合原本的数据库系统。为了获取大数据中的价值，必须选择另一种方式来处理它。

数据中隐藏着有价值的模式和信息，以往需要相当的时间和成本才能提取，如今的各种资源，如硬件、云架构和开源软件却使得大数据的处理更为方便和廉价。大数据的价值体现在两个方面：分析使用和二次开发。对大数据进行分析能揭示隐藏在其中的信息，对大数据的二次开发则是那些成功的网络公司的强项。

2. 大数据的特征

大数据具有 4V 特征。

（1）大量化（volume）。

IDC① 的报告预测称，到 2020 年全球数据量将扩大 50 倍。目前，大数据的规模尚是一个不断变化的指标，单一数据集的规模范围从几十 TB 到数 PB 不等。简而言之，存储 1PB 数据将需要两万台配备 50GB 硬盘的个人电脑。物联网的发展使得数据的体量爆发式增长。

---

① IDC：International Data Corporation.

（2）多样化（variety）。

一个普遍观点是，人们使用互联网搜索是形成数据多样性的主要原因。然而，数据多样性的增加主要是由新型多结构数据，以及包括网络日志、社交媒体、互联网搜索、手机通话记录及传感器网络等数据类型造成的。其中，部分传感器安装在火车、汽车和飞机上，每个传感器都增加了数据的多样性。

（3）快速化（velocity）。

高速描述的是数据被创建和移动的速度。在高速网络时代，通过基于实现软件性能优化的高速电脑处理器和服务器，创建实时数据流已成为流行趋势。企业不仅需要了解如何快速创建数据，还必须知道如何快速处理、分析并返回给用户，以满足他们的实时需求。根据IMS Research关于数据创建速度的调查，到2020年全球将拥有220亿部互联网连接设备。

（4）价值（value）。

大数据能够帮助组织分析大量数据，挖掘机会，然后采取独特的行动；能够帮助组织做出更为准确的决策；能够创新和变革组织的管理模式，挖掘组织的管理潜力；能够给组织带来新机遇。在可以预见的未来，大数据将遍布智慧城市的方方面面。从政府决策与服务，到人们包含衣食住行在内的生活方式，再到城市的产业布局和规划，直到城市的运营和管理方式，都将在大数据支撑下走向“智慧化”，大数据成为智慧城市的“智慧引擎”。同时，大数据的体量大也意味着大数据的价值密度低，犹如浪里淘沙，找到适合的数据的难度加大。

3. 大数据的应用

大数据可以帮助人们开启循“数”管理的模式，是当下“大社会”的集中体现。其应用潜力和商机主要表现在三个领域。

（1）商业智能。

传统工具主要用于企业运营，侧重于成本控制和计划执行报告。大多数传统工具都受到以下两个方面的局限。首先，它们都是“预设—抓取”工具，由分析师预先确定收集什么数据用于分析。其次，它们都专注于报告“已知的未知”（known unknowns），也就是我们知道问题是什么，然后去找答案。而大数据会给出你没有想到的一些问题的答案。大数据技术最主要的功能/应用是ETL①。计算和存储硬件已变得非常便宜，配合大量的开源大数据工具，人们可以“奢侈”地先抓取大量数据再考虑分析命题。人们使用数据的方式因低廉的计算资源正在发生改变。此外，处理性能的大幅提高（例如内存计算）使得实时互动分析更加容易实现。

（2）公共服务。

大数据另外一个重大的应用领域是社会和政府。如今，数据挖掘已经能够预测疾病暴发、理解交通模型并改善教育。城市成为大数据计划的绝佳实验室，政府公共数据公开化以及市民生活的高度数字化（购物、交通、医疗等）等都是大数据分析的理想对象。当然，还需要更多的产品和技术让数据分析结果更容易被公众理解和接受（数据可视化）。

（3）市场营销。

大数据的第三大应用领域是市场营销，具体来说，是提升消费者与企业之间的关系，

---

① ETL：extract，transform，load.

实现卖得更多、更快、更有效率。数字化营销与传统营销最大的区别就是个性化和精准定位。企业与客户之间的接触点也发生了变化，从过去的电话和邮件地址，发展到网页、社交媒体账户、博客等等。大数据已经与在线营销交织在一起，其应用可以分为两大类：一是从线上到线下。配备了近场通信技术的智能手机和基于位置的签到正在成为营销人员的最新利器。他们将能跟踪商场人流，把在线零售的分析优化应用于线下。二是数据分析工具将更加容易使用（面向中小企业应用的大数据创业非常火爆），中小企业也许没有分析平台，但他们都有平板电脑和智能手机，移动版客户智能分析将会改变企业使用营销工具的方式。

大数据的影响，除了经济方面的，也有政治、文化等方面的。这些影响正在“吞噬”和重构很多传统行业。此外，由于大数据经常含有一些详细的潜在的信息，因而这已引起了人们对个人隐私的担忧，人们需要严肃认真地解决这一问题。

本章小结

本章从计算机技术、计算机网络技术、电子政务信息管理、电子政务应用、电子政务服务、电子政务集成、电子政务智能管理以及电子政务安全等电子政务建设的不同侧面，全面地介绍了电子政府的支撑技术，内容包括计算机技术、计算机网络技术、数据库技术、多媒体文档管理技术、中间件技术、工作流技术、办公软件、Web 技术、XML 技术、电子政务集成技术、数据仓库技术、OLAP 技术、数据挖掘技术、防火墙、CA 认证系统和公钥基础设施、访问控制、VPN、入侵检测技术、防病毒技术，以及移动互联时代的物联网、云计算和大数据技术等。

关键术语

Internet　TCP/IP 协议　IP 地址　Intranet　Extranet　数据库系统　多媒体文档数据库　全文数据库　中间件　工作流　群件　XML　数据仓库　OLAP　数据挖掘　CA 认证系统　PKI　访问控制　VPN　入侵检测　计算机病毒　移动互联　物联网　云计算　大数据

复习思考题

1. 电子政府的技术基础包括哪些技术？
2. 简述计算机系统的组成。
3. 简述 IP 地址的结构以及 IP 地址在 Internet 网络互联中的作用。
4. 什么是 Intranet 和 Extranet？两者的区别和联系是什么？
5. 简述电子政务信息管理技术。
6. 简述电子政务应用技术。
7. 在电子政务应用中常用的 Office 办公软件的基本组件有哪些？简述它们各自的

功能。

8. 简述 Web 技术的主要内容。

9. 简述电子政务集成方式和集成技术。

10. 什么是数据仓库？数据仓库在电子政务应用中的作用是什么？

11. 简述数据挖掘中常用的技术。

12. 简述电子政务建设中所涉及的主要安全技术。

13. 移动互联技术主要有哪些？

参考文献

1. 张锐昕主编. 电子政府概论（第二版）. 北京：中国人民大学出版社，2010
2. 周维武主编. 计算机基础教程. 北京：电子工业出版社，2008
3. 刘四清，龚建萍主编. 计算机网络技术基础教程. 北京：清华大学出版社，2008
4. 余益民主编. 电子政务技术与设计. 北京：机械工业出版社，2007
5. 高巍，崔洪芳主编. 计算机软件技术基础. 北京：北京大学出版社，2007
6. 张云勇等编著. 中间件技术原理与应用. 北京：清华大学出版社，2004
7. 方美琪主编. 电子商务概论. 北京：清华大学出版社，2009
8. 云计算研究报告. http://wenku.baidu.com/view/291a8cb81a37f111f1855b72.html
9. 大数据技术及应用. http://wenku.baidu.com/view/a278c3075727a5e9856a6168.html
10. 物联网的八大主要应用领域. http://www.gkb.com.cn/news/201112/371.html

第5章

电子政府的政府基础

本章重点问题

- 电子政府的政府基础的概念和属性
- 电子政府的政府基础的起始条件
- 电子政府的政府基础的基本模式
- 电子政府的政府基础的建构途径

正在经历发展转型的电子政府，如何拓展自身的应用，增强对政府改革的适应性，并寻找深层次的发展动力，已经成为广为关注的热点问题。由于信息技术泛在性的增强，虚拟空间已经成为信息时代人们生活和工作难以脱离的环境和背景，电子政府得以超越技术导向的初级阶段而逐渐进入以深化应用和服务、推动整体性治理、促进民主参与等为主要特征的新的发展阶段。在此过程中，与技术条件的日益成熟和技术界限的渐趋淡化相一致，技术变迁对于电子政府的作用日益呈现出边际效用递减的趋势，需要电子政府与政府改革协同进行渐成共识。在这样的背景下，提出电子政府的政府基础的概念，并基于对概念和属性的分析建构理论框架和实践模式，是电子政府构建需要理论支持和实践指导的现实使然。

5.1 电子政府的政府基础的概念和属性

电子政府的政府基础问题的提出始于对当前电子政府发展中面临的矛盾与问题的反思

和追问，源于多学科研究领域（如技术哲学、网络政治学和公共管理理论等）有关信息技术应用与公共部门关系新的解析，是对政府应如何设计电子政府发展战略与策略的理论回应，也是对电子政务实践该如何实现理想愿景所做的理念设定。

5.1.1 电子政府的政府基础的概念

电子政府的政府基础在表述上由“电子政府”与“政府基础”两部分构成，它是在“电子政府”这一限定条件下对政府基础作为电子政府与政府改革和发展之间的一种中间因素和变量所做的概念界定，它首先源于对于电子政府地位与作用的深刻认识。如果将电子政府仅仅定位于提高政府效率和一种新的服务提供方式的话，那么，政府基础问题就不再重要。但公共行政的信息技术应用决不能简约为既有行政活动的电子化实现，电子政府注定要承担更重要的使命。很多学者将电子政府的发展设想为几个依次递进的阶段，如：鲍姆模型把电子政府的发展分为政府网站的建立、互动、交易、政府完成再造四个阶段。维斯卡特模型将电子政府的发展划分为提供信息、互动、交易、数字化民主和参与式政府五个阶段。[①] 达雷尔·韦斯特（Darrell West）提出电子政府发展有四个阶段：（1）公告板阶段；（2）部分服务传递阶段；（3）带有完全可操作性和整体性服务传递的门户网站阶段；（4）以公众普及和强化问责为特征的互动式民主阶段。[②] 这些阶段的划分虽然存在表述上的差异，但都有着共同的特点：电子政府的最终发展趋势为无缝隙政府、参与式政府、数字化民主和政府的根本性再造。由此可见，电子政府向我们展现的是一个网络化、去中心化、参与、自由、平等和民主的政府图景，它不仅是政治和行政发展的重要组成部分，其本身也成为一个民主和进步的政治过程。

电子政府的政府基础的概念还源于对电子政府发展中的政治因素作用的认识。美国学者兰登·温纳（Langdon Winner）通过对技术的历史性回顾，发现“有充分的理由相信，技术本身的确具有重要的政治意义”[③]。英国学者安德鲁·查德威克（Andrew Chadwick）指出：“事实上，使用新传播技术来改变公共部门，取决于很多关键目标，这些目标牵涉权力关系，既在行政机构内部，也在行政机构和其他政治体系的组成部分之间。”[④] 电子政府的变革意味着改变现状，这就需要组织内部和外部的政治动力。从政府内部来说，一方面，政府组织对于稳定性和确定性的要求，降低了对电子政府的认同，比起电子政府提高责任和促进民主的能力，政府官员对电子政府增进效率的能力更乐观[⑤]；另一方面，利益问题使政府官员倾向于对电子政府进行较低程度的应用，电子政府的前沿目标，如互动式民主或者参与的民主，已经挑战了主流社会的利益，政府官员不会追求一个对社会和政治现状产生威胁的图景，因此，他们遵循既得利益的主张，偏爱于强调给企业和普通公民提

---

① 参见娄成武、于东山：《西方国家电子政府发展理论研究综述》，载《国家行政学院学报》，2009（3），99～100页。

② 参见［美］达雷尔·韦斯特：《数字政府——技术与公共领域绩效》，11页，北京，科学出版社，2011。

③ Langdon Winner, Do Artifacts Have Politics? *Journal of the American of Arts and Sciences*, 1980, 109 (1). 参见吴国盛：《技术哲学经典读本》，186～191页，上海，上海交通大学出版社，2012。

④ ［英］安德鲁·查德威克：《互联网政治学——国家、公民与新传播技术》，250页，北京，华夏出版社，2010。

⑤ 参见［美］达雷尔·韦斯特：《数字政府——技术与公共领域绩效》，34页。

供服务的技术统治论的图景。就外部因素来看，电子政府的互动式民主或者参与的民主，几乎都不在服务提供领域之外获得外部支持，除了目前来看仍不被重视的公民认同，社会上并不存在一个迫使政府将互联网作为一个全面再造或者增进民主的工具加以利用的组织良好的公民团体。因此，对于电子政府的理想图景的实现，当前的政治因素并没有提供十分积极的作用，如达雷尔·韦斯特所说："无论哪种政治体制，许多政府官员对于改革是很保守的。大部分政治和经济的利益群体会减缓技术创新的速度而不是迫不及待地接受新技术，直到这些人认定自己的切身利益受到了充分的保护。这种方式将技术的危险降到最低，并强迫技术适应当前的权力结构而不是另寻出路。"①

电子政府的政府基础的概念还直接源于对于应如何建构一个促成电子政府未来图景的行动方案的思考。如果重新对电子政府进行解构就会发现：一方面，它本身处于公民与政府的中介位置上；另一方面，它所依托和表现出来的技术系统和技术形式与政府之间也存在一个中介。对第一个方面，至今为止，政府在运用信息技术方面仍明显处于一个相对滞后的阶段，电子政府要在迅速变革的社会中的个人与目前来说变化仍较缓慢的政府机构之间取得相对的平衡，就要对公共领域的变革起到更积极的作用。就第二个方面，电子政府所呈现出的技术形式，以及它所依托的系统与现实的政府之间也存在一个中介。公共领域是一个复杂的结构，当前全球的公共领域正在进行深刻的变革。电子政府不可能也不必囊括公共领域的全部内容，电子政府发展也不会涉及政府的全部变化。那么，在电子政府所具有的复杂的技术系统的能力和现实的政府管理之间，就需要与技术变革相对应的现实政府的变化作为联结这两者的中介，这个中介就是本章所提出的概念，即电子政府的政府基础。

实际上，对于电子政府来说，虽然迄今为止少有成果以政府基础术语谈论它，但许多研究却实实在在地给出了电子政府构建需要提供基础条件的结论。

（1）新西兰 2001 年的电子政府战略报告就提出了领导和发展"电子政府环境的支持基础"（the supporting foundations of the e-government environment），包括电子政府政策、标准、共享的基础设施等等；"建立电子政府基础"（build e-government foundations），将一般或者共同的电子政府基础理解为四个方面的内容：政策和标准；服务；信息技术；数据和信息。②

（2）美国学者马克·斯特拉克曼（Mark Struckman）提出"构建一个数字政府基础"（constructing a digital government foundation）取决于多方面的关键要素：行政赞助（拥有权力的组织高层必须提供积极的权威）；信息技术管理机构（使企业规划与信息技术结盟的一个管理部门）；主要负责人（必须有权力去执行标准和信息技术政策、有责任提供基础设施服务）；体系架构和标准（允许应用程序和系统来实现整个机构）；IT 投资管理（验证当前和计划的投资的关系）；风险评估；电子政府办公室；创新基金。③

---

① ［美］达雷尔·韦斯特：《数字政府——技术与公共领域绩效》，61、9 页。

② New Zealand E-government Strategy-December 2001—Update ［EB/OL］. http://archive.ict.govt.nz/plone/archive/about-egovt/programme/e-gov-strategy-dec-01/strategy-dec01.pdf.

③ Mark Struckman. Constructing the Foundation for Digital Government ［EB/OL］. http://www.workforceatm.org/sections/pdf/2001/struckman.ppt. 2012-03-25.

（3）张玉盛（Chong Yoke Sin）提出了“有效电子政府的基础”（foundation of effective e-government）的观点和电子政府发展的“冰山”模型，即“可见的（电子化服务用户交互的接口）仅仅是一个尖端，更多的在于表面之下，只有加以整合，方能提供强有力的电子服务，成功的电子政府服务是整合不同的系统内部和机构的多年努力的结果”[①]，认为当前电子政府的发展水平可以被描述为“冰山”的尖端，仍旧缺乏在组织中制造改变的“基础”，以使电子政府项目在长期内可持续地进行。为了具备这样的“基础”，政府需要有足够的信息技术应用过程的成熟度以及整个政府的基础设施和政策的有效性，来促进交叉的机构合作和服务提供的顾客导向（见图5—1）。在这里，基础条件包括了充分成熟的技术支持的流程、促进跨机构合作的政府各部门基础设施和政策的有效性、一个以顾客为中心的服务提供方法。[②]

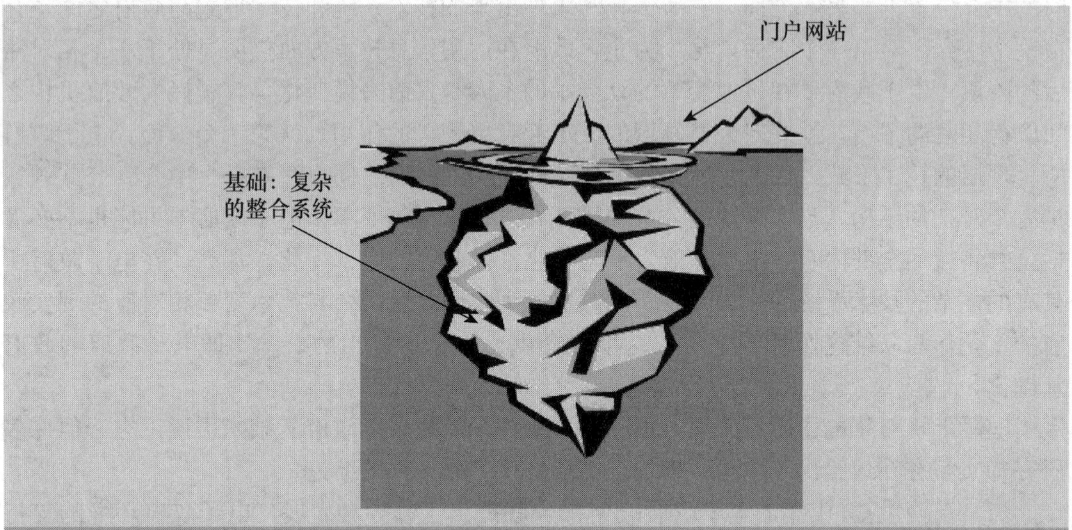

图5—1 电子政府构建的“冰山”模型

（4）北京大学电子政务研究中心杨凤春提出了“实施电子政务的政府基础”，认为“政府基础”主要包括四个方面的内容：1）适应基础。政府存在形式所造成的变化，意味着传统实体政府必须与虚拟的、信息化的政府实现平滑的对接，并逐渐增加虚拟政府在整个政府结构和事务中的分量。2）观念基础。要正确认识电子政务是信息时代政府的新形式；必须认识到政府的信息化、电子化是社会信息化、电子化的龙头和瓶颈；必须认识到电子政务的建设本质上不是一般的政府消费，而是具有根本性意义的政府革命。[③] 3）体制基础。要建立政府信息公开化的法律和制度框架体系；确立电子政务发展的总体战略规划；实现政府职能从管理、治理模式向信息搜寻、分析和服务模式的转变；制定政府政务标准规范和流程规范，为政务的电子化准备内容；大力培育和发展企业、社会中介组织和公民个人的自治、治理能力，形成全社会政府信息生产和消费的微观基础；以政务为内

①② Chong Yoke Sin. Foundation of Effective E-Government—The Singapore［EB/OL］. Experience. www.belfercenter.org. 2013-03-11.

③ 参见杨凤春：《实施电子政务的政府基础（一）》，载《信息化建设》，2003（3），19～20页。

容、以需求为导向，实现多级、滚动、永续的电子政务发展模式。4）人力基础。要建设政府工作人员的"电子政务"文化，实现政务过程的非人格化和政务活动结果的人性化。[①]这一论述首次将"政府基础"一词引入电子政务实施之中，提出了电子政务建设需要政府提供必要的条件的观点。

依据前面所述，可以将电子政府的政府条件用"基础"的语义加以解释。然而，这些条件是什么，它们将遵从怎样的价值原则或是规范，仍需要进一步的讨论。

首先，电子政府是基于信息网络环境构建的，这意味着电子政府构建过程中首要考虑的问题是如何有效地利用信息技术营造的信息网络环境来改善政府治理。有效地应用信息技术是电子政府的本质特征，其所有的理论与实践都是建立在信息技术的特性以及由此衍生的组织变革的可能性与应有逻辑基础之上的。信息网络环境的网络化、平等化、开放性、互动性、协同性和先进性充分体现了信息技术的进步逻辑，与治理框架内的政府结构和管理模式以及政府与市场和社会之间的新的平衡关系有着内在的一致性，可以为政府治理提供统一、规范、标准、互动的信息平台。这种信息平台可以在政府治理的不同主体与客体之间建立起新的有效关联，有助于实现电子政府与政府治理的统一协同。这与现代政府的理念、方法、制度和文化的现代性要求相契合，与新一轮的行政管理改革趋向相融合，构成了一种新的政府治理的逻辑和技术基础。

其次，电子政府的目标追求是实现信息社会条件下有效的政府治理，"它的缘起既是信息技术进步的必然结果，更是政府再造的理性选择"[②]。以新公共管理、新公共服务和治理为代表的政府改革运动，以及改革过程中产生的理论和实践上的现代化取向（运用市场和市场机制；强调竞争和选择；超越职能、权力和组织结构；增强公民参与决策；扩大授权，实施主动性的管理），既成为电子政府构建的必要条件，又构成了电子政府构建必须遵循的基本理念。电子政府的政府基础是一种新的政府治理，这不仅是因为它建立在信息技术的基础之上，更主要的在于它将现代政府治理理念嵌入了它的价值导向和运作模式之中。

再次，电子政府是信息网络时代的社会环境变迁在公共管理领域的集中体现。信息技术具有改造人类生产生活方式的能力，"信息文明的社会形态，最终要体现在人类行为模式、社会结构和社会规范体系的变迁上。这是一个信息技术逐渐建立自己的规则，建立自己新的行为方式，并将这些逐渐制度化的复杂的互动过程"[③]。政府源于社会，不能脱离社会，信息技术革命引起的经济社会环境的深刻变化，提升了公众对公共管理的期望，使得传统的政府管理看上去过时和反应迟钝。电子政府的政府基础作为政府通过电子政府构建推动政府治理变迁，进而建构信息时代的理想政府管理模式的概念体系和实践模式，必然是与信息时代的社会环境特征和生产生活方式相适应的。

最后，在信息技术创造的新的信息网络环境和人类社会、经济和政治领域发生的重大变革的背景下，我们发现，新的信息技术并没有缩小人们之间的差距，各国的电子政

① 参见杨凤春：《实施电子政务的政府基础（二）》，载《信息化建设》，2003（4），17～19页。

② 李永刚：《电子化政府的理念与现实》，载《中国行政管理》，1999（11），40页。

③ 高剑平：《信息哲学研究述评》，载《广东社会科学》，2007（6），86页。

府构建也没有能创造理想中的信息"乌托邦"。范・戴吉克（Jan Van Dijk）发现，在政治系统中使用信息技术的目的非常不同。一些团体寻求维护现时的民主系统，信息技术可能用于强化既有的官僚政治。[①] 韦伯（Weber）、劳马基斯（Loumakis）和伯格曼（Bergman）的一项实证研究发现，网络以及电子政务有可能加剧原先就已经存在的社会不平等现象，因为实际受益的往往是那些在政府使用网络之前就已经积极参与公共事务的利益团体和个人。[②] 从历史的角度去观察，各国政治制度、社会历史、文化传统、价值观、经济和技术基础性资源等条件的不同，决定了各国为电子政府准备的起始条件不同，而电子政府构建的绩效因此也大不相同，这引发了我们对研究电子政府构建的实践基础条件的思考，具体涉及两大部分：一是电子政府构建所必需的"硬环境"，包括国家信息基础设施建设、政府网络建设和信息通信设备建设等，主要涉及网络基础设施、应用系统和服务终端等技术方面，需要把信息技术、网络和社会应用集合起来。二是电子政府构建健康有序进行所必需的"软环境"，包括政府方面所需提供的与现代政府的治理理念、信息系统的技术特征和信息社会的生产生活方式相适应的体制、机制、过程、技术与文化等在内的基础条件。由于电子政府并非现实政府的拷贝，要涉及组织变革和内外部关系转变，又特别需要解决政府的观念、认识和体制等问题，所以，它必定是一项艰巨、复杂、长期的系统工程，主导着电子政府的健康有序发展，同时也最终决定着国家对硬环境建设的资源投入，决定着硬环境准备的程度和状况，因此更显得关键和重要。

综上所述，从建构性的和前瞻性的意义上，政府应该为电子政府提供与现代政府治理理念、信息技术应用和信息社会生产生活方式相适应的行政生态环境，其核心要素涉及政府职能转变、组织结构调整、政务流程再造、管理方式创新、行政体制改革等，这些要素之间彼此关联、相互作用，连同与之相应的政府理念、行政体制、组织模式、运行方式、管理技术和行政文化等，构成电子政府有序构建的实践基础和前提条件，即电子政府的政府基础。

这一概念的要点为：

● 主体是电子政府这一行政活动的主体——政府。

● 内容是电子政府所需求的变革的政府治理理念、结构、制度、流程和文化。

● 变革的依据是遵循现代政府的治理理念，符合信息技术的进步逻辑，适应信息网络社会的环境特征。

● 作用是在与信息技术变迁和政府治理变迁的互动中为电子政府发展解决实质性难题。

到目前为止，世界上还没有一个国家真正完整地构建了电子政府，这也意味着电子政府的政府基础迄今为止尚未有一个可以参照的现实原型，因此，对其内涵的界定主要是依据逻辑的推演、实践的需求、环境的要求和愿景的预设作出的。但这也不能说它仅仅是一

① 参见陶文昭：《信息时代的民主参与》，载《社会科学研究》，2006（2），55页。

② 参见丁元、颜海娜：《美国公共行政百年历史回顾及对中国公共行政学未来十年的启示》，见敬乂嘉主编：《公共管理的未来十年（复旦公共行政评论第九辑）》，80页，上海，上海人民出版社，2012。

个理想化的、不切实际的模型。因为电子政府的发展正在进行之中，应用和成果正在不断地演变成现实，因此，电子政府的政府基础在实践中是由理论到现实、由预设到实践的累积的过程和结果。

5.1.2　电子政府的政府基础的属性

作为新公共管理运动之后又一次全球性的政府改革运动，电子政府既反映了信息化、网络化的发展逻辑在政府管理中的要求，也成为新的政府治理变迁的重要内容和有效途径。电子政府是一种面向信息时代的政府治理，它建基于信息技术的固有特征和信息网络环境，致力于建立一种面向公民的、平等的、网络化的、实时共享的新的政府管理形态。实际上，在信息化、网络社会的宏观背景下，当前的公共管理变革可以部分地融入电子政府的构建之中。

电子政府与政府治理的逻辑的和实践的关联，决定了电子政府构建与政府治理变迁是一体的。由于无论是电子政府构建还是政府治理变迁都是一个复杂的、发展中的、高速变动的、不确定性的领域，因而作为两者之间的连接区域，电子政府的政府基础也呈现出多重属性。就本质而言，电子政府的政府基础是信息技术在政府管理中有效应用的原则需求，是信息技术范式影响和渗透下形成的一种新的政府治理模式。在基本形式上，电子政府的政府基础是先进的政府治理的理念、方法、结构、制度和文化等在行政网络环境下内嵌融合的结果。在理论建构的意义上，电子政府的政府基础是一个关于与电子政府的理想形态相对应的政府条件的理论描述。在变革性的意义上，电子政府的政府基础是指政府推进电子政府构建与公共管理变迁融合互动以实现更好的政府治理应采取的理念和方法，它反映的是信息技术的革命性特征和潜在能力，在实践层面上表现为政府管理的改革和创新。而全球化背景下公共行政的趋同性和各国为电子政府准备的起始条件的不同，又决定了各国为电子政府建构的政府基础体现出趋同性与多元性的统一。具体而言，电子政府的政府基础的属性可以概括为目的性与工具性的统一、现实性与未来性的统一、趋同性与多元性的统一。

1. 目的性与工具性的统一

电子政府的政府基础首先是在电子政府的理论框架内提出的一个概念，因此，它必然是建立在信息技术的进步逻辑基础之上，成为信息技术革命引发的一个新质的、与信息技术和信息网络社会相适应的行为模式在公共管理领域的重要体现。从这一角度去理解，如果说人类社会由工业文明向信息文明的演变是社会发展的重要目的，电子政府的政府基础就是公共行政发展的一个目的，这使其具有目的性价值的意义。另外，电子政府的政府基础以至于电子政府本身所面向的都是政府治理的问题，是作为推动政府治理向着适应信息技术应用和信息网络社会需求的方向变迁的重要途径和方法手段，这使它具有重要的工具性价值的意义。电子政府的政府基础同时具有目的性价值与工具性价值，两者之间相互关联，体现为目的性与工具性的统一。

就目的性而言，电子政府的政府基础是信息技术范式影响和渗透下形成的一种新的政府治理模式。信息技术革命的兴起重构了世界的物质基础，信息处理与沟通技术的变化通过对生产力的作用形成了信息主义①和信息发展方式②，进而对生产关系产生影响，以至于逐渐形成信息技术范式，即“信息成为生产力和竞争力的直接来源；网络化逻辑渗透到社会生活的各个角落；组织边界呈现出开放性；流动的元素日益增多；技术成为高度整合的系统；社会规范向个性化、人性化和一体化转向”③。“信息技术范式可以归纳成一种广义上的模型、一种框架、一种思维方式或是一种理解现实的体系”④，它重塑了经济、社会和文化基础，使公共管理赖以生存和发展的行政生态环境发生了革命性转变，也使公共管理所面临的问题、机遇和约束条件等与其之前相比有了质的区别。可以想象，既然经济和社会的组织已经或正在网络化，政府权力结构就不应再是金字塔式的；既然社会规范已经逐渐向更为人性化和一体化的方向发展，政府就要以公民为中心提供更好的服务；既然知识成为推动生产力发展的主要来源，权威就应“更多地依赖于知识和责任的恰当组合，而不是传统组织金字塔式的等级规则”⑤。信息技术是电子政府构建的第一推动力，电子政府与经济和社会也有直接而紧密的关系，信息技术范式对于经济社会基础的作用，必将对作为上层建筑核心的政府管理体制和运行机制产生持续且深刻的影响，也会对政府如何应对信息技术范式实施改革和创新以适应经济社会发展、提供更好的管理和服务提出挑战。由此看来，电子政府的政府基础，既是信息技术范式在政府管理中渗透的结果，更是信息技术范式对于信息环境下政府管理的新要求。

就工具性而言，电子政府的政府基础是行政网络环境下政府治理变迁的重要途径和手段。电子政府的政府基础是信息技术范式在政府管理中推广应用的原则需求，因为如果欠缺这些基础条件的话，电子政府构建的健康有序将难以实现。但信息技术范式的影响是外

---

① 信息主义作为一个明确的概念最早在社会学意义上被使用，《网络社会的崛起》一书的作者曼纽尔·卡斯特在20世纪90年代末认为：“在一个坐标轴上区分前工业主义、工业主义（industrialism）与信息主义（informationalism，或后工业主义），而与将资本主义和国家主义（或以贝尔的用词，集体主义）对立起来的另一个坐标轴分开，这在后工业主义与信息主义的理论中，已经是广为接受的传统。”在他看来，信息主义就是后工业主义，是与工业社会相对应的概念：如果“资本主义”是描述“生产方式”的用语，那么“信息主义”就是描述“发展方式”的概念（[西] 曼纽尔·卡斯特：《网络社会的崛起》，17页，北京，社会科学文献出版社，2001）。其他学者的相关论述为：加拿大学者戴维·莱昂将信息主义与后工业主义视为相似的理论，用来描述一种新的社会结构的出现，其特征是从物品转向服务，以及管理和专业职业的崛起、农业和制造业工作的让位，还有绝大多数工作中信息内容的增长（参见 [美] 戴维·约翰·法默尔：《公共行政的语言——官僚制、现代性和后现代性》，6页，北京，中国人民大学出版社，2005）。肖峰认为信息主义是研究和关注信息技术在信息社会的主导作用的一种社会思潮和理论范式，是以信息为基点来阐释社会、人乃至整个世界的一种思想或学术倾向 [参见肖峰：《论作为一种理论范式的信息主义》，载《中国社会科学》，2007(2)]。也有国内学者将信息主义界定为：“崇尚信息技术对社会的经济、政治、文化及其他各方面的功能和作用，把知识和信息视为社会的经济、政治、文化及其他各方面发展和变化的基础，把社会的信息化看作社会发展的主导趋势和基本动力的思想观念” [谢俊贵：《当代社会变迁之技术逻辑——卡斯特网络社会理论述评》，载《学术界》，2002 (4)，196页]。

② 曼纽尔·卡斯特认为，“在新的信息发展方式中，生产力的来源在于产生知识、信息处理和象征沟通的技术”，“信息发展方式的特殊之处在于：针对知识本身的知识行动，就是生产力的主要来源”（[西] 曼纽尔·卡斯特：《网络社会的崛起》，20～21页）。

③ [西] 曼纽尔·卡斯特：《网络社会的崛起》，82页。

④ [美] 唐·泰普斯科特、阿特·卡斯顿：《范式的转变——信息技术的前景》，2页，大连，东北财经大学出版社，1999。

⑤ [美] 菲利普·J·库珀：《二十一世纪的公共行政——挑战与改革》，209页，北京，中国人民大学出版社，2006。

在的和具有渗透性的，唯有政府在电子政府的政府基础建构中的作用才是主导性的。政府治理变迁固然有外界环境变化的因素促动，但唯有政府才拥有垄断性的强制权力和暴力。对于一个具体而确定的年代而言，政府仍是最高意义上的决定力量，也是影响政府基础建构的主导因素。因此，电子政府的政府基础是一种新的政府治理模式，这不仅是因为它建立在信息技术这一先进的技术基础之上，更主要的在于它将现代政府治理的原则理念嵌入了它的价值导向和运作模式之中。正是凭借把先进的政府治理理念、方法、结构、制度和文化等内嵌融合入行政网络环境，电子政府才能体现其管理上的先进性。

综合而论，由于“信息政体同样表现为政治妥协和政策不确定的竞技场”①，电子政府构建的成果将取决于多方政治、政策较量的结果。同时，行政网络环境的全球化、信息化态势会产生重压，对电子政府构建发挥效力，且公共管理对于自身价值和有效性的反思也会生成内在的动力，对电子政府构建施加影响，这促使全球公共服务从过时的传统性走向具有信息化和管理化特征的现代性，这种转变不可逆转。这种理论和实践上的现代化，是行政管理改革和创新的依据与基础，也是电子政府的政府基础的理论前提和现实条件。考虑到未来电子政府环境下政府组织模式和运行方式既要体现信息技术范式的特征，也要反映现代政府治理的原则理念，政府应尽力将先进、成熟的政府治理的理论和实践成果作为电子政府理论与实践的原则依据，这也是政府基础的基本依据。

2. 现实性与未来性的统一

电子政府的政府基础，既是信息网络社会条件下对于未来“大”的电子政府对应的理想性政府基础条件的理论构想，也是政府在电子政府构建中进行适应性改革形成的，与特有的行政生态环境相结合的具体的行为模式，前者是一种面向未来的愿景，后者则成为一种解决现实问题的策略方法，体现了现实性与未来性的统一。

在终极的意义上，电子政府的政府基础是与电子政府的完整形态相一致的现实政府的基本模式，体现了信息时代行政网络环境下政府治理的革命性特质，如网络化、弹性化、平等化、民主化，实时互动、智能办公和服务导向，并具体体现为一些基本的表征性的政府组织结构、制度、方式和文化：组织形式松散、灵活，对环境具有开放性和高度适应性；扁平化，减少了管理的层次和环节；边界无缝隙化，组织内纵向、横向以及组织间障碍逐渐消除；规则条例具有弹性，减少了不必要的繁文缛节；网络状的沟通与联系机制；建立跨部门的组织；实行决策与执行的分离，强调战略管理。这种政府治理是与电子政府的完整形态相一致的政府基础条件。

在变革的意义上，电子政府的政府基础是与政府治理变迁和电子政府发展相对应的高度变动的不稳定形态，表现在实践中是政府管理的改革与创新。首先，电子政府构建所需的政府基础与现有政府条件之间存在着明显的差距，这种差距需要政府积极努力推动政府管理改革创新来弥合。虽然人们普遍承认信息技术具有革命性特征和潜在创新能力，信息技术也的确正在改变政府管理的图景，但是，指望信息技术应用能够自发地促成政府管理形态的变迁在本质上是一种误导，故而主动的改革与创新是必不可少的。正

---

① Bellamy, Christine and John A. Taylor, *Governing In the Information Age*, Buckingham: Open University Press, 1998: 170.

如美国学者简·E·芳汀所指出的那样："将政府之间的计算机连接起来，我们可以轻易建立技术上的基础设施，但这并不等于我们同时也建立了制度上的基础设施。我们需要这样的制度设施，它能够向政府机构提供以下方面的支持，即机构之间协调的行动、组织文化、动力和办事程序以及一系列的组织、社会及政治规制系统。这些因素实际上引导着政府机构的运作，并影响着政府机构的构造。"① 还有，由于改革与创新意味着权力和利益的重新分配，因而金字塔结构的顶层和既得利益者与改革创新者之间的角力不可避免，政府基础的建构必将经历一个长期、艰难的过程。其次，由于组织制度与网络化环境相互渗透和相互影响，并且会因改革创新者不同的理念取向和融合路径（即使使用相同的技术）而产生不同的结果，带来不同的组织模式和应用成果，所以，政府的不同努力会导致不同的后果。这也从另一个侧面显示出政府基础建构的重要性。最后，电子政府的政府基础是一个涉及观念、过程、技术和制度的复杂系统，虽然就个体或局部而言，政府基础的部分内容已经在公共管理的实践或者改革过程中有所体现，但就整体或全局而言，政府基础建构至今还没有一个清晰的轮廓或框架。鉴于电子政府的政府基础是信息技术范式与现代政府治理的理念、方法和制度的结合体，而信息技术和政府管理都处在不断发展和快速变化当中，所以，与之相应，无论是政府基础本身，还是政府基础的建构过程，抑或是与政府基础建构相关的政府改革的方式方法，都属于频繁变动、迅速变化和不断发展的范畴。

总体而言，尽管电子政府的政府基础包含了诸多理想化描述，但它更多是变迁中表现出的对于终极目标的趋近性。虽然未来我们无法预见，但我们相信政府能够有选择地构建可行的行动方案，使之朝着正确的方向迈进。

3. 趋同性与多元性的统一

当今世界，几乎所有国家的政府都在加强信息技术应用和构建电子政府，也一直在推进以扩大政务公开、整合政府机构和提供"一站式"服务等为主要内容的政府改革，这些举措所涉及的内容都与电子政府构建密切相关。应该说，适应电子政府构建需求，对政府进行相应改革是保证电子政府健康有序发展的前提条件，对于任何一个国家都是必要的，其中体现出的高度的趋同性，对各国电子政府构建和政府改革的引领与促进作用也是有目共睹的。当然，各国的电子政务发展程度、政府组织形式、经济社会基础以及历史文化传统多有不同，这导致其构建电子政府的基础条件准备必然有所差别，其所需求的政治推动、行政支持、制度促进和社会运作的范围与程度也必定有所不同。因此它又具有明显的多元性的特征。

趋同性与多元性同时存在，对立统一，相得益彰。比较西方国家与东方国家、发达国家与发展中国家、市场经济国家与转轨国家的公共行政，可以发现其中并不曾存在且将来也不太可能会出现相同的政府管理模式。所以，未来在形成和维护地方行政文化的张力的作用下，各国准备的政府基础仍将继续保持多元性特色。这一形式和本质上的多元是政府基础建构的具体内容和表现形式，是各国政府在基本要素框架下立足于特有行政环境和行政文化以推进政府改革和电子政府构建协同并进的现实策略。

---

① ［美］简·E·芳汀：《构建虚拟政府》，6 页。

电子政府是政府管理中出现的一次重大突破，在过去 20 年里，几乎所有国家的政府都加强了信息技术的应用，实施电子政务，构建电子政府，推进以增进政务公开、整合政府机构、以公民为中心提供“一站式”服务等为主要内容的政府改革。可以说，政府基础的重要内容，对于任何一个国家都是变革性的，它的基本原则对每个国家都是适用的。同时，在实践中，不同国家的电子政务发展程度、政府组织形式与当地的经济社会基础和本土文化基础并不总是统一的，成功的制度借鉴、有效的社会运作和政治运作，往往能够推动一个国家的电子政务及其相应的政府改革以超出现有组织和制度环境的方式发展，并促进经济和社会的可持续发展。

各国的政府基础建构，特别是对于发展中国家和转轨国家而言，尽管存在许多“公共悖论”式的行政难题，它首先仍是全球趋同的，这种趋同是指政府基础的基本模式和原则方面；但政府基础的最终归属又是多元的，这一意义上的多元是指政府基础的具体内容和表现形式方面，即在基本原则指向下各国政府立足于特有行政环境推进政府改革的现实策略。

5.2　电子政府的政府基础的基本模式

电子政府的目标追求是构建更好的政府，要实现的主要内容是为公众提供公共信息、公共服务以及健全民主，具体实现形式是提供“一站式”办公、“一条龙”服务、“全天候”运作和无障碍沟通，这就必然要求政府机构内部以及政府机构之间实现“一体化”管理、无缝隙运作、法治化规范和民主化监控，而这些要求在现有的政府体制、结构、流程、条件下是难以做到的，这就要求政府适应电子政府构建的新的需求，为其提供健康有序发展所必需的前提条件，即建立与之相适应的政府基础。

5.2.1　电子政府的政府基础的基本要素

行政网络环境下的政府管理将日益呈现出这样的特质：信息的传输和处理成为组织的核心能力；组织结构趋向扁平化和弹性化；权力结构从集中、等级式转化为分散、网络式；强调对话，实现权力的均等化；自上而下的控制转化为相互作用和组织成员的自我控制；组织的价值观从效率、稳定、规避风险转向效能、适应性和勇于创新；组织的地位结构更倾向于以专门技能和专门知识为基础；组织协调的手段将更倾向于建议和说服，而不是命令和控制。[①] 具体来说，电子政府的政府基础，将主要包括以下要素：

1. 网络化的组织结构和分散化的权力结构

电子政府的实现形式，是基于网络的信息服务和处理系统，具有网络化的结构特征。与之相对应，政府将对传统的金字塔形的科层组织结构进行再造，并积极创造新型的网络组织。网络化的政府组织具有这样的特点：形式松散化，大量职能下放给低层机构、私营

---

① 参见张成福、党秀云：《公共管理学》，201～202 页，北京，中国人民大学出版社，2001。

部门或半私营部门来承担，从而缩小公共部门的规模，保持对环境的开放性和高度适应性；层级扁平化，信息技术能够部分地代替中间管理层的工作，信息系统促使行政系统内部的信息交流变得更加直接，并使得远距离的控制成为可能，管理层次和环节的减少将成为一种趋势；边界无缝隙化，政府组织间的关系趋向更多的沟通与合作，组织内纵向、横向以及组织间障碍逐渐消除；结构弹性化，公共部门所设置的机构不再是永久性的实体，主张在组织上建立临时性机构，放弃政府人员任用上的永业制度，必要时使用外部人员，同时在人事上采用短期或临时雇佣；等等。网络化的组织结构也要求权力的分散化，组织以信息流动为基础而不是以等级为基础，组织间横向的联系、沟通与协作进一步增强，权威逐渐合理化，权威结构进一步分离。同时知识和信息逐渐发展成为组织权威的基础，而知识和信息是分散的，这也决定了政府组织在权力结构上必须实行分权和下放，让下属和下级拥有更大的管理自主权。政府组织和外界组织的界限也呈现出相关性与依赖性。随着信息沟通能力的增长和合作关系的建立，政府与企业、第三部门或者社会团体之间合作治理网络，将实现政府部分权力向社会的让渡。在电子政府中，政府管理主要依赖于水平方向的交流与合作，而不是像在科层制中那样通过垂直方向的命令链实现执行，其具体表现在三个方面：一是权力从中央政府向地方政府分散，从官僚体制的顶端和中枢向体制的下层与外围分散；二是从政治形态的权力体制向社会形态的组织体制分散，即权力从体制内向体制外分散；三是权力从个人权威型向体制权威型转变，权力不是集中在某一具体的人手中，而是集中在合法的体制中。①

2. 参与协作的组织管理方式

信息技术的广泛应用，使得信息交流与传递的成本大大降低，公众获取信息的渠道迅速增加，政府保持对信息的垄断控制则变得越来越困难。正如 20 世纪 60 年代加拿大传播理论家马歇尔·麦克卢汉（Marshall McLuhan）所言，电子媒介可以把地球变成一个村落，“信息的即索即得能创造出更深层次的民主，未来的全球村落舒适而开放”②。信息技术丰富了政务公开的手段，提供了跨时空的政府与公众实时交流的媒介；信息技术改变了组织成员的工作和沟通方式，使知识和技术成为权力的来源；信息技术也影响了公民意识，塑造了推进行政民主的外部环境。组织的构建以信息流动为基础而不再以等级关系为基础，这就让信息共享在客观上促进了民主化的发生。政府组织与公民之间的关系倾向于对话和协商，网络成为民主化的平台，公众经常性地参与到公共政策的制定与执行之中；政府内部实施更多的自我管理、自我控制，建立责任感和使命感，被赋予更多的自主性。

电子政府所展现的政府是一个完整统一的整体，是以整体的而不是各自为政的方式提供服务，这必然要求现实中的政府是一种突破职能壁垒的、与公民密切联系的、整体连贯的组织形态。信息技术应用促成的网络化的组织结构为电子政府的管理提供了组织基础，但由于机构之间的职能分立状况不可避免地存在，因而加强组织间的协同合作仍必不可少。政府组织之间需要建立起稳定的合作伙伴关系，消除对抗性的争论；在部门之间共同

---

① 参见张锐昕主编：《电子政府概论》，266 页，北京，中国人民大学出版社，2004。

② 转引自［美］查尔斯·泰勒：《公民与国家之间的距离》，载《二十一世纪》，1997（4），7 页。

遵守的规则的制定上，政府组织要互相听取彼此的建议，寻找解决分歧的创造性办法，促进规范性协商的使用。政府组织可以通过面向共同任务，建立临时性或永久性的职能交叉的团队，来增进相互之间的理解和团结协作，打破特殊利益团体的壁垒，共同完成一些复杂事务的处理。政府组织之间、政府与私营部门之间也需要建立稳定的合作伙伴关系，消除彼此之间的不信任，促进共同目标的实现。

3. 公民导向的政务流程设计

传统行政模式的一大弊端就是过于强调职能的分立和过程的规制，由此带来了政务流程的职能分割和复杂冗长。随着科技的进步和经济的发展，政府与社会的关系模式和公民需求偏好已经发生了改变。公民导向是现代公共管理理论的重要理念，基本要求是公共服务的设计和安排要倾听公民的呼声与要求，它与电子政府的个性化、人性化和一体化社会规范相契合，因此公共行政不得不更注重公民意志，公共服务的价值取向主要已不再体现在经济价值的高低和技术含量的高低上，而是体现在公共服务对于公民需求特别是个性化需求的满足程度上。

政务流程再造是电子政府构建的重要内容。有学者认为，电子政务建设的重点集中在两方面：一是对产生于政府部门的公共信息进行电子传播；二是充分开发信息技术潜力，对政府流程进行再造。① 只有以公民为导向对传统政务流程进行再造，才能发挥信息技术在整合过度细化的工作任务，推动流程链条由垂直变为并行，实现跨功能、跨权限的信息资源共享等方面的巨大潜力，彻底改变政府本位的行政行为取向和行政思考方式，体现电子政府所具有的革命性特质和当代政府治理理念的变化。

4. 目标管理和过程控制相结合的绩效管理机制

公共部门的控制与协调问题一直是困扰组织效率和管理有效性的关键问题之一。传统政府管理的控制与协调主要通过严格的规章制度和事无巨细的监督来完成。在电子政府模式下，权力的分散化、指挥链条的简化、行政方式的透明化和知识管理者的出现，促使结果导向的非直接性的监督和控制成为控制的主要手段。绩效管理是西方政府再造运动中对官僚制度的程序导向和过程控制的一种革新性策略，经过多年的发展，已经形成以“结果为本”理念为基础，以市场机制为依据，以下放权力为取向，以经济、效率、效益的 3E 为主要内容的比较成熟的体系。绩效管理以结果为导向，以满足公众需求作为衡量组织绩效的基准，同时注重运用市场机制等灵活的管理工具来保证对管理过程的有效控制，强调积极的目标、具体的结果与产出，强调工作的实际结果、预算和绩效并重，这与电子政府模式下灵活而有效的控制方式有着内在的一致性。在电子政府模式下，绩效管理将注入新的内容：绩效管理不仅成为一种管理工具，更成为推动公共部门负责任的有效机制，以公民满意为政府绩效的终极标准，来不断提升电子政府为公众服务的能力；在绩效管理过程中，公民通过政务网络积极广泛地参与政府管理，民主的政治将实实在在体现在民主的行政之中；绩效管理趋向于明确的绩效标准，随着管理信息系统的广泛应用，评估内容、绩效数据审核、结果反馈和绩效信息的利用将更为量化且不可变更。

---

① 参见［美］G·戴维·加森：《公共部门信息技术》，97 页，北京，清华大学出版社，2005。

5. 广泛监督下的行政问责制度

与传统政府相比，电子政府具有交互性、开放性、直接性和跨时空性等特点，它所提供的新的服务平台和沟通途径成为政府满足公众多元化需求的基本手段，并促使公民对政府的行为施加广泛的影响。电子政府模式下的绩效管理允许行政官僚专注于绩效并研究新的方法来解决问题，但同时也会为他们滥用职权提供另外的空间，从而导致腐败现象增多的现实。强调直接回应性的行政责任机制将是解决这一问题的重要途径，这主要涉及政府在行政执行过程中主动回应公民需求，对行政行为和行政结果进行解释，并据此接受失责惩罚方面的制度架构。首先，加强行政问责的途径包括内部问责、独立机构问责和社会问责，其中，社会问责作为“一种依靠公民参与来加强行政问责的问责，通过普通的市民或公民社会组织，以直接或间接的方式来推进行政问责”①，将在改进行政问责的效果中发挥重要的作用。其次，关注直接回应性的社会问责在时间维度上囊括事前问责、事中即时问责、事后问责的全维度问责，公民将广泛参与行政管理和决策的全过程，通过基于网络的新型“政府—公民”交流界面，对政府行为进行实时监控和问责。最后，新的行政问责机制将同等看待制度问责和绩效问责，在两者之间进行有效契合，以实现最佳效果。

6. 全程可追踪的信息管理制度

信息管理制度建设是为电子政府确立构建和运行的规则。与其他的管理制度一样，信息管理制度也是通过一系列的规定与措施来使其具有可操作性并易于执行，这些规定和措施对电子政务系统的计划、组织、指挥、协调、控制进行规范，实现对与电子政府运行相关的各种资源的有效管理。信息管理制度包括四个方面的内容：一是面向资源的管理制度，包括组织管理制度，如人员培训与知识更新制度、一般性的信息化建设与应用工作纪律、考核与奖惩制度等；资金管理制度，包括预算管理、IT 资产管理制度；软硬件管理制度，包括计算机软硬件的使用和维护管理制度、网络资源使用和维护管理制度、信息资源的管理制度；等等。二是面向政务信息建设管理规范的制度，包括政务信息公开管理制度——规定信息公开的范围、程序及公众了解政务信息的权利；电子签章和电子文档的管理规范——明确电子签章和电子文档在电子政务运行中具有的法律效力；个人数据保护规范——对政府收集、储存和提取公民的个人信息的权限与途径作出严格的限定；等等。三是面向信息安全的制度，主要包括用户信息安全管理制度、专用网络的管理制度、病毒的安全防护制度等。四是信息系统的标准化体系。以电子政务系统之间具有信息交换功能的标准为主要对象，建立以国家标准为主，以行业标准、地方标准、企业标准为辅的完整的电子政务标准化体系。②

7. 知识型的公务人员

人是组织的核心要素，人力资源同样是电子政府的最重要资源之一，是信息与技术的有效载体和黏合剂。在电子政府条件下，政府工作环境逐渐由传统的政府形态转变为电子

---

① 世界银行专家组：《公共部门的社会问责——理念探讨及模式分析》，20 页，北京，中国人民大学出版社，2007。

② 参见张锐昕等编著：《公务员电子政务必修教程》，245～249 页，北京，清华大学出版社，2008。

化的政府形态，行政行为将越来越依赖于信息系统的支持，这对公务人员的素质和能力提出了新的要求。政府领导人必须具有创新精神和创新意识，具备通过掌握信息知识和信息技术在信息社会中积极获取、利用、开发信息的修养与能力；同时还要转变领导方式，实现由制度权威向知识权威的转化。政府的一般工作人员必须在观念上认同电子政府，了解电子政府的工作特点，并具备熟练应用信息技术、设备的技能和综合业务处理能力。随着组织结构的扁平化、中间层级权力的虚化，政府管理中的事务性工作将主要借助于以计算机为主体的现代办公系统，政府管理的主动性和创造性将大大增加，政府公务人员将更注重实施自主性的管理，以更加主动地参与到行政的决策与执行之中。在利用信息技术再造工作流程后，"集成化""一体化""无缝隙"的工作流程模式还要求管理人员必须具有综合业务处理能力。

8. 崇尚服务精神的行政价值导向

电子政府提供的服务具有可选择性、普遍性、公正性和跨时空性等特点，力图达成这样一种理想的服务形态：公众无须走进政府机关即可获取丰富的信息；公众只需在一个机关提交服务，即可获得全程服务；公众无须进入政府机关即可通过网络申办事项。电子政府所带来的公共服务空间的拓展和公共服务方式的改变，使提供更为优质的公共服务成为电子政府的最高行为准则，服务精神构成其核心价值。行政理念往往由一个国家的历史传统所决定，并受到现有制度环境的深刻影响。历史和现实都表明，制度具有一种惯性，它蕴含的价值和行为方式能够潜移默化地渗透到组织之中，也就是说，政府可以通过对于主流媒体和内部文化的控制，来引导和树立不同的行政价值观。就目前来看，无论是在西方发达国家，还是在发展中国家，尽管在实施上还存在着不少的问题，但主流媒体对于服务精神的提倡使得服务精神已经成为公共行政的重要价值，这一观念导向与一些引导性的政策和制度，特别是相应的教育培训机制以及绩效管理中以服务质量和公民满意程度为依据的选择性激励之间的有机结合，将能够更有效地发挥作用。

5.2.2　电子政府的政府基础的一般结构

电子政府的政府基础的诸要素之间不完全是平行对应的关系，而是具有特定的层次性和关联性。组织结构、权力结构和组织管理方式属于政府管理的核心结构，是政府管理最为明显的表征，处于政府基础的顶层；流程决定了组织的内在机理，是结构的基础，也影响着制度的设计，居于结构与制度之间；绩效管理机制、行政问责制度、信息管理制度是制度的内容，是电子政府对于制度建构最为直接的诉求，用以支撑结构，固化流程，其特征是相对稳定；至于人的因素，其关键在于观念，个人的观念和组织的行政价值导向构成了行政文化，成为政府管理的结构、流程、制度以及其他一切行为的基础。政府基础可以形成一个稳定的一般结构（见图 5—2）。

电子政府的政府基础是一个复杂的系统，其基本要素可以区分为结构、流程、制度和文化四个层次，其中任何两者之间都发生着真实的双向互动的关系，同时亦因为本质属性的差别，以及作用发挥途径的不同，在宏观上构成了一个多向互动的网络结构（见图 5—3）。

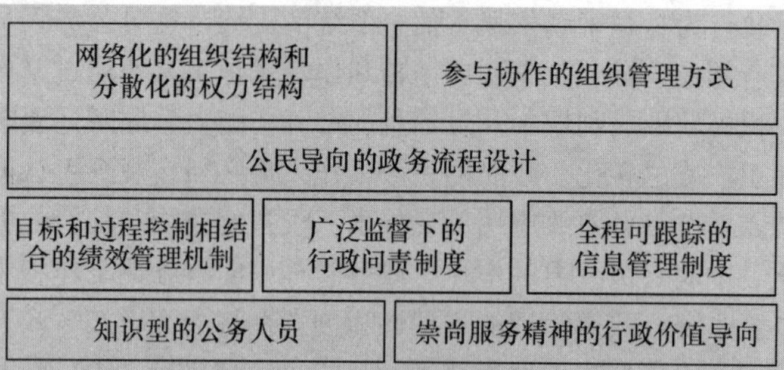

图 5—2 政府基础的一般结构

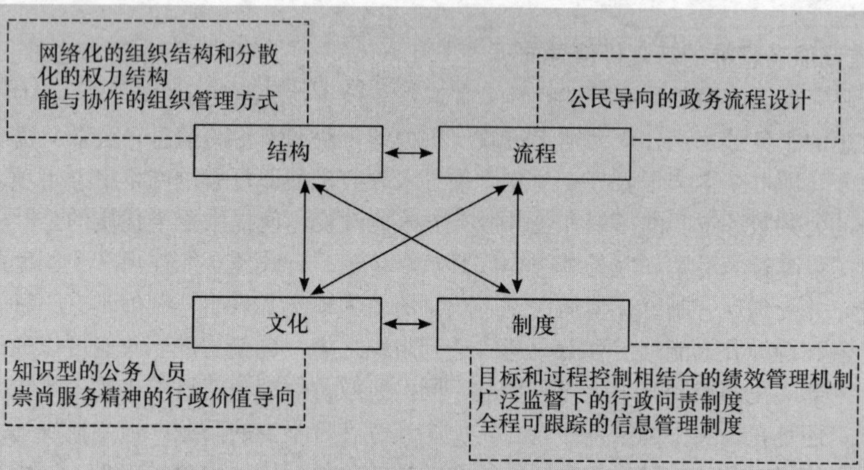

图 5—3 政府基础的基本要素的互动关系

5.3 电子政府的政府基础的起始条件

政府基础是电子政府环境下所需求的现实政府的核心结构和必要条件构成的一个系统，可以看作对未来政府管理的部分特征和基本形式的描述。虽然在目前看来它主要是作为一个理论上的模型，但其许多方面在现阶段的政府管理中都可以找到与之相对应的内容和存在的雏形。为此，对现有的政府管理进行审视是必要的。发达国家、发展中国家和不发达国家由于经济发展、社会状况，以及政治和行政体制等基本国情的不同，形成了各具特色的多元化的政府管理以及不同的政府改革与发展任务，进而构成了政府基础的起始条件的差异。

5.3.1 发达国家

自 19 世纪末开始，西方国家普遍形成了以专业分工、文官制度、行政法治等为基础，以高效性、平等性、理性和专业性为标志的官僚制度。官僚制把法律规则以严密、机械古板的方式应用于实际情境，有利于保证组织活动的客观性和官员行事时的非人格化，使官僚机构体现出准确、快速、有知识、连续、统一、少摩擦和低成本等优势。[①] 但是，20世纪60年代以来行政环境的剧烈变化和官僚制度过度发展，导致了组织僵化、过度规制以及利益部门化等诸多弊端的产生，西方国家相继掀起了大规模的政府再造运动。在这场运动中，传统的公共行政范式受到了越来越多的质疑和批评，一些曾经被认为是永恒真理的公共行政的基本原则，如政治与行政分离、层级节制、规章控制等，受到了严重的挑战，工商管理的理论、方法、技术以及市场机制的工具理性被引入政府管理中，经济、效率与效能成为公共行政的基本价值。这一运动被冠以不同的称号，如管理主义、新公共管理、以市场为基础的公共管理、企业型政府等。胡德将其看作一种强调明确的责任制、产出导向和绩效评估，以准独立的行政单位为主的分权结构（分散化），采用私营部门管理、技术、工具，引入市场机制，以改善竞争为特征的公共部门管理新途径。[②] 经合组织把它的内涵界定为：企业管理技术的采用；服务以及顾客导向的强化；公共行政体系内的市场机制以及竞争功能的引入。[③] 但正如澳大利亚学者休斯所说："尽管有多种多样的名称——新公共管理运动、管理主义、企业型政府——它们可能有所不同，但是它们说明了同样的现象，即传统的官僚制已经被一种以市场为基础的模式取而代之，改进公共管理、削减预算、公共事业民营化似乎已成为普遍现象。"[④] 新公共管理运动或是政府再造运动深刻地冲击了西方国家的传统政府管理模式，多种可供选择的组织权力和权威模式开始出现，市场机能和参与式管理越来越明显地被认为可以和理性官僚制度的结构与运行相抗衡，市场导向、公民导向、结果导向成为新的行为准则，解除规制、超越规范、消除管理中间阶层、明确标准的绩效管理、公民决策中的公民参与成为流行的制度设计。于是，传统的理性官僚制度与后官僚范式初见端倪的混合，成为当代西方国家公共行政的基本特征。在这一背景下，西方国家电子政府构建中的政府基础问题面临的更多是对正在进行的行政改革做进一步的延伸，并在其中与信息技术的应用机制，如信息资源战略管理进行深入结合，主要表现为压缩组织层级、打破机构界限、完善社会问责机制、扩大公民参与公共决策，以及跨功能、跨部门、跨权限的政务流程再造。

5.3.2 发展中国家

自20世纪初期开始，在资本主义的全球扩张和民族解放运动兴起的双重浪潮的推动下，许多传统社会急速地或缓慢地向现代社会转变，在这一转变过程中，一方面，这些社会已经从传统社会走了出来；另一方面，这些社会却又未能顺利地进入"现代"的范畴中去。随着冷战的结束，大部分发展中国家在经济上已经向现代市场经济转变，并加入世界贸易体系之中。另外，更多的国家也采用了民选的方法来选择政府。但是，许多发展中国家仍采取了经济上强化国家部门的做法，在政治上信奉威权主义，在社会结构上则表现出两极分化的明显态势。这种特殊的政治、经济、文化特征使得发展中国家的政府基础也表现出其自身的特质。与发达国家相比，发展中国家的政府管理表现出了

---

① 参见［美］文森特·奥斯特罗姆：《美国公共行政的思想危机》，54页，北京，三联书店，1999。

② C. Hood, "A Public Management for All Seasons", *Public Administration*, 69 (Spring), 1991: 3-19.

③ 参见张成福：《公共行政的管理主义——反思与批判》，载《中国人民大学学报》，2001 (1)，19页。

④ ［澳］欧文·E·休斯：《公共管理导论》，4页，北京，中国人民大学出版社，2007。

更多的混合性和异质性，如：在行政理念上，发展中国家普遍信奉权威、领导和管制；在权力结构与组织结构上，一些发展中国家在独立期间或在战后效仿传统的公共行政模式，严密的等级制度成为人们的日常准则，公务人员通过考试而得以终身录用，各种不同的阶层构成了行动迟缓的超重的官僚制组织。但是，与现代国家相比，一些发展中国家未建立起真正意义上的以理性、程序化、法制化为特征的官僚制。如休斯所说："既然官僚制是最强权的政治势力，我们又怎么能指望公务员像模式中所假设的处身于政治之外呢？当法制很脆弱时，如何应用韦伯的理性——合法性权威模式呢？"① 而且，自20世纪90年代以来，在西方新公共管理运动的影响下，很多发展中国家也不同程度地接受了公共部门中的市场机制，结果导向、顾客战略、解除规制开始在政府改革中逐渐体现。在这种情况下，发展中国家电子政府构建中的政府基础问题更为复杂，批判地建立一个可被预测的、属于全民的、正直的韦伯式官僚政府与超越官僚制度、用信息技术和市场机制改进政府管理的制度与方法同样重要，这就需要采取更为理性的发展战略。第一，行政权力的法治优先，民主其次。在法治权威未能建立的前提下，不能过分奢求民主作用的发挥。首先需要解决的仍是法治权威对行政权力运行的约束。第二，组织结构可以适当灵活，但程序和规制仍然重要。政府官员缺乏对程序和规范的尊重与遵从，使得组织行为的公平性遭受普遍质疑并导致行政腐败的广泛存在。因此，弹性化的组织结构和结果导向的绩效管理需要与行政的程序化及专业化互动而为。第三，信息资源管理与电子政务组织领导急需其他行政制度改革的配合。政府组织特别是中下级组织对信息技术存有一种固有的偏见，这与其组织体系的制度化水平较低共同构成了电子政府构建的强大障碍。从这方面来看，借助于行政改革的趋势，通过法律及行政制度对信息资源管理与电子政务建设做出相应制度化安排，是一种便捷的解决途径。

5.3.3 不发达国家

尽管全球化进程在不断加快，但到目前为止，非洲、亚洲，包括南美洲仍存在许多不发达国家（主要集中于非洲南部）。这些国家也处在向工业社会、信息社会转变的过程中，但其政府管理却具有许多农业社会的典型特征，即虽然有了宪法、议会、政府机关、选举制度等，但是它们却不能正常地发挥作用，有的甚至成了一种徒有虚名的装饰品；官僚的职位重于行政政策，行政风范带有浓重的家族和亲族主义色彩；行政官僚在政治和经济上自成特殊的阶级，政府与公众之间很少沟通；行政活动以地域或土地为基础，行政的主要问题是维持行政的一致和统一。而且，不发达国家的政府管理还存在极为明显的两极分化态势，中央政府建立了专业化的机构并配备了现代化的管理设施，但在一些边远的地区，却没有专门的行政机构，在那里，宗教、家族、宗派决定着一切。于是，一个国家同时存在着许多不同的制度、行为，少数大城市与偏远地区在制度环境上存在很大的差异。从发展的阶段来看，传统国家还不具备构建电子政府的基本条件，当贫穷和饥饿仍在困扰着政府与大多数的人民，政治上的军事独裁普遍存在，且国内战

---

① ［澳］欧文·E·休斯：《公共管理导论》，252页。

争频繁发生时，信息主义的民主、公平与正义还只能是一句空话。但从长远来看，不发达国家也不能在这场影响人类历史进程的信息技术革命中置身事外。不发达国家电子政府构建中的基础问题解决，在发展策略上，主要应涉及高层政府机关，特别是中央政府；在行政理念上，主要是突破统治思想、家族和亲族主义①，推崇理性与合法的权威；在权力运行上，最重要的仍是推进行政法治，并探索在某些直接关系到公民利益的公共事务处理中扩大公民参与的途径；在组织结构上，首要任务是建立科层化、专业化的政府组织体系，实现权威的合法化；在公务员管理上，最重要的是打破世袭，开放政府职位的边界，建立现代性的公务员管理制度；在信息管理制度上，中央政府可以统一建立集中式的电子政务组织领导体制。

5.4　电子政府的政府基础的建构途径

电子政府构建可以看作 20 世纪 80 年代以来西方管理主义取向的新公共管理运动和发展中国家向市场经济转型或者探索第三条道路过程中的政府改革运动发展的一个新阶段，构成了信息社会环境下政府现代化的基本途径。由于由政府基础的起始条件和电子政府构建的内在要求不相适应而产生的理想的管理变迁与现实中政府改革的相对滞后之间的明显差距，以及实施者与政府组织之间关于技术执行不同理解的紧张状态迫切需要解决，所以人们一直在寻求理想的建构途径。在这些探索当中，技术决定论者对于技术自发地促进组织、制度和文化变迁的观点潜存着高度的虚构，社会建构论者关于“政府治理制度具有将信息与通信技术塑造成演化性现实的革命性潜力”② 的观点又高估了人们自我构建与变迁组织结构和制度的意志及能力。这告诉我们，只有从信息技术的内在逻辑出发，遵从现代公共管理的原则、理念和方法，以前瞻性的创新精神，对政府管理理念、管理方式、组织结构、体制机制等进行深层次的重组与再造，建立电子政府构建的基础条件，方能发掘信息技术的革命性潜力，实现技术、管理与价值之间的有效结合，建构适应信息社会条件的电子政府。由于各国政府基础的起始条件的差异，对于政府基础的建构事实上并不存在单一的模式和唯一的标准，在这里主要探讨基本的原则与方法。

5.4.1　政府职能结构的优化改造

政府职能通常被界定为国家行政机关在一定时期内，根据国家和社会的发展需要而承

① 里格斯认为社会组织可分为两大类：一类是以血缘关系为纽带结成的自然团体，如家庭、家族；另一类是以利益关系为纽带结成的人为团体，如教会、政党、工会、商会等，这些都被称为社团。在不同类型的社会中，家庭和社团对行政所产生的影响也不一样。在农业社会和过渡社会的行政模式中，家庭对行政行为影响很大，社团的作用微不足道，行政行为常为显赫家庭所左右，家族利益优先于公共利益，这被称为行政中的家族和亲族主义。参见［美］里格斯：《行政生态学》，111 页，台北，台湾商务印书馆，1978。

② Bellamu，Christine and John A. Taylor，*Governing In the Information Age*，Buckingham：Open University Press，1998：93.

担的职责与功能。[①] 它反映了政府活动的基本方向、根本任务和主要作用[②]，决定着政府的规模、结构、组织形态和管理方式。电子政府的构建，需要技术、经济、制度等多方面因素的相互作用和协调配合，从而要求政府对相关职能领域进行相应的扩展。同时，电子政府对政府运行模式变革的深层次要求，也促使政府重新建构与企业、公民的关系，分离出部分职能。这主要表现在三个方面：(1) 发挥中央政府的领导作用，为电子政府构建创造有利的政策环境。由中央政府率先推行电子政务，制定信息化和电子政务建设规划，为电子政府发展提供国家层面的宏观指导和政治推动。(2) 塑造政府与企业、社会中介组织的新型合作伙伴关系，实现新形式的公共服务市场化。积极推进电子政务项目外包，采取将政府部门电子政务软硬件系统的日常运行维护等工作部分或全部地委托给专门公司的形式，在政府、企业和社会中介组织之间进行合理分工，以充分发挥各自的优势。(3) 重视和强调社区作用的发挥，支持建设电子社区。形成以社区自治机构为主，联合政府部门、社区服务提供商、银行金融机构、社会保险机构等相关单位，以网络平台、语音平台为主要载体，以政务服务、商务服务等为内容，面向社区居民提供本地化服务的综合服务体系，使政府在分离一部分公共服务职能的同时，又保证了这些公共服务职能在新的形势下得到有效实现。

5.4.2 组织分权的制度化建设

信息技术的重要特征是共享性、平等性和交互性，这反映在政府权力结构上就是权力的非集中化。许多实践证明：电子政务系统可以实现组织信息结构的散射性和交错性，加强跨层级、跨专业、跨部门的信息流动，增强组织底层独立处理事务的能力，从而促进权力的分散化。但也有些研究表明，“官僚体制的行政管理按其倾向总是一种排斥公众的行政管理”[③]，也就是传统行政管理的核心并不鼓励民主化的管理方式。在一些情况下，政府可能倾向于利用信息技术限制关键信息的披露与公开，进一步集中控制权，对员工实行更加严格的监管，以此作为全球化背景下保持其政治控制的一种手段；政府组织中的核心权力也不因为信息技术应用而发生改变，因为信息技术对政府决策的影响，愈到组织的上级则愈弱。也就是说，组织权力结构非集中化或分散化的趋势，仍需政府通过制度化的手段加以引导和固化，即改变中央与地方、上层与下层的权责关系，在执行和运作上赋予地方或者下层更多的自主权，使地方知识的优势最大化；重塑政府与社区和公民组织之间的关系，加强社区成员和社区组织的自我管理，在电子政府与电子社区之间建构有效的联通；增加对组织成员的授权，增强下属的工作积极性、主动性和适应性，提高参与决策的效能和行政执行的活力。

5.4.3 以行政过程为基础进行组织设计

组织是一个开放系统，因而必须依靠组织设计来进行调整，以适应客观环境的变化。

---

① 参见郭小聪：《论国家职能与政府职能》，载《中山大学学报（社科版）》，1997（2），51页。

② 参见金太军等：《政府职能梳理与重构》，1页，广州，广东人民出版社，2002。

③ ［德］马克斯·韦伯：《经济与社会》（下），314页，北京，商务印书馆，1998。

传统的政府部门结构缺乏中心，其职能组合方式损害了效率，存在着信息沟通不畅和利益上的内在冲突。信息技术增强了高级管理层对组织的控制权，并能代替原本属于中层管理者的程序式工作，压平等级金字塔的层级。信息技术也影响了官僚系统的信息流动、协调及工作，使得在远距离范围内进行远程合作、协同解决问题，以及发展高凝聚力的组织成为可能。① 在电子政府模式下，组织以信息流动为基础而不是以等级为基础。政府的顾客或消费者无须知道机构工作之间的明确界限，尤其是在服务的提供方面，向顾客提供的服务可以组合在一起。但出于维护自身利益的考虑，政府部门缺乏理性利用信息技术的激励因素。政府机构以职能为依据从事管理活动，并不鼓励跨机构的活动，而电子政务系统通常会涉及不同层级、不同部门的政府组织以及私营组织之间的信息共享。在一些基本的问题上，如信息系统如何构建，各部门之间的权力与责任管理如何权衡，不同组织之间经常会发生分歧。因此，政府必须主动地适应信息技术的应用，以信息流动为核心，依据政府行政的过程而不是职能对组织进行再设计。首先，建立网站以提供信息，并使一些机构相互联系起来；其次，缩小组织规模，削减组织层级，以适应信息的流动；再次，打破职能壁垒，重新整合政府机构，实现决策、执行与监督之间的适当分离；最后，超越局部利益，消除职能壁垒，创建基于行政过程和任务的临时性的或永久性的职能交叉的团队，建立政府与企业、公众之间的合作伙伴关系，实现无界限的交往。

5.4.4　运用灵活的控制和监督方式

电子政府是一种开放的、面向结果的、强调直接回应性的政府管理实践。为适应这一变化，政府将运用灵活的控制方式，将组织控制的形式从复杂的规章制度与等级命令转换为共同的使命和承担绩效责任的制度。信息技术简化了指挥链条，降低了组织控制的复杂程度；信息技术的运用，促进了工作的一体化，缩短了组织过程，提高了组织控制的有效程度。信息技术对组织控制方式、监督角色的积极性影响需要与相应的机制、工具相结合，在保持有效控制的同时，最大限度地发掘一线员工工作的自主性、创造性和适应性。首先，必要的规则仍不可少，并将日益内嵌于信息系统之中，成为其不可变更的程序和条件。其次，管理者仍需要高层的监督，但更主要体现为法律和绩效上的责任监督，而不再是专注过程的事无巨细的监督。电子化的绩效信息在高层与底层之间的顺畅传递，信息系统在筛选与分析绩效信息方面的准确度，绩效信息的权威和执行，以及评估组织和制度与政府机构之间利益机制的建立，将成为电子政府模式下基于绩效管理的控制机制有效运行的关键。再次，政府需要更主动地回应公众需求，这使得公共参与和社会问责成为经常性的控制方式。最后，创建先进的知识管理系统，促使政府行为更加透明化，建构所有政府部门内部、部门与部门之间在同一个交互系统上进行协同工作、知识共享的管理信息系统，将有助于便利信息的获取，减少控制的环节，在不损害效率的前提下保持有效的监督。

---

① George P. Huber, "The Nature and Design of Post-Industrial Organizations", *Management Science*, 1984: 928-951.

5.4.5 建立一体化的政务管理和运作模式

实践证明，利用信息技术模拟政府原有的业务流程，将工业社会政府迁移到数字平台上，将产生一个数字化的工业政府——这种管理形式将与经济和社会不断变化的现实越来越脱节。电子政府的最终目标是构造一个信息时代的新的政府管理模式。但是，这种对于原有的、工业时代的政府形态的改造是通过电子政务工程项目一个一个地实施来积累完成的，每一个电子政务应用项目的推进，都需要政务流程重组与再造的支持。电子政府的政务流程模式，意味着对传统政府部门的业务流程进行根本性的、彻底的重新思考和重新设计，集中体现了信息技术所具有的革命性的特质和当代政府治理理念的变化，主要表现在：以公民导向、“一站式”服务、分散决策权、信息共享和跨组织边界合作等为流程再造的基本理念；以政府服务的目标和自然流程为基准设计业务流程；整合过度细化的工作任务，围绕结果而不是职能进行任务重组；流程链条由垂直变为并行，几个过程并举代替按顺序操作；实现跨功能、跨权限的信息资源共享；尽可能地为政府和公众提供单独接触的机会，增强对公民的直接回应性；确保重要信息的一体化流动，即首先再造，然后电子化。政府业务流程的重塑，更主要存在于政府管理的执行层面，较少触及核心的政治权力，它对操作人员和管理人员所造成的影响远远大于对决策人员的影响。从这个角度来说，在政治化的机构重组遭遇组织内部的强大阻力而在短期内难以取得突破性进展的情况下，流程的再造无疑具有更重要的现实意义。

5.4.6 发展更为广泛的民主参与和合作

行政民主是电子政府蕴含的施政理念。发展电子民主，扩大公民参与，一直是电子政务实施的重要目标。信息技术成为行政民主化的重要推动力量，信息的全球化扩散和政务信息的公开促进了开放式政府的形成，新兴的网上参与更是拓宽了公民参与的途径和渠道。不过，当前的电子民主主要停留在形式上或者操作的表层，许多政府网站上的网上监督、网上参与栏目更多的是一种形式，并不具备实际应用的效能。进一步拓展网络化的民主参与渠道，提升电子民主的效能，仍是各国政府创新的重要目标。首先，建立快捷、即时的政务信息公开体系是一项重要的现实任务。充分利用网络平台，构建电话、电视、广播、公告栏、新闻发布会与政府网站相结合的信息发布体系，将有利于提高政务行政的透明度。其次，政府仍须进一步拓宽公众监督的途径，大力发展网上举报、网上投诉、网上信访、网上评议服务，并依此建立完善的受理和反馈工作机制，对于公众的意见和要求作及时回应，使公众能够通过网络迅速、直接地进行监督活动。再次，制度建设是民主参与能否发挥效用的关键。在提供基本的技术手段和参与途径之后，要将信息网络应用与民主制度建设有机结合起来，建立相对应的行政问责制度、民意征集制度、民主监督制度。对电子民主进行必要的引导和控制也是一个突出的问题。政治发展的历史证明，当政治参与突破政治体系所能容纳的一定限度时，政治体系的有效性就会受到削弱，继而动摇政治体系的合法性。卡尔·波普尔清醒地指出：“被称为公众舆论的那个不可捉摸、含糊不清的实体有时表现出一种质朴的敏锐，或者更典型地，表现出一种超过掌权政府的道德敏感。

然而，如果没有一个更为强大的自由主义传统加以节制，公众舆论对于自由会是一种危险。公众舆论作为趣味的仲裁者是危险的，作为真理的仲裁者则是不可接受的。”[①] 政府必须对电子民主进行必要的引导和控制，加强对电子化民主参与的法律与责任的认定，避免无限制的网络自由对民主政治的伤害。最后，在信息社会，信息不仅是一种经济资源，更是一种权力资源，获取信息能力的两极分化会造成参与政治的不平等。政府需要致力于弥合数字鸿沟，实施信息技术教育计划，普及信息技术培训并建立电子终身教育系统，以提高国民的整体信息素养。

5.4.7　实施信息资源的战略管理

世界主要国家的电子政务建设已经步入了一个新的发展阶段，在深度上，开始由基础建设期向应用期转变；在广度上，逐渐向跨部门化、跨领域化发展。与此相适应，信息化发展步入战略管理阶段。“知识和信息无疑是一切发展方式的关键因素，因为生产过程总是奠基于某个水准的知识，以及信息处理过程。然而，信息发展方式的特殊之处在于：针对知识本身的知识行动，就是生产力的主要来源。”[②] 电子政府的重要特征就是信息资源成为政府组织发展的战略性资源。信息技术应用为信息资源战略管理提供了良好的技术和物质基础，但在以信息系统与电子政务系统改进政府对企业和公众的服务的同时，必须对政府的业务流程进行重新设计，对政府的结构进行重组。在实践中，许多政府领导并不真正理解电子政务的战略规划，具体的电子政务系统建设往往由信息部门承担，从而缺乏在项目建设过程中对原有政府管理方式进行变革的权威，且由于缺乏有力的监督和明确的绩效测量，许多工程建设的初衷与其实际效果相去甚远。信息资源开发中政府部门的各自为政和系统的信息资源管理制度的缺乏，也往往导致了“信息孤岛”的形成和信息资源利用的低效率。只有加强对电子政务的组织领导，才能完成这项工作。在这方面，美国率先建立了政府 CIO 制度，由政府 CIO 全面负责信息资源的管理、开发、利用和直接参与高层决策管理，从而实现了有效的信息资源开发与利用，完成了信息资源管理向战略管理阶段的跃升。但在世界上的大多数国家，政府部门 CIO 职位设立和相应制度的建立尚处于理论探讨与倡导呼吁阶段。应认识到，立足于电子政务的发展程度和各国特有的行政体制，设立具有本国特色的 CIO 职位并加强相关的制度建设，建立一体化、规范化、系统化的电子政务组织领导体制，提升信息资源管理的层次，是构建电子政府的重要基础。

5.4.8　构建电子政务项目实施的制度规范和运行机制

每一项电子政务应用项目的推进都需要法律、法规、制度和管理等各个方面的、综合的考虑和有机的组合来推动，这只有通过建立完善的制度规范和运行机制才能实现。当前，各国电子政务项目建设中出现了进度延迟、资源浪费、质量低下或项目失败等现象，

---

① ［英］卡尔·波普尔：《猜想与反驳——科学知识的增长》，505 页，上海，上海译文出版社，1986。

② ［西］曼纽尔·卡斯特：《网络社会的崛起》，20～21 页。

其中一个重要的原因就是缺乏科学的规划与系统的管理。信息技术项目本身就具有较大的风险性，而且，相比较企业信息化的工程而言，电子政务系统的效益更加难以评价，这给电子政务项目的审批与考核带来了一定的难度。这些问题的解决要求电子政务项目的规划与管理不仅要符合一般的标准和程序，而且要在某些方面适当地予以加强。通常情况下，一个电子政务项目建设应包括如下步骤：成立电子政务项目建设工作组—开展前期调研工作—进行项目的需求分析—公开征集技术方案—编制项目建设方案—提请专家进行论证—报批（立项）与落实建设资金—以建设方案为基础，形成招标文件—公开招标—实施工程—验收工程—组织培训—加强项目的使用、管理和维护工作。[①] 此外，对具体的电子政府项目要进行全面的可行性分析，对实施电子政务项目的政府机构以及建设企业要实行严格的“准入制”，除了要按照国家基本建设项目审批程序进行审批外，电子政务的建设规划中还必须增加体现电子政务系统效益的要求，例如，标准化、政府业务流程重组、机构调整等。在电子政务项目立项以后，要加强项目进度过程中的检查和评估，严格项目完成的验收工作以及运行期间的绩效评估工作。

5.4.9 完善电子政府法律法规体系和信息安全保障体系

电子政府是通过网络进行的虚拟政务活动，顺利解决在信息安全、身份验证、隐私保护等方面遇到的问题是电子政府健康、稳定运行的必要保障，这有赖于政府不断建立健全法律法规体系。从目前来看，电子政务相关法律法规包括诸多方面的内容：（1）电子信息立法，如美国的《电子信息自由法》；（2）电子交易与认证立法，如我国 2004 年通过的《电子签名法》；（3）信息安全与计算机犯罪立法，如新加坡的《滥用计算机法》；（4）个人隐私保护立法，如美国的《个人隐私保护法》《电子隐私条例法案》；（5）信息化标准立法，如加拿大通信标准顾问委员会确定的关于信息基础设施、应用和交易的各项标准；（6）电子政务专项立法，如美国 2002 年小布什总统签署的《电子政府法》。此外，由于电子政务实施与政府改革的一体性，一些基础性的行政法的颁布和实施，如“行政程序法”“信息公开法”也与电子政府密切相关，成为电子政府立法的重要组成部分。政府要分步骤、多方面地健全电子政府相关法律法规，特别是加快“信息公开法”的立法和电子政务专项立法工作。

电子政府运行中会遇到各种物理的、人为的安全威胁，必须采取积极的安全策略保证电子政府的健康稳定运行，构建先进的技术安全机制和严密的管理安全机制相结合的安全框架结构，建立由各政府部门、各级政府共同组成的职能分工、有机配合的安全管理组织体系。从目前来看，电子政务安全建设的主要任务有：（1）实行信息安全等级保护；（2）加强以密码技术为基础的信息保护和网络信任体系建设；（3）建设和完善信息安全监控体系；（4）重视信息安全应急处理工作；（5）加强信息安全技术的研究开发，推动信息安全产业的发展；（6）加强信息安全法制化、标准化建设；（7）加强信息安全人才的培养，增强全民信息安全意识；（8）保证信息安全资金；（9）加强对信息安全保障工作的领

---

① 参见姜春超、张贺、袁静：《电子政务建设项目的组织与管理》，见 http://wwwVenet.com.cn/article/2004/0217/A20040217287114.shtml，2004-02-17。

导，建立信息安全管理责任制。

5.4.10　鼓励并培育科技领先和知识管理的行政文化

信息技术对于信息存储、结合、传播的历史性变革与基础教育的普及的结合，使得政府行政前所未有地依赖于信息的生产与传播。由于信息构成权力的来源，知识和技术成为最重要的能力，所以电子政府倡导科技领先，更强调以知识和人才为中心的管理，更强调发挥组织内专家、学者的智力作用。政府公务人员的能力结构从简单劳动向知识劳动、从专业人才向综合人才、从被动控制型向自主参与型的转变，也要求建立新的公务管理方式。资深知识管理专家、经济学博士约格什·马赫特拉（Yogesh Malhotra）认为："知识管理是在日益加剧的不连续的环境变化情况下服务于组织适应、生存和能力等关键问题的活动。其实质在于信息技术处理数据与信息的能力以及创造和创新的能力有机配合的组织过程。"[①] 行政人员知识管理是指个人有意识、有目的地通过对知识的不断学习、积累、创新、交流和分享，从而拓宽个人的视野，提高自身的能力，并最终提高个人的核心竞争力，其实质在于帮助个人提升工作效率，整合自己的信息资源，提高个人的竞争力。[②] 从目前来看，公共部门所执行的工作多数都不能通过使用计算机直接进行，很多人员在信息技术方面的经验和知识都比较肤浅，这种状况阻碍了他们对信息技术战略潜力的理解。对信息技术的经验和知识的缺乏经常会阻碍公务人员发现使用信息技术的好处。政府必须有意识地培育新的行政文化导向，建立终身学习和培训机制，创建学习型组织，在公务人员的考核选用、绩效衡量、功绩认定、职务晋升上，更重视信息素养、综合素质和创新能力。

本章小结

信息技术能改变政府管理的图景，但指望信息技术应用自发地促成政府管理形态的变迁在本质上是一种误导。电子政府的发展前景，固然与信息技术进步密切相关，但更取决于相应组织和制度变迁的引导与配合。本章对构建电子政府所需求的政府管理理念、过程、结构、体制和机制等方面的因素进行了系统分析，将之概括为电子政府的政府基础，从信息技术的革命性特征和电子政府的实现形式角度，建构了电子政府背景下政府基础的基本模式；从变革时代发达国家、发展中国家、不发达国家在公共行政理论和实践上所表现出的典型特征出发，探讨了不同国家在建构政府基础上所面临的基本任务；从电子政府的政府基础的基本模式、电子政府构建与现有政府管理之间的矛盾出发，总结了具有一定共性特征的电子政府的政府基础建构途径，目的是解析影响电子政府发展进程的政府因素，掌握电子政府的发展规律，探索政府主动实施变革为电子政府构建提供基础条件的科学路径。

---

① 转引自王丽平：《知识管理：政府管理的新资源》，载《江西行政学院学报》，2007（7），6 页。

② 参见［美］卡尔·弗莱保罗：《知识管理》，223 页，北京，华夏出版社，2000。

关键术语

电子政府的政府基础　电子政府的政府基础的基本模式　电子政府的政府基础的起始条件　电子政府的政府基础的建构途径

复习思考题

1. 如何理解电子政府的政府基础？
2. 电子政府的政府基础的属性是什么？
3. 电子政府的政府基础的基本要素有哪些？
4. 电子政府的政府基础的一般结构是什么？
5. 发达国家、发展中国家、不发达国家的电子政府构建的起始条件不同，你认为这对电子政府构建的影响究竟有多大？
6. 简述电子政府的政府基础的建构途径。
7. 从电子政府需求的政府管理去审视，许多发展中国家、不发达国家长期以来努力建立的理性官僚制度已经不合时宜，那么，对这些国家来说，要构建电子政府的政府基础，应如何对待官僚制度的利与弊？
8. 不同国家有着不同的历史与文化传统、经济结构和政治体制，关于电子政府的政府基础的建构途径，不同类型的国家，如发达国家、发展中国家、不发达国家或是现代国家、转型国家、传统国家等，是否存在侧重点或者优先级上的不同？如果是，请说明存在哪些方面的差异。如果不是，请说明理由。

参考文献

1. [美] 达雷尔·韦斯特. 数字政府——技术与公共领域绩效. 北京：科学出版社，2011
2. [美] 布鲁斯·宾伯. 信息与美国民主：技术在政治权力演化中的作用. 北京：科学出版社，2011
3. 张锐昕主编. 电子政府概论（第二版）. 北京：中国人民大学出版社，2010
4. 张锐昕等编著. 公务员电子政务必修教程. 北京：清华大学出版社，2008
5. [澳] 欧文·E·休斯. 公共管理导论. 北京：中国人民大学出版社，2007
6. 肖峰. 论作为一种理论范式的信息主义. 中国社会科学，2007 (2)
7. 金太军主编. 电子政务与政府管理. 北京：北京大学出版社，2006
8. [美] 菲利普·J·库珀. 二十一世纪的公共行政——挑战与改革. 北京：中国人民大学出版社，2006
9. [美] 简·E·芳汀. 构建虚拟政府. 北京：中国人民大学出版社. 2004
10. 陈振明主编. 公共管理学——一种不同于传统行政学的研究（第二版）. 北京：

中国人民大学出版社，2003

11.［美］拉塞尔·M·林登. 无缝隙政府——公共部门再造指南. 北京：中国人民大学出版社，2002

12.［西］曼纽尔·卡斯特. 网络社会的崛起. 北京：社会科学文献出版社，2001

13.［美］唐·泰普斯科特，阿特·卡斯顿. 范式的转变——信息技术的前景. 大连：东北财经大学出版社，1999

下篇

电子政务的实践发展

第 6 章

电子政务的结构模型

本章重点问题

- 电子政务的功能
- 电子政务的体系结构
- 电子政务的业务模型
- 电子政务的工作形式

虽然本书第 2 章讲过，未来的电子政府几乎要囊括现实政府的所有功能内容，但是现在电子政府的功能还仅局限于网上输出功能方面，且这些功能目前主要还是以电子政务的功能形式体现的。鉴于电子政务的功能设计决定着电子政务系统的结构，政府要合理规划电子政务系统的结构，就必须首先明确电子政务的功能，并建立科学的电子政务模型。这些问题事关电子政府构建及发展的全局，必须从实际出发，较为周全地规划，有组织、分阶段地实施，以便充分挖掘电子政务系统的潜力，将其作用更好地发挥出来，为进一步完善电子政府的功能奠定基础。为此，本章主要介绍电子政务的功能、体系结构、业务模型和工作形式。

6.1 电子政务的功能

电子政务的功能，也就是通过应用电子政务系统并建立与其相适应的政务部门的组织形式、业务流程、管理方式和运行机制等电子政务模式，对公共管理和服务活动所产生的功效。作为一种手段和载体，借助信息技术和网络平台，电子政务系统能够有效地实现业务办公、行政管理和公共服务的电子化、网络化和一体化。

从电子政务的功能的内容来看，电子政务是政务部门职能的电子化、网络化和一体化，就是在网上实现政务部门的管理职能、服务职能和保障职能，也就是政务部门基于自身的职能定位，利用信息技术及其设备将管理和服务的一项项具体业务进行固化和集成，在对组织结构和业务流程进行优化重组的基础之上，超越时空和部门分割，全方位地向社会公众提供标准、规范、透明的管理、服务以及相关保障。从电子政务的功能的实现方式来看，电子政务旨在创立一个统一的信息通信平台、协同办公平台和数据处理平台，以实现各方信息资源共享、顺畅交流、全方位互动和协同办公。电子政务模式下的各级政务部门之间的网上办公业务是以网络为媒介交互式地进行的，政务部门与社会、公众之间的信息交流和沟通反馈也是如此。以政府为例，其电子政务的功能主要体现在十个方面。

6.1.1 电子政务实现了政府办公的电子化、自动化和网络化

政府通过运用现代无线通信技术，综合利用手机、掌上电脑、笔记本电脑等现代通信和移动计算设备，组建自己的内联网，并在内联网上构建自己的办公自动化系统，这样既可以实现日常办公事务的无纸化、自动化、电子化处理，提高办公效率和工作的标准化、规范化水平；又可以通过各级政府之间、各政府部门之间网络的互联互通，整合网络上的信息资源、模型库、知识库以及各部门、各专业领域的决策支持系统、专家系统，实时动态模拟业务流程和决策过程，实现网络化办公，从而加强政府部门之间的沟通与合作，以增强政府决策的科学性。

6.1.2 电子政务有助于促进政府的职能转变、流程再造和管理方式革新

首先，电子政务在政府职能转变上发挥着“助推器”作用。电子政务不仅可以为政府职能转变提供行之有效的工具支持，使政府更有能力完成这种转变，而且可以为政府职能转变提供更加有利的环境条件。在电子政务从逐步推行到完善的过程中，政府的职能将被重新定位，政府将摒弃许多管不了又管不好的事务，集中精力做好宏观调控、市场监管、社会管理和公共服务工作。

其次，电子政务的建设要求必须建立与信息技术和电子政务系统相适应的业务流程并设立相应的信息资源的规范标准，因而，电子政务的建设与应用为政府再造提供了动力和现实途径。电子政务引导传统部门组织向新兴网络组织方向发展，打破地区、层级、部门的限制，促进政府组织职能整合，提高部门间的组织性、协调性、合作性；完善政府办公程序和办公流程，使之更为简明畅通，降低管理成本，提高办公效率，实现政务流程的集约化、综合化、高效化；督促政府部门对各类事务与政务过程进行跟踪、监控、反馈和回应，以对相关事务安排及时进行调整，提升政务办公的时效性、准确性、科学性。

最后，建立电子政务是改革政府管理方式的有效途径之一。电子政务给网络社会中的政府组织及其管理带来了很多变化，包括：电子政务更加强调管理过程中的授权；更加强调政府与公众之间的沟通和公众对政府管理的参与，以及政府管理过程的透明；更加强调管理是一种服务，管理要创新；强调竞争，但更强调合作，强调相互之间的资源共享和互动联通；等等。电子政务的管理方式体现了一种分权与民主的特点，因而是信息化潮流下实现政府管理方式变革的有效途径之一。

6.1.3　电子政务能够拓展政府服务能力，为社会提供更加优质、便捷的公共服务

改善政府的公共服务，提高公共服务水平和质量，是电子政务的核心价值之一。电子政务对政府公共服务有放大功能，它将政府内部职能（管理业务）面向公众延伸，逐步开展网上申报、审批、注册、年检、采购、招标、纳税、招商、举报、信访服务等，推动政府服务向“单一窗口”、“跨机关”、“7×24”式、“自助式”服务的方向发展。这样，人们可以完全突破时间和空间的限制，达到随时随地享受公共服务的理想状态。例如，通过友好的电子政务界面，在家中通过计算机网络就可以申办居民身份证、护照、驾驶证，办理纳税等手续。此外，电子政务还可以帮助政府提高服务质量。在面向公众的“一站式”电子政务模式下，人们不必知道自己究竟是在和哪个政府部门打交道，就可以将事情办完，这使公民能够真正享受到公开、公平、公正、便利的公共服务。

6.1.4　电子政务有利于提高政府管理的效率和质量

电子政务可以最大程度地利用政府的人力、物力和财力，减少中间环节，确保信息传递准确，提高政务活动的效率。首先，从组织结构看，在信息时代，随着信息技术水平的提高，管理组织日益扁平化，大量决策权下放给基层和个人，管理层级的裁减将节省政府大量的人力、物力和财力，信息传递的速度和质量也将大大提高，从而有利于政务活动的高效化。另外，通过网络传输完成政务活动，行政流程将不断进行重组和再造，这使行政管理活动的流程、方式更为简便易行，更具可操作性，从而提高了行政运行的速度和效率。其次，从信息传递的方式看，传统政务活动中，政务活动的信息传递主要靠文件、会议等实体性的形式，而电子政务将政务流程建立在网络通道和信息平台上，跨越了政府信息沟通和工作协调的时空界限，实现了政务活动的虚拟化，从而大大减少了行政活动中“文山会海”、公文“长途旅行”等现象，节约了人力、物力和财力，降低了行政成本，提高了行政效率。

6.1.5　电子政务能够增强政府监管力度，有效维护市场经济秩序

宏观调控、市场监管、社会管理、公共服务和环境保护是现代市场经济条件下政府的基本职能。我国电子政务建设的首选目标确定为加强政府业务监管。因为在市场经济条件下，在发挥市场机制在资源配置中的决定性作用的同时，必须充分发挥政府对整个国民经济的调控作用、对市场秩序的监管作用。实施电子政务，如“金关”“金宏”“金税”等工程，能够用信息化的手段来加强政府的有效管理，使政府的各项监管工作更加严密、有效，对监督和整顿市场秩序、加强财政管理、规范财税秩序、保障市场经济的有序运行、增加国家收入、促进国民经济持续健康发展起到了重要作用。

6.1.6　电子政务能够有效整合决策依据和资源，提供决策支持

决策支持系统(DSS)能够通过整合人的智力资源和计算机的能力来提升决策的质量。DSS 使用数学模型来模拟客观事物，然后借助信息技术对现有数据的分析得出预测结果，

从而为科学决策提供支持。政府决策通常要涉及多个行业和部门，由于各行业和各部门的业务对象迥然不同，所以其信息不仅内容上差异甚大，而且各有各的样式和模型，且其间的关系错综复杂而又多变。在这种信息海洋中滤掉信息中的杂质，继而归纳出系统性的知识，无疑有着巨额的工作量，给决策带来极大困难。电子政务可以在管理信息系统的基础上完善DSS，从而应对政府决策中的复杂性问题。具体地说，DSS通过大量采用先进的计算机技术，可以将多方面的复杂信息资料进行综合并加以整理和分析，从而有效解决政府决策中海量信息处理难的问题。这是克服政府决策信息困境，提高决策科学性的有效途径。

6.1.7 电子政务可以增强政务和政府运作的透明度，促进政府廉洁行政

政务公开、信息公开已经成为信息社会对政府管理和服务的基本要求，提高政府运行透明度的呼声也越来越高。电子政务依其特性恰恰是最有利、最恰当的突破口。电子政务建立后，许多审批服务项目、政府采购项目、收费标准及经费支付等都在网上公布和完成，能够大大提高政务的透明度。另外，电子政务的推行，将政府置于阳光环境下运行，对政府采购、政府审批等易于滋生腐败的各个环节，公民可以有效行使监督权和批评权，从而有效地遏制行政权力的滥用和腐败现象的滋生。因此，电子政务是构建电子政府的重要举措，也是加强政府勤政、廉政建设，杜绝腐败现象和不正之风的有效途径，有助于加强对政府各部门服务工作的监督，以真正实现高效、廉洁、勤政的政府目标。

6.1.8 电子政务拓展公民参与途径，有助于民主政治建设和政府决策民主化

电子政务的建设与完善有助于促进公民参与管理国家和社会事务权利的实现，这表现在：一是电子政务扩大了公民的知情权。政府信息是重要的公共资源，在电子政务环境下，政府信息具有公开成本低、信息内容全面、获取更加便利的特点，公民可以不受时间、地点限制而通过访问政府网站接收各种政府信息。这更全面、更直接地保障了公民的知情权。二是电子政务增强了公民的参与权。一方面，电子政务为公民参与提供了各种信息，特别是当政府的某些决策或政策制定与公民自身利益相关时，公民更是会积极投身其中。另一方面，电子政务为公民参与提供了更为便利的方式和途径。人们可以通过电子听证会、电子民意调查、电子投票、电子选举等途径表达诉求，实现参与。三是电子政务促进了政府决策的民主化。电子政务使公民更多地了解政府信息，把握政策意图，有助于促进公民将自己的要求、愿望、意见、建议，以更方便、更快捷的手段传递给决策者，客观上有助于推进决策的民主化，最终实现科学决策。

6.1.9 电子政务促进信息流通和利用，有利于国家信息化建设

在信息时代，信息是人们全面考察社会情况，从事政治、经济、科技、军事和文化活动所必不可少的宝贵资源。政府是整个社会最大的信息收集者。借助电子政务网络和系统，政府可以向社会各界收集并提供各类信息，将信息快速、方便、廉价、准确地传给社

会公众，降低公众为此付出的经济和时间成本，有效支持企业和公众的决策。另外，国家信息化水平已经成为一国综合实力和社会发展水平的重要标志。电子政务作为国家信息化建设的重点领域——政府信息化的核心内容，在国家信息化建设和发展过程中，发挥着“领头羊”的作用。由于政府是整个国家信息资源的最大拥有者和使用者，发展电子政务也就成为社会信息化的中心环节。政府实现了信息化，能够为社会各方面树立典范，从而带动国家信息化的发展。

6.1.10 电子政务发展可以带来丰厚的社会和经济效益

电子政务的社会效益指电子政务的实施使政府部门在提高办事效率的基础上，为企业和公众提供更加优质的公共服务，它是评价电子政务成效的外部标准之一。电子政务发展带来的社会效益，是在其实施的过程中慢慢地表现出来的，通常难以用准确的数字来说明，也不像经济效益那样在较短的时期内就能显现。目前，我国社会效益比较明显的电子政务项目主要包括以下几个：面向居民的各种服务系统（如居民登记系统、护照发放系统、驾照发放系统、社会保障系统等），公共教育和文化系统（如电子入学管理系统、毕业证书和学位证明查询系统、数字图书馆、数字博物馆、社区公共信息中心等），医疗与保健系统（如医院信息系统、网上挂号系统、远程医疗系统、网上药物销售系统、血液中心管理系统、医疗保险系统等）。[①] 一般来讲，在电子政务条件下，社会公众能享受到政府提供的比以往更加快捷、方便的公共服务，对政府服务的满意度也会有很大的提高。

电子政务的经济效益既集中体现在为政府内部管理带来效益，如提高行政效率，减少人员开支、实现少纸或无纸办公带来的行政管理成本降低等，又体现在服务质量和水平的提升为社会公众带来的时间、物力与财力上的节约，还体现在如前文所述的对国家信息基础设施建设的带动作用和因电子政务的发展而引发的对电子政务硬件（PC、服务器、工作站等）与软件（包括个人终端操作系统、办公软件、OA 系统等）的需求所带来的对 IT 行业发展的推动，以及对其他相关行业的推动作用。

总之，作为国家信息化的重要组成部分，电子政务不仅有助于转变政府职能，提高政务运转效率和人员工作效率，提高政府部门之间的沟通能力，实现信息资源共享，以此加强政府管理职能的管控力度，大幅提高政府服务的质量和水平；还能规范政府行为，实现政务公开，促进政府勤政廉政，办事更加开放和透明，更好地为社会提供公共服务。

6.2 电子政务的体系结构

为使电子政务的功能更好地发挥作用，就需要提高电子政务系统的运作效率，从而更好地为公众服务，为此，需要建立一个统一的、与政务部门结构相适应的电子政务系统的体系结构，我们称之为电子政务的体系结构，使其能够对各级政务部门的信息资源和信息系统进行整合，使信息资源能够有效共享，信息系统能够协同运作。

---

① 参见侯卫真主编：《信息化与电子政务培训教程》，21 页，北京，研究出版社，2004。

6.2.1 电子政务体系的层次结构

各级政务部门组成了一个条块结合的网状立体交叉结构。它既有横向的、按行政划分的不同的各地政务部门，又有纵向的、按行业划分的不同的具体职能部门。以我国为例（见图6—1），从政务层次和政务部门看，电子政务系统横向分为四个层面：国家级电子政务系统、省（市）级电子政务系统、地（市）级电子政务系统和县（市）级电子政务系统。横向的电子政务系统主要侧重同一层面上各政务部门和业务系统之间的行政管理与协作。而纵向各政务部门按业务层次序列构成电子政务系统，如党中央—省（市）委—地（市）委—县（市）委，国务院—省（市）政府—地（市）政府—县（市）政府，工商总局—省（市）工商局—地（市）工商局等。纵向的电子政务系统主要侧重同一种业务中的各级政务部门和业务系统之间的业务处理。电子政务体系的每一个横向的块块和纵向的条条之间既相互独立，又相互联系，条块之间的关系相当复杂。

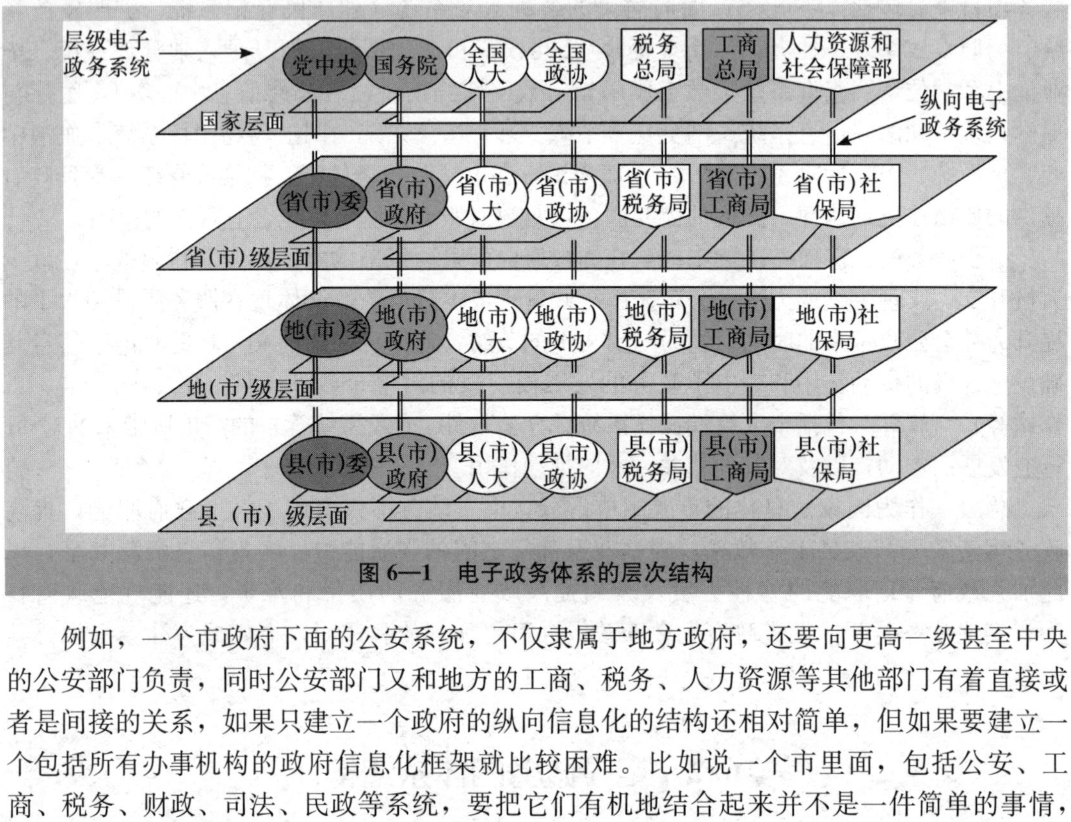

图6—1 电子政务体系的层次结构

例如，一个市政府下面的公安系统，不仅隶属于地方政府，还要向更高一级甚至中央的公安部门负责，同时公安部门又和地方的工商、税务、人力资源等其他部门有着直接或者是间接的关系，如果只建立一个政府的纵向信息化的结构还相对简单，但如果要建立一个包括所有办事机构的政府信息化框架就比较困难。比如说一个市里面，包括公安、工商、税务、财政、司法、民政等系统，要把它们有机地结合起来并不是一件简单的事情，何况我们现在面临的是要将所有政府的横向和纵向系统以一个统一的体系结构连接起来的问题，其复杂程度可想而知。因此，可以说，在我们发展电子政务的过程中，首先面临的一个艰巨任务就是在条块之间进行流程的再造。

6.2.2 电子政务体系的功能结构

电子政务体系的功能结构是从政务功能和业务处理的角度来构造的。在功能实现上，电子政务系统的特点在于创立一个统一的信息通信平台、协同办公平台和数据处理平台，以实现信息交流、信息全方位互动、各级政务部门以及同级政务部门之间协同合作、信息资源全社会共享。电子政务系统的目的在于以信息技术为基本手段，优化和扩展政务机构的业务模式和管理服务方式，全面提高政务部门的公共管理效能和公共服务水平。但具体而言，电子政务系统的目的是多样化的，由于各个系统的目的的差别，因而，从不同的角度观察，其功能构成也各不相同。

例如，从政府信息平台角度，可将其功能分为数据通信、电子支付、电子记录、电子文件以及电子签名五个部分。从电子政务系统宏观功能角度，可以将其功能分为政府内部办公自动化系统、政府间协同办公系统、政府职能服务系统、政府公共服务系统、政府公共信息库系统。从电子政务系统具体功能角度，可将其功能分为面向政府的政策法规、协同办公、决策支持、会议管理、公文管理、知识信息管理、文化建设、业务流程管理、资产设备管理等子系统；面向企事业单位的企业设立、企业纳税、年检年审、劳动保障、质量检查、商务活动、安全防护、资质认证、破产登记等子系统；面向公众的信息发布、公共信息、公共服务、政民互动等子系统；面向公务员的岗位竞聘、培训开发、档案管理、绩效考评等子系统（如图 6—2 所示）。

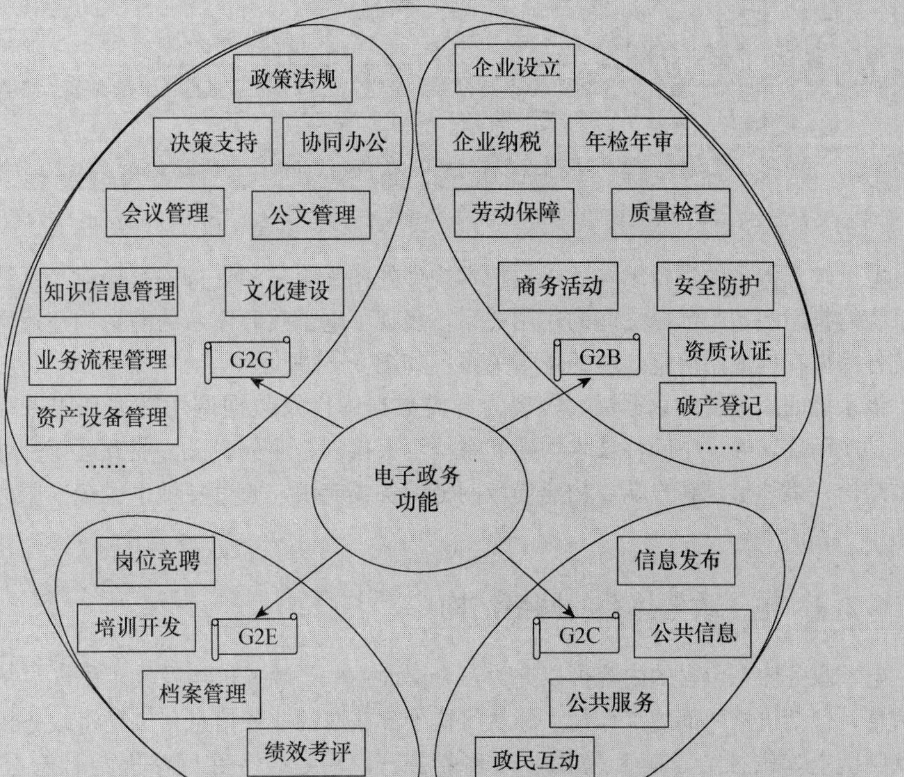

图 6—2　电子政务体系的功能结构

6.2.3 电子政务体系的逻辑结构

电子政务体系的逻辑结构是系统各部件在构成系统整体时的逻辑关系，是从软硬件基础平台的角度看到的电子政务体系结构。由于电子政务体系具有多样性，因而电子政务体系的逻辑关系也会有不同的组成结构。

以内部办公活动为主导的系统，重点是业务流程的合理化和信息流的规范化，它是一种动态的电子政务体系的逻辑结构。该电子政务体系的逻辑结构是围绕着政务部门的业务运转（例如政府决策、公文流转、项目审批等），并以实现职能的合理性和运行效率为依据构建的，构建的重点在于调整功能和功能之间的前后衔接、实时互动或同步进行的关系。图 6—3 是围绕着政府公文流转而构建的电子政务体系的逻辑结构。

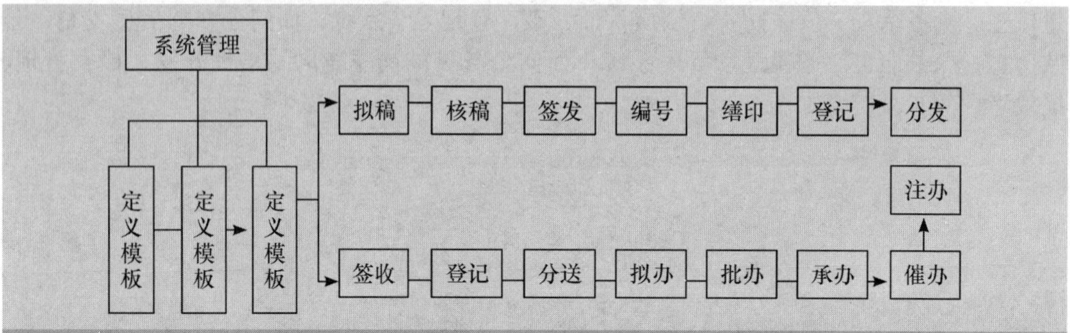

图 6—3 以公文流转为核心的电子政务体系的逻辑结构

资料来源：《公文处理的基本常识》，见 http://www.66ck.com/View/zlk/content.aspx? id=47744。

电子政务体系的逻辑结构还依据技术构件的相互服务和支持关系构建。系统各个部分对系统的作用和各个部分之间的作用关系，表现了电子政务体系的静态构建逻辑，表明了系统各部件在构成系统整体时的逻辑关系，如图 6—4 所示。

该系统的最里层为数据层，表现为各类数据库以及数据调用管理和服务；在此基础上，是应用层，通过中间件技术构建起系统汇聚接入、业务定义、业务运行和业务管理的体系结构；最外层是客户端，构建局域网链接各类应用，通过各种手段接入服务，建立良好的用户界面等。

6.2.4 电子政务体系的网络结构

电子政务体系包含的内容可以分为三个层面：一是政务机构及其工作人员从网络上获取信息，包括机构内部的工作信息和从机构外部获取的业务信息；二是将政务机构的信息放到网络上，供社会了解和使用，即政务公开；三是政务在网络上与社会公众的互动处理。

如今构建电子政务体系的通常做法是：把电子政务网络区分为政务内网和政务外网。政府部门内部事务的行为就是内向性行政，据此建立的政府部门内部局域网和政府间信息交流网统称为政务内网；政府管理国家事务和社会公共事务的行为就是外向性行政，据此

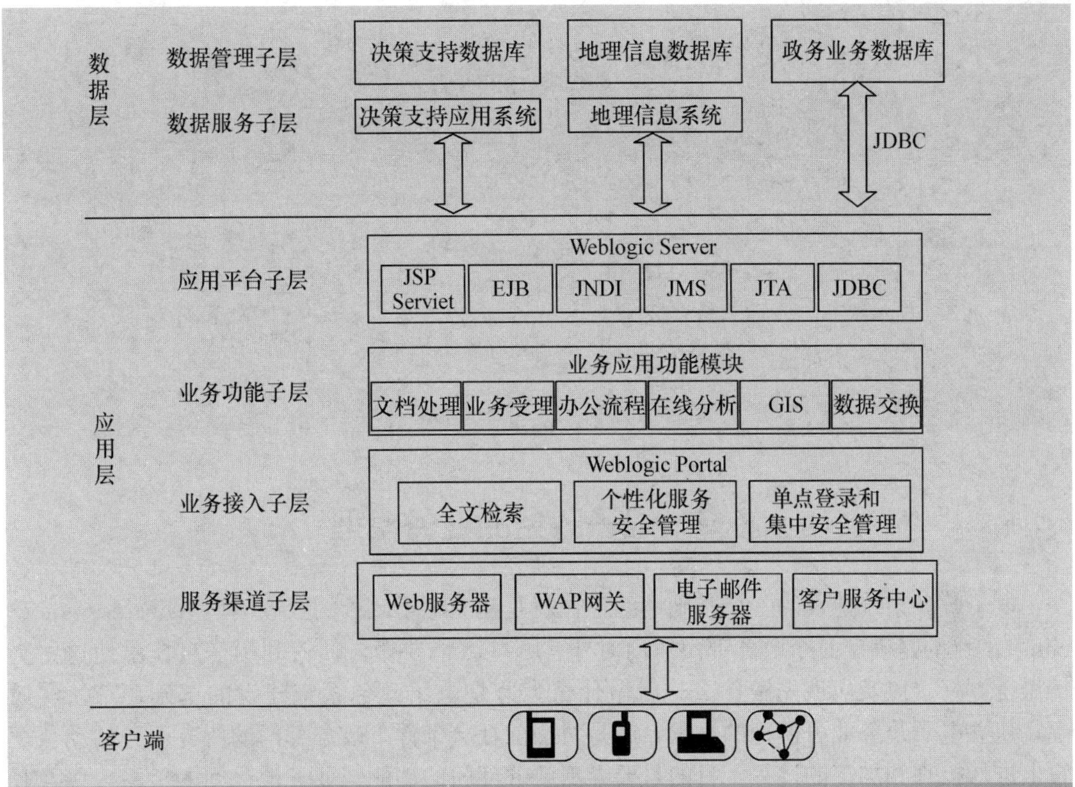

图 6—4　电子政务体系的逻辑结构

注：JDBC：Java database connectivity，即 Java 数据库连接，是一组标准的 Java 语言中的接口和类。使用这些接口和类，Java 程序可以访问各种不同类型的数据库。比如建立数据库连接、执行 SQL 语句进行数据的存取操作。JSP：Java server page，是一种动态网页技术。Serviet：是 Sun 公司用于实现 CGI（common gateway interface，通用网关接口）程序而设计的 Java 技术解决方案。它是用 Java 编写的服务器端程序。EJB：enterprise Java bean，是 Java 的商业应用组件技术。EJB 组件结构是基于组件的分布式计算结构，是分布式应用系统中的组件。JNDI：Java naming and directory interface，即 Java 命名和目录接口，是一组在 Java 应用中访问命名和目录服务的 API。命名服务将名称和对象联系起来，使得我们可以用名称访问对象。JMS：Java message service，即 Java 消息服务。应用程序接口是一个 Java 平台中关于面向消息中间件（MOM）的 API，用于在两个应用程序之间，或分布式系统中发送消息，进行异步通信。Java 消息服务是一个与具体平台无关的 API，绝大多数 MOM 提供商都对 JMS 提供支持。JTA：Java transaction API。JTA 允许应用程序执行分布式事务处理——在两个或多个网络计算机资源上访问并且更新数据。JDBC 驱动程序的 JTA 支持极大地增强了数据访问能力。GIS：geographic information system 或 geo-information system，即地理信息系统，有时又称为"地学信息系统"。它是一种特定的十分重要的空间信息系统。它是在计算机硬、软件系统支持下，对整个或部分地球表层（包括大气层）空间中的相关地理分布的数据进行采集、储存、管理、运算、分析、显示和描述的技术系统。Web 服务器：也称为 WWW 服务器，是提供 WWW 服务的服务器。WWW 服务可以让 Web 客户端（网页浏览器）访问浏览 Web 服务器上的页面。WAP：wireless application protocol，即无线应用协议，是在数字移动电话、个人数字助理机、计算机、信息家电之间进行通信的全球性开放标准。WAP 网关是一个软件。它连接 Internet 或者 Intranet，使得 WAP 电话可以访问其中的资源。有些网关还具有将 HTML 文件转换为 WML 页面的功能。

资料来源：http://www.e-gov.org.cn/egov/web/article_detail.php? id=41003。

建立的公众信息网称为政务外网。政府内部信息交换在内部的高速网上运行，政务公开和网上交互等办公内容在政务外网与互联网上运行。《国务院办公厅关于促进电子政务协调发展的指导意见》指出，电子政务是复杂的系统工程，需要从推动网络整合、促进信息共享、强化安全保密、健全法律法规、完善标准规范等方面加强顶层设计和统筹协调，为电子政务健康发展创造良好条件。电子政务体系的网络结构如图 6—5 所示。

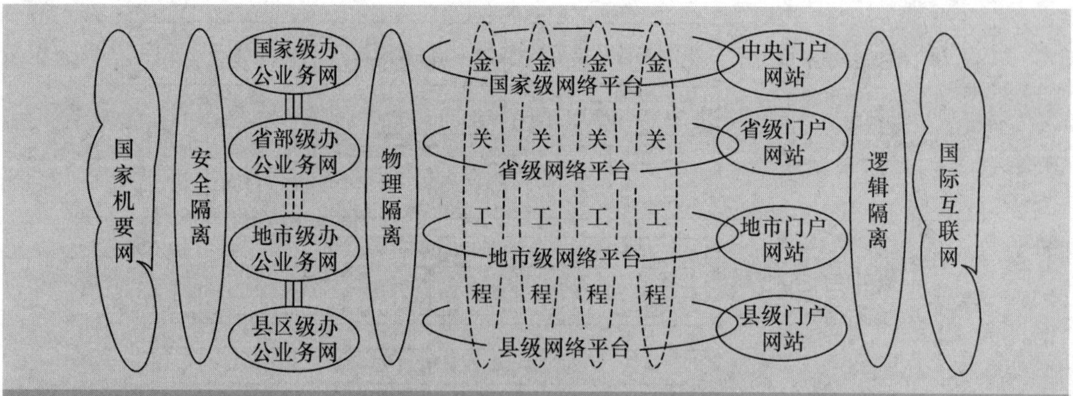

图 6—5　电子政务体系的网络结构

6.3　电子政务的业务模型

电子政务系统建设的一个基础性的工作就是建立电子政务的业务模型（business modeling），目的是确定一个政务部门对内对外有哪些事情要做，如何利用信息技术使这些事情做得更好，以及应该先做什么、后做什么。这是电子政务系统建设的基础环节。实质上，建立电子政务业务模型的过程，就是对当前社会条件下政务部门的所有业务活动从逻辑上进行梳理和加工的过程，目的是要弄清政务部门的功能与业务流之间的关系，以及政务部门中各个业务流之间的逻辑依存关系。

6.3.1　电子政务的业务模式

就政府与业务对象而言，电子政务的服务对象包括两大类：一是政府自身，包括政府及其所属工作人员；二是社会，包括公民、法人和其他组织。这样，与电子政务相关的行为主体主要有四个，分别是政府自身、企业、公民以及政府工作人员。政府的业务活动也主要围绕着这四个行为主体展开，即包括政府与政府之间的互动、政府与企业之间的互动、政府与公民之间的互动以及政府与政府工作人员之间的互动。这四个行为主体在数字世界的映射，构成了电子政务、电子商务、电子社区和电子人事，如图 6—6 所示。

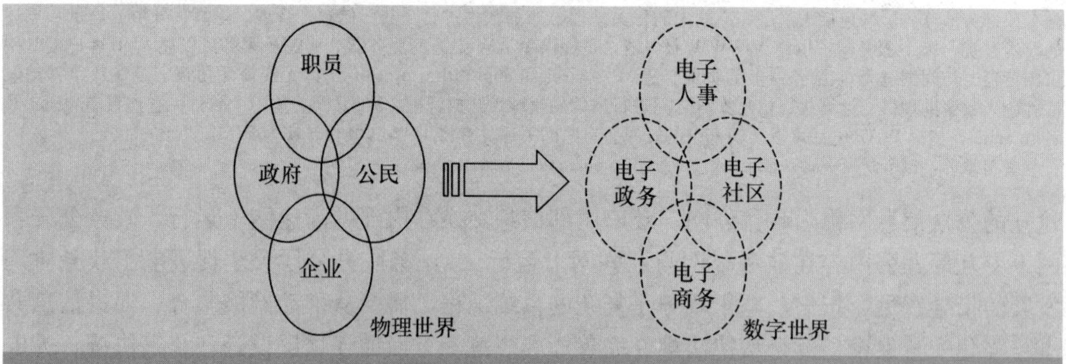

图 6—6　物理世界至数字世界的映射

政府与政府、政府与企业、政府与公民以及政府与政府工作人员之间的互动可以分为 7 个不同的相互关联的领域（见表 6—1），它们共同构成了电子政务的相关业务领域。

表 6—1　电子政务的 7 个相关业务领域

应方 / 始方	政府（G）	企业（B）	公民（C）	政府工作人员（E）
政府（G）	G2G	G2B	G2C	G2E
企业（B）	B2G			
公民（C）	C2G			
政府工作人员（E）	E2G			

1. G2G

第一个领域是政府与政府之间的互动，包括中央政府与各级地方政府之间、政府的各个部门之间的互动。这个领域主要涉及政府的政务活动，包括：国家和地方基础信息的采集、处理和利用，如人口信息、地理信息、资源信息等；政府之间各种业务流所需要采集和处理的信息，如计划管理、经济管理、社会经济统计、公安、国防、国家安全等信息；政府之间的通信系统，包括各种紧急情况的通报、处理和通信系统；政府内部的各种管理信息系统，如财务管理、公文管理、资产管理、档案管理等信息系统；各级政府的决策支持系统和管理信息系统；等等。

2. G2B

第二个领域是政府面向企业的活动，主要包括：政府向企（事）业单位发布各种方针、政策、法规和行政规定，即企（事）业单位从事合法业务活动所需遵守的政策和法律规定，涉及产业政策、外经贸政策、新公司注册、税收申报、海关申报、劳保、社保及环境保护等；政府向企（事）业单位颁发各种营业执照、许可证、合格证、质量认证等。政府对企业的活动实质上是政府向企业提供的各种监管和公共服务，如构造一个良好的投资和市场环境，维护公平的市场竞争秩序，协助企业特别是中小企业的发展，帮助企业进入国际市场和参与国际竞争，以及提供各种各样的政府信息服务等。

3. G2C

第三个领域是政府对公民的活动。这个领域主要是政府面向公民提供服务。政府对公民的服务首先体现为信息服务，就是使公民了解政府各部门的职责、办事程序和标准，以及各种关于社区治安和水、火灾等与公共安全有关的信息。政府对公民的服务还包括各公共部门如学校、医院、图书馆、公园等面向公民的服务。另外，职业介绍、社会福利的报销与支付、个人证件（护照、驾照等）的办理、证明文件（如出生、婚姻）的申请与递送、迁徙和户口的管理以及身份认证等，也是政府面向公民提供服务的重要内容。

4. G2E

第四个领域是政府对政府工作人员的活动。该领域主要是政府机构通过信息技术对政府工作人员实现电子化人事管理，包括电子化招聘、电子化培训、电子化学习、电子化沟通、电子化档案管理和电子化绩效考评以及政府对工作人员的薪资、奖惩、人事任免、社会保险、福利等方面。电子化人事管理是对传统的、以纸面档案管理为中心的人事管理方式进行的一场重大变革，对于降低管理成本，提高管理效率和管理水平具有重要意义。

5. B2G

第五个领域是企业面向政府的活动。这个领域主要包括：企业税款的申报与缴纳；按政府要求填报各种统计信息和报表；参加政府各项公共建设工程的竞、投标；为政府采购项目供应各种商品和服务；适应政府的市场化改革，积极参与公共服务的提供；及时与有关部门沟通，与政府部门形成合力，解决发展困境；密切关注政务动态，了解市场态势，创造良好发展环境；等等。

6. C2G

第六个领域是公民对政府的活动。这个领域除了包括个人应向政府缴纳各种税款和费用，按政府要求填报各种信息和表格，以及缴纳各种罚款等之外，更重要的是开辟居民参政、议政的渠道，使政府的决策更科学、合理，使各项管理和服务工作更具有针对性，更具有效率。政府需要利用这个渠道来了解民意、监督自身、发展民主，以便更好地为公民服务。报警（盗贼、医疗、急救、火警等）服务，即在紧急情况下居民需要向政府报告并要求政府提供的服务，也属于这个范围。

7. E2G

第七个领域是政府工作人员对政府的活动。E2G 的内容主要包括：政府工作人员利用信息技术进行办公，彼此之间通过网络开展协作，利用政府机构的内部网络接受在职培训和政府部门利用电子手段评估工作人员的表现以及相关的电子化薪酬管理、日常考勤管理、社会保险福利管理、升降奖惩管理。电子化、网络化的办公、沟通和管理既能为工作人员带来诸多便利，又能节省管理者的时间、精力，有效降低了行政成本。

6.3.2 电子政务的业务应用

从世界各国电子政务的实践状况来看，具体业务应用主要体现在以下几个方面：

1. G2G

（1）电子办公系统。政府内部电子办公系统是电子政务系统的基础。政府利用办公自动化系统处理政府内部事务，实现政府内部办公的自动化和网络化，在实现内部资源充分共享的基础上，提高政府的作业效率和业务水平。电子办公系统包括两个方面：一是政府部门内部应用服务系统，即政府部门内部的电子化、网络化办公；二是信息交换应用服务系统，即政府部门间通过计算机网络进行的信息共享和实时通信。电子办公系统通过不同系统的应用和整合，使传统的政府内部管理实现向网络化管理转型。

（2）电子法规政策系统。制定、发布、执行各种政策法规是各级政府部门工作的重要内容。电子法规政策系统就是为所有政府部门和工作人员提供相关的、现行有效的各项法律、法规、规章、行政命令和政策规范的电子政务业务应用，以使所有政府部门和工作人员真正做到有法可依、有法必依。由于政策法规牵涉面广、信息量大、时效性强，因此，通过电子化方式传递各项法律、法规、规章、行政命令和政策规范，既具有十分明显的速度优势和管理成本优势，又兼顾政务公开，增强政府运作的透明度。

（3）电子公文系统。公文是政府部门处理公务和进行行政管理的重要工具。在各级政府中，“办公”的一个重要内容就是办理和制发文件，即“办文”。公文处理的基本原则是准确、及时、安全、统一、高效。依靠信息技术对公文进行高效有序的电子化处理，是电子政务系统应用的重要组成部分，也是电子政务建设的基础性工程。电子公文系统借助信息技术，在保证信息安全的前提下，可使政府上下级之间、政府部门之间的有关政府公文，如报告、请示、批复、公告、通知、通报等，在不同的政府部门间实现快捷传递，这大大提高了公文处理的效率，有效地改变了公文“长途旅行”现象。

（4）电子财政管理系统。分配和使用财政资金，实现政府不同部门之间的资金流转以及对财政资金使用的监控，是政府管理的重要内容。建立在网络基础上的电子财务管理系统可以向各级国家权力机关、审计部门和相关机构提供分级、分部门的历年的政府财政预算及其执行情况，包括明细和汇总的财政收入、开支、拨款或付款数据以及相关的文字说明和图表，便于有关领导和部门及时掌握和监控财政状况。

（5）电子邮递系统。这是指建立政府整体性的电子邮递系统，并提供电子目录服务，以增进政府部门之间的沟通效率。电子邮递系统（e-mail processing system，EPS）是一种全天候实时电子邮递业务，它通过网络将文件依原文、原貌、原型送交收件人，且具有挂号、存证、资料加密、身份确认等优点。EPS 业务主要有两种类型，一种是电子邮件对电子邮件（e-mail to e-mail）服务，即寄件人只要将电子文件或信件上传至邮政服务主机，服务主机即可自动依照收件地址路由递送。该系统通过数码签章及数码凭证技术，确保资料不被拦截、窃取和修改。另一种是收件人没有电子邮件地址及收件人必须接收实体邮件的电子邮递服务。它首先通过电子邮件对电子邮件的方式把信传到收件人的远端邮局，然后在最接近收件地址的投递支局采用安全列印及自动封装机器，自动印刷装封成实体邮件，由当地的邮差完成信件的最后投递。同传统邮政业务相比，电子邮递大幅降低了邮政信件分拣及长途运送的成本，缩短了邮件处理的时间，提高了邮政投递效率。另外，电子邮递目录服务系统和电子邮递清单的建立，也可大大简化政府的发信流程。

（6）横向网络协调管理系统。该系统通过网络在不同政府部门及不同地区的政府部门之间进行横向协调来实现政府的有效管理。它的目的主要是通过网络的应用，使原来分散在不同部门、不同地区的决策信息做到有机集成，为不同决策者所共享，改变部门间、地区间的信息断隔或相互扯皮的现象，提高决策准确性和作业效率，形成跨部门的网络化协同办公环境。

（7）垂直网络管理系统。该系统主要适合一些垂直管理的政府机构，如国家税务、海关、工商、质监等部门，通过组建本系统的内部网络，形成垂直型的网络管理系统，以实现统一决策、信息实时共享，有效提高系统的决策水平和反应速度。

（8）绩效评估系统。该系统能充分挖掘信息技术的特长和优势，在原有的政府绩效评估体系中加入更多的技术元素，通过嵌入已有的比较成熟的评估理念、方法、制度等研究成果，尽量地代替政府担负起评估政府绩效的部分责任，帮助政府尽可能地实现评估运行的规范化、制度化、电子化、网络化。以评估对象而言，电子化的政府绩效评估系统，不仅可评估政府部门利用电子政务系统处理相关业务的绩效，评估使用电子政务系统的管理人员和操作人员的绩效，评估电子政务系统自身的绩效，也可评估政府其他业务工作的绩效。[①]

2. G2B

（1）政府电子商务。电子商务是基于信息技术发展的一种新的经营方式。它采取数字化电子方式进行财务处理和开展商务活动。它可以为用户提供快速、准确、廉价、全面的信息，并能大大降低商业活动的成本，提高工作效率。但与普通电子商务不同，政府电子商务是以公钥基础设施为基础构建电子政务安全支撑平台，推动政府部门之间以及政府与企业、政府与公民之间以电子数据交换（EDI[②]）进行通信及交易处理。它在重大基础设施工程建设和资产处理等方面有着广泛的应用。

（2）政府电子采购与招标。政府采购，也称公共采购，是指各级国家机关和实行预算管理的政党组织、社会团体、事业单位，使用财政性资金，以公开招标为主要形式，从国内外市场上购买商品、工程和服务的行为。实践中，电子采购一般采取招投标的办法。政府采购部门通过互联网公布集中采购的商品或服务的清单、相关采购的标准，以及公开招投标的时间等，商家根据自己的情况及相关要求展开竞标。之后，由政府采购部门根据竞标情况做出选择。最后，政府与中标企业通过 EDI 技术订立电子合同；交验商品后，政府通过网上银行办理电子支付手续。可以看出，政府电子采购推动政府部门以电子化方式与供应商连线进行采购、交易及支付处理作业，能够让企业公开、公正、公平地进行竞争，极大地提高了透明度，从而有利于杜绝“人情标”“关系标”的存在，减少腐败发生的可能，同时，电子招标也大量地节省了工作时间和精力，提高了工作效率，并在网上实现了政府采购的国际化。美国最早采用电子招标，截至 1999 年 1 月 1 日，美国政府采购已全部实现了电子化。

（3）电子税务。目前，电子税务已成为国际上最复杂、最成熟的电子政务应用系统。电子税务包括电子申报和电子结算两个环节。电子申报指纳税人利用各自的计算机或电话机，通过电话网、分组交换网、互联网等通信网络系统，直接将申报资料发送给税务部门，从而使纳税人不必到税务机关，在网上即可完成申报的一种方式。电子结算是指国库根据纳税人的税票信息，直接从其开户银行划拨税款的过程。第一个环节解决了纳税人与税务部门间的电子信息交换，实现了申报无纸化；第二个环节解决了纳税人、税务、银行及国库间电子信息及资金的交换，实现了税款收付的电子化。同传统税务方式相比，电子税务提高了申报的效率和质量，降低了税收成本。对纳税人来说，申报不受时空约束，方便、省时；税务机关也可以大大减少人力、物力消耗，并降低出错率。另外，利用信息技术实现了申报、税票、税款结算等电子信息在纳税人、银行、国库之间的传递，加快了票据的传递速度，减少了税款在中途滞留的环节和时间，从而确保了国家税收及时入库。

（4）电子工商行政管理系统。工商行政管理部门通过网络来完成工商行政管理工作的主要内容，实现对市场和企业行为的电子化。通过网络实施电子证件和执照的管理，让企

① 参见张锐昕：《基于电子政务系统的政府绩效评估系统研究》，载《理论探讨》，2009（4），12～13 页。

② EDI：electronic data interchange.

业通过互联网申请办理各种证件和执照，缩短办证周期，减轻企业负担，如企业营业执照的申请、受理、审核、发放、年检、登记项目变更和核销，企业统计证、土地和房产证、建筑许可证、环境评估报告等证件和执照办理以及审批相关事项。这样，既可缩短证照办理时间，又可减轻企业人力和经济上的负担。

（5）综合信息服务系统。政府各部门可以将拥有的各种数据库信息对企业开放，接受企业的咨询，方便企业利用，为企业提供各种快捷、高效、低成本的信息服务。例如，政策、法规等管理部门可以向企业开放法律、法规、规章、政策数据库；质量监督检查部门可以把假冒伪劣的产品和企业名录在网上公布，以保护有关厂家的利益；商务投资、外贸交流等管理部门可以向企业开放政府经济白皮书、国际贸易统计资料等各种重要信息，为企业决策提供信息；商标注册管理机构可以提供已注册商标数据库，供企业查询；科技成果主管部门可以把有待转让的科技成果在网上公开发布；等等。

（6）中小企业电子服务。广大中小企业在促进就业、活跃市场、增强出口等许多方面发挥着重要的作用，但自身的生存发展也面临着技术、人才、市场、资金等资源的局限所带来的严峻挑战。政府可以利用宏观管理优势和集合优势，通过为中小企业提供统一的政府网站入口，通过网络电子化手段实现进出口配额许可证的网上发放、网上结汇，帮助中小企业同电子商务供应商争取有利的、能够负担的电子商务应用解决方案等，为拓展中小企业生存空间和提高中小企业竞争力提供各种帮助。

3. G2C

（1）教育和培训服务系统。随着社会的发展，为广大公众提供灵活、方便、低成本的教育培训服务，成为政府为公众提供服务的一个重要内容。政府可以出资建立全国性的教育平台，资助相应的教学、科研机构与图书馆接入互联网和政府教育平台；出资开发高水平的教育资源向社会开放；资助边远、贫困地区信息技术的应用，逐步消除地区差别，以应对信息时代的挑战。

（2）电子民主管理系统。电子政务扩大了公民政治参与的渠道。借助各种电子技术手段，公民参与的渠道日益趋向多样化，如通过网络可以发表对政府有关部门和相关工作的看法，参与相关政策法规的制定，参与政务监督，参与某些决策过程以及参加电子听证会、电子民意调查、电子投票、电子选举等。多样化的参与渠道增强了公民对决策的影响力，有利于集思广益，推进决策的科学化与民主化。

（3）电子身份认证。电子身份认证在电子政务中具有重要意义，它是保证电子政务乃至所有网上活动安全的关键环节。它确认信息来源的正确性、信息传递的保真性等，使电子政务的信任关系得以确立。一个完整、安全的电子政务系统必须建立起一个完整、合理的 CA 体系。电子身份认证一般由认证中心负责，作为第三方权威机构，认证中心专门验证交易双方的身份，具有颁发数字证书、管理、搜索和验证证书的职能。电子身份认证是以一张智能卡集合个人的医疗资料、工作状况、个人信用、个人经历、收入及缴税情况、公积金、养老保险、房产资料、指纹与血型等身份识别信息，通过网络传送和接收个人通信来实现政府部门的各项便民服务程序。

（4）电子化社会保障服务。电子化社会保障服务是 G2C 的一个重要实施内容。政府通过电子网络建立覆盖地区甚至国家的社会保险网络，使公民通过网络及时、全面地了解自己的养老、失业、工伤、医疗等社会保险账户的明细情况；通过网络公布最低收入家庭补助，增加透明度；通过网络直接办理有关的社会保险理赔手续。电子化社会保障服务可以增加社会保障工作的透明度，还可加快社会保障体系普及的进程。

（5）电子医疗服务。政府可以通过网络向当地居民提供医疗保险的有关政策信息，提供医疗资源的分布情况、医药信息、执业医生信息等，为公民提供全面的医疗服务。公民可以通过网络查询自己的医疗保险个人账户余额和当地公共医疗账户的情况；查询国家新审批的药品的成分、功效、使用方法及其他详细数据；查询当地医院的级别和执业医师的资格情况，选择合适的医生和医院；等等。另外，电子医疗服务还可以提供公民关心的流行疾病预防、健康、保健方面的信息，提高公民的自我保健能力。

（6）电子就业服务。政府通过电话、互联网或其他媒体向公民提供工作机会和就业培训，促进就业，如开设网上人才市场或劳动市场，提供与就业有关的工作职位缺口数据库和求职数据库信息；在就业管理和劳动部门所在地或其他公共场所建立网站入口，为没有计算机的公民提供接入互联网寻找工作职位的机会；为求职者提供网上就业培训、就业形势分析、指导就业方向服务。

（7）公众信息服务。通过建立各类资料数据库和电子政务平台，使公民得以方便、容易、费用低廉地接入政府的法律、法规、规章数据库；通过网络提供被选举人的背景资料，促进公民对被选举人的了解；通过在线评论和意见反馈了解公民对政府工作的意见，改进政府工作。

（8）公民电子税务。与企业电子税务相类似，通过建立公民电子报税系统，使公民个人能够通过电子报税系统申报和缴纳个人所得税、财产税等个人税务。

4. G2E

（1）工作人员电子化日常管理系统。利用信息技术实现政府工作人员的电子化日常管理，对降低管理成本、提高管理效率有重要意义。电子化日常管理系统通过信息技术完成政府工作人员的许多事务性的工作，包括工作人员通过网络申请出差、请假、复制文件、使用办公设施和设备、下载政府部门经常使用的各种表格、报销出差费用等。电子化日常管理系统可以为工作人员带来很多便利，既有利于节约时间和费用，又可节省管理者或领导的精力，从而有效降低行政成本，提高工作效率。

（2）电子化人事管理系统。政府工作人员的人事管理是政府自身管理的重要内容。利用电子化手段实现政府人事管理已成为一种新的趋势。电子化人事管理系统是指应用信息技术实现电子化的人事管理系统，包括电子化招聘、电子化培训、电子化学习、电子化沟通和电子化绩效考评等内容。电子化人事管理的发展将使传统的、以纸面档案管理为中心的人事管理方式发生变革，对提高政府人事管理的水平和效率、降低管理成本起到极为重要的作用。

（3）电子培训系统。提高政府管理水平的关键在于提高政府工作人员的水平，而提高政府工作人员的水平必须通过各种形式的培训来实现。电子培训系统可以为政府工作人员提供各种综合性和专业性的网络教育课程。而且，电子化培训借助网络交互的方式可以帮助工作人员通过网络随时随地注册参加各类培训课程、接受培训、参加考试等，克服了传统培训的缺点——传统的培训要求工作人员在同一时间、同一地点进行，对日常工作的影响很大，组织培训有较大的困难。因而，电子化培训既大大降低了培训的成本，又提高了培训的针对性和灵活性，为政府工作人员的培训提供了一条理想的通道。

6.4　电子政务的工作形式

电子政务这一先进的管理模式的应用，不仅使行政信息资源渐趋公开，而且使政务透明运作成为可能，从而有利于政府部门加强自身建设，改进工作作风，规范行政行为，提高管理效能与服务质量，同时也有利于公众监督，减少腐败环节，塑造政府的良好形象。本节以政府部门为例，简要介绍其电子政务的四种工作形式。

6.4.1　政府部门内部的办公自动化

政府部门内部的办公自动化系统，是指政府部门综合运用信息技术手段，改变手工办公方式，实现内部事务处理自动化、信息管理电子化、业务流程规范化，进而为实现科学决策和协同办公提供支持的信息系统。它并不是对传统政务活动模式进行简单模拟的结果，而是在对业务流程进行梳理、优化甚至再造的前提下进行管理模式变革的产物。

政府部门内部的办公自动化系统是政府电子政务系统后台的信息和政务运作的主要载体，是电子政务系统的核心内容。具体来说，它主要承担以下四种功用：

1. 搭建统一的内部通信平台

利用办公自动化系统在政府部门内部建立一个有效的信息发布和交流的平台，通过电子公告、电子论坛、电子刊物、电子邮件等途径使各种规章制度、新闻简报、技术交流、公告事项等得以在内部工作人员之间快捷传播，供内部工作人员浏览与查询，有利于信息公开和工作协同，能帮助领导全面、准确、及时地掌握各方面的信息和动态并运用高效、安全、灵便的指挥调度手段。

2. 实现事务处理的自动化

政府部门大量的事务性工作都有严格的程序和标准，例如公文处理，需要严格执行国家行政机关公文格式、行文规则和公文管理的各项规定，而且其发文办理、来文接收、存档备案等都各有其严格的办事程序以及各环节的负责人员，要实现公文处理的自动化，就必须在严格执行各项规定的前提下，了解其办事程序和环节中的多方需求，以保证公文规范运转和提高办理质量。此外，各种审批、请示、汇报、行政监督等一些程序化的工作也需要自动化处理。事务处理的自动化，有助于建立行为规范、运转协调、廉洁高效的管理体制和运行机制，满足工作提速、服务提质、管理规范的工作需求，规范业务流程和提高办公效率。

3. 实现文档管理的电子化

政府部门不仅掌握海量的文档（包括政府公文、政府公报、法律法规等），而且每天都需处理大量的文档，实现文档管理的电子化可以克服手工办公方式下进行文档的保存、共享、利用和再利用的烦琐以及节约检索的时间，并且能实现文档的保存、检索、共享和利用的电子化以及权限化，使处理文档变得简便易行和安全可靠。

4. 辅助办公

辅助办公是政府机关内部的办公自动化系统的主要功能，它所涉及的内容包括会议管理、工作流管理、车辆管理、办公用品管理、人事管理以及考勤管理等，这些都是与政府的日常事务性工作相联系的各种办公活动，工作复杂且业务量很大。通过办公自动化系统建设，可以实现上述辅助办公内容的合理安排与资源的有效配置。

6.4.2 政府部门间的行政信息资源整合与共享

行政信息资源是指一切产生于政府内部或虽然产生于政府外部但对政府活动有影响的信息资源的统称。由于传统政府机构的职能分工，各个部门、各个单位都建有自己的信息资源库，这些信息资源库彼此之间相互隔绝，形成大量分散、异构的“信息孤岛”，严重阻碍了信息资源的交流和有效共享，造成信息资源浪费，极大地限制了电子政务的应用与管理水平的提高。电子政务系统的目标之一便是整合行政信息资源，为行政信息资源共享、协同办公和“一站式”服务的实现提供强有力的支持。

1. 行政信息资源整合

行政信息资源整合是将分散的、孤立的政府业务和信息资源通过分类、对比、判断、联想、推理等各种方式加以组织，从中提取信息，并使之系统化为知识，从而发挥其整体功能的过程。行政信息资源整合的内容包括三方面：(1) 整合已有的网络资源，建成统一的网络平台。(2) 整合分散在各级政府和部门的政府门户网站资源，使其更好地服务于公众和企业。(3) 整合政务信息资源，实现政府跨部门的业务应用和协同办公。

行政信息资源整合的作用主要表现在：首先，通过整合，各政府部门分散的行政信息资源形成了完整、和谐的统一体，实现了“整体大于部分之和”，行政信息资源的整体功效由此得以放大。其次，行政信息资源整合可以实现信息在政务流程内外的快速、无障碍流通和共享，从而能够在最为有利的时间、地点和方式下顺畅地获取与使用信息，提高政务运行效率。再次，行政信息资源整合可以有效地消除“信息孤岛”现象，这不仅为决策者提供了跨部门、跨系统的综合性信息，而且也使决策执行中的问题能够得到及时、实时的反馈，从而提高决策的科学性、及时性和有效性。又次，行政信息资源整合通过广泛采用数据仓库、知识发现、数据挖掘等信息技术手段，可发掘出行政信息资源的内在知识价值，实现行政信息资源的最大增值，提高政府信息服务的质量。最后，行政信息资源整合既可以提高政府信息服务的质量，又可以实现信息流的畅通无阻，这就降低了公众获取信息时所花费的成本，从而提高了社会公众的满意度。

2. 行政信息资源共享

行政信息资源共享就是在一定的政策体制、激励措施和安全保障的基础上，在政府内部、政府与政府外部之间，共同使用行政信息资源的一种机制。行政信息资源共享的内容一般包括政府机构信息、政务信息、政策法规信息、为社会各界服务的信息、反馈信息以及政府间交流信息等。[1] 行政信息资源共享提供了一个能实现不同业务系统与不同类型数据进行有效转换和交流的统一的交换共享平台，有效解决了电子政务应用系统现存的大量“信息孤岛”问题，实现了政府跨部门协同办公，对提高公共管理和公共服务水平具有重要意义。为保证共享的实现，在行政信息资源共享的过程中应遵循需求导向、制度化、分工与合作、标准化等原则。

6.4.3　跨部门网上协同办公

跨部门网上协同办公是政府各职能部门采用现代信息技术，打破传统各部门独立封闭的工作模式，以服务对象为核心建立的一种全新的政府协同管理和服务的工作模式。它的构建方式是将政府各部门原有的业务职能，以管理和服务对象的需求为核心，划分出多个业务功能群；在每个功能群内，按照各部门业务的逻辑关系梳理出多部门间的合作业务流程；然后将各部门内部的业务通过政府统一的信息交换与共享平台，与部门间的合作业务流程进行组合，实现对原有业务流程的优化和政府管理与服务流程的再造。

跨部门网上协同办公不需要组织机构重塑，它是在现有政府职能分工的格局下以公众需求为任务线索，用信息化方式提供部门协调的平台，促进政府部门提供公共服务的有效途径。跨部门网上协同办公模式重新整合了政府资源，使各部门的办公流程彼此相互关联、相互渗透，实现了政府部门之间的流程整合和信息共享，使政府得以以一个整体的形象为社会服务。

跨部门网上协同办公方案的制定要以工作为依据，根据实际情况制定，即要根据工作需求制定协同办公方案。出于可持续发展的要求，要制定一个整合办公自动化、管理现代化、决策科学化、服务信息化的电子政务协同办公方案，一般需要考虑如下需求：

1. 政府职能部门之间日常办公需求

它包括以下内容：(1) 电子公文交换。在政府部门日常办公中存在着大量的文件和信息。由于实现各职能部门之间公文的安全传递，建立公文资料库，便于各类公文的查阅，对提高工作效率、减少重复工作具有实际意义，因此，协同办公的政务平台应该具有强大的电子公文流转功能。(2) 电子邮件。在政府部门间日常办公中，通知的传达通常是以电子邮件的形式进行的，因此需要建立政府专用的电子邮件系统，实现专用邮件与个人邮件的一体化收发。(3) 政务网站群系统。在政府内部需要建立一套以协同办公平台为依托，与内部办公自动化系统相结合，实现对内、对外提供信息服务的新型的内、外结合的网站群系统。网站群系统分为内部和外部两部分，内部网站群是基础，服务于政府部门内部；外部网站群负责面向公众（企业和个人）提供管理和服务。

2. 政府各职能部门的沟通需求

绝大多数政府职能部门工作的重心是接受上级组织的通知和命令，并及时将其传达给下级组织机构，同时要协调处理职能范围内的工作，并为其他职能部门提供相关咨询、信息反馈等通道。这就需要一个跨组织的协同办公平台，将主管政府与各政务职能部门有机地联系在一起。

---

① 参见金太军主编：《电子政务与政府管理》，42 页，北京，北京大学出版社，2006。

6.4.4 政府面向公众的在线信息发布与政务处理

随着电子政务的发展，政府将综合运用信息技术尤其是网络技术，面向公众在线发布各项政府信息，及时听取公众的反馈意见，在线处理与公众息息相关的各项政务，实现“7×24”式、“一站式”政务处理。

1. 政府面向公众的在线信息发布

政府需面向公众发布的信息内容主要涉及以下方面：涉及公民、法人或者其他组织切身利益的信息；需要社会公众广泛知晓或者参与的信息；反映本行政机关机构设置、职能、办事程序等情况的信息；其他依照法律、法规和国家有关规定应当主动公开的信息。[①]传统政府信息的对外发布大多利用政府公报、新闻发布会以及报刊、广播、电视等方式。推行电子政务后，政府信息还可以通过政府门户网站、政务微博和政务微信等渠道采取网络在线的形式对外发布。2015 年 4 月 3 日，国务院下发《2015 年政府信息公开工作要点》，其中提出“紧紧围绕党和政府中心工作以及公众关切，推进重点领域信息公开，加强信息发布、解读和回应工作，强化制度机制和平台建设，不断增强政府信息公开实效，进一步提高政府公信力，使政府信息公开工作更好地服务于经济社会发展，促进法治政府、创新政府、廉洁政府和服务型政府建设”。

政府信息在线发布，首先是将各类政府信息整理和转换为电子格式，之后按照一定的原则，将电子格式的政府信息即时地发布到互联网或政府专用网络上，供公众、企业和政府工作人员浏览、查询。相应地，在电子政务信息发布系统中的政府信息存档和政府档案管理也主要以无纸化方式进行。政府信息在线发布表明政府信息表现形式发生了本质变化，具体表现在：

(1) 在线信息发布的多媒体特点，使政府信息的内容不局限于文字、图表和图片，还可以包括音频、视频等多媒体信息，并且可以将多种媒体形式有机地整合在一起，使政府信息传播更加可视、可读、可感。

(2) 在线信息发布的超文本特点，使政府部门可以依照公众关注情况将政府信息梳理、整合成相关专题，用超链接的方法，将各种不同空间的信息组织在一起，从而方便公众从不同的角度，按照自己喜欢的方式查看信息。

(3) 在线信息发布运用的智能检索技术可以帮助用户快速、方便地找到需要的信息。搜索引擎可以提供多种搜索方式，允许用户在只知道有限信息（如关键词）的情况下找到相应的政府信息。如：选择发文机关为“国务院”，即可搜索到国务院公开的全部文件；输入发文日期、文种、文号、主题分类等信息，可搜索到满足上述条件的文件。

由于政府的级别不同以及各部门的职能不同，因而对各级政府和部门所发布的政府信息内容的要求就有所不同。例如，国务院办公厅为方便公民、法人或其他组织查阅、利用政府信息，根据《中华人民共和国政府信息公开条例》，编制了国务院办公厅政府信息公开目录。国务院办公厅政府信息公开目录采用主题分类方法，将公开的政府信息划分为 22

---

① 参见国务院办公厅：《中华人民共和国政府信息公开条例》，http://www.gov.cn/flfg/2007－04/24/content_593403.htm，2007-04-24。

个类别（见表 6—2）。在各类别下分别显示相关的信息条目。信息条目包括索引号、发文机关、发文日期、名称、文号等元数据。公众可按照国务院办公厅《政府信息公开指南》介绍的检索方法查阅、获取相关信息。同时，还可以利用“目录下载”功能，获取国务院办公厅按年度编排的政府信息公开目录。[①]

表 6—2　　2016 年国务院办公厅政府信息公开类别

国务院组织机构	综合政务	国民经济管理、国有资产监管	财政、金融、审计	国土资源、能源	农业、林业、水利	工业、交通	商贸、海关、旅游	市场监管、安全生产监管	城乡建设、环境保护	科技、教育	文化、广电、新闻出版	卫生、体育	人口与计划生育、妇女儿童工作	劳动、人事、监察	公安、安全、司法	民政、扶贫、救灾	民族、宗教	对外事务	港澳台侨工作	国防	其他

资料来源：http://www.gov.cn/zhengce/node_331.htm。

2. 政府面向公众的在线政务处理

在线政务处理是电子政务的一种重要工作形式，其实现程度决定着电子政务的成熟度。在线政务处理一般要实现以下内容：面向企业提供网上注册、审批、咨询、采购、招标、纳税、举报、年检、注销等服务；面向公众提供网上教育培训、就业、电子医疗、社会保险、交通管理、个人电子税务、电子证件、电子信访等服务。这样，政府部门与公众都可以突破时间和空间的限制，随时随地进行交流和互动，以达到公众享受到政府提供的良好服务而政府成为高品质政府的理想状态。

一般来说，面向公众的在线政务处理主要有两种方式。

（1）电子政务系统自动政务处理。

面向公众的在线政务处理中有一部分工作属于重复性、规律性的工作，可以利用电子政务系统实现自动处理。这部分工作主要是在线查询工作，例如公众可以在线查询政府机构、政府新闻、民生专题、政策法规、公共服务、经济领域数据和国情信息等。

（2）人工在线政务处理。

除电子政务系统自动处理以外的政府业务都需要政府工作人员参与处理。这部分人工在线政务处理方式主要包括以下几种：

1）“一站式”在线政务处理。

“一站式”在线政务处理是指政府行政部门通过统一入口的信息网络服务平台，为公民、法人和其他组织提供信息与服务的方式。它实现了政府对公众提供服务的高效便捷，实现了政府业务流程的重组与优化，实现了跨政府部门的资源整合与信息共享。目前，“一站式”政务处理的典型应用是网上行政审批。网上行政审批就是将传统需要手工办理的审批业务转到网上办理，一般包括网上申报、网上受理、跟踪查询、短信提醒、网上通

① 参见 http://www.gov.cn/zhengce/node_331.htm。

知、网上咨询、网上监督等服务功能。十届全国人大常委会第四次会议通过的《中华人民共和国行政许可法》第三十三条明确提出：行政机关应当建立和完善有关制度，推行电子政务，在行政机关的网站上公布行政许可事项，方便申请人采取数据电文等方式提出行政许可申请；应当与其他行政机关共享有关行政许可信息，提高办事效率。这项规定为各级政府实施网上行政审批提供了法律依据。此外，各地还通过采取审批授权到位、建章立制到位、环节精简到位、统一收费到位、规范管理到位、监督控制到位等措施，重点落实首问负责制、限时办结制、责任追究制等制度，使“一站式”办公和“一条龙”服务等得以实现，从而大大方便了申办人。总的来说，和传统的行政审批方式相比，网上行政审批的优势主要有：减少了审批环节，优化了审批流程，压缩了承诺时限，降低了行政成本，提高了审批效率，同时还增强了权力运作的透明度，促进了政务公开，能有效减少权力寻租和腐败现象的发生。

2）接待式在线政务处理。

接待式在线政务处理就是各级政府和部门有关领导定期或不定期到政府网站接受在线访谈。各级政府应积极回应涉及政务活动的重要舆情和公众关注的社会热点问题，及时通过政府网站发布权威信息，讲清事实真相、有关政策措施以及处理结果等；涉及公众重大关切的公共事件和政策法规方面的信息，要充分利用政务微博和微信的互动功能，以及时、便捷的方式与公众进行互动交流。

3）信箱式在线政务处理。

在线政务处理中有一些问题是需要即时答复的，而有一些问题只有经过一段时间才能够解决，而且接待式在线政务处理模式所接触的公众毕竟较少，所以需要在线政务处理的另一种情况——信箱式在线政务处理模式加以补充和完善，例如，省长信箱、市长信箱或职能部门信箱等。

本章小结

建立一个统一的并对政务部门现有的信息资源和信息系统进行有效整合的电子政务体系结构，是电子政务建设和发展过程中迫切需要解决的问题。本章重点介绍了电子政务的功能、电子政务的体系结构、电子政务的业务模型以及电子政务的工作形式。系统论述以上四方面的目的在于明确电子政务建设的整体性框架，推动电子政务建设的有序发展。

关键术语

电子政务的功能　电子政务的体系结构　电子政务体系的层次结构　电子政务体系的功能结构　电子政务体系的逻辑结构　电子政务体系的网络结构　电子政务的业务模式　行政信息资源　行政信息资源整合　协同办公　网上行政审批

复习思考题

1. 电子政务的功能包括哪些具体内容？

2. 如何理解电子政务体系的层次结构、功能结构、逻辑结构和网络结构？
3. 简述电子政务的业务模式。
4. 简述电子政务的业务应用。
5. 电子政务的工作形式有哪些？
6. 要克服行政信息资源共享中的困难，需要做哪些工作？

参考文献

1. 张锐昕主编. 电子政府概论（第二版）. 北京：中国人民大学出版社，2010
2. 张锐昕等编著. 公务员电子政务必修教程. 北京：清华大学出版社，2008
3. 蔡立辉. 电子政务：信息时代的政府再造. 北京：中国社会科学出版社，2006
4. 金太军主编. 电子政务与政府管理. 北京：北京大学出版社，2006
5. 侯卫真主编. 信息化与电子政务培训教程. 北京：研究出版社，2004
6. 侯卫真，于丽娟主编. 电子政务系统建设与管理. 北京：中国人民大学出版社，2004
7. 张锐昕主编. 办公自动化概论. 北京：清华大学出版社，2004
8. [美] 简・E・芳汀. 构建虚拟政府. 北京：中国人民大学出版社，2004
9. 赵国俊主编. 电子政务. 北京：电子工业出版社，2003
10. [美] B・盖伊・彼得斯. 政府未来的治理模式. 北京：中国人民大学出版社，2001
11. 国务院办公厅. 中华人民共和国政府信息公开条例. http://www.gov.cn/flfg/2007-04/24/content_593403.htm，2007-04-24
12. 吴晓敏，华平澜. 政府信息资源内部共享体制和机制研究. http://www.echinagov.com/echinagov/yanjiu/2006-4-17/4214.shtml，2006-04-17

第7章

电子政务中的电子商务

本章重点问题

- 电子商务的内涵、外延和特征
- 政府在电子商务发展中的作用
- 电子政务中的电子商务内容

电子政务与电子商务都是国家信息化的重要组成部分。就操作主体、提供服务和目标取向而言，电子政务是政务部门在线为公众提供公共服务；电子商务则是企业在线传递商品信息和服务，并最终获得相应的利润。电子商务的发展是推动电子政务的原动力，电子商务的飞速发展客观上要求电子政务与之相适应。① 而政府部门为了更好地实现电子服务，不仅要在电子政务中融入电子商务的内容，运用电子商务的原理、模式，还要借鉴电子商务的工具、经验，以真正实现“一站式”“一条龙”服务。

7.1 电子商务的概念和特征

电子商务是信息技术应用于交易行为、营销策略的结果，也是商务活动追求可持续发展和创新的必然途径。

---

① 参见刘鹤：《电子政务：信息化的切入点》，载《财经界》，2002（12），102页。

7.1.1　电子商务的概念

1. 电子商务的内涵

与电子商务对应的英文有 e-commerce（electronic commerce 的缩写）和 e-business（electronic business 的缩写），两者的主要区别是：e-commerce 是 e-business 的一部分且仅指 e-business 的外部部分。e-business 的外部部分是指影响客户、供应商和外部合作伙伴的那些内容，而其内部部分包括金融、库存控制、生产流程、人力资源、网络开发等方面。简单来说，electronic commerce 意指在网上为换取商品或服务而进行货币兑换。营销就属于 e-commerce 的范畴，而培养、留住和吸引新客户则属于 e-business 的业务。作为整个 e-business 战略的一个完整的组成部分，e-commerce 只是 e-business 计划的一个专题。e-commerce 和 e-business 共同工作时，一个会直接影响另一个的结果。e-commerce 只关注 e-business 的消费者、供应商或外部合作伙伴之间交互的那些内容。而客户服务、销售、订单接受和交付、商业网络应用以及生产材料和办公用品的获取等由于都是外部流程，因此被归于 e-commerce。本章所讲的电子商务指的是含义更广的 e-business。

电子商务产生于 20 世纪 60 年代，并伴随 20 世纪 90 年代兴起的网络技术的普及应用而快速发展。由于电子商务发展迅速，且牵涉领域广泛，不同学科、行业背景的研究人员对电子商务的定义有很大的不同，以下列举的是其中一些具有代表性的观点。

（1）经济合作与发展组织的定义：电子商务是指商业交易，它包括组织与个人在基于文本、声音、可视化图像等的数字化数据传输与处理方面的商业活动。

（2）世界贸易组织的定义：电子商务是通过电子方式进行货物及服务的生产、销售、买卖和传递。这一定义奠定了审查与贸易相关的电子商务的基础，也就是集成关贸总协定（GATT①）的多边贸易体系框架。

（3）全球信息基础设施委员会（GIIC②）电子商务工作委员会的定义：电子商务是以电子通信技术作为手段的经济活动，通过这种方式人们可以对带有经济价值的产品与服务进行宣传、购买和结算。这种交易方式不受地理位置、资金多少、零售渠道的所有权影响，各种营利组织、政府部门、非营利组织、公民和企业家都能自由地参与各种经济活动，其中包括农业、林业、渔业、工业、私营和政府的服务业。

（4）在比利时首都布鲁塞尔举办的全球信息社会标准大会上，欧洲经济委员会提出的定义：电子商务是各参与方之间以电子方式，而非以物理交换或直接接触方式完成的任何形式的业务交易。这里的电子方式包括电子数据交换、电子支付手段、电子订货系统、电子邮件、传真、网络、电子公告系统、条形码、图像处理、智能卡等。

（5）美国《全球电子商务政策框架》的定义：电子商务是指通过互联网进行的广告、交易、支付、服务等各项商务活动，全球电子商务将会涉及全球各国。

（6）韩国《电子商务基本法》的定义：电子商务是指部分或全部利用电子数据进行货物或服务交换的交易行为。

---

① GATT：General Agreement on Tariffs and Trade.

② GIIC：Global Information Infrastructure Committee.

（7）《中国电子商务蓝皮书 2001》的定义：电子商务指通过互联网完成的商务交易。交易的内容可分为商品交易和服务交易，交易是指货币和商品的易位，交易要有信息流、资金流和物流的支持。

（8）中国信息技术行业的定义：电子商务是利用现有的计算机硬件设备、软件设备和网络基础设施，在通过一定的协议连接起来的电子网络环境下进行各种各样的商务活动的方式。

（9）美国学者瑞维·卡拉科塔和安德鲁·惠斯顿的定义：广义的电子商务是一种现代商业方法。这种方法通过改善产品和服务质量、提高服务传递速度，满足政府部门、厂商和客户的低成本需求。

虽然上述概念的学科侧重点不同，研究方法各有侧重，但这些定义都不同程度地描述了电子商务的内涵。实际上，电子商务是通过信息技术的普及应用，以网络平台交易为主，兼顾多种交易方式的商务活动的新的运营模式。电子商务的交易内容包含了人力资源、资金、信息服务等商品和服务；商务活动也涵盖了企业、客户、政府等组织间和部门间的商务活动，包括生产、经营、管理、财务等环节，实现了询价、报价、订货、售后服务等功能。电子商务的发展目标不仅包括提升服务质量、迅速回应客户需求、降低成本，也包括扩大市场份额、增强企业综合竞争力、树立企业网络形象。

2. 电子商务的外延

电子商务现已实现了网上购物、网上交易和电子支付等功能，覆盖了商务活动、交易活动、金融活动和综合服务活动等多项领域。为更好地理解电子商务，我们可以从电子商务的层次、服务对象、交易涉及的商品内容、使用的网络类型以及商务活动的主体、性质、应用层次、应用领域等方面对电子商务的内容和范围进行分类。

（1）依据电子商务的层次。

参与电子商务的实体有四类，分别是客户（个人消费者、企业集团）、商户（销售商、制造商、储运商）、银行（发卡行、收单行）及认证中心。从贸易活动的角度分析，电子商务可以在多个环节中实现，既包括较低层次的电子商务，也包括高级层次的电子商务。

1）较低层次的电子商务，包括电子商情、电子贸易、电子合同等。

2）高级层次的电子商务，即通过网络平台进行全部的商务活动（包括从寻找客户开始，一直到洽谈、订货、在线付/收款、开具电子发票以至于电子报关、电子纳税等活动）。高级层次的电子商务涉及很多实体，除了买家、卖家外，还包括金融机构、政府机构、认证机构、配送中心等。由于参与电子商务中的各实体是互不谋面的，因此整个电子商务过程不可能是现实商务活动的翻版，这就对网上银行、电子支付等条件和数据加密、电子签名等技术提出了较高的要求。

（2）依据电子商务的服务对象。

按服务对象或交互范围分类，电子商务可分为六个方面的内容。

1）企业对企业的电子商务（B2B①），是指企业与企业之间通过互联网进行产品、服

---

① B2B：business to business.

务及信息的交换。电子商务交易的供需双方都是企业或公司，它们使用信息技术或各种商务平台完成商务交易的过程。这些过程包括：发布供求信息，订货及确认订货，支付过程及票据的签发、传送和接收，确定配送方案并监控配送过程，等等。

2）企业对客户的电子商务（B2C[①]），是指企业通过互联网为客户提供一个新型的购物环境，其主要表现形式为网上商店，即客户通过网络实现网上购物、电子支付等功能。

3）客户对客户的电子商务（C2C[②]），是通过为买卖双方提供一个在线交易平台，使卖方可以主动提供商品到网上拍卖，而买方则可以选择商品竞价购买。

4）企业对经理人的电子商务（B2M[③]），是指企业通过网络平台发布相应产品或服务，职业经理人通过网络获取该企业的产品或服务信息，并且为该企业提供产品销售或者企业咨询服务，企业通过经理人的服务达到销售产品或者获得服务的目的，经理人通过为企业提供服务而获取佣金。B2M是一种新型的电子商务代理模式，它同B2B、B2C、C2C三种电子商务有着本质不同。B2M最大的优势在于能将在线商品和服务信息拓展到线下，由企业发布商业信息，经理人获取信息，并且将商品或服务提供给最终客户。

5）企业对公共部门的电子商务（B2A[④]），是指企业与公共部门之间进行的电子商务活动。例如，政府将采购内容面向全球发布，通过在线招投标程序使全球企业公平地竞价投标。这种电子商务模式具备广阔的发展前景，但目前尚处于发展初期。而且，公共部门可以通过B2A实施对企业的公共事务管理，如政府用电子商务方式发放进出口许可证、开展统计工作，企业则可以通过上网办理缴税和退税等活动。

6）客户对公共部门的电子商务（C2A[⑤]），是指个人与公共部门之间的电子商务活动。这类电子商务尚未在全球范围内广泛形成，但已经在部分发达国家运行良好。如，在澳大利亚，公共部门的税务机构已经通过指定私营税务或财务会计师事务所并采取电子化的方式来为个人报税。这类活动虽然还没有实现真正的报税电子化，但已具备客户对公共部门的电子商务的雏形。随着B2C、B2A的迅猛发展，公共部门将会为公民提供更为全面的电子公共服务，如社会福利金支付、医疗保险金支付等。

（3）依据电子商务交易涉及的商品内容。

如果按照交易所涉及的商品内容分类，电子商务主要包括两类商业活动，分别是间接电子商务和直接电子商务。

1）间接电子商务。间接电子商务所涉及的商品是有形货物的电子订货，如鲜花、书籍、食品、汽车等，交易的商品仍需要通过传统的渠道，如邮政业的服务或商业快递服务等来完成送货，即间接电子商务要依靠运输系统等外部要素来实现。

2）直接电子商务。直接电子商务所涉及的商品是无形的货物和服务，如计算机软件、娱乐内容的联机订购、付款和交付，或者是全球规模的信息提供或数据服务。直接电子商务能使交易双方超越时空直接进行交易，充分开拓潜在市场。

---

① B2C：business to customer.

② C2C：customer to customer.

③ B2M：business to management.

④ B2A：business to administration.

⑤ C2A：customer to administration.

（4）依据电子商务使用的网络类型。

根据开展电子商务的企业所使用的网络类型，电子商务可以分为三种形式，分别是EDI[①]电子商务、Internet电子商务、Intranet电子商务。

1）EDI电子商务，是按照公认的标准和协议，推动商务活动文件的标准化和结构化，通过计算机网络，在贸易伙伴的网络系统之间进行数据交换和自动处理。EDI主要应用于企业与企业、企业与批发商、批发商与零售商之间的批发业务。

2）Internet电子商务，是指在Internet上开展的电子商务活动。在Internet上可以进行各种形式的电子商务活动，所涉及的领域广泛，全世界企业和公民都可以参与其中，这是目前电子商务的主要形式。

3）Intranet电子商务，是指在一个大型企业的内部或一个行业内开展的电子商务活动，通过企业培育的商务活动链，可以大大提高工作效率和降低业务成本。

此外，依据商务活动的主体进行划分，包括企业主导的电子商务、客户主导的电子商务、政府主导的电子商务三部分；依据商务活动的性质进行划分，包括国家电子商贸系统、普通电子商贸系统、政府采购系统、电子银行系统等；依据商务活动的应用层次进行划分，包括市场电子商务、企业电子商务、政府电子商务三部分；依据商务活动的应用领域进行划分，包括电子市场、增值业务、全生命周期商业应用、个人化业务、政府采购、招投标管理；等等。

7.1.2 电子商务的特征

网络平台不仅是商务活动的交易载体，而且也形成了一个广大的虚拟社会。在这个虚拟社会中，虚拟市场、虚拟公司、虚拟商场既与现实世界的商品市场、公司或商场等具有诸多共性特质，同时，也因为互联网所具有的全球性、交互性、低成本、高效率等特征而被赋予了一些新的特性，从而使商务活动可以在任何时间、任何地点进行，在降低组织运营成本的同时，也为现实世界中商务活动的各方创造了更多的交易机会。

（1）数字化。

当与商务活动相关的各种信息都以数字形式被采集、存储、处理和传输时，商务运营模式也随之发生了相应变化，虚拟生活、数字商务、在线企业等数字化形式应运而生。数字化所具有的易于存储、查询、处理、修改信息等优势，使得商务活动中的商业流、资金流和信息流都能够在网络中迅速传输，形成“三流合e”的商务模式，从而使电子商务活动朝着“无纸”商务、信息商务、便捷商务的方向发展。

（2）全球化。

实体市场的速率是传统商品交易市场规模和范围的决定性因素，而在电子商务活动过程中，其潜在的客户群体可以通过覆盖全球的网络平台参与各地区的市场交易，“小世界”现象、“长尾效应”等新兴商务理念正在逐步被网民所接受。在此环境影响下，商务主体之间的时空距离被突破，商务交易的范围从有限的“砖混结构”的小市场走向了“全球网络”的大市场。当电子商务面对潜在客户数量急剧变化的时候，需要做好高度弹性的营销

---

① EDI：electronic data interchange，电子数据交换。

和售后服务系统，以适应不断变化的消费需求。否则，电子商务系统将会由于客户数量激增而出现服务水平下降，或者由于客户数量锐减而出现资源浪费，从而使得网络平台上的企业最终也失去信任和适应能力。

（3）交互性。

各种信息的交互协议决定了信息在网络中具有双向流动、无序扩散的特性，而电子商务正是处于这种复杂网络中的商务活动，因此，在电子商务活动中，商家之间可以轻松完成双向信息沟通，实现交易双方的信息交互，消费者与企业之间也可以形成良性互动关系。这是电子商务与传统商务相区别的重要表征，预示着电子商务可以采用网络重复营销、网络软营销、数据库营销、“一对一”营销等定制化营销模式。

（4）低成本。

低成本的电子商务是企业追求高额利润的有效方式。在传统市场中，当公民个体和中小企业面对大型企业或跨国组织时，基本上不具备任何竞争或抵抗能力，这种无形的交易风险构成了中小型企业和公民开展商务活动的头道门槛。而在电子商务平台之上，无论是大宗的生产性和销售性购买，还是小宗的消费性购买，都可以平等地控制原材料、半成品或成品的采购成本和物流成本，并通过团购、定制、下包等方式保证跨地域、跨文化交易的利润最大化。

（5）高效率。

电子商务的信息传递是从一个客户终端发起的，主要通过互联网的传输信道，以每秒近30万公里的速度向另一个客户终端进行传递。在如此传输状态下，商务活动对时间、空间的依赖程度降至最低，跨公私组织、跨行业领域、跨文化传统、跨“信息孤岛”的电子商务模式成为市场主体的必然选择。电子商务不仅突破了物理世界的各种限制，而且也为交易行为的高效和商业服务的个性化提供了技术保障。

（6）个性化。

消费需求是企业发展的动力源泉，消费群体的共性需求是企业生存发展的根本，但满足消费者的个性需求才是电子商务聚合消费群体的根本途径。由于电子商务是以网络为基础的，所以在企业和客户之间可以轻松实现信息的自由传递。通过面向客户的数据库系统，可以实现个性化营销、个性化设计和生产，以及个性化跟踪服务。此外，在网络环境下，企业的潜在客户从有限的地域空间拓展到网络所遍布的每个角落，企业服务的客户群体数量也实现了急剧增长。因此，不同类型的企业唯有开拓专业化的发展道路，坚持提供个性化服务的经营战略，才能从根本上保证企业的核心竞争力。

（7）协同性。

在电子商务活动中，几乎所有的信息交互、功能实现都能用更短的时间来完成，这就向技术的使用者——电子商务主体——提出了较高的从业要求，即技术实现基础上的业务流程再造、内部资源整合、组织间信息共享。如果企业不能及时提升自身能力，那么由技术产生的高效率将会被传统的组织壁垒和官僚作风所削减殆尽。我们通常所提到的“一站式”电子商务运营模式，就是要实现整个供应链中供应部门或组织的协同性服务。

（8）可控性。

电子商务作为一种市场行为，必然要受到相应的监督和管理。由于电子商务活动的信息能够以电子化方式采集、存储、传输、加工，所以政府职能部门通过电子政务平台，采用网上传输内容监控、网上信息流动监控、在线审计等技术，可以实现对电子商务活动的有效监控，保障电子商务活动的正常、高效、有序运转。

（9）预判性。

海量的电子商务历史数据和交易信息，是宏观调控市场经济的宝贵资源。政府相关部门综合利用先进的计算思维和数学模型，准确分析电子商务主体的各种决策活动，总结电子商务环境下的国民经济运行规律，优化国民经济的运作机制，将成为国民经济又好又快发展的根本保障。另外，利用电子商务数据进行的决策分析还可以实现对整个国民经济发展的预判，做到坏事先防范、好事先知道。

7.2 电子政务中的政府采购

20世纪60年代至70年代，政府部门还没有像企业那样热衷于推广网络技术，故电子商务的兴起并没能激起传统的政府部门发展电子政务的兴趣。其主要原因就在于，政府的垄断性地位导致其严重缺乏竞争意识和变革决心。但伴随着电子商务的迅速发展，由重塑政府运动推动的新公共管理运动在各国政府范围内兴起，电子政府构建的思路也应运而生。随着电子政府公共服务领域的不断拓展，电子政务的服务内容也得以不断丰富。作为电子政府职能的重要组成部分之一，电子政务中的电子商务活动也成为更新政府商务活动的重要方式和促进政府作风转变的重要内容。

目前，电子政务中的电子商务内容包括：面向公众的网上支付、网上银行、网上证券、网上缴费、网上拍卖等，面向企业的网上招商引资、电子招标、网上交易等，面向他国的跨国网上招商、网上商务谈判等。政府网上采购是我国电子政务中大力发展的电子商务活动。

7.2.1 采购与政府采购的界定

采购是社会进步与经济发展的必然产物。在现代社会中，采购的科学化管理是社会组织发挥采购功效，实现采购目标的根本途径。从行政管理的角度来看，政府采购实质是社会公众的采购，是一种社会公众的集体行为，所以政府采购管理不仅要实现高质量、高效率的采购目标，还要向社会公众展现出以公共利益为导向的政府行为更关注民族产业的振兴、环境保护等多维目标的态度。政府采购电子化是电子政务中电子商务活动的核心内容，是政府引领电子商务发展和支持民族企业振兴的重要途径之一。政府采购电子化、法治化和规范化，既可以促使越来越多的企业重视参与电子商务活动，也可以使企业及客户感受到电子政务与电子商务的低成本、高效率、高收益、高信任的价值所在。

1. 采购的概念

所谓采购，简单地说，就是购买者以支付为代价，获得其所需要的功能和服务，并使功能与服务所有权发生转移或暂时转让的过程。从严格意义上说，采购包括采集和购买两层含义。从采购主体的角度来看，采购可以划分为个人采购、企业采购、政府采购三个部分。

采购管理是包括采购需求确立、采购方式选择、采购合同签订、财务结算及采购验收等采购活动全过程的一系列计划、组织、协调和控制的管理活动。在现实生活中，采购作为一种基本的市场行为，无论是个人、企业，还是政府，都必须面对。不仅如此，采购的方式、采购的质量，都直接关系到不同社会主体的前途和命运。因此，实现采购管理的科学化是全社会必然的、普遍的客观需求。

2. 政府采购的概念

从社会发展的角度来看，政府商务活动所涵盖的范围较为宽泛，但从政府自身的角度考虑，政府商务活动的根本内容就是政府采购。政府采购是以政府为采购主体的采购行为，是政府商务活动的主要方式，而政府采购制度是对政府采购行为的制度化和规范化，是为规范政府采购行为而制定的一系列指导、管理、监督的法律法规体系。

一般来说，政府采购指行政主体为实现政府职能和业务需求，或满足公共物品供给需要，依照国家法律法规及相关政策规定的程序和方式，购买货物、工程和服务的行为。2002年6月颁布的《中华人民共和国政府采购法》规定："本法所称政府采购，是指各级国家机关、事业单位和团体组织，使用财政性资金采购依法制定的集中采购目录以内的或者采购限额标准以上的货物、工程和服务的行为。"由定义可知，政府采购与一般商业采购（也称私人采购）的购买行为有很大的不同，其性质属于非营利性的，采购的目的在于使用，因而需要最大限度地节约国家财政资金。

为了完整而准确地把握政府采购的概念，我们可以从六个方面来理解政府采购的内涵。

（1）政府采购是以政府为主体的采购活动。政府采购的主体应该由政府机关、社会公共事业单位、财政供给性社会团体共同组成。所谓以政府为主体，就是强调采购行为由政府部门负责计划、组织，采购的内容、数量、时间等也由相关部门来确定。

（2）政府采购的目的是满足社会公共需要。政府行为是受社会公众委托而进行的，而政府采购也是政府为社会公众提供公共服务的一种方式。因此，政府采购的最终目的是满足社会公众的共同需要。从这个意义上来说，政府采购也可以称为"公共采购"。

（3）政府采购的主要资金来源是财政性资金。政府采购的资金来源是具有公共性质的财政资金，就我国目前现状而言，主要是由纳入政府财政预算的预算内资金、预算外资金、单位自筹资金共同组成，三者可统称为财政性资金。①

（4）政府必须按照国家法律、法规及相关政策规定的程序和方式进行。政府代表社会公众，运用财政性资金进行采购，必须受到法律法规的监督和规范，政府采购资金的使用者有向社会公众和纳税人说明其资金使用正当性的法律义务，使用财政性资金的行为要遵照一定的原则，并受到专门的规范和监督。

（5）政府采购的对象涵盖广泛。政府采购对象可以说无所不包，即凡是政府机构为社会提供公共服务所需的一切产品和服务都应包括在内。无论是有形产品还是无形产品，价

---

① 2001年2月，财政部和中国人民银行制定发布的《政府采购资金财政直接拨付管理暂行办法》中明确指出："政府采购资金是指采购机关获取货物、工程和服务时支付的资金，包括财政性资金（预算资金和预算外资金）和与财政性资金相配套的单位自筹资金。"

值高的产品还是价值低的产品，民用品还是军用品，标准化产品还是非标准化产品，制成品还是原材料、半成品，国产品还是进口品，货物还是工程、服务，都可以成为政府采购的对象。

（6）政府采购制度属于国家宏观经济政策的重要组成部分。政府采购制度的政策性很强，包括最大限度地节约国家财政资金、购买本国产品、保护民族工业、扶植中小企业、开发落后地区、鼓励科技创新等政策及配合其他经济政策实现国家宏观经济调控战略等。

7.2.2 政府采购科学化管理

1. 政府采购科学化管理的原则

（1）符合国情为根本，借鉴国际经验。

政府采购管理中的首要原则就是以符合国情为根本，以国际经验为借鉴。我国现有的《政府采购法》于2002年颁布。随着新的政府采购电子化方式的出现，《政府采购法》也应该相应地融入更多全新的内容。这是该法不断修正和发展的根本动力。强调符合中国国情，不仅是强调我国的相关立法应该高效、规范，而且也强调具有中国特色的政府采购制度应该准确、合理。而建立一套完备的政府采购制度，除了需要相应法律法规的支撑之外，还需要大量的国家政策和制度规定。在这一方面，部分国家实施政府采购制度的时间相对较长，积累了丰富的经验。同时，许多国际组织也有相关的采购制度规范。这些都是值得我们认真研究并借鉴的。在国际经济一体化的浪潮中，我国的政府采购制度建设最终必将融入国际政府采购的大市场中，这是中国参与国际竞争的必要条件之一。

（2）公开透明。

政府采购管理的公开透明原则来源于政府采购的公共性。由于政府采购实质上是社会的公共采购，故接受社会公众的问询与调查是向社会公众负责的根本前提。政府采购的公开，是强调政府采购活动的公开化，即围绕政府采购的一切事项都要公之于众。政府采购的透明，是强调相关法律、政策、采购程序的透明。以公开透明为原则，是指政府采购的法律法规应该公开透明，采购的需求应该公开透明，评标的方法与标准应该公开透明，采购的过程应该公开透明，采购的结果应该公开透明，采购资金的使用情况应该公开透明，采购的记录应该公开透明，采购纠纷的处理结果应该公开透明，以及对采购官员的采购行为监督应该公开透明等。

（3）公平竞争。

政府采购以公平竞争为原则，既是强调在政府采购中引入竞争机制以提升采购的效率，也是强调为广大供应商提供一个公平竞争的机会。政府采购的公平既指参与投标的机会均等，又指参与招标的供应商权利均等。政府采购的竞争是指以竞争性的采购方式为主，通过竞争机制，促进供应商、承包商之间展开最大程度的竞争，使采购单位能够以最有利的价格条件获取合乎质量要求的货物、工程和服务，从而节约采购资金，使国家财政性资金得到合理的使用。以公平竞争为原则，就是强调在尽量减少政府支出的情况下，提高政府采购的效率，也是指在供应商参与竞争的过程中，保持竞争的合法性、公平性、正当性、真实性、有效性。当然，在同等条件下，在涉及扶持民族企业或促进落后地区的中小企业发展的情势下，政府采购应给予该企业或地区供应商一定的优惠政策。

（4）公正诚信。

政府采购需要建立一种公正诚信的制度，使采购主体与供应商、承包商之间建立一种公平的交易关系。政府采购的公正是政府采购法律法规对采购主体处理与供应商、承包商之间关系的一项基本要求。政府采购的诚信是指采购主体应以诚实、守信、善意的心理状态和方式履行相应义务，执行相应采购程序。以公正诚信为原则，就是强调采购过程中交易双方的自律，通过加强对采购程序中买卖双方的自我约束和社会监督，正确平衡当事双方的利益关系，正确平衡采购主体与社会公众的利益关系，避免权力寻租、滥用职权等现象的出现。

2. 政府采购方式

目前，国际上通用的政府采购方式有很多种。按照不同的标准，可以将这些采购方式划分为五大类 17 种方式，如招标采购、询价采购、单一来源采购、谈判采购等。我国的《政府采购法》第二十六条规定，我国政府采购的主要方式有公开招标、邀请招标、竞争性谈判、单一来源采购、询价以及国务院政府采购监督管理部门认定的其他采购方式。

（1）公开招标采购。

公开招标采购是政府最常用的采购方式。公开招标采购是指招标人以招标公告的方式，邀请不特定的法人或者其他组织投标的一种方式。在这种采购中，招标采购的程序和条件应事先拟定好，并对招投标双方具有相同的法律效力。招标程序一经确定，是不能随意修改的，采购双方也必须严格按既定程序操作。采购标准由采购主体事先确定并公布于众，开标后，严格按此标准从所有投标中评选出中标供应商、承包商，并与之签订采购合同。招标采购的主要方式为：竞争性招标采购、选择性招标采购、限制性招标采购、两阶段招标采购等。为了增强政府采购的公开透明度，政府采购的招标、投标程序最好由专业的招标机构代理实施。整个招标、投标的程序应体现出公开、公正、公平等基本原则，以维护良好的竞标氛围。

（2）邀请招标采购。

邀请招标采购属于有限公开招标采购的一种形式，是指招标人以投标邀请书的方式邀请特定的法人或者其他组织投标的一种形式。采用邀请招标采购应具备相应条件：竞争性招标或选择性招标后没有供应商参加投标或无合格标；供应商只有一家，无其他替代选择；出现了无法预见的紧急情况；向原供应商采购替换零配件；因扩充原有采购项目需要考虑到配套要求；属于研究用的试验品、试验性服务；追加工程，必须由原供应商办理，且金额未超过原合同金额的 50%；有与原工程类似的后续工程，并在第一次招标文件中作规定的采购；等等。

（3）竞争性谈判采购。

竞争性谈判采购是指采购人通过与国际供应商分别进行谈判后从中确定中标供应商并授予合同的一种采购方式，它是在客观上无法实行招标采购时的首选采购方式。竞争性谈判采购是公司企业采购中所主要采用的采购方式，国家公共领域的竞争性谈判采购主要运用于国防产品、公共服务采购等，尤其是应急性的公共服务采购、灾难性事件的援助物品采购、保护专属权的特定采购等。该方式的特点在于采购主体必须同受邀请的多个供应商分别进行谈判，其竞争性、透明度以及评判程序主观性等因素是影响采购效果的决定性因素。

（4）单一来源采购。

单一来源采购，也称为直接采购，就是没有竞争的采购，是指采购标的即使达到了竞争性招标采购的金额标准，但来源渠道单一，或属专利、首次制造、合同追加、原有项目的后续扩充等特殊情况。在此情况下，只能由一家供应商供货。从竞争性方面来看，单一来源采购方式处于不利地位，所以对于这种采购方法的使用，采购之前应制定严格的规范条件。

（5）询价采购。

询价采购，类似生活中的货比三家，是指采购单位向至少三家相关供应商发出询价单，让其报价，然后在报价的基础上进行比较，并确定中标供应商的一种采购方式。询价采购注重多个供应商报价所体现出的竞争性，但其主要适用于审查周期较长、投标文件需要费用较高以及供应商资格审查过于复杂的货物采购。询价采购的方式可以分为报价采购、订购、议价采购等。

7.2.3 政府采购电子化是政府采购方式的创新

政府采购电子化属于电子商务的重要表现形式，也是政府电子商务发展的必然趋势。随着信息技术的发展及应用，政府采购电子化方式也不断进行着升级换代，这些都将促进政府采购最大限度地节约人力、财力、物力，从根本上加快政府采购进度。

1. 政府采购电子化的重要意义

（1）经济意义。

政府采购电子化是实现“以信息化带动工业化”发展战略的重要举措，其发展有利于推动经济发展和产业结构调整，刺激电子商务的市场需求，也有利于降低采购成本，节约巨额开支。除此之外，政府采购电子化还能改善中央和地方的财政支出现状，实现中央与地方政府采购的统筹进行。

（2）政治意义。

政府采购电子化有助于规范政府采购行为，推动政府行为的规范化。借助网络平台运作的政府采购必须遵循公开透明和公平竞争的原则。技术规制和法律政策的密切配合，成为弥补政府采购制度不够健全这一缺憾的最有效途径。通过政府采购电子化的运作，政府与公众之间可以建立起一个良好的、有利于沟通交流的互动渠道，从而调动社会公众广泛参与管理决策和民主监督的热情，增强政府与公众之间的互信。从这个层面来说，政府采购电子化系统的效能发挥也会为民主政治奠定更为坚实的基础。

（3）行政意义。

通过电子政府的构建，可以使现实政府从被动地位逐步向积极主动地位转变，并为提高行政效率奠定重要基础。政府采购电子化通过公开竞价、自动报价、公平竞标的采购方式，提升政府采购的透明度，可以有效预防和遏制腐败现象，增进社会公众对政府采购制度的信心。此外，政府采购电子化也有利于提高政府办公透明度，为政府机构改革提供外部动力。

（4）社会意义。

从更广的角度来看，政府采购电子化是通过政府对电子商务的认同、对发展电子商务的重视而相应带动并促成的信息化成果。政府采购电子化不仅可以树立电子政府的良好形象，而且也可以弥补日益严重的“数字鸿沟”问题。就我国实际国情而言，绝大多数公民对网络的认识还不够深刻、全面，对其能给自己带来的影响还缺乏亲身体验。推动政府采购电子化将有助于公民增强网络意识和参与能力，减少因信息不对称而带来的各种社会问题。

2. 政府采购的招投标程序

关于政府采购的程序，各国有各自的安排。《政府采购法》已经为中国境内的政府采购活动制定了详细的采购程序。

（1）负有编制部门预算职责的部门在编制下一财政年度部门预算时，应当将该财政年度政府采购的项目及资金预算列出，报本级财政部门汇总。部门预算的审批，按预算管理权限和程序进行。

（2）货物或者服务项目采取邀请招标方式采购的，采购人应当从符合相应资格条件的供应商中，通过随机方式选择三家以上的供应商，并向其发出投标邀请书。

（3）货物和服务项目实行招标方式采购的，自招标文件开始发出之日起至投标人提交投标文件截止之日止，不得少于 20 日。

（4）在招标采购中，如果出现任何违法违纪行为或重大变故，应立刻给予废标；废标后，采购人应当将废标理由通知所有投标人。

（5）废标后，除采购任务取消的情形外，应当重新组织招标；需要采取其他方式采购的，应当在采购活动开始前获得相应的市、自治州以上人民政府采购监督管理部门或者政府有关部门批准。

（6）竞争性谈判采购的程序如图 7—1 所示。

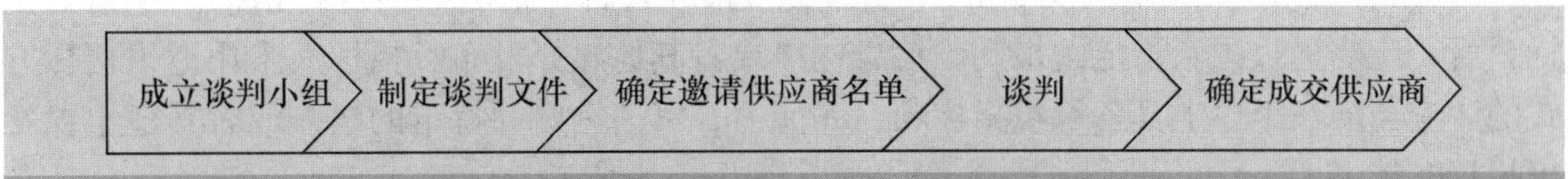

图 7—1　中国政府竞争性谈判采购程序示意图

（7）采取单一来源方式采购的，采购人与供应商应当遵循相关规定的原则，在保证采购项目质量和双方商定合理价格的基础上进行采购。

（8）询价采购的程序如图 7—2 所示。

图 7—2　中国政府询价采购程序示意图

（9）采购人或者其委托的采购代理机构应当组织对供应商履约情况的验收工作。大型或者复杂的政府采购项目，应当邀请国家认可的质量检测机构参加验收工作。验收方成员应当在验收书上签字，并承担相应的法律责任。

（10）采购人、采购代理机构对政府采购项目每项采购活动的采购文件应当妥善保存，不得伪造、变造、隐匿或者销毁。关于采购文件的内容和保存期限相关法律法规也作出了规定。

3. 政府招标投标活动的相关要求①

为了规范招标投标活动，保护国家利益、社会公共利益和招标投标活动当事人的合法权益，提高经济效益，保证项目质量，我国于 2000 年 1 月 1 日起施行的《中华人民共和国招标投标法》（简称《招标投标法》）已经对中国境内进行的招标投标活动进行了明确的规定，整个招标投标活动应依据公开、公平、公正和诚实信用原则，依法进行，不受地区或者部门的限制，招标投标活动及其当事人应当接受行政监督部门依法实施的监督。

（1）招标。

1）依照《招标投标法》的规定，招标人可采用"公开招标"或"邀请招标"的方式邀请法人或其他组织投标。对于需要事先取得批准的招标项目，招标人需按照国家有关规定先履行审批手续。

2）招标人应当有进行招标项目的相应资金或者资金来源已经落实，并应当在招标文件中如实载明。

3）招标人可自行选择招标代理机构，委托其办理招标事宜。招标人具备编制招标文件和组织评标能力的，可以自行办理招标事宜。任何单位和个人不得以任何方式为招标人指定招标代理机构。

4）依法必须进行招标的项目，招标人自行办理招标事宜的，应当向有关行政监督部门备案。

5）招标代理机构应当在招标人委托的范围内办理招标事宜，并遵守《招标投标法》关于招标人的规定。

6）招标人采用公开招标方式的，应当发布招标公告。依法必须进行招标的项目的招标公告，应当通过国家指定的报刊、信息网络或者其他媒介发布。招标人采用邀请招标方式的，应当向三个以上具备承担招标项目的能力、资信良好的特定的法人或者其他组织发出投标邀请书。

7）招标人可以根据招标项目本身的要求，在招标公告或者投标邀请书中，要求潜在投标人提供有关资质证明文件和业绩情况，并对潜在投标人进行资格审查；国家对投标人的资格条件有规定的，依照其规定。

8）招标人应当根据招标项目的特点和需要编制招标文件。招标文件应当包括招标项目的技术要求、对投标人资格审查的标准、投标报价要求和评标标准等所有实质性要求和条件以及拟签订合同的主要条款。

9）招标文件不得要求或者标明特定的生产供应者以及含有倾向或者排斥潜在投标人的其他内容。招标人根据招标项目的具体情况，可以组织潜在投标人踏勘项目现场。

10）招标人对已发出的招标文件进行必要的澄清或者修改的，应当在招标文件要求提交投标文件截止时间至少 15 日前，以书面形式通知所有招标文件收受人。

11）招标人应当确定投标人编制投标文件所需要的合理时间；但是，依法必须进行招

① 此部分内容根据《中华人民共和国招标投标法》的相关内容整理而得。

标的项目，自招标文件开始发出之日起至投标人提交投标文件截止之日止，最短不得少于 20 日。

（2）投标。

1）依照《招标投标法》的规定，投标人为响应招标、参加投标竞争的法人或者其他组织。投标人应符合国家或招标文件中有关投标人资格条件的相关规定。以个人身份参与依法招标的科研项目投标的个人也适用《招标投标法》中有关投标人的规定。

2）投标人应当按照招标文件的要求编制投标文件，并应当在投标文件中对招标文件提出的实质性要求和条件作出响应。属于建设施工的招标项目，其投标文件的内容应当包括拟派出的项目负责人与主要技术人员的简历、业绩和拟用于完成招标项目的机械设备等。

3）投标人应当在招标文件要求提交投标文件的截止时间前，将投标文件送达投标地点。招标人收到投标文件后，应当签收保存，不得开启。投标人少于三个的，招标人应当依照有关法规重新招标。

4）投标人在招标文件要求提交投标文件的截止时间前，可以补充、修改或者撤回已提交的投标文件，并书面通知招标人。

5）对于拟在中标后将中标项目的部分非主体、非关键性工作进行分包的投标人，应当在投标文件中载明相关情况。

6）两个以上法人或者其他组织可以组成一个联合体，以一个投标人的身份共同投标。联合体各方均应当具备承担招标项目的相应能力；国家有关规定或者招标文件对投标人资格条件有规定的，联合体各方均应当具备规定的相应资格条件。由同一专业的单位组成的联合体，按照资质等级较低的单位确定资质等级。

7）联合体各方应当签订共同投标协议，明确约定各方拟承担的工作和责任，并将共同投标协议连同投标文件一并提交招标人。联合体中标的，联合体各方应当共同与招标人签订合同，就中标项目向招标人承担连带责任。

8）投标人不得相互串通投标报价，不得排挤其他投标人的公平竞争，损害招标人或者其他投标人的合法权益。投标人不得与招标人串通投标，损害国家利益、社会公共利益或者他人的合法权益。

9）投标人不得以低于成本的报价竞标，也不得以他人名义投标或者以其他方式弄虚作假，骗取中标。

（3）开标、评标和中标。

1）应在招标文件确定的提交投标文件截止时间的同一时间公开进行开标，开标地点应当为招标文件中预先确定的地点。开标由招标人主持，邀请所有投标人参加。

2）开标时，首先需确认投标文件的密封情况，可由投标人或者其推选的代表检查，也可以由招标人委托的公证机构检查并公证；经确认无误后，方可由工作人员当众拆封并宣读投标人名称、投标价格和投标文件的其他主要内容。

3）评标由招标人依法组建的评标委员会负责。评标委员会成员的名单在中标结果确定前应当保密。评标委员会由招标人的代表和有关技术、经济等方面的专家组成，成员人数为 5 以上单数，其中技术、经济等方面的专家不得少于成员总数的 2/3。与投标人有利害关系的人不得进入相关项目的评标委员会，已经进入的应当更换。

4）招标人应当采取必要的措施，保证评标在严格保密的情况下进行。

5）评标委员会可以要求投标人对投标文件中含义不明确的内容作必要的澄清或者说明，但是澄清或者说明不得超出投标文件的范围或者改变投标文件的实质性内容。

6）评标委员会应当按照招标文件确定的评标标准和方法，对投标文件进行评审和比较；设有标底的，应当参考标底。评标委员会完成评标后，应当向招标人提出书面评标报告，并推荐合格的中标候选人。

7）招标人根据评标委员会提出的书面评标报告和推荐的中标候选人确定中标人。招标人也可以授权评标委员会直接确定中标人。对特定招标项目的评标应该根据项目相关要求设定。

8）评标委员会经评审，认为所有投标都不符合招标文件要求的，可以否决所有投标。依法必须进行招标的项目的所有投标被否决的，招标人应当依照法律重新招标。

9）评标委员会成员应当客观、公正地履行职务，遵守职业道德，对所提出的评审意见承担个人责任。评标委员会成员不得私下接触投标人，更不能向参与评标的有关工作人员透露对投标文件的评审或中标候选人的推荐情况以及与评标有关的其他情况。

10）中标人确定后，招标人应当向中标人发出中标通知书，并同时将中标结果通知所有未中标的投标人。中标通知书对招标人和中标人均具有法律效力。

11）招标人和中标人应当自中标通知书发出之日起 30 日内，按照招标文件和中标人的投标文件订立书面合同。招标人和中标人不得再行订立背离合同实质性内容的其他协议。

12）依法必须进行招标的项目，招标人应当自确定中标人之日起 15 日内，向有关行政监督部门提交招标投标情况的书面报告。

13）中标人应当按照合同约定履行义务，完成中标项目。中标人不得向他人转让中标项目，也不得将中标项目肢解后分别向他人转让。中标人按照合同约定或者经招标人同意，可以将中标项目的部分非主体、非关键性工作分包给他人完成。接受分包的人应当具备相应的资格条件，并不得再次分包。中标人应当就分包项目向招标人负责，接受分包的人就分包项目承担连带责任。

4. 采购招投标系统的设计内容

（1）系统管理。

系统管理员负责招标项目经理、会员管理员、财务管理员等角色的注册和信息维护。

（2）会员注册。

1）会员分类：普通会员、正式会员、专家会员。

2）会员权限：

第一，普通会员：公告查询，购买标书，申请资格审核。

第二，正式会员：除评标外的所有权限。

第三，专家会员：查阅标书，在线评标。

（3）招标文件处理。

1）文件发布。

填写标书关键信息，自动生成招标文件，包括：招标公告、投标人须知、货物需求一览表、技术说明、其他说明、文件格式、合同条款、修改与澄清公告等。

2）文件维护。

招标人在截标时间之前可以对发布的招标文件进行修改、澄清和补充等管理。

3）文件模板管理。

可以修改、维护招标文件的模板。

（4）招标公告检索/查询。

按照项目目录分类、关键字查询所有已发布的招标项目的招标公告。

（5）在线售标。

会员供应商查阅了招标公告书后，可以在线购买标书。

（6）一口价竞标。

招标方式和传统的方式一样。投标方的标书和报价在截标前可以修改、补充、撤回。在开标前，除投标人外，其他人看不到标书的任何细节。

（7）公开招标。

招标文件和公告向所有供应商开放，所有供应商都有参与竞争的平等机会。

（8）财务管理。

标书收费管理、投标保证金管理、会员费管理。

（9）招标结果查询。

结束的招标项目的结果会在历史招标项目中公布。会员可以查询所有已经结束的招标项目的情况。

（10）邮件通知系统。

通过邮件自动通知招标过程中的各个步骤的消息、提示等信息，并进行邮件内容模板管理。

（11）招标查询统计。

按时间、招标编号、业务部门、项目经理等进行招标项目查询；按日、月、季、年进行项目统计。

（12）会员供应商管理。

会员邮件列表管理会员资信，管理会员投标情况，等等。

（13）服务。

安装、调试、使用和操作培训。

（14）可选配置。

1）招标预告发布。

可以发布招标预告，征集供应商。

2）竞价竞标。

基本方式相当于一口价竞标，但投标方的报价一经提交就对外公开。投标人可以查看所有竞标单位的报价，并可以在截标前不断更改自己的报价，以获得有利的评标排位，形成类似于反向拍卖的竞争效果，获得更好的招标价格。

3）邀请招标。

只邀请部分经过资格预审的供应商参加投标。

4）在线设计内容。

第一，在线投标。投标人可以在线提交投标文件，在截标时间内，投标人可以修改、补充、撤回投标文件。

第二，在线开标。系统自动开标：在规定的开标时间内，系统自动完成开标，并将开标结果在网上公布。人工开标：投标书设有投标口令，开标时现场输入口令方能开标。

第三，在线评标。专家评标：经过授权的评标专家经过身份认证后，可以在线阅读标书、提交评标意见。评标意见自动汇总，并经过系统自动判断，按照评标价最低原则形成评标结果和授标意见。提交评标结果：专家对每份标书的评标结果由项目经理汇总提交系统，系统整体判断所有的投标，自动形成授标意见。

第四，电子支付。可以集成和银行的接口，进行在线付款。

第五，在线授标。系统自动通知中标方进行合同签约。

第六，在线签约。招标方和中标方可以在线签订合同。

5）项目目录管理。

可以建立三级目录，项目按照目录进行分类管理。目录可以增加、删除、修改。

6）招标项目管理。

可以进行招标项目计划录入和管理、业务安排和提醒、项目过程与进展跟踪。

7）招标合同跟踪管理。

跟踪招标项目签约合同执行的进展情况。

8）评标专家管理。

建立评标专家库，录入、维护评标专家信息。

9）其他。

系统首页形象设计帮助、导航文档个性化定制。

7.3 政府对电子商务的管理服务

电子商务涉及信息系统管理、金融结算、有关法律法规的制定等，一方面需要技术上的保证，如采用电子签名、电子识别等技术手段；另一方面需要通过标准的形式把这些技术手段确定下来。总的来说，政府对于自身的电子商务活动要严加管理，对非政府参与的电子商务活动则要主动服务。

7.3.1 政府在电子商务发展中的作用

电子商务将传统的商务流程在网络平台上实现，以数据流代替了实物流，重新设计了物流管理的模型，减少了不必要的中间环节，使得生产者和消费者的直接交易成为可能，不仅改变了企业本身的生产、经营、销售活动，还在一定程度上影响了整个社会的经济布局和结构，为各种社会经济要素的重新组合提供了可能性。作为电子商务的引导者、管理者、协调者和应用者，政府在参与电子商务活动中，应该在管理者素质与公众认识、物质资源与精神资源、方针政策与法律法规、国内协调与国际合作等方面都努力发挥出引导、规范和推进的重要作用。政府只有把这些事情都做好，才能真正做到为一般性电子商务活动提供好的服务，为政府的电子商务活动提供好的管理，进而转变自身职能，成为真正的服务型政府。

1. 提高全社会对电子商务的认识

鉴于一些企业并未认识到发展电子商务的必要性，而且公众使用电子商务的人数仍未能达到一定数量级，政府应该有重点地开展电子商务的宣传和推动工作，在社会上推广电子商务的概念和应用。政府应该在描绘电子商务的美好前景的同时，强调应用是电子商务的核心，找出对地区、行业和企业发展有重要意义的电子商务领域，鼓励企业承担作为电子商务主体的责任，积极投入电子商务活动中。政府应当负责搞好试点工程，取得应用经验后再普及推广。政府可以在政策、法律制度、技术研究、基础设施等方面为企业提供扶持，并通过财政补贴、技改投资、批准上市、科研经费等形式资助和鼓励企业上网交易，为它们开展电子商务提供良好的环境。此外，政府还可组织有关专家开展深层次的研究，积极探讨电子商务发展的有关问题，规范参与企业的行为，以消除人们对电子商务的疑虑。

2. 加强对电子商务发展的宏观规划和建设指导

电子商务是我国国民经济信息化的重要组成部分，具有全局性、综合性、整体性和复杂性等特点，它不仅包括企业与用户之间的业务活动，还包括税务、运输、海关、商检等相关政府部门的业务活动。对电子商务的健康运行和发展，政府负有宏观规划和建设指导的责任。具体来说，就是要通过政策导向，有目的、分步骤地统筹规划电子商务网络平台建设，做到合理布局；组织协调电子商务软件建设，促进电子技术的商务应用；鼓励试点，积极引导和推动企业参与电子商务。总之，政府需要建立一个综合性的部门来具体担负这一重任，以加强部门之间、地区之间的协调，保持与电子商务相关的政策、法规和标准的一致性与连续性，促进电子商务健康发展。此外，政府还应为企业，尤其是中小企业的信息化建设提供指导帮助，以解决它们在建设中所遇到的资金不足、人才缺乏和战略短视等难题。

3. 加快网络基础设施建设

电子商务是基于信息网络通信的商务活动，相应的网络基础设施建设是电子商务发展的基础条件，也是一个风险大、投资多、见效慢、关乎国计民生的庞大工程，属于公共基础设施建设范畴。个体或私营企业一般不愿也难以承担建设重任。因此，政府应该明确，网络基础设施建设必须以国家为行为主体，充分发挥国有经济的主导作用，由政府投资建设。当然，在建设过程中，政府要注意解决降低上网费用、打破垄断、鼓励竞争、筹划计算机与通信一体化的研究等问题。

4. 加强安全管理和技术研究

电子商务是通过互联网传输商务信息和进行贸易的，与传统的有纸贸易相比，减少了直接的票据传递和确认的商业交易活动，因此要求电子商务比有纸贸易更安全、更可靠。由于电子商务应用技术本身存在严重的安全隐患，加之电子政府的商务活动是在开放的网络上进行交易，所以对数据传输的安全性要求必然很高。由此，解决电子商务的安全问题成为促进电子商务发展的关键内容。这是电子商务的生命力所在，也是制约电子商务发展的“瓶颈”。政府必须加大力度研究电子商务的安全管理对策，鼓励采用具有自主知识产权的安全技术产品，努力提高电子商务的安全防范能力。其中，安全技术包括密码技术、防火墙技术、认证技术、留痕技术等。政府重点要解决的安全问题是加强网上支付的安全保障，以保证电子商务能够在法制化、有序化的安全环境中运行。

5. 制定电子商务标准

要保证电子商务在世界范围内可靠、安全和无壁垒地运行，需要采取统一的标准来确定某些技术手段。因此，需要制定一套完整的、普遍适用的电子商务准则，这涉及电子商务合同、电子签名、电子识别、传输协议以及争端解决规则等一系列制度的改革，以便形成一个统一的、标准化的商务活动环境，实现电子商务活动的规范化运行。

6. 加强电子商务立法

电子商务是在网络环境下拓展市场的新型商务活动，它在必须面对传统贸易的纷争的同时，也会遇到许多新的问题，如国际贸易纷争、虚拟组织领导、跨文化沟通等。鉴于此，电子商务发展需要与其相适应的法律法规体系，以便在企业和企业之间、政府和企业之间、企业和客户之间、政府和政府之间进行电子商务活动时可以明确并遵守相应的法律义务与责任，进而增强企业和广大消费者对电子商务交易的信任感。

电子商务立法涉及网络规划、管理、个人隐私、网络加密、消费者权益、关税、税收、支付、版权、专利、知识产权、信息安全维护、有关计算机诉讼和证据等多方面的法律保障问题。由于电子商务的法律框架的制定不应局限在一国范围内，还应考虑适用于国际间的经济往来，得到国际间或协议国之间的认可和遵守，所以，在制定法律、法规和政策时，应该认真研究电子商务的特征，既要有针对性地立足于本国国情，又要适应全球贸易一体化的趋势；既要着眼于完善原有的法律体系并进行必要的调整，又要适应新的发展需要制定新的法律法规；既要积极与别国磋商，以制定一个公平、公正、合理的满足双方利益的标准，也要积极参与国际对话与合作，促使全球性的电子商务立法框架早日形成。

联合国国际贸易法委员会已制定了一套有关电子商务的法律范本，为电子商务的发展奠定了法律基础。我国已相继出台了《互联网信息服务管理办法》《互联网电子公告服务管理规定》《互联网从事登载新闻业务管理暂行规定》《中华人民共和国电子签名法》等法律法规，我国最高人民法院也就网络著作权纠纷相关法律作出了解释。这些法律条文对规范电子商务行为起到了重要作用。

7. 加强人才培养

电子商务是信息技术与商务活动的有机结合，需要大量掌握现代信息技术和现代贸易理论与实务的复合型人才。在传统商务向电子商务转变的过程中，人才是电子商务重要的战略性资源，具有举足轻重的作用。政府应该运用各种手段和途径，通过改进电子商务人力资源系统和扩展电子商务人力资源基础设施来引进并合理使用素质较高、层次合理、专业配套的专业人才，尽快解决电子商务发展中遇到的人才紧缺的问题，以加快我国电子商务建设步伐，并充分利用信息技术提高生产力。对我国而言，这些工作应包括：建立和运作电子商务人力资源发展中心，制定金卡计划，吸引海外电子商务人才；引进电子商务管理人员认证项目，对私营培训机构的电子商务培训课程进行认证；建立电子商务成功案例库；等等。[1] 政府还要通过高校设立的电子商务专业和课程为电子商务专业人才的培养提供专门途径，帮助网络、计算机和经营管理方面的人才提高对电子商务的重视程度，为电子商务的不断发展提供人才保障。

8. 加强国际交流与合作

电子商务的电子化、网络化，决定了其商务活动的国际化。为此，加强国际交流与合作是政府在发展电子商务过程中不容忽视的问题。政府应该在国际层面积极参与由各国政府、国际组织举行的双边、多边谈判及有关法规、标准的制定工作，在建立一个国际社会能够普遍接受的统一贸易规范与法律框架的努力中发挥应有的影响和作用；通过采取包括对电子合同的认可、接受电子签名以及其他类似授权程序的规则、制定争端解决机制、制定权责明确的根本原则等方式，减少不必要的贸易障碍；通过促进电子商务信息交流和技术合作，鼓励企业积极参与国际对话，力争在电子商务的对话中吸收更多的国家参与，听取来自不同区域组织、各国政府和各类企业的意见，以便建立协调一致的全球电子商务环境，其中，市场环境包括适宜的社会环境、竞争环境、管理和服务环境等，制度环境包括建立和完善法律法规、税收政策、电子支付系统、知识产权保护、信息安全、个人隐私、电信技术标准等。

7.3.2　全球电子商务政策框架[2]

《全球电子商务政策框架》是美国政府指导电子商务发展的指导性文件。它于 1997 年 7 月出台，是由美国 19 个政府部门共同起草、时任总统克林顿签署的。该文件提出了发展全球电子商务的基本原则与国际协作领域，既标志着美国政府系统化电子商务发展政策的形成，又展现出其谋求国际规则主导权的企图。

1. 基本原则

美国提出发展电子商务的五项基本原则，分别是：

（1）市场导向与民间主导发展。

（2）政府应避免设立不当限制。

（3）政府干预的重点是建立一个可预见、干预最少的发展环境，并顾及法令的简明与一致性。

（4）政府必须认清互联网的特性。

（5）在全球范围内推动电子商务。

2. 国际协作领域

国际协作领域包括以下九个方面的具体政策建议：

（1）税收与关税。

（2）电子支付系统体系。

（3）电子商务通则。

---

① 中国电子商务研究中心：《浅析政府对企业电子商务发展的作用》，见 http://www.wjw.cn/content/wjzx/2009/11/18/130962.shtml，2009-11-18。

② 参见李晓东：《发达国家电子商务发展战略及我国应对策略》，见 http://www.people.com.cn/wsrmlt/jbzl/2000/08/lixd/3.html。

（4）知识产权保护。

（5）隐私权。

（6）安全性。

（7）电信基础设施和交互操作性。

（8）信息内容。

（9）技术标准。

美国的政策主要通过“促进”“保证”“帮助”“保护”“协调”的方式加以实施，概括起来就是：有限介入，灵活管理，宏观协调，以政策加以引导，以经济杠杆加以调节，以立法手段给予保障。在具体问题上，积极组织专家解决各种难题，扩展全方位的服务，发挥催化剂的作用。

上述原则和建议反映了美国政府对于自己在实现电子商务计划中扮演的角色的认识。至此，美国政府形成了一种战略部署，即以这些基本原则为指导，在如上国际协作领域里，通过与其他国家讨论的方式来达成对美国电子商务框架的共识。

这一框架受到发达国家的普遍支持，已经成为各国商讨全球电子商务政策法规问题的准则。1997 年 12 月，欧盟与美国发表了有关电子商务的联合宣言，与美国就全球电子商务指导原则达成协议，承诺建立“无关税电子空间”；1999 年 2 月，欧盟又提出建立一个旨在协调全球通信，特别是电子商务的国际宪章的提议；1998 年 5 月，日本与美国签约，条约内容基本上是《全球电子商务政策框架》的翻版；1999 年 5 月，日美两国发表联合声明，对关税、税收、隐私权、身份确认等问题提出了一些原则看法，强调了两个经济大国在电子商务方面进行磋商与合作的重要性，表明两国意欲通过它们在世界经济中的地位与影响，联手制定电子商务全球框架，以保持和增强两国的领先地位。

7.3.3 中国加快电子商务发展的指导思想和基本原则[①]

1. 加快电子商务发展的指导思想

按照科学发展观的要求，紧紧围绕转变经济增长方式、提高综合竞争力的中心任务，实行体制创新，着力营造电子商务发展的良好环境，积极推进企业信息化建设，推广电子商务应用，加速国民经济和社会信息化进程，实施跨越式发展战略，走中国特色的电子商务发展道路。

2. 加快电子商务发展的基本原则

（1）政府推动与企业主导相结合。完善管理体制，优化政策环境，加强基础设施建设，提高服务质量，充分发挥企业在开展电子商务应用中的主体作用，建立政府与企业的良性互动机制，促进电子商务与电子政务协调发展。

（2）营造环境与推广应用相结合。加强政策法规、信用服务、安全认证、标准规范、电子支付、现代物流等支撑体系建设，营造电子商务发展的良好环境，推广电子商务在国民经济各个领域的应用，以环境建设促进应用发展，以应用发展带动环境建设。

---

① 参见中华人民共和国国务院办公厅：《国务院办公厅关于加快电子商务发展的若干意见》，见 http://www.gov.cn/zwgk/200508/15/content_21825.htm，2005-08-15。

（3）网络经济与实体经济相结合。把电子商务作为网络经济与实体经济相结合的实现形式，以技术创新推动管理创新和体制创新，改造传统业务流程，促进生产经营方式由粗放型向集约型转变。

（4）重点推进与协调发展相结合。围绕电子商务发展的关键问题和关键环节，积极开展电子商务试点，推进国民经济重点领域的电子商务应用，探索多层次、多模式的中国特色电子商务发展道路，促进各类电子商务应用的协调发展。

（5）加快发展与加强管理相结合。抓住电子商务发展的战略机遇，在大力推进电子商务应用的同时，建立有利于电子商务健康发展的管理体制，加强网络环境下的市场监管，规范在线交易行为，保障信息安全，以维护电子商务活动的正常秩序。

本章小结

如何确定电子政府的商务活动的内容，如何对电子政府的商务活动实行有效的管理，并为一般性的电子商务活动提供更好的服务，是政府需要研究和解决的重要问题。本章在分析电子商务的概念和特征的基础上，研究了电子政务中的商务活动的核心内容——政府采购电子化，并对政府采购的主要方式——招投标问题进行了探讨，最后介绍了政府在电子商务发展中应起的作用，以及西方国家政府部门在发展电子商务中的举措。

关键术语

电子商务　电子政务中的电子商务　政府采购　政府采购电子化　全球电子商务政策框架

复习思考题

1. 简述电子商务的内涵、外延和特征。
2. 与传统商务相比，电子商务的优势是什么？
3. 电子商务的应用有哪些方面？
4. 简述电子政务中的电子商务的内容。
5. 简述政府采购的概念、原则、模式和方式。
6. 政府在电子商务发展中的作用有哪些？

参考文献

1. 张锐昕主编．电子政府概论（第二版）．北京：中国人民大学出版社，2010
2. 章辉．政府采购风险及其控制．北京：中国财政经济出版社，2009
3. 李洪心编著．电子商务概论．大连：东北财经大学出版社，2008
4. 周苏，杨武剑，王文等编著．电子商务概论．北京：科学出版社，2008

5. 林中燕主编. 电子商务概论. 上海：上海财经大学出版社，2008
6. 马海涛，姜爱华主编. 政府采购管理. 北京：北京大学出版社，2008
7. 电子商务特点的归纳分析. http://www.chinaacc.com/new/287%2F294%2F350%2F2008%2F8%2Fwa8110494224138800216758 0.htm
8. 电子商务的分类. http://zhidao.baidu.com/question/14320089.html
9.《中华人民共和国政府采购法》
10.《中华人民共和国招标投标法》

第8章

电子政务信息安全体系

本章重点问题

- 电子政务信息安全的需求
- 电子政务信息安全的策略
- 电子政务信息安全整体解决方案

政府的管理和决策活动都是围绕着对信息的收集、分析、加工、处理、存储和传输等工作进行的。随着电子政府构建的逐步深入和电子政务应用的不断拓展，越来越多的信息（包括涉密信息）开始进入电子政务网络。由于电子政务应用涉及大量个人隐私、企业商业机密以及国家安全等内容，与整个国家和每个公民的利益息息相关，因此，保证电子政务信息的安全，不仅是保障政府的管理和决策活动安全的要求，更是保障国家政治、军事、经济和社会生活的安全和社会稳定的要求。可以说，信息安全是电子政务有效运作的必要前提，也是电子政府构建成功的重要保证，关系到国家安全和长远发展，需要特别加以重视并加大保障力度。

电子政务信息安全的目标，是保护政务信息资源不受侵犯，面临最小的安全风险和获得最大的安全利益。由于信息安全体系是一项复杂的系统工程，涉及多个学科领域和多种技术，因此，要构建科学、完整的电子政务信息安全体系，并处理好信息安全体系建设和电子政务发展的关系，各级政务部门就必须坚持统一谋划、统一部署、统一推进、统一实施的原则，在科学、经济的安全策略的指导下，协调一致、齐头并进，以安全保发展、以发展促安全，努力建久安之势、成长治之业。本章主要从目前电子政务信息安全的需求、策略以及所采取的整体解决方案等方面概要介绍电子政务信息安全体系。

8.1 电子政务信息安全的需求

电子政务安全的宗旨是指在充分评估电子政务系统建设和实施过程中所面临的各种安全风险的基础上，最大限度地保护硬件、软件、信息和网络的安全，其核心是保护电子政务的信息安全，以确保政务部门在网上能够有效行使监管和服务职能。电子政务信息安全的特殊性主要体现在：既关涉部门安全，又关涉国家安全；既是政治安全，又是经济安全和社会安全；既要求保密，又要求公开；既要求公共服务职能与公众信息网互联，又要求核心业务层与外界隔离。因此，在电子政务的不同安全域上，对信息安全的要求并不完全相同。下面我们主要介绍电子政务信息安全的基本需求，然后从技术和管理两方面探讨电子政务信息安全面临的威胁。

8.1.1 电子政务信息安全的基本需求

关于信息安全，不同的组织有不同的定义，国际标准化组织对信息安全的定义是："在技术上和管理上为数据处理系统建立的安全保护，保护计算机硬件、软件和数据不因偶然和恶意的原因而遭到破坏、更改和泄露"。目前，信息安全的内涵已从传统的机密性、完整性和可用性三个方面扩展到机密性、完整性、可用性、不可否认性、可控性和真实性等更多领域。

1. 机密性

机密性也称保密性，保密性要求信息不为非法用户所知、所用。在电子政务系统中，敏感、机密的信息或数据有可能在传输过程中被非法用户截取，因此系统应能够防止信息的非授权泄露，即防止信息泄露给不应该拥有该信息的用户、实体或进程等。这就要求在技术上能够预防外界通过搭线和电磁泄漏等手段获取信息，能够通过对业务流量的分析获取有价值的情报或预防其他一切损害系统机密性的行为。通常采用信息加密技术来保证信息的机密性。

2. 完整性

完整性是指未经授权不能对信息进行修改的特性，即信息在传送或存储过程中不被截取或破坏（包括篡改、重放或延迟），或只有得到允许的人才能修改数据。系统中的软件和数据未经授权不得改变的特性，包括软件（程序）完整性和数据完整性两个方面，即系统中使用的软件未经授权不得删改，数据在存储和传输过程中必须保证不被修改、不被破坏、不丢失。当信息出现意外改变时，其完整性就丧失了。因此，需要从技术上预防对信息进行的随意生成、修改和删除等操作，同时还要防止在数据传输过程中出现信息丢失、重复以及次序上的错误等情况。

3. 可用性

可用性是软件或系统的最基本特性，是指被授权用户或实体访问并按需求使用的特性，即当授权用户或实体需要访问系统、数据时能够被满足的特性。可用性与环境、网络、系统以及数据的安全、可靠、稳定等特性直接相关。

4. 不可否认性

不可否认性是指证实行为已经发生的特性，以保证行为不能抵赖。不可否认性以身份确认为前提，只有在保证实体身份的基础上，才能谈到实体行为的不可否认性。目前，不可否认性主要依靠数字签名（也称电子签名）技术实现。数字签名类似人的手写签名，签名中也包含难以伪造的签名主体的个性信息。不可否认性是网络世界中信用的核心体现，因此，其依赖的电子签名技术受到世界各国的普遍重视，很多国家通过了“电子签名法”，以确定电子签名在数字世界中的法律地位。

5. 可控性

可控性是指对信息的访问、传播方式以及信息的内容具有控制能力的一种特性。在电子政务系统中，要求能够在任何必要的情况下不受阻碍地实施对信息以及系统访问的监控管理行为。

6. 真实性

真实性是指信息所反映的内容与客观事物主体一致的特性。

8.1.2　电子政务信息安全面临的威胁

电子政务信息安全威胁是指对电子政务信息的机密性、完整性、不可否认性、可用性、可控性、真实性的破坏，或对其合法使用所造成的风险，主要来自技术和管理两个方面。

1. 技术方面

电子政府行使政府职能的特点会导致来自外部或内部的各种攻击，包括黑客组织、犯罪集团或某些国家行为的攻击。实施攻击主要依靠技术手段，包括基于监听、截获、窃取、破译、业务流量分析、电磁信息提取等技术的被动攻击和基于修改、伪造、破坏、冒充、病毒扩散等技术的主动攻击。我们把技术方面的安全风险分为物理安全风险、链路安全风险、网络安全风险、系统安全风险和应用安全风险五个方面。

（1）物理安全风险。

物理安全涉及的风险主要有：

1）对信息化基础设施的直接破坏，如切断通信电缆、损毁通信设备和存储设备。

2）对电子供应设施的破坏，如切断电源、制造电源故障等，使设备断电，进而造成信息的毁坏或丢失。

3）各种自然灾害（如水灾、火灾、地震、台风、雷电等）、物理设备（如计算机设备、网络设备、存储介质等）自身的老化和损坏等环境事故可能导致的整个系统的毁灭。

4）设备被盗、被毁造成数据丢失或信息泄露。

5）静电、强磁场、电磁辐射可能带来的破坏，如设备短路、存储介质毁坏，可能造成数据信息毁坏、被窃取或偷阅。

6）报警系统的设计不足或故障可能造成误报或漏报。

这些物理风险主要来自操作失误（如使用者错误地格式化硬盘等）、人为的破坏和物理自然环境的恶化等。

（2）链路安全风险。

入侵者可能在传输链路上利用搭线窃听等方式截获机密信息，再通过一些技术手段读出信息；或通过对信息流向、流量、通信频度和长度等参数的分析，推导出有用信息，如用户口令、账号等；或进行一些篡改来破坏数据的完整性。

（3）网络安全风险。

网络应用在提供了网络的开放性和资源的共享性的同时，也增加了网络安全的脆弱性和复杂性。网络互联方式、网络的规模、提供服务的方式、网络知名度以及网络对安全事故的准备情况等一些因素都会影响到网络安全风险及其程度，再加上政府的政治、经济特性和资源特性，其信息资源受到关注的程度更高，因而电子政务网络面临的安全威胁将更为严重。

一般来说，网络安全威胁主要有：

1）非授权访问：没有预先经过同意就使用网络资源被看作非授权访问。如：有意避开系统访问控制机制，对网络资源进行违法操作；擅自扩大权限，越权访问信息；等等。

2）信息泄漏：指敏感数据在有意或无意中被泄露或透露给某个非授权的人或实体。这种威胁主要来自诸如搭线窃听或其他更加错综复杂的信息探测攻击。

3）破坏数据完整性：以非法手段窃得对数据的使用权，删除、修改、插入或重发某些重要信息，以取得有益于攻击者的响应；或恶意添加、修改数据，损害数据的一致性，以干扰用户的正常使用。

4）拒绝服务攻击：拒绝服务攻击可以阻止用户对部分或全部计算机系统的访问。它们的实现方法通常是：通过向某个连接到局域网或者 Internet 的设备发送大量的杂乱的或者无法控制的数据，不断对网络服务系统进行干扰，改变其正常的作业流程，执行无关程序，使系统响应减慢甚至瘫痪，从而影响用户的正常使用，甚至使合法用户被排斥而不能进入网络系统或不能得到相应的服务。更严重的是分布式拒绝服务攻击，这种攻击会危及多个设备或者主机的安全。

5）传播病毒：通过网络传播计算机病毒，其破坏性远大于单机系统，而且用户很难防范。假如内网的一个系统或一台设备被病毒感染，就很可能会影响同一网络上的其他系统甚至造成整个网络瘫痪。

（4）系统安全风险。

目前的操作系统以及底层支撑系统多来自国外公司。很多系统有漏洞和“后门”，即在各种软硬件中有意或无意留下的特殊代码，公司通过这些代码可以获得软硬件设备的标识信息或操作系统特权控制的信息。如：英特尔公司曾在奔腾Ⅲ中设置过序列码功能，该功能留有自动传送计算机有关硬件方面信息的后门。① 微软公司的 Windows 95 会悄悄地

① 1999 年 5 月初《光明日报》报道这一消息后，当时的国家信息产业部两次请英特尔公司安全方面的最高负责人到北京质询，把问题的来龙去脉调查清楚。同时，还紧急召集相关的国内 PC 生产厂商、部分部委信息中心的负责同志开会，听取各方意见，研讨相应对策。在大量调查研究的基础上，部办公会定下了对奔腾Ⅲ序列码的处理意见。在向外界公布建议之前，信息产业部将意见通报给了英特尔。中国方面认为泄露信息的隐患确实存在，英特尔始终不能说服中国改变看法。英特尔的官员发现了这一点后，最后向中国保证，序列码只是企业行为，绝对没有美国政府和安全部门的介入，如有不实，愿意接受任何惩罚。由于中国方面有理有据，英特尔表示能够接受意见，没有提出异议，还配合 PC 厂商关闭了 PC 中的序列码功能。2000 年 4 月 27 日，英特尔公司宣布将不再在奔腾Ⅲ处理器中放置产生安全隐患的序列码，在意见通报之后售出的 PC 中，序列码都是关闭的。参见《信息产业部负责人评奔腾Ⅲ序列码事件》，见 http://tech.sina.com.cn/review/media/2000-06-14/28081.shtml，2000-06-14。

向微软发送用户计算机中的信息。Windows 98 则会根据用户计算机的硬件配置情况生成一串与用户名和地址相关的硬件标识码——全球唯一的识别码，这个识别码会通过 Windows 98 的注册程序自动传送到微软的网站上去，用以追踪一些电子文件的作者的身份。即使用户已经指明不要这样做，注册程序还是会在用户不知情的情况下将这些信息悄悄地发送给微软。[①] 类似情况都会不同程度地带来暴露身份和泄露机密的可能，对系统构成安全威胁。

（5）应用安全风险。

电子政务应用系统是软件。软件既是重要的系统资源、安全保护的对象和安全控制的措施，又是危害安全的途径和手段，而且电子政务应用系统直接面向业务进行信息处理，其业务范围广泛，应用主体众多，涉及复杂的权限管理和业务责任等，这使得应用系统极为复杂，程序量很大，设计失误的风险难免会增多，加之还涉及软件开发人员的品行的可靠性问题，所以，软件本身是十分脆弱的。如果考虑不周，或者受设计者本身的技术能力限制，则应用系统的各组成部分和整个网络，从系统集成、网络设计到计算机各个元器件、网络设备、安全专用设备、操作系统、网络协议、应用软件等，都可能无意识地留下可供攻击者开发利用的一些特性，使应用系统存在安全弱点或隐患，直接影响到应用系统的使用效果。

从应用安全的角度考虑，主要是应用系统自身的安全和数据信息的安全。其内容包括：

1）合法性。一方面是指对信息系统操作的合法性，另一方面是指信息系统用户身份的合法性。

2）规范性。在应用、操作和维护上必须遵守一定的技术规范。

3）安全性。信息系统和应用程序自身不能存在安全漏洞，应用过程中所处理的各类信息不被泄露、篡改、假冒或抵赖等。

4）兼容性。不同的信息系统和应用程序之间应具有良好的信息交换能力。

电子政务是面向全社会提供公共信息和公共服务，其应用系统的服务对象十分广泛，这势必要求其应用系统运行具有可靠性、可控性和可跟踪性，即保证系统没有易遭到攻击的漏洞或后门；管理部门对系统有足够的控制和管理能力，对系统的运行能够实施有效跟踪、监测并能及时解决发现的问题。此外，还要求各电子政务应用系统具有开放性，对网络中其他不同的应用系统具有良好的兼容性，并且应该是可扩充的，以适应公众需求的不断变化。

2. 管理方面

网络系统的安全问题绝大部分都是来自内部。有调查显示：在已有的网络安全攻击事件中，约 70%来自网络内部的侵犯。内部安全管理组织不健全，管理制度不规范且缺乏可操作性，日常管理松懈，管理人员素质低，网络安全管理制度不健全或不能实施，是造成

---

① 这一情况被揭露后，微软说它会尽快地修改它的网站，停止接收用户的资料，并将向用户提供禁止此项功能的补丁。参见《信息安全已成当务之急　自主操作系统亟待发展》，见 http://www.66163.com/Fujian_w/news/fzwb/990622/8-1.htm。

攻击者频频得手的主要原因。此外，人们的安全意识薄弱、技术力量严重不足、安全制度执行不力等，会使怀有恶意的内部人员成为最难防范的敌人，造成最大的安全隐患。

来自内部的安全威胁主要有：内部人员故意泄露网络结构；安全管理员有意透露其用户名及口令；内部不怀好意的员工编写破坏程序在内网上传播；内部人员通过各种方式盗取他人的涉密信息并传播出去；等等。大多数技术安全措施，如防火墙、入侵者探测系统等旨在对付来自系统外部的攻击，对内部的攻击却束手无策，这是因为内部人员对系统的工作原理和脆弱之处非常了解，他们熟悉组织结构，得到了系统的充分信任，也知道系统是如何针对他们的行为进行调查，因而他们可以利用系统本身的资源来对付系统。为此，除了需要制定一系列信息安全标准和信息系统安全标准之外，还需要在设计技术安全措施的同时同步考虑管理安全措施的制定，后者对政府来说更为重要。

尽管电子政务管理安全问题已经受到了极大的关注，但在实际建设过程中对其重视程度仍显不足。一些政府部门把自身网络运行管理的权责交给事业单位的技术人员甚至是网络公司负责，对网络、系统、应用和信息方面的安全监督检查近乎空白，这使政府网络运行在一种几乎不设防的状态下。还有一些政府部门在网络互联后仍采取单兵把守、分散作业的模式，或者内部没有明确的安全管理机构，或者即使有安全管理机构，但各联网部门并没有统一的安全管理机构，这使得电子政务管理安全责任不清、主体不明，客观上造成具体的管理安全任务无法落实到人、到位的状况，真正遇到威胁、出现问题时没人管、没人负责。

不难看出，电子政务信息安全是一个系统的概念，它既包括由技术原因引起的安全隐患，也包括由管理原因引起的安全问题。所以，仅依靠信息安全技术和产品，不可能形成有效的信息安全体系。要全面解决电子政务信息安全问题，管理工作（包括组织和制度建设等）就必须加强，为此，制定科学、完整的信息安全策略是整个信息安全体系建设的基础和保障。

8.2 电子政务信息安全的策略

所谓安全策略，是指在一个特定的环境里，为保证提供一定级别的安全保护所必须遵守的规则。电子政务信息安全是一个涉及环境、设备、技术、人员、管理等多方面的复杂系统工程，在其各个安全环节中，安全管理是核心，安全技术为安全管理服务，是实施安全管理的工具与保障。我们在此主要探讨技术和管理方面的策略选择。

8.2.1 电子政务信息安全的目标和原则

1. 电子政务信息安全目标

电子政务信息安全的目标，是保护政务信息资源不受侵犯，面临最小的安全风险和获得最大的安全利益。从电子政务信息安全风险分析中，可以归纳出电子政务信息安全目标主要包括以下几个方面：

（1）技术安全。

信息安全包括信息传输安全、信息存储安全、信息访问安全等多项内容。第一，在技术体系上要有良好保障的防火墙技术、防病毒技术、入侵检测与漏洞扫描技术、认证与加密技术；第二，要提高核心技术的国产化和自主开发能力；第三，对应用于政府网络中的所有设备、软件必须进行严格的安全检测。

下面是在讨论电子政务技术安全问题时经常会涉及的一些概念。

1）安全攻击：指各种危害信息安全的行为。根据行为的特征又可以分为主动攻击和被动攻击。主动攻击包括破坏基础设施、电磁干扰、蓄意备份未授权信息、删除或修改政府网站上的信息、在网上扩散病毒等行为；被动攻击包括对政府网站上的信息进行监听、截获、窃取、破译、业务流量分析和电磁信息提取等。

2）安全机制：主要指为了保证系统的安全运行所采用的安全技术、方法以及实现策略。比如，在用户登录系统设计中，安全机制可以采用简单的用户名口令机制，可以采用双因子认证机制，也可以采用PKI身份认证机制；在安全机制基础上，可以针对系统实际特性调整实现方法和策略。安全机制包括的内容很多，也很复杂，体现在系统建设的各个方面和各个阶段。

3）安全服务：可以提高数据或信息处理、传输安全性的服务。一项安全服务可能是几种安全机制的组合，比如，数字证书服务就是基于密钥加密、信息摘要和数字时间戳等多种技术的结合，来保证信息的完整性、真实性和不可否认性。

4）安全系统：指借助一种或多种安全服务或机制实现的操作平台或应用系统。

（2）管理安全。

管理安全是从管理的层面制定统一的安全管理规范和相关的法律保障，实现电子政务安全管理的制度化、法律化。它是依靠严格的安全管理制度、监督约束机制来提高管理者的安全意识和堵塞各种安全管理漏洞。

管理安全是电子政务整体信息安全的核心，它贯穿于电子政务技术安全内容的各个方面，是安全技术发挥作用的保证。一般在构建安全系统时，容易只关注技术安全和设备安全，而忽视管理安全，殊不知很多安全问题都和管理上的疏忽相关。在整个安全体系中，安全管理策略与安全技术密不可分，只有将两者有机结合，融为一体，才能有效地保证电子政务信息安全。

为实现电子政务信息安全目标，当前政府采取的技术和管理方面的综合策略主要包括：第一，国家主导、社会参与。第二，全局治理、积极防御。采用法律威慑、管理制约、技术保障和安全基础设施支撑的全局治理措施，并且实施防护、检测、恢复和反攻击的积极防御手段。第三，等级保护、保障发展。电子政务建设要根据信息的密级及所面临的威胁等级，确定满足需求的安全策略，选择合适的安全技术产品，达到要求的安全强度，以保障电子政务系统的健康发展。

2. 电子政务信息安全建设原则

电子政务信息安全建设必须遵循以下原则：

（1）安全分级原则。信息的绝对安全是不现实的，也是没有必要的。只要信息被截取破译的成本超过信息的价值或是被截取破译的时间超过信息的保密期限，它就是安全可靠的。政府应该根据政务信息的不同密级，采取不同的安全技术和安全产品。

（2）同步性原则。同步性原则要求信息安全保障体系同信息系统的运行在时间上是重叠的。在任何情况下，如果没有安全保护措施，那么政务信息就不能进行传输、存储和访问等操作。

(3) 多重防护原则。世界上没有不能攻破的堡垒，也没有不能入侵的系统。在政务系统的不同层次要采用不同的安全产品、安全技术和安全策略。

(4) 合法性原则。电子政务的信息安全产品的研制、生产、销售和信息系统的建设必须严格遵循国家信息安全管理方面的法律法规以及行业规范，同时还要结合各政务机关的特点，制定切实有效、合法合规的管理策略和方法。

在上述原则指导下，政府在电子政务安全策略实施过程中努力做了以下一些工作：

其一，安全保障体系建设。内容包括：安全管理策略规范、物理安全建设规范、网络安全规范、信息安全规范、数字证书管理规范、应用系统安全规范、系统管理规范、应急系统构建规范等。

其二，安全与应用并行。将电子政务安全体系建设纳入电子政务总体建设规划中进行统一安排、统筹考虑，不过分强调各部门或业务的独立性。

其三，信息安全体系建设。通过建立健全信息安全机制来保证满足电子政务信息安全的基本需求，确保电子政务系统用户身份安全认证，以及信息的安全处理、安全存储和安全传输。

其四，支撑平台与安全产品选择。根据安全策略要求，选择经国家权威部门检测通过的产品，在满足需要的前提下，优先选择国产产品，以减少安全隐患。

其五，技术产品安全评估和信息安全评估工作同时进行，并以此为基础，对政务信息进行严格分类，明确各种信息的访问权限和信息加密强度。

8.2.2 电子政务信息安全的针对性策略

电子政务信息安全遵循“木桶原理”，即一个木桶的容积取决于组成它的最短的一块木板，同理，电子政务信息安全强度与它最薄弱环节的安全强度相当。为此，针对电子政务信息安全的各种基本需求和各类安全威胁，政府都必须采取合适的策略。

1. 针对电子政务信息安全基本需求的策略

要保证电子政务信息安全的基本需求，须采取以下应对措施：

(1) 使用访问控制机制，阻止非授权用户进入网络，即“进不来”，从而保证网络系统的可用性。

(2) 使用授权机制，实现对用户的权限控制，即不该拿走的“拿不走”，同时结合内容审计机制，实现对网络资源及信息的可控性。

(3) 使用加密机制，确保信息不暴露给未授权的实体或进程，即未授权者“看不懂”，从而实现信息的保密性。

(4) 使用数据完整性鉴别机制，保证只有得到允许的人才能修改数据，而其他人“改不了”，从而确保信息的完整性。

(5) 使用审计、监控、跟踪、防抵赖等安全机制，使得攻击者、破坏者、抵赖者“走不脱”，并进一步对出现的安全问题提供调查依据和手段，实现信息安全的可审查性。

由于电子政务信息的安全和共享是一对矛盾，安全与信息的可用性也是彼此矛盾的，因此，在制定电子政务信息安全解决方案时，要充分考虑政务的特性和要求，将技术与管理有机结合，在进行安全评估的基础上，再确定合适的方案。

2. 针对电子政务信息安全威胁的策略

在对电子政务信息可能遭受的各种风险进行全面了解的基础上，针对电子政务系统中不同层次的威胁采取各不相同的安全策略。

（1）物理安全。

为充分发挥电子政务系统的性能，确保系统及相关设施运行正常，对计算机及其附属设备、设施（包括机房建筑、供电电源、空调等）、环境以及其他媒体等要采取适当的安全措施，以保证物理设施的安全，这就是物理安全，也称实体安全。它包括三方面内容：第一，环境安全，即对系统所在环境的安全保护，如机房的安全技术要求、实体访问控制和灾难保护等；第二，设备安全，主要包括设备的防盗、防毁、防磁场、防静电、防电磁波辐射与干扰及电源保护等；第三，媒体安全，包括媒体数据的安全及媒体本身的安全。

为保证物理安全，一方面，可以通过建立备用系统、双机热备、故障隔离机制、电磁波干扰或屏蔽，以及机房的防火、防盗措施等，来保障系统即使遭遇危机也能正常运转；另一方面，针对重要信息可能通过电磁辐射或线路干扰造成泄露等问题，对主机房和重要信息的存储、收发部门进行必要的安全保护设计，如构建屏蔽室、采用辐射干扰机、采取防止电磁辐射泄露机密信息等措施，以防范或减少可能遭受的安全风险。

（2）链路安全。

链路安全就是要求数据在链路上传输必须加密，即使信息在链路上被非法截获，明文信息也不会暴露，信息也不能被篡改。

（3）网络安全。

网络安全是指通过网络安全检测、网络监控与入侵防范等手段，防止非法用户穿过系统的访问控制进行特权数据的读取或对系统进行破坏。从技术的角度分析，网络安全包括技术防护体系和技术监督体系两个方面。建立防护体系的目标是降低或避免风险，主要依靠已经分析掌握的安全风险评估，针对已知的网络威胁采取主动防御；虽然看起来是主动行为，但在面对网络攻击时，防御往往很被动。技术监督是当威胁已经不是一种可能，而是已经成为现实的时候，能够通过技术手段发现这种攻击并采取相应的措施以降低攻击所造成的损失的一种能力。当攻击真正发生时，系统的监督、检测以及快速反应机制往往更重要。

（4）系统安全。

系统安全通常是指网络操作系统、数据库系统以及其他底层支撑系统的安全，目的是建立一个可信的安全操作环境。为避免在核心技术方面受制于人，保证信息安全，政府必须重视具有民族自主知识产权的信息安全技术和产品的研发与应用，逐步从关键产品开始替代国外产品，在重要领域及要害部门更要如此。

支撑系统的安全性除取决于系统产品自身的技术特性、产品特性及安全特性外，还与系统本身以及系统间的合理配置和合理选择有很大的关系。

（5）应用安全。

应用安全是指为保障应用系统功能的安全实现，提供包括风险分析、权限管理、访问控制、审计跟踪、备份与恢复等在内的一系列安全措施，来保护信息处理过程的安全。

（6）管理安全。

中国信息安全最大的隐患在于管理。管理安全主要是指通过有关的法律法规、政策制度以及安全管理手段等来确保系统的安全运行。针对管理安全，政府可以采取安全评估、安全政策、安全标准、安全制度和安全审计等策略。

1）安全评估。

安全评估是从政治、经济、技术等方面确定电子政务系统中信息安全的重要性，包括：不同的系统受到哪些不同的潜在威胁？威胁的严重程度如何？威胁将造成什么样的后果？怎样才能确定系统究竟需要什么样的安全措施？安全评估是决定制定何种安全标准以及采用怎样的安全技术和手段的前提。

2）安全政策。

安全政策是在安全评估的基础上制定的。电子政务的安全政策包括：政府信息系统安全等级的分类、与安全等级相对应的安全措施的要求、对参与系统开发与运行的企业（特别是外企）的要求和约束、系统安全的审计、安全问题的报告制度和程序、紧急情况的处理和应急措施等。

3）安全标准。

安全标准是在电子政务安全政策的指导下制定的具体的、针对每一个安全等级的政府信息系统的安全标准，包括：硬件、软件、人员、系统的安全，运行的规范，数据和软件的备份，系统的物理安全，等等。

安全标准研制内容包括：涉密电子文档密级划分和标记格式、内容健康性等级划分与标记、内容敏感性等级划分与标记、密码算法标准、密码模块标准、密钥管理标准、PKI/CA 标准、PMI 标准、信息系统安全评估和信息安全产品测评标准、应急响应等级、保护目标等级、应急响应指标、电子证据有效性界定、身份标识与鉴别、数据库安全等级、操作系统安全等级、中间件安全等级、信息安全产品接口规范等。

4）安全制度。

安全制度是指为保证系统的安全运转而建立的一套自上而下的安全组织机构及与管理有关的制度。

首先，建立安全组织机构。从国家层面，我国的安全组织机构主要有公安部、国家安全部、国家保密局、国家密码管理局等，它们各自负有相应的安全管理职能。如：公安部负责计算机网络互联的安全保护工作，其公共信息网络安全监察局具体履行安全管理职能，依法对计算机网络实施监督，大力加强对计算机网络的安全管理，消除计算机网络隐患，防范黑客攻击和计算机病毒对我国信息网络的侵害；国家安全部在计算机网络信息安全管理工作中负责主要计算机网络上危害国家安全的事件，打击利用计算机网络进行阴谋颠覆政府、分裂国家、推翻社会主义制度的犯罪行为；国家保密局负责全国计算机网络信息安全管理的保密工作；国家密码管理局主管全国商用密码的管理工作；工业和信息化部负责原信息产业部与国务院信息化办公室的相关管理职能，主要职责是保障与协调国家信息安全，振兴电子信息产品制造业、通信业和软件业，推进国民经济和社会服务信息化，制定行业的规划、政策和法规，统筹规划国家通信主干网包括本地网和长途网（电信网）、广播电视网（包括无线和有线电视网）、军事部门和其他部门专用通信网，并进行行业管理，合理配置资源，避免重复建设，保证信息安全，对信息产业实施统一规划、统一政策、统一建设、统一管理。这些信息安全管理部门既有分工，又有协作，齐抓共管，形成合力，是我国信息安全的组织保障。

其次，由于政府网络的特殊性和权威性要求，电子政务信息安全管理部门应根据管理原则和该系统所处理数据的保密性要求，加强安全制度的研究、制定和实施，明确建设的指导原则、部门和人员的相关职能与责任、信息的时效控制，以制定相应的管理制度或采用相应的规范。需要制定的制度包括：日常系统操作及维护制度、审计制度、文档管理制度、应急响应制度等。安全管理规范包括：人员安全管理规范、物理环境安全规范、网络安全规范、主机系统及操作系统安全规范、信息安全管理规范等。

安全管理制度建设应明确多人负责制原则、任期有限制原则、职责分离原则等，在此基础上，制定包括机房管理、网络管理、系统管理、设备管理、信息管理、应急处理、人员管理、技术资料管理等有关信息系统建设的规范。

5）安全审计。

安全审计是对电子政务系统安全实施有效监控的重要手段。安全审计有两层含义：一是检查每一个电子政务系统的建设和运行状况，确保政府的安全政策和安全标准得到落实。二是采用数据挖掘和数据仓库技术，利用安全设施或软件提供的审计跟踪功能，对使用何种系统资源、使用时间、如何使用以及由哪个用户使用等问题进行迅速审核，以便系统地识别问题，并且为事故处理提供一个完备的记录，以备事故发生后能够对历史数据实施有效的分析、处理和追踪，为追查已经发现的或可能产生的破坏性行为（如系统故障的确定、网络犯罪行为及泄密行为的追查等）提供有力的证据，实现在不同网络环境中终端对终端的监控和管理。此外，它还能通过对安全事件的不断收集、积累和分析，有选择性地对其中的某些站点或用户进行审计跟踪，在必要时通过多种途径向管理员发出警告或自动采取排错措施。

一般来说，对电子政务网络的安全保护，可分为三个阶段来进行：事前、事中和事后。事前就是发现网络潜在的安全问题或者是潜在的弱点、隐患并加以弥补，这类产品用得比较多的就是扫描系统；事中是对正在运行的系统采取保护措施，防止黑客攻击，用得最多、最普遍、最成熟的是防火墙和入侵检测技术；而事后的取证，就必须用到审计系统。如果说防火墙是一道保护网络的重要关卡，那么网络安全审计则是在网络内部值勤的网上巡警。网络安全审计能够对网络进行动态实时监控，可通过寻找入侵和违规行为，记录网络上发生的一切合法和非法访问，为用户提供取证手段。网络安全审计不但能够监视和控制来自外部的入侵，还能够监视来自内部人员的违规和破坏行动，它是评判一个系统是否真正安全的重要尺度。

由于网络自身的漏洞与各种威胁的增加，因而必须通过安全管理实现对系统审计信息的综合分析，不断在运行中调整安全策略并完善安全设计，使安全策略更符合实际，安全设计更趋合理。

结合电子政务应用特点和重要性，在安全法律、法规、政策的支持与指导下，政府可以通过采用成熟、先进的安全技术产品，再辅以必要的安全管理措施，来制定合理的应对策略，对电子政务信息安全进行全局统一规划并制定信息安全整体解决方案，因为整体的安全强度越高，对信息的保护程度越强。

8.3 电子政务技术安全体系设计

8.3.1 常用的电子政务信息安全机制

为了应对各种各样的安全威胁，人们通常采取一些技术措施来检测、防范攻击，这些技术措施我们称之为安全机制。安全机制包括的技术措施有：账号管理与口令设置技术、入侵检测与漏洞扫描技术、病毒防治技术和容灾及数据恢复技术等。下面我们逐一解释当前电子政务信息安全机制中主要采用的一些技术措施。

1. 访问控制机制

访问控制是网络安全防范和保护的主要策略，它的主要任务是保证网络资源不被非法使用和非常访问。它主要利用操作系统设置和专用的设备，是维护网络系统安全、保护网络资源的重要手段。

操作系统一般都具有用户管理、文件权限管理的功能，通过对操作系统的合理设置可以很好地起到访问控制的作用。专用设备中最常用的是防火墙。

（1）权限管理和口令设置。

1）权限管理。

权限管理是针对网络非法操作所提出的一种安全保护措施。所谓权限管理，就是对用户使用应用系统中的资源的权限的界定。通常权限管理根据被访问数据的内容和访问者的身份对用户进行分组，同时对资源进行分类。分组的用户将获得相应的用户口令和访问密码，而系统中的资源则按其类别加上相应的标识。通过在用户和资源之间建立相应的访问关系，即该资源可以被某个用户访问或者说哪些用户可以访问哪一类别的资源，从而区分不同的用户和数据访问权限。权限管理中一般把用户分为三类，即特殊用户、一般用户和审计用户。特殊用户即系统管理员，通常具有访问网络中所有资源的权限；一般用户则由系统管理员根据用户的实际需要为他们分配操作权限；审计用户负责网络的安全控制与资源使用情况的审计。严谨、灵活的权限管理机制是保障应用安全的基本条件。

2）口令设置。

可以说口令设置是系统的第一道防线，是用户访问网络时所必须提交的“证件”。用户在注册时首先输入用户名和口令，服务器将验证所输入的用户名和口令是否合法。如果验证合法，则允许用户登录并按其相应的用户权限使用系统资源。反之，用户将被拒之于网络之外。用户的口令是用户入网的关键所在，当前网上对系统的攻击大部分是从截获或猜测口令开始的。由于口令在一定时间内是不变的，且在数据库中有存储记录，可重复使用，所以非法用户通过网络窃听、非法数据库访问、穷举攻击、重放攻击[①]等手段很容易得到这种静态口令，然后，利用口令，可对资源进行非法访问和越权操作。一旦攻击者获得系统口令，其他安全防卫措施就都将失去作用。所以，对口令的管理必须采取严格的措施。用户可以修改自己的口令，同时系统管理员则通过规定最小口令长度、强制修改口令的时间间隔、规定口令的唯一性、规定口令过期失效后允许入网的宽限次数等控制用户口令的使用。为保证口令的安全性，用户口令不能显示在显示屏上，口令长度应不少于 6 个字符，口令字符最好是数字、字母和其他字符的混合，用户口令必须经过加密，加密的方法很多，其中最常见的方法有：基于单向函数的口令加密，基于测试模式的口令加密，基于公钥加密方案的口令加密，基于平方剩余的口令加密，基于多项式共享的口令加密和基于数字签名方案的口令加密等。经过上述方法加密的口令，即使是系统管理员也难以得到它。还可采用一次性用户口令，也可用便携式验证器（如智能卡）来验证用户的身份。

(2) 防火墙技术。

防火墙是一类防范措施的总称。防火墙的概念是借用了建筑学上的一个术语。在建筑学中的防火墙是用来防止大火从建筑物的一部分蔓延到另一部分而设置的阻挡物。网络防火墙是通过在网络边界上建立相应的网络通信监控系统，使得内网与互联网或者其他外网隔离开来，同时，提供存取控制与保密服务，使内网有选择地与外网进行信息交换。防火墙增强了内网的安全性，用户可以安全地使用网络，更好地利用网络的资源，而不必担心受到黑客的袭击。

1）防火墙的主要特点。

防火墙是一种控制技术，既可以是一种软件产品，又可以制作或嵌入某种硬件产品中，简单的可以只用路由器实现，复杂的可以用主机甚至一个子网来实现。防火墙也是设置在被保护内网和外网之间的一道屏障，通过在内网与外网之间设立唯一的通道，简化网络的安全管理，以防止发生不可预测的、潜在的破坏性侵入。它通过监测、限制、更改跨越防火墙的数据流，尽可能地对外部屏蔽网络内部的信息、结构和运行状况，以实现网络的安全保护。

2）防火墙的基本功能。

防火墙的功能主要有：过滤掉不安全服务和非法用户；限制用户网络访问，控制用户对特殊站点的访问；隐藏敏感信息，阻止攻击者搜集信息；提供监视互联网安全和预警的方便端点。

防火墙只是一系列整体安全防范措施的一部分，由于互联网的开放性，有许多防范功能的防火墙也有一些防范不到的地方，如：防火墙不能防范不经由防火墙的攻击。例如，如果允许从受保护网内部不受限制地向外拨号，一些用户可以形成与互联网的直接的连接，从而绕过防火墙，造成一个潜在的后门攻击渠道。另外，防火墙不能防止感染了病毒的软件或文件的传输，这样只能在每台主机上装反病毒软件。防火墙不能防止数据驱动式

① 重放攻击（replay attack）的攻击形式有：简单重放、可被日志记录的复制品、不能被检测到的复制品和反向重放、不做修改等。

攻击。当有些表面看来无害的数据被邮寄或复制到互联网主机上并被执行而发起攻击时，就会发生数据驱动攻击。防火墙不能防范来自内部的攻击。对来自内部用户的攻击，防火墙无能为力。

3）防火墙的构造原则。

目前，比较成熟的防火墙技术主要有两种，即包过滤技术和代理技术。与之相对应，出现了构造防火墙的两种基本原则：屏蔽路由器和代理服务器。

a. 屏蔽路由器。屏蔽路由器一般是一个多口 IP 路由器，用于在内部和外部的主机之间发送数据包。它不但对数据包进行路由发送，还依据一定的安全规则检查数据包，决定是否发送。它依据的规则由站点的安全策略决定，这些规则可根据 IP 包中信息——IP 原地址、IP 目的地址、协议、ICP 或 UDP 源端口等进行设置，也可根据路由器知道的信息，如数据包到达端口、出去端口进行设置。这些规则由屏蔽路由器强制设置，也称为包过滤（packet filter）规则。包过滤规则又可以分为简单包过滤和状态检测包过滤。

b. 代理服务器。代理服务器是运行在防火墙主机上的专门应用程序或服务器程序，这些程序接受用户对服务的请求，并按照相应的安全策略将这些请求转发至实际的服务中。代理服务器为一个特定的服务提供替代连接，充当服务的网关，因此又称为应用级网关。

4）防火墙的构造体系。

a. 筛选路由器（screening router）。它通常又称包过滤防火墙，常用一台过滤路由器来实现，一般作用在网络层，对进出内网的所有信息进行分析，并按照一定的安全策略对进出内网的信息进行限制，允许授权信息通过，拒绝非授权信息通过，其核心是包过滤算法的设计。采用这种技术的防火墙的优点是速度快、实现方便，但安全性能差，且由于不同操作系统环境下的 TCP 和 UDP 端口号所代表的应用服务协议类型有所不同，故兼容性差。

b. 双宿主主机（dual-homed host）。用至少具有两个网络接口的双宿主主机（又称堡垒主机）做防火墙。堡垒主机内外的网络均可与其实施通信，但内外网络之间不可直接通信，而是由堡垒主机上运行的防火墙软件来转发应用请求、提供服务等。其缺点是一旦入侵者控制堡垒主机，则其在内外网之间的任何活动都将不受限制。

c. 屏蔽主机网关（screened host gateway）。屏蔽主机网关一般由一个分组过滤路由器和一台堡垒主机构成。路由器连接外网，强迫所有到达路由器的数据包发送到堡垒主机，使堡垒主机成为从外网唯一可直接到达的主机，确保了内网不受未被授权的外部用户的攻击。

d. 被屏蔽子网（screened subnet）。这种方法是在内网和外网之间建立一个被隔离的子网，从而进一步实现屏蔽主机的安全性。其典型结构是将两个屏蔽路由器分别放在子网两端，负责连接内外网，两个路由器中间设一堡垒主机作为唯一可访问点，支持终端交互或作为应用网关代理，这样，攻击者很难同时破坏两个路由器和堡垒主机而不引发警报。

上述防火墙的几种结构类型各有所长。在实际应用中，防火墙通常是上述几种结构的组合，具体使用哪一种或是否混合使用，取决于网管中心对向用户提供的服务类型、所能接受的风险等级以及所需费用等因素的综合考虑。

（3）入侵检测系统（IDS[①]）。

入侵检测系统，就是通过从计算机网络或计算机系统中的若干关键点收集信息，并对其进行分析，对所发现的网络或系统中的可疑行为或遭到袭击的迹象作出策略反应，及时阻断入侵源，并通过各种途径通知网络管理员，最大限度地保障系统安全。传统的操作系统加固技术和防火墙隔离技术等都是静态安全防御技术，对网络环境下日新月异的攻击手段缺乏主动的反应。IDS 是对防火墙的合理补充，被认为是继防火墙之后的第二道安全闸门，它能在不影响网络性的情况下对网络进行监测，能够有效地防范来自外部的对网络的试探和攻击。

IDS 主要是通过以下几种活动来发挥作用的：监视、分析用户及系统活动，查找非法用户和合法用户的越权操作；对系统配置和弱点进行监测，并提示管理员修补漏洞；识别与已知的攻击模式匹配的活动；对异常活动模式进行统计分析，发现入侵行为的规律；评估重要系统和数据文件的完整性；对操作系统进行跟踪管理，并识别用户违反安全策略的行为。此外，有的 IDS 还能够自动安装厂商提供的安全补丁软件，并自动记录有关入侵者的信息。一个成功的 IDS，不仅可使系统管理员时刻了解网络系统，还能为网络安全策略的制定提供依据，对入侵事件和入侵过程作出实时响应。

IDS 按其输入数据的来源，可以分为以下两种：

1）基于主机的 IDS。

其输入数据来源于系统的审计日志，主要监视 Windows 上的系统、事件、安全日志，以及 Unix 环境中的 syslog 文件，一般只能检测主机上发生的入侵。其主要优点包括非常适用于加密和交换环境、实时的检测和应答、不需要额外的硬件等。

2）基于网络的 IDS。

其输入数据来源于网络的信息流，能够检测该网段上发生的网络入侵。使用原始的网络分组数据包作为进行攻击分析的数据源，一般利用一个网络适配器来实时监视和分析所有通过网络进行传输的通信。其主要优点包括低成本、攻击者转移证据更困难、实时检测和应答、能够检测未成功的攻击企图以及操作系统独立等。

基于网络和基于主机的 IDS 都有各自的优势，两者相互补充。如果从某个重要服务器的键盘发出的攻击并不经过网络，就无法被基于网络的 IDS 检测到，而只能使用基于主机的 IDS 来检测；基于网络的 IDS 通过检查所有的包首标来进行检测，而基于主机的 IDS 并不查看包首标。因此，联合使用基于主机的 IDS 和基于网络的 IDS 这两种方式，能够达到更好的检测效果。

（4）漏洞扫描技术。

安全扫描是网络安全防御中的一项重要技术，其原理是先采用模拟攻击的形式对目标可能存在的安全漏洞进行逐项检查，目标可以是工作站、服务器、交换机、数据库应用等各种对象，然后根据扫描结果向系统管理员提供周密、可靠的安全性分析报告，为提高网络安全整体水平提供重要依据。在网络安全体系的建设中，安全扫描是一种花费低、效果

---

① IDS：intrusion detection system.

好、见效快、与网络的运行相对独立、安装运行简单的工具，它可以大规模减少安全管理员的手工劳动，有利于保持整个网络安全政策的统一和稳定。

2. 数据加密机制

数据加密包括传输加密和文件加密。电子政务系统涉及各种敏感信息的传输，如各种报关手续、企业财务报表及纳税情况等，要保证信息在传输过程中不被窃听或篡改，就必须采用密码技术对信息进行加密。目前比较成熟的密码技术包括 SSL①、VPN② 技术等。文件加密是通过对目标文件进行加密，保证即使文件丢失，非法用户也无法读取。

数据加密机制是信息安全的核心，利用数据加密机制可以实现身份鉴别、数据安全存储和转发、通信加密、高强度的隔离和访问控制等。与数据加密相关的概念包括：

（1）明文和密文：一般来讲，明文是指信息原有的、可理解的形态，而密文是指将明文进行变换后，不可理解的数据形态。

（2）加密和解密：加密是将信息从明文变换为密文的过程；解密正相反，是将密文变换为明文的过程。

（3）算法和密钥：加、解密依赖两个要素，即算法和密钥。算法是加密和解密的规则或变换，通常是某种数学公式；密钥是加密和解密所需要的一串数字，即所用数学公式的可变参数。当算法固定时，变换密钥可以得到不同的密文。一般在实际应用中，算法是相对固定的、公开的，而密钥是变化的，密钥的长短决定信息加密的强度。密钥越长，强度越高；密钥越短，强度越低。但信息加密的强度一般与效率成反比。

（4）密码体系：也称密码体制，密码体制包括“对称密钥加密体制”和“非对称密钥加密体制”两种。在对称密钥加密体制中，通信双方采用相同的密钥；而在非对称密钥加密体制中，有一对密钥，通信双方加、解密时采用不同的密钥，用其中一个密钥加密，必须用与其相对应的另外一个密钥来解密，这两个密钥分别称为“公钥”和“私钥”。

1）对称密钥加密体制。

对称密钥加密体制是一种传统密钥加密体制，也称为私钥加密体制。比较典型的算法有数据加密标准（DES③）算法及其变形三重 DES（Triple DES）、欧洲的 IDEA 等。DES 标准由美国国家标准局提出，密钥长度为 56bit。Triple DES 使用两个独立的 56bit 密钥对交换的信息进行三次加密，从而使其有效长度达到 112bit。在对称密钥加密体制中，发送和接收数据的双方必须运用相同的密钥对明文进行加密与解密运算。因为加、解密密钥相

---

① SSL：security socket layer，加密套接字协议层，是一种加密的通信协议。SSL 协议位于 TCP/IP 协议与各种应用层协议之间，为数据通信提供安全支持。SSL 协议可分为两层：SSL 记录协议（SSL record protocol），它建立在可靠的传输协议（如 TCP）之上，为高层协议提供数据封装、压缩、加密等基本功能的支持。SSL 握手协议（SSL handshake protocol），它建立在 SSL 记录协议之上，用于在实际的数据传输开始前，通信双方进行身份认证、协商加密算法、交换加密密钥等。

② VPN：virtual private network，虚拟专用网，是一门网络新技术，提供一种通过公用网安全地对内网进行远程访问的连接方式。VPN 可以通过特殊的加密的通信协议在连接在互联网上的、位于不同地方的两个或多个政府内网之间建立一条专有的通信线路。VPN 被定义为通过一个公用网（通常是互联网）建立一个临时的、安全的连接，是一条穿过混乱的公用网的安全、稳定的隧道。VPN 是对内网的扩展，可以帮助远程用户、分支机构、商业伙伴及供应商同内网建立可信的安全连接，并保证数据的安全传输。VPN 可用于不断增长的移动用户的全球互联网接入，以实现安全连接；可用于实现企业网站之间的安全通信。

③ DES：data encryption standard.

同，所以通信的双方必须选择和保存他们共同的密钥，各方必须信任对方不会将密钥泄露出去，这样就可以实现数据的机密性和完整性。

对称密钥加密算法的优点是：计算开销小，加、解密速度快。但同时它的局限性也是很明显的，主要表现在以下几个方面：一是密钥交换困难。二是需要保存的密钥数量大——在具有 n 个用户的网络中，需要 $n(n-1)/2$ 个密钥。在用户群不是很大的情况下，对称密钥加密体制是有效的。但是对于大型网络，当用户群很大、分布很广时，密钥的分配和管理难度指数增大。三是任何一方泄密都将造成密钥失效，而这种密码体制无法确认泄密发生在哪一方。四是不支持数字签名。

2）非对称密钥加密体制。

针对对称密钥加密体制存在的问题，人们研制出非对称密钥加密体制，又称为公钥加密体制。

在公钥加密体制中，加密和解密是相对独立的，加密和解密会使用两把不同的密钥：一把称为公钥，它作为加密密钥向公众公开，谁都可以使用。另一把称为私钥，它作为解密密钥只有解密人自己知道。使用公钥加密的信息只有用相应的私钥才能够解开，非法使用者根据公开的加密密钥无法推算出解密密钥，故称为公钥加密体制。通信时，发送方用接收方的公钥对明文加密后发送，接收方用自己的私钥进行解密（也只有接收方能够解密），这样既解决了信息保密问题，又解决了对称加密中密钥管理与分发传递的问题。

最著名的非对称密钥加密算法是 RSA 算法，是由美国麻省理工学院的里夫斯特（Rivest）、沙米尔（Shamir）和阿德尔曼（Adleman）三人发明的。RSA 是建立在“大整数的素因子分解是困难问题”的基础上的，是一种分组密码体制，两把密钥实际上是两个很大的质数，用其中一个与明文相乘，可以加密得到密文，用另一个质数与密文相乘，可以解密，但不能用一个质数求得另一个质数。

使用公钥加密体制，进行数据通信的双方可以安全地确认对方身份和公开密钥，能够有效地保证数据信息的机密性、完整性和不可抵赖性，基本上满足了信息安全的所有主要目标，因此，它成为当前应用最广泛的一种加密机制。公钥加密体制的建设是开展电子政务的前提。

3. 数字签名机制

为鉴别文件的真伪，传统的做法是要求有关人员亲笔签名和盖章，而对于以数字形式在网上传送的信息，亲笔签名和盖章显然是不可能的，于是基于密码技术和信息摘要技术的数字签名应运而生。

当前普遍采用公钥加密系统和信息摘要技术实现数字签名，即发送方根据信息产生摘要，并用自己的签名私钥对摘要加密，信息和用自身签名私钥加密的数字摘要组合成数字签名。

形成数字签名的主要步骤是：

（1）利用信息摘要技术生成数字签名。所谓信息摘要（又称 HASH 算法），是指一种单向加密算法，其加密结果是不能解密的。发送方可以通过该算法对拟发送的原文生成一个有固定长度（128 位）的散列值，不同原文将产生不同的值，只有相同的原文才会产生相同的值，这样就保证了原文的真实性。

（2）将数字签名用发送方的私钥进行加密，连同密文一同传送给接收方，接收方利用发送方的公钥对数字签名进行解密。

（3）接收方利用信息摘要技术对解密后的原文进行计算，若计算结果与解密出的数字签名相同，则可确定文件没有被改动过，发送方的身份是真实的。

与普通签名相比，数字签名不仅能用于标识签名者的身份，还能对文件内容加以确认，因为信息摘要技术的应用保证了无法从一个文件中复制某人的签名并将签名伪造到另一文件上，同样，无论什么方法都不能修改被签名过的文件的内容。一份被签名过的文件只要有丝毫的改动，都会导致数字签名验证过程的失败。因此，数字签名机制提供了一种鉴别方法，有效解决了信息的完整性和不可否认性问题。

4. 身份认证机制

（1）数字证书。

数字证书在4.8.3中介绍过，它的作用类似现实生活中的身份证，主要用于对网络通信中的通信主体（人、机构或设备）进行身份标识，将证书实体与其公开密钥进行绑定，解决“公钥属于谁”的问题。

一张数字证书主要包括以下内容：

1）版本号。数字证书格式有明确定义，各个版本之间存在差异，但新版本向前兼容。通过版本号，可以保证数字证书的内容被正确解读。

2）证书主体。标明数字证书的所有者，所有者包括人、机构、设备等多个主体。

3）公钥信息。数字证书的主要目的就是明确主体与公钥的绑定关系，通过权威机构的发布来保证公钥的可信性和安全性，只有在确认公钥可信、安全的基础上，才能保证公钥所有者之间信息交换的安全性。

4）签发者。数字证书是由谁签发的，用户通过签发者的数字签名来确认证书内容的安全、有效。

5）序列号。如同现实中的各类证书都有一个唯一的编号一样，数字证书签发时生成签发系统唯一的序列号，“签发者”＋“序列号”可以唯一标识一张数字证书。

6）有效期。有效期明确该数字证书在什么时间段内有效。超出有效期的数字证书即使可以使用，也不具有法律效应。

（2）CA认证中心。

CA认证系统的主要核心为CA认证中心。CA认证中心是一家能向用户签发数字证书以确认用户身份的管理机构。它负责审核、签发、管理、查询、吊销、备份、恢复所有实体所需的身份认证数字证书。在网络中，CA认证中心作为基础的安全设施向所有需要安全服务的对象（业务应用系统、硬件设备、企业用户、个人用户、执法机构等）提供安全服务，为用户制定完善的安全策略，实现用户数据的机密性、真实性、完整性、不可抵赖性和安全可靠的密钥管理。它所能提供的安全服务包括身份认证、数据完整性、机密性和不可抵赖性等基本服务，同时还包括电子签名、安全登录、时间戳安全通信、特权管理、制定并维护安全策略等广泛的CA数字证书应用服务。

为了防止数字凭证的伪造，认证中心的公共密钥必须是可靠的，认证中心必须公布其公共密钥或由更高级别的认证中心提供一个电子凭证来证明其公共密钥的有效性，后一种方法导致了多级别认证中心的出现。

5. 病毒防治机制

计算机病毒本身是一个程序、一段可执行代码，它具有与生物病毒相似的特征，即能够自我复制和快速传播。它能够把自身附着在各种类型的文件上，当文件被打开、复制或从一个用户传送到另一个用户时，它就随同文件一起蔓延开来，并执行篡改正常运行程序、格式化硬盘和乱发邮件等功能，使系统遭到破坏。研究表明，病毒比其他安全威胁造成的经济损失都大得多。由于在网络环境下计算机病毒有不可估量的威胁性和破坏力，因此防范病毒的危害是电子政府安全技术机制的一项重要内容。

（1）常见病毒的分类。

自从第一种计算机病毒问世以来，全世界的计算机系统就饱受其困扰，几乎每时每刻都有新的病毒出现，没人能够精确统计世界上到底有多少种计算机病毒，目前已知的计算机病毒已经多达数十万种。计算机病毒的种类繁多，并且在不断增加，下面我们简单介绍四种类型。

1）文件型病毒：破坏系统文件，造成系统运行失常。广义上包括 DOS 病毒、引导型病毒、内存病毒等。其中，以 CIH、Funlove 为首，主要感染 PE 类型的文件，感染后的文件一般加长字节。主要危害：一是造成系统不能正常启动，使机器停止工作，严重的可能损坏系统、格式化硬盘或者使硬盘分区丢失；二是造成应用程序无法使用，也不能安装，程序执行时总是提示错误，无法进行正常操作；三是造成系统崩溃，频繁死机，系统性能急剧下降，资料往往来不及保存就死机。

2）宏病毒：破坏文档资料，造成重要资料丢失。以 Melissa 病毒为首，主要依赖 Office 的宏功能来设计病毒，凡是具有宏编辑能力的软件都有被感染的可能，如 Word、Excel 等。主要危害：一是破坏 Office 的 Normal. dot 模板，使 Office 不能正常使用；二是使文档损坏或丢失；三是出现文档乱码现象，感染宏病毒后的文档，再次打开时全部成为无法读取的乱码。

3）蠕虫病毒：滥发邮件，耗费资源，扰乱正常信息沟通。主要是利用系统的漏洞，进行邮件的非法传播，以 Code Ⅱ、Nimda、Klez 等病毒为代表。系统一旦感染蠕虫病毒，将不定期地给地址簿上的每个人发送大量病毒邮件或者远程控制网络上的打印机进行打印操作，严重的将造成网络中断以及网络中的服务拒绝提供等。

4）恶意脚本：恣意修改系统设置，扰乱正常的工作秩序。广义上包括网页病毒（如 Sckiss）、恶意代码等，通过简单的脚本编写，主要感染网页类型的文件。通常，当用户无意中访问了一个网站，它就会自动修改用户的 IE 设置，或者锁定注册表，甚至向提供 Web 服务的 html、asp、jsp 等文件中加入一段脚本代码，使用户访问的网站成为一个病毒传播源。

（2）病毒的检测和清除。

反病毒技术包括预防病毒、检测病毒和杀毒三种技术。预防病毒技术通过自身常驻系统内存，优先获得系统的控制权，监视和判断系统中是否有病毒存在，进而阻止计算机病毒进入计算机系统和对系统进行破坏。这类技术有：加密可执行程序、引导区保护、系统监控与读写控制（如防病毒卡等）。检测病毒技术通过对计算机病毒的特征进行判断，如自身校验、关键字、文件长度的变化等，来发现并确定病毒的类型。杀毒技术通过对计算机病毒代码的分析，锁定或删除病毒程序并恢复原文件。反病毒技术的具体实现方法包括对网络中服务器及工作站中的文件与电子邮件等进行频繁的扫描和监测。一旦发现与病毒代码库中相匹配的病毒代码，反病毒程序就会采取相应处理措施（清除、更名或删除），防止病毒进入网络进行传播扩散。目前，病毒的检测和清除主要是通过在客户端、服务器或互联网网关上安装防病毒产品，实现病毒的自动检测，病毒信息的更新、警告和清除等。市场上有很多杀毒软件，在选用杀毒软件的时候要选择不同厂商、不同类型的软件，并及时更新病毒定义库。

6. 数据备份与灾难恢复机制

电子政务系统中保存着大量的政务信息，这些信息一旦丢失或被破坏，将造成不可估量的损失，因此必须建立一套响应与恢复机制，确保出现自然灾害、人为操作故障、系统崩溃、网络攻击或硬件故障等情况时系统中的信息能得以恢复。数据备份与灾难恢复机制能够提高系统在发生故障或遭到破坏时修复的速度和概率，帮助系统快速还原到初始的状态。

根据需要备份信息内容的不同，可以采用的方法也各不相同。从电子政府应用的角度考虑，备份的内容主要包括：

（1）系统文件的备份。如注册表的备份、硬盘分区表的备份、系统文件目录的备份等。

（2）用户资料的备份。包括用户口令和密码的备份、邮件信息的备份、聊天记录的备份、收藏夹的备份等。

（3）数据库的备份。容灾与恢复系统在发生重大自然及人为灾难时能迅速恢复数据资料，保证系统的正常运行并保护政务历史资料。电子政务的容灾与恢复系统一般采用磁带静态备份与磁盘同步备份相结合的方式。磁带静态方式用于离线保存历史记录，保证了历史信息的完整性；磁盘同步方式则用于灾难数据恢复，保护了当前系统的所有数据。

8.3.2 电子政务技术安全体系的构成要素

安全要素是保障电子政务信息安全的指导性原则的集合，它定义了从哪些方面提高系统的安全性能。一般来讲，电子政务系统在建设时需要考虑如何避免非法入侵、控制存取内容、访问控制、对攻击的响应与跟踪等方面的策略，进而制定安全标准和安全技术规范。从不同角度出发，对电子政务技术安全体系的内容会有不同的认识。但无论从什么角度看，电子政务技术安全体系总可以概括为保障、防御、监控和认证四个基本要素。

1. 安全保障要素

电子政务是政府直接的对外服务窗口，在很大程度上代表着政府的形象，因此，只有提供真实、可靠、及时、方便的信息服务，公众才会接受电子政务。这就要求必须防范网络通信设备故障、系统信息被篡改、虚假信息被发布、系统平台被攻击、系统服务被阻塞等风险。可以采用纵深防御和多级设防的方式，通过全局性的安全防护、安全检测、快速响应、集成的安全管理与安全设施的联动控制，来保证电子政务系统具有防护、检测、反应与恢复能力。

2. 安全防御要素

防御即通过各种技术手段对可能出现的物理风险、非法入侵、网络病毒等的防范和抵御。对非法入侵的防御又可以分为边界防御、区域防御、节点防御、核心防御等。边界防御主要由防火墙来完成，通过在网络的出口上配置防火墙，对内外网之间的数据交换以及系统使用的端口进行管理，关闭不必要的服务，进行最外层直接的安全防护。区域防御使用入侵检测系统。入侵检测就是对计算机网络和计算机系统的关键节点的信息进行收集分析，检测其中是否含有违反安全策略的事件发生或攻击迹象，并通知系统管理员。入侵检测系统以几乎不间断的方式进行检测，从而能够敏锐地察觉攻击者的侵犯行为，做到防患于未然。节点防御是指在每一台电脑（客户端）上进行的防御，一般由防病毒软件或个人防火墙来完成。核心防御是整个防御体系中最重要的环节，可以通过身份认证系统来完成。

3. 安全监控要素

安全监控即通过针对特定网段、服务建立的监控体系，实时检测出各种非法操作和攻击行为，并采取相应的行动（如：断开网络连接、记录攻击过程、跟踪攻击源等）。主要包括对非法登录的监测、对异常数据流动的监测、对信息内容的审查以及对特定的网上行为的跟踪等，以便及时发现和处理非法的攻击行为，或者在攻击发生后根据记录内容及时查找攻击来源和系统漏洞。

4. 安全认证要素

在电子政务运作过程中，政府部门、企业职员经常需要远程登录办公室或网上政务系统进行信息交换，传递的往往是一些政府机密公文，有些属于涉及国家机密甚至事关国家安全的文件，为了保证这些机密文件不被窃取、篡改、损毁，必须通过安全认证手段核实网上主体的身份、登录访问的权限和信息可靠性等。进行安全认证的技术主要包括密钥加密术、信息摘要技术、数字时间戳、数字证书、访问控制以及账号管理和口令设置技术等。

8.3.3　电子政务技术安全体系的框架

电子政务技术安全建设要求保护网络中信息存放、传输的安全，提高网络防护、检测、响应、恢复和对抗攻击的能力，保证网络的可用性、保密性、完整性、可鉴别性和可控性。其核心是保证系统数据的安全和系统的可用性，因此，从技术安全的角度讲，电子政府的安全主要是保证网络和信息系统的安全运行，技术安全也是电子政务安全整体方案中最基础的环节。技术安全隐患仅依靠某种单一的安全技术不可能得到解决，必须在综合分析电子政务整体安全需求的基础上构筑一个完整的技术安全体系框架。

对于电子政务技术安全框架，当前普遍是依据 ISO 颁布的 OSI 模型来建构的。OSI 模型将网络通信功能分为七个层次，从低层向高层依次为：物理层、链路层、网络层、传输层、会话层、表示层和应用层。[①] 参照 OSI 模型，从系统和应用出发，可以将电子政务技

① 参见李荆洪主编：《电子商务概论》，95 页，北京，中国水利水电出版社，2002。

术安全框架分为四个层次，即物理层、网际层、系统层和应用层（见图 8—1）。

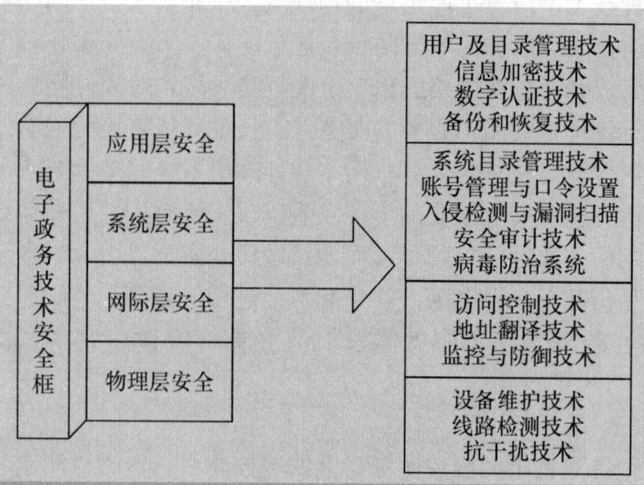

图 8—1 电子政务技术安全框架

1. 物理层安全

对应 OSI 模型中的物理层和链路层。基本技术手段包括设备维护技术、线路检测技术和抗干扰技术。

物理安全是整个电子政务网络系统安全的前提。由于网络的物理安全风险主要指由网络周边环境和物理特性引起网络设备与线路的不可用，而造成网络系统的不可用，因此在这一层面主要是通过设备维护技术、线路检测技术、抗干扰技术以及使用物理隔离等手段，防范物理通路的损坏、物理通路的窃听、对物理通路的攻击（干扰等）以及通过网络链路传送的数据被窃听等。

针对重要信息可能通过电磁辐射或线路干扰等泄露的问题，需要对存放机密信息的机房进行必要的设计，如：构建屏蔽室，采用辐射干扰机，防止电磁辐射泄露机密信息；对重要的设备进行备份；对重要系统进行备份；等等。对于一些可供重要信息传输的网络，数据在链路上传输时必须加密，并通过数字签名及认证技术来保证数据在网上传输的真实性、机密性、可靠性及完整性。同时，应该通过容灾备份、双机热备份、电磁波防护以及机房的防火和防盗措施保障网络的正常运转与数据的安全存储。

2. 网际层安全

对应 OSI 模型中的网络层和传输层。主要基于网络协议与服务的安全配置、访问控制、地址翻译、网络实时监控与防御等措施实现。首先，要求对网络中采用的协议与提供的服务进行安全评估并重新配置，减少协议与服务本身存在的风险；其次，可以采用安全网关或防火墙系统实现网络隔离与安全防护，重要网络间可采用基于密码设备的防护措施（如 IP 密码机、VPN 网关系统），限制非法用户与非授权的客户的非法使用，将绝大多数攻击阻止在到达攻击目标之前。对于关键网络或网络边界，可以采用网络实时监测与预警系统，监控网络流量并进行综合分析，根据安全规则对攻击行为、非正常或可疑行为进行告警与阻断等响应，以避免网络路由错误、信息被拦截或监听等。

3. 系统层安全

对应 OSI 模型中的会话层和表示层。主要考虑办公网络中各主机、工作站采用的操作系统、数据库系统和通用软件系统的安全问题。

目前流行的许多操作系统均存在网络安全漏洞，如 Unix 服务器、NT 服务器及 Windows 桌面系统等。在系统层使用的安全技术主要是通过系统目录管理技术、账号管理与口令设置、入侵检测与漏洞扫描、病毒防治系统等保障处于网络系统之上的操作系统和信息系统平台的安全。入侵检测被认为是防火墙之后的第二道安全闸门，它在不影响网络性能的情况下能对网络进行监测，检查安全漏洞，通过对安全漏洞的周期检查和对病毒的实时监测，使系统自身以及数据库服务器、电子邮件服务器及 Web 服务器等免受病毒和黑客的攻击。安全审计功能则负责对内网各类系统的全部活动的过程轨迹进行记录，以便为事后的安全审计追踪、系统安全漏洞分析提供原始依据。通过这些技术手段，可以在现有系统安全评估、漏洞修补和补丁升级的基础上，提供更高的标识鉴别、可信通道访问控制和安全审计能力。

4. 应用层安全

应用层的安全主要是保证电子政务相关业务在网上的安全运行，包括应用程序和应用数据的安全。

人们通常不太重视应用平台的安全。事实上，应用系统作为直接面向最终用户的层面，其安全问题最多，包括系统本身安全漏洞和信息泄露等。在网络层之上的应用层，如数据库服务器、电子邮件服务器及 Web 服务器等均存在大量的安全隐患，很容易受到病毒、黑客的攻击。

在应用层，可以通过用户及目录管理技术、信息加密技术、数字认证技术、备份和恢复技术等，保证应用程序和信息的可靠性、安全性，并建立良好的备份和恢复机制，在攻击造成损失时，尽快地恢复数据和系统服务。其中，身份标识、鉴别与授权是应用层所使用的关键技术。通过身份标识与鉴别解决“你是谁”的问题，确认系统中用户身份的真实性；通过授权解决“你能做什么”的问题，根据鉴别的真实身份确定其对信息资源或应用信息资源的访问权限，从而保证信息的机密性、完整性，不被非授权用户访问或篡改，同时确保任何用户无法否认其所进行的操作。

电子政务建设是将各种具体安全应用技术综合运用，依据相应的权限实现数据共享、协同工作和业务联动，以保证电子政务技术安全。上述对安全框架的四个层次的划分不是绝对的，实际应用中采取何种形式，往往要综合考虑系统的安全目标、技术人员的水平、资金等多种因素。

8.4　电子政务信息安全整体解决方案

在电子政务规划过程中，制定科学、合理的安全体系框架，明确安全需求，是一项极为重要的工作。在此基础上，充分考虑管理、技术等多方面因素，预先研究和制定电子政务总体解决方案，是电子政务工程得以顺利、有效实施的重要保障。

8.4.1 电子政务信息安全整体解决方案制定的准备

在制定电子政务信息安全整体解决方案过程中，应该借助安全管理、安全技术、业务系统等多方面专家的力量，在充分分析业务目标的基础上，明确安全需求，确定安全的主要威胁来自哪些方面；对信息、信息系统进行分析，设定严格的信息访问权限；制定安全管理规范，明确人员职责；选择合适的安全技术和安全产品。具体来看，准备的内容主要包括以下方面：

（1）制定安全体系的总体目标。

（2）在各个层次上可能的安全威胁有哪些，如何分类。

（3）网络访问是否可控制，对恶意入侵是否跟踪和记录，网络中存在哪些安全漏洞，系统资源的安全访问策略。

（4）网络中存在哪些应用系统，涉及哪些用户，用户的操作行为是否可控、可跟踪，用户身份是否真实、可靠。

（5）信息包括哪些类别，操作权限如何划分。

（6）哪些信息传输、存储需要进行加密，哪些操作需要签名。

（7）全局性的、局部的病毒防御策略。

（8）网络出现安全问题时的应急措施。

8.4.2 电子政务信息安全整体解决方案的内容

政府最基本的职能是依法行政和为社会、公众服务。电子政务在实现这两项基本职能时，采用的是政务内外网结构，在政府内部是建立主要承担“决策过程”的办公自动化系统，在外部是建立为公众服务的系统。建设并应用好这两个系统，就能够达到全面履行政府基本职能的要求。根据电子政务网络的划分原则，电子政务信息安全问题可以相应地划分为政务内网安全和政务外网安全。针对不同的网络类别，应该采用不同的安全策略。

1. 政务内网安全

政务内网是一个完整的政府办公自动化环境，是整个政务信息化的信息基础，负载了大部分的政务信息和政务信息系统，所以，政务内网安全集中表现在应用系统的安全和数据信息的安全上。其安全隐患一般有三个方面。

（1）应用系统自身的安全隐患。政务内网的应用系统一般都是软件企业根据政府的需求开发的软件，要保证其安全，需要解决三个基础问题：第一，如何认证用户的身份。第二，如何对合法用户进行授权，根据安全策略的要求，允许其访问特定的资源。第三，如何防止绕开应用系统非法访问数据。第一个问题通过身份认证系统来解决。第二个问题通过权限管理来解决。第三个问题则通过数据加密来解决。

（2）绕开应用系统对数据进行直接访问的安全隐患。电子政务信息一般存放在数据库或文件系统中，通过应用系统进行操作。但是，应用系统安全并不等于数据安全。应用系统的安全只能保证不能通过应用系统对数据进行非法操作，但不能限制入侵者直接对数据文件或数据库进行非法访问。保障数据安全，还需要从系统层防止非法用户入侵。

（3）病毒破坏政务内网的应用系统和数据的安全隐患。病毒可能破坏应用系统、删除数据或是把数据发送到非法目的地，并可能会给应用系统和数据带来毁灭性的灾难。安装防病毒软件，及时更新病毒库，是非常必要的手段。但由于再完备的系统也有被病毒攻克的可能，所以，政务内网的管理人员在防病毒的同时应注意应用系统和数据的备份，并保证备份文件和原文件的物理隔离，使系统被病毒感染造成的损失降至最低限度。

针对上述三点，政务内网采用的安全手段有访问控制、应用系统安全手段和病毒防治三种。其中：访问控制通过对网络区域边界的划分、对访问身份和地址的控制，来防止非法访问和越界访问；应用系统安全手段有身份认证（用户名和密码的身份认证、数字证书认证）、权限管理（谁可以操作、谁不能操作的控制）和数据信息加密/解密操作等；网络病毒是不可能被彻底清除的，应该从"防""查""杀"三个环节入手，结合科学、严格的管理，建立综合病毒防治体系，形成管理和技术的多级联动，以最大限度降低病毒的危害。

此外，政务内网的安全管理包括机房的安全制度、服务器的安全审计制度、访问控制策略和网络服务器安全控制等。

2. 政务外网安全

政务外网是政府与公众间进行信息沟通的渠道。政府通过政务外网发布政务信息，公众利用政务外网进行网上信息查询、网上办事等。政务外网安全保证政府发布的信息不被篡改、公众提交的信息真实可靠，防止"拒绝服务"等攻击，保障政务外网网站在各种攻击下保持稳定的服务。

目前的网络攻击可分为三类：探测式攻击、访问攻击和拒绝服务攻击。其中，探测式攻击实际上是信息采集活动，黑客通过这种攻击搜集网络数据，用于以后进一步攻击网络。通常，探测器和扫描器等软件工具被用于了解网络资源情况，寻找目标网络、主机和应用中的潜在漏洞。访问攻击用于发现身份认证服务、文件传输协议功能等网络领域的漏洞，以访问电子邮件账号、数据库和其他保密信息。拒绝服务攻击在前面 8.1.2 中的"网络安全风险"处已提到，此处不再解释。

政务外网可以利用 IDS、漏洞扫描、主机审查进行防黑客处理，并同时运用文件监控系统对网站进行监控。如果条件允许，可利用防火墙控制网站与互联网的直接相连，制约黑客对网站的直接攻击。所采用的安全技术主要包括：具有网站主页防篡改和电子文档防伪功能的文件监控系统，它可用于防止对网站主页和电子文档的人为破坏、病毒入侵等任何形式的篡改；能监视网络或操作系统上的可疑行为，并作出策略反应的 IDS，它能帮助系统对付网络攻击；采用模拟攻击形式对目标可能存在的已知安全漏洞进行逐项检查的漏洞扫描器。

政务外网安全管理主要依靠建立网络安全管理制度、信息发布登记制度和信息内容审核制度。

3. 数据交换安全

《计算机安全杂志》主编迈克尔·博宾（Michael Bobbin）说过："保证一个系统真正

安全的途径只有一个——断开网络，这也许正在成为一个真正的网络安全解决方案。”①

如何既能保证内部系统为外部系统提供公共服务，又能保证内部系统安全，并彻底解决“信息孤岛”的问题，是网络间信息交换要解决的主要问题。网络间信息交换一方面要使不同的信息网络系统之间进行必要的互联互通，避免“信息孤岛”问题；另一方面，也要在信息系统开放程度提高时进行重点防御，防止核心涉密网遭受外部攻击，并严防内部人员误用、滥用以及违规违法的行为。从安全角度来看，网络间信息交换需要一种能在保证重要网络与其他网络安全隔离的同时，实现高效、受控的数据交换的安全技术。②

2000 年 1 月 1 日，国家保密局发布的《计算机信息系统国际联网保密管理规定》明确要求，“涉及国家秘密的计算机信息系统，不得直接或间接地与国际互联网或其它公共信息网络相联接，必须实行物理隔离”。该规定在互联网发展初期颇有前瞻性地提出了政府上网必须实行“物理隔离”，从而及时地把政府上网安全提到了一个重要的高度，具有重大意义，并由此而开发出了安全隔离计算机、安全隔离卡等系列安全隔离产品。基于此，我国电子政务内网和外网采用了完全意义上的内外网物理隔离。随着电子政务发展的不断深入，在电子政务实际应用过程中，内外网之间以及各系统之间的系统关联性越来越强，从而使信息的实时与高效交换的需求变得越来越迫切和重要，在这种情况下，内外网信息的完全隔离不同程度上阻碍了电子政务的综合发展，于是，通过不断地分析、研究和实践摸索，人们提出了多种实现内外网之间信息交换的解决方案。

传统的安全隔离与信息交换方案主要采用基于介质的离线交换来实现，交换主要以文件为交换单位，交换效率低，实时性差，人为干预过多，很多交换环节存在安全隐患，难以实现真正意义上的信息交换。因此，基于传统的安全隔离与信息交换难以从根本上解决电子政务中安全隔离与信息交换的矛盾。

20 世纪 90 年代中期，俄罗斯人琼斯（Ry Jones）首先提出了“AirGap”安全隔离网闸概念。然后，以色列成功研制物理隔离卡，实现了网络之间的安全隔离与数据交换。其后，美国鲸鱼通信（Whale Communications）公司和以色列先锋（SpearHead）公司先后推出了 e-Gap 和 NetGap 产品，利用专用硬件实现了两个网络在不连通的情况下的数据的安全交换和资源共享，从而使安全隔离技术从单纯实现“网络隔离禁止交换”发展到“安全隔离和可靠交换”。目前，美国军方和重要政府部门均采用隔离技术保障信息安全。

GAP 技术（又称安全隔离网闸技术或物理隔离技术）适用于任何结构的不同网之间的安全隔离与信息交换。它是一种通过专用硬件使两个或者两个以上的网络在不连通的情况下实现安全数据传输和资源共享的技术，其核心是同一时刻内外网间没有连接，处于物理隔离状态。GAP 采用独特的硬件设计，并在此基础上集成了多种安全技术，能够显著提高内部用户网络的安全强度和信息交换效率，在确保安全性的同时解决了网络之间信息交换的困难，突破了因安全性造成的信息交换应用瓶颈，从根本上保证了信息实时交换和网络间安全的需求。

安全隔离技术的工作原理是使用带有多种控制功能的固态开关读写介质来连接两个独

① 《隔离网闸带动 GAP 技术新突破》，见 http://www.hacker.cn/get/Product/list3_2/06102515351449844.html，2006-10-25。

② 参见蔡林：《浅谈网络安全隔离与信息交换系统》，见 http://www.jtsec.com.cn/anquan/4.pdf。

立的主机系统，模拟人工在两个隔离网络之间的信息交换。其本质在于：两个独立主机系统之间不存在通信的物理连接和逻辑连接，不存在依据 TCP/IP 协议的信息包转发，而只有格式化数据块的无协议“摆渡”。被隔离网络之间的数据传递方式采用完全的私有方式。

安全隔离与信息交换系统隔离两个网络，两个网络之间通过安全检查与处理单元对应用层数据进行检查、重组，从而实现两个网络之间的数据交换。这样，既从物理上隔离、阻断了具有潜在攻击可能的一切连接，又进行了强制内容检测，从而实现了最高级别的安全。[①]

一般来讲，安全隔离与信息交换系统包括内网处理单元、外网处理单元以及安全检查与处理单元三个部分。内网处理单元与内网相连，外网处理单元与外网相连，安全检查与处理单元是独立的。系统逻辑结构如图 8—2 所示。

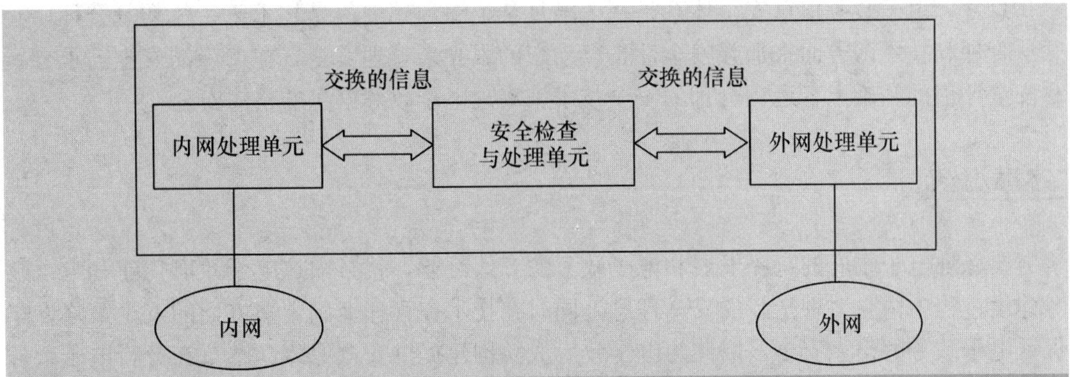

图 8—2　安全隔离与信息交换系统

（1）内网处理单元的主要功能是协议解析和应用代理。

1）解析内网用户请求，取出应用层数据，将数据发给安全检查与处理单元。

2）将来自外网处理单元的应用层数据（经过安全检查与处理单元检查处理之后）重组后转发给内网用户。

（2）安全检查与处理单元的主要功能是安全保密检查和数据转发控制。

1）安全检查包括对有害代码、涉密信息内容、文件（或附件）类型和大小、地址等进行检查。

2）数据转发控制是以数据的方式（不直接或间接转发 IP 数据包）转发符合安全策略的数据，丢弃不符合安全策略的数据。

（3）外网处理单元的主要功能是协议解析、转发请求和病毒检查等。

1）将来自内网处理单元的应用层数据（经过安全检查之后）重组后转发给外网。

2）对来自外网的数据进行计算机病毒检查。

3）解析来自外网的数据，取出应用层数据，以数据的方式（不直接或间接转发外网的 IP 数据包）发给安全检查与处理单元。[②]

---

① 参见联想网御 SIS-3000 系列，《安全隔离与信息交换系统》产品白皮书，见 http://web.1234567.hk/cqdlwl/down/html/download/%C1%AA%CF%EB%CD%F8%D3%F9%B0%B2%C8%AB%B8%F4%C0%EB%D3%EB%D0%C5%CF%A2%BD%BB%BB%BB%CF%B5%CD%B3%B2%FA%C6%B7%B0%D7%C6%A4%CA%E9.doc。

② 参见孔斌、杜红、马朝斌：《安全隔离与信息交换技术发展及应用》，载《计算机安全》，2003（7），41 页。

GAP 产品要解决两个问题：首先是安全性。专用隔离硬件应确保任意时刻内外网链路断开，同时集成内核防护、协议转化、身份验证、访问控制、安全审计等，以形成软硬一体化防护。其次是数据交换性能。不单是传输效率和切换时间，更重要的是应满足多种交换方式，以满足用户应用。①

目前，基于 GAP 技术实现的各类安全隔离和数据交换产品已经在我国政府的内外网得到广泛应用。从我国电子政务安全建设的现状来看，目前政府机构主要采用的电子政务网络由政务内网和政务外网构成，两网之间物理隔离，政务外网与互联网之间逻辑隔离，通过技术手段使这两个系统既保持隔离又能够自动交换信息，以此来应付涉密系统与公开系统的关系问题。

总之，电子政务信息安全体系是一个融复杂组织和先进信息技术于一体的复合体，必须从管理和技术两方面来加强安全性，以动态的眼光来管理安全，在严谨的安全需求分析和安全评估的基础上，运用合理的安全技术来实现电子政务信息的整体安全。

本章小结

要保证电子政府的有序发展和电子政务的有效运行，就必须在电子政府构建和电子政务建设过程中树立一种全新的安全理念，同时在技术和管理上制定多方面的安全策略，来保证电子政务的信息安全，以此为电子政府成功构建提供安全保障。本章在分析电子政务信息安全的基本需求和面临的安全威胁的基础上，探讨了电子政务信息安全整体解决方案——政务内外网结构的整体安全体系。

关键术语

电子政府安全　电子政务安全　信息安全　计算机安全　安全需求　安全威胁　安全攻击　安全机制　安全服务　安全系统　防火墙　入侵检测系统

加密　解密　对称密钥加密体制　非对称密钥加密体制　数字签名　数字证书　CA 认证中心　计算机病毒　技术安全体系　信息安全整体解决方案

复习思考题

1. 电子政务信息安全的基本需求是什么？
2. 电子政务信息安全面临的风险有哪些？
3. 简述电子政务信息安全的目标和原则。
4. 针对电子政务信息安全基本需求的策略有哪些？
5. 针对电子政务信息安全威胁可采取哪些策略？

---

① 参见《隔离网闸带动 GAP 技术新突破》，见 http://www.hacker.cn/get/Product/list3_2/06102515351449844.html，2006-10-25。

6. 当前电子政务信息安全主要采用哪些安全机制?

7. 电子政务技术安全体系的构成要素有哪些?

8. 电子政务技术安全体系框架分为几个层次，各是什么?

9. 请简要评述目前我国采取的电子政务信息安全整体解决方案。

10. 我们在介绍电子政务安全的宗旨时，谈到要最大限度地保护硬件、软件、信息和网络的安全，但是，由于保护安全的成本很高，在大多数情况下我们会考虑安全策略的经济和效率问题，而对不同的保护对象采取不同等级的保护，你认为这两者之间有矛盾吗?

11. 一般来说，技术或管理上的纰漏可能会导致电子政务的信息安全面临威胁，但政治上的问题往往来自为了达到某种政治目的而进行的信息刺探、网络攻击等行为，来自它的威胁更多地表现为一种动机，最终威胁电子政务信息安全还是要靠利用管理、技术上的漏洞。如果这样理解的话，你认为把政治层面单独列出并与技术和管理处于同一层面是否合理?

参考文献

1. 雷万云等. 信息安全保卫战. 北京：清华大学出版社，2013

2. 张锐昕主编. 电子政府概论（第二版）. 北京：中国人民大学出版社，2010

3. 徐国爱，彭俊好，张淼编著. 信息安全管理. 北京：北京邮电大学出版社，2008

4. 吴江，张锐昕主编. 电子政务教程. 北京：中国城市出版社，2003

5. 李荆洪主编. 电子商务概论. 北京：中国水利水电出版社，2002

第 9 章

电子政务法律、法规和政策

本章重点问题

- 电子政务法律法规的框架、立法内容、基础性法律
- 发达国家电子政务法律、法规和政策的特点与内容
- 中国电子政务法律、法规和政策的建设与完善

《国家电子政务“十二五”规划》提出要“加强电子政务相关行政法规研究，积极推进电子政务相关法规制度建设，实施依法行政，完善监督措施和办法，健全行政责任制”。正所谓没有规矩不成方圆。电子政务实践迅猛发展，从各方面来看，都需要进行制度化管理，只有将其纳入制度规范轨道，才能确保其顺利有序进行。这里的制度就是指电子政务法律、法规和政策体系。电子政务法律、法规和政策是各国发展电子政务的基本保障。各国在由传统政务向电子政务转变的过程中，都会发生因为法律、法规和政策建设滞后而导致电子政务建设出现诸多困境的问题，进而严重制约各国电子政务的发展进程。美、日以及欧洲部分国家具有不同的法制传统和发展路径，但其不同并没影响到电子政务法律、法规和政策建设。本章概述了电子政务法律、法规和政策结构及其基本内容，重点分析了部分发达国家电子政务法律、法规和政策建设经验、建设重点与未来走向等内容，并就我国电子政务法律、法规和政策建设规律、建设状况以及未来的建设重点，提出相应的建议。

电子政务现行法律、法规和政策是一个包含多个层次内容的复合概念，具有广义和狭义之分。它广义上是指关于一个国家或地区电子政务建设与发展的一切法律、法规和政策等规范性文件的总称；狭义上则是指一个国家或地区具有制定电子政务法律、法规和政策资格

的立法或行政的主体，通过正当的法定程序，制定和组织实施的关于促进电子政务发展的所有法律、法规和政策等规范性文件。本书研究所指的电子政务法律、法规和政策概念，具体是指狭义的概念。

9.1　电子政务法律、法规和政策概述

法律是指由立法机关制定、国家政权保证执行的行为准则。法律体系是指由一国现行的全部法律规范按照不同的法律部门分类组合而形成的一个体系化的、有机联系的统一整体。法规是指由国务院、地方人大及其常委会、民族自治机关和经济特区人大制定的规范性文件。省、自治区人民政府所在地的市和经国务院批准的较大的市的人大及其常委会，也可以制定地方性法规，须报省、自治区的人大及其常委会批准后施行。法规也具有法律效力。我国的法律体系中的法规主要包括：行政法规、地方性法规、自治条例和单行条例、规章。政策是指国家政权机关、政党组织和其他社会政治集团为了实现自己所代表的阶级、阶层的利益与意志，以权威形式标准化地规定在一定的历史时期内应该达到的奋斗目标、遵循的行动原则、完成的明确任务、实行的工作方式、采取的一般步骤和具体措施。国家政策一般分为对内与对外两大部分。对内政策包括财政经济政策、文化教育政策、军事政策、劳动政策、宗教政策、民族政策等。对外政策即外交政策。政策体系是若干相关政策组成的一个有机复合网络。

电子政务法律、法规和政策是电子政务发展的基本动力和保障，也是一个国家或区域依法管理、依法规范和依法促进电子政务发展的具体体现。从概念包含的内容和范围看，电子政务法律、法规和政策符合与具有一般法律、法规和政策的特点及规范。

9.1.1　电子政务法律法规框架

电子政务法律法规是以行政法为基础的跨部门的法律法规，由三个层次的法律法规构成：

1. 实施电子政务的基础性法律法规

电子政务的基础性法律法规主要是指与政府一般信息行为相关的一些法律法规。其中，有规范电子政务实施主体及程序的组织法和程序法，它们是与实施电子政务的行政主体的权限和关系以及实施行政行为的程序有关的法律法规。实施电子政务需要根据行政组织法来协调政府间、政府部门间的信息行为关系。实施电子政务还需要根据行政程序法来处理政府信息行为与行政相对人的关系。在涉及政府一般信息行为的法律法规中，最主要的是信息公开法和信息资源开发法。

美国政府信息公开法律主要由《信息自由法》（Freedom of Information Act）、《隐私法》（Privacy Act）和《阳光法》（Sunshine Act）组成。这三部法律既相互独立又互有关联，是构成美国联邦政府信息公开法律体系的主要基石。

加拿大政府颁布实施的《信息获取法》（Access to Information Act）是关于信息公开的一部重要法案，由加拿大财政委员会于 1982 年颁布，其目的是保障公众获取政府信息

的权利。它采用独立于政府机构的信息披露决定复审制度。

英国《信息自由法 2000》（Freedom of Information Act 2000）从提交信息公开立法议案到最后实施，经过了 32 年的时间。

《中华人民共和国政府信息公开条例》自 2008 年 5 月 1 日起施行。《条例》明确保障公民、法人和其他组织依法获取政府信息的权利，提高了政府工作的透明度，促进了依法行政的实施，有利于政府信息对人民群众生产、生活和经济社会活动的服务作用的发挥。

2. 实施电子政务的核心性法律法规

该类法律法规主要是指有关政府信息网络、建立政府信息网站、政府无纸化办公等直接规范电子政务活动的法律法规。

（1）涉及计算机信息网络安全的法律法规，如信息安全法、电子信息犯罪法、电子信息出版法、电子信息知识产权保护法、电子信息个人隐私法等。

美国的《联邦信息安全管理法》和《电子政府法》是关于电子政务建设的两部极为重要的法律，分别于 2002 年和 2003 年开始实施。这两部法律充分肯定了电子政务建设及加强电子政务信息安全管理的意义，并着力推动其健康、有序发展。为保证取得实效，两部法律均规定，联邦部门每年均须向管理和预算办公室汇报本部门的相关实施情况，并由管理和预算办公室向国会递交两部法律的年度实施报告。

我国国务院于 1994 年 2 月 18 日颁布的《中华人民共和国计算机信息系统安全保护条例》、公安部于 1997 年 12 月发布的《计算机信息网络国际联网安全保护管理办法》、国务院信息化工作领导小组于 1997 年 12 月 8 日审定的《计算机信息网络国际联网管理暂行规定实施办法》、2000 年 1 月 1 日起施行的《计算机信息网络国际联网保密管理规定》、九届全国人民代表大会常务委员会于 2000 年 12 月 28 日第十九次会议通过的《关于维护互联网安全的决定》、信息产业部于 2004 年 9 月 28 日审议通过并公布的《中国互联网络域名管理办法》等都属于此类法律法规。

（2）规范政府电子信息管理活动与个人数据保护关系的个人数据保护法。

20 世纪 70 年代以来，许多国家和地区都陆续制定了个人数据保护法或个人情报保护法。英国于 1998 年 7 月 16 日通过《数据保护法 1998》（The Data Protection Act 1998），于 2000 年 3 月 1 日起生效。此法加强并延伸了 1984 年数据保护法中的数据保护机制，对取得、持有、使用或揭露有关个人数据处理过程等方面作出了新的规定。欧盟关于个人数据处理及保护的立法是全面而严密的，主要体现在三项指令的规定中：一是《关于在个人数据处理过程中保护当事人及此类数据自由流通的 95/46/EC 指令》，简称隐私权指令。二是《关于电信行业中的个人数据处理和隐私权保护的 97/66/EC 指令》，简称电信业隐私权指令。三是《关于在电子通信领域个人数据处理及保护隐私权的 2002/58/EC 指令》，简称电子隐私权指令，该指令取代了电信业隐私权指令，是欧盟基于电子商务及互联网发展现状制定的旨在规范电子商务消费者隐私权保护的最新立法。该指令包含一系列专门针对电子通信领域个人信息处理和隐私权保护的特别规范，其中部分内容对欧盟电子商务指令的规定也作了进一步的补充和完善。

（3）无纸化办公方面的法律规范。

美国国会于 1998 年通过了《政府文书削减法》（Government Paperwork Elimination

Act)，要求各级政府尽可能将政府职能进行网上运作，减少政府办公所消耗的大量纸张，五年内实现无纸化办公，使政府与公民的互动关系电子化。日本、欧盟也都有大量的此类立法，并且也提出了具体完成的目标和期限。

3. 实施电子政务的具体运作性法律法规

这方面的法律法规主要涉及电子签名、网上采购、网上申报、网上解答等活动。

(1) 电子签名方面。

世界上第一部电子签名法是由美国犹他州于 1995 年制定的《犹他州电子交易法》。此后，各个国家开始陆续制定相关法律。如新加坡于 1998 年颁布的《电子交易法》，欧盟委员会于 1999 年 12 月 13 日制定的《关于建立电子签名共同法律框架的指令》，日本政府在 2000 年 5 月颁布的《电子签名与认证服务法》以及之后的《数字化日本之发端——行动纲领》，德国在 2001 年 5 月 16 日公布的《德国电子签名框架条件法》，等等。

(2) 网上采购方面。

1993 年，美国首先开始利用信息技术进行政府采购。之后，信息采购方式成为各国政府采购争相使用的技术手段和管理模式。1993 年，美国政府发布了《全国信息基础设施计划》，正式出台了"信息高速公路"计划。同年，美国颁布了《政府绩效与结果法》(Government Performance and Results Act)，并开始陆续颁布多部涉及政府采购电子化的法律。美国于 1994 年颁布了《联邦采购简化法》，1996 年颁布了专门针对电子政务的《克林格—科恩法案》(也即《信息技术管理改革法和联邦采购改革法》)。此外，美国还有总统令和备忘录，以及预算和管理办公室制定的有关电子政务的文件等，这些都为规范政府电子化采购提供了保障。2004 年，欧盟将原有的四类分别制定的公共采购法合并为两个法规。新法把政府采购电子化作为其重要组成部分，为建立在现代化采购技术基础上的政府采购提供了法律依据，也为以公开、透明和非歧视方式开展政府采购电子化提供了统一的法律框架。

我国国务院办公厅于 2009 年 4 月发布了《国务院办公厅关于进一步加强政府采购管理工作的意见》，就进一步加强政府采购管理工作提出了七项要求，其中第六项要求"财政部门要切实加强对政府采购信息化建设工作的统一领导和组织，科学制订电子化政府采购体系发展建设规划，以管理功能完善、交易公开透明、操作规范统一、网络安全可靠为目标，建设全国统一的电子化政府采购管理交易平台，逐步实现政府采购业务交易信息共享和全流程电子化操作"。

中央国家机关政府采购中心在 2014 年 5 月 16 日下发《中央国家机关政府采购中心重要通知》，要求国家机关进行信息类协议供货强制节能产品采购时，所有计算机类产品不允许安装 Windows 8 操作系统。

媒体查阅发现，中央政府采购网的软件产品采购目录中，涉及个人操作系统的可选产品中已经没有微软公司的产品。

2014 年 4 月，微软宣布停止对中国政府单位应用最为普遍的 XP 系统的官方支持，不再为这款操作系统提供包括修补漏洞在内的服务，并呼吁用户尽快升级到 Windows 8

操作系统。有分析认为，微软此举是希望借助用户升级获得更多利润。但是，中央国家机关通知明确不采购 Windows 8 操作系统。

对于中央国家机关为何禁装 Windows 8，中国工程院院士倪光南认为，这项规定的出台可能与保证政府部门信息安全有关。倪光南曾在多个场合表示，微软 Windows 8 操作系统采用了不安全的技术架构，政府部门和重要行业不宜采购该类操作系统。

倪光南在 2014 年 3 月接受央视采访时指出，微软 Windows 8 操作系统和微软 Vista 操作系统采用同类架构，对于用户的电脑有强大控制权，而且 Windows 8 操作系统不可控程度超过 Vista。倪光南指出，Windows 8 集成了杀毒软件，它的功能就是经常扫描用户的电脑，“假如要做监控，通过扫描电脑来监控信息是非常容易的”。

在倪光南看来，如果国内的信息终端，都安装了有安全风险的操作系统，那将是一个“重大的信息安全事件”。他还举例称，2008 年发生的微软“黑屏”事件，事实上暴露了使用微软操作系统所隐藏的安全风险。2013 年 6 月，美国中央情报局前雇员斯诺登披露的证据显示，微软还曾卷入美国国家安全局主导的“棱镜”监控计划。

资料来源：http://money.163.com。

9.1.2 电子政务的立法内容[①]

一般而言，电子政务立法内容至少应该涉及以下几方面：

（1）电子政务的定义、目的、意义、标准化、政府机关及公务员的职责。

（2）为实现电子政务应进行的工作及电子政务的运营原则，包括：促进国民及企业的效益、政府业务流程的改革、业务的电子处理规范、政府机关保存信息的公开、行政机关对电子政务的责任确认、促进政府服务及信息的公共利用、个人信息的保护、技术开发与维护的外包等。

（3）行政事务及其管理的电子化：电子文书的制作及成文，电子文书的到达及发送时间，电子官印的认证，行政信息的共同利用、标准化，信息通信网的构筑和保护，通过信息通信网开展业务或者举行会议，远距离工作，信息化教育，等等。

（4）政府服务的电子化：电子申请的受理，行政信息的电子提供，等等。

（5）政务文书业务的削减：纸质文书的削减计划等的设立，业绩电子公示，文书削减委员会的设置等。

（6）电子信息事业的推进：中长期电子政府事业计划，成果评价，模范事业的推进，优秀系统的普及、扩散，信息化促进基金的支援，信息化组织的设立，等等。

（7）对发展电子政务过程中违法、犯罪行为的民事、行政和刑事法律责任的追究等。

具体内容陈述详见后节中的列举，此处不赘述。

---

① 参见陈飚：《电子政务环境下的立法漫谈》，载《数码世界》，2003（2）。

9.1.3 电子政务的基础性法律

电子政务基础性法律是构成电子政务法律、法规和政策的主要方面，从各国情况看，主要包括行政程序法、信息公开法以及个人数据保护法等。

1. 行政程序法

行政程序是行政机关实施行政活动，以及公民、法人和其他组织参与行政活动的方式、步骤、顺序和时限的总称。行政程序的作用是保证行政机关合法、公正、高效地行使职权，保障公民、法人和其他组织的合法权益。对电子政务而言，行政程序法是电子政务建设的重要组成部分。没有健全的行政程序法，就不会真正建成电子化政府。

各国行政程序法对信息公开和政务公开都有原则性规定。主要有：

（1）公开听证程序。

这是现代民主政治的产物，也是行政程序法的核心内容，凡是制定有行政程序法的国家都不同程度地采用了公开听证程序。公开听证包括两个最基本的程序规则：一是任何人或团体在行使权力可能使别人受到不利影响时必须听取对方的意见，每一个人都有为自己辩护和防卫的权利；二是任何人或团体不能作为自己案件的法官。前一个程序规则就是公开听证规则。在美国，听证不仅是普通法中的一个重要原则，而且也是宪法正当法律程序条款的要求。美国 1946 年的《联邦行政程序法》明确规定了行政机关的听证义务。在大陆法国家，依法治国理论，特别是依法行政理论的完善，为这些国家的行政听证制度提供了法理基础。如德国 1976 年通过的《联邦程序法》对听证程序做出了明确规定。

我国在 1996 年公布的《行政处罚法》首次规定了听证程序，这在我国民主法制史上具有重要意义。尽管从我国宪法精神中可以找到听证程序的法律基础，但听证程序毕竟不同于一般的“走群众路线”“倾听人民意见”的工作原则，它具有自身的特殊规则和适用范围，能够发挥十分独特的作用，是由众多特别法律原则支持的一种程序。

（2）公开告知程序。

公开是听证程序顺利进行的前提条件，也是防止用专横的方法行使权力的有力措施。我国《行政处罚法》第四十二条规定，“除涉及国家秘密、商业秘密或者个人隐私外，听证公开举行”。在听证开始阶段应当向当事人公开有关材料，允许他（她）在决定做出之前为自己辩解，避免被调查人“处于黑暗之中”。听证程序公开化不仅可以保证行政决定更加公正、全面、客观，而且有利于加强对行政机关的社会和舆论监督，提高公民的守法意识。

但是，凡涉及国家机密或个人隐私的事项，可以不公开听证。有些国家的法律甚至规定了听证不公开举行。例如，日本《行政程序法》规定，“听证一般应当不公开进行，但听证主持人认为公开听证也不会对社会公共利益或他人合法权益产生不利影响的，听证也可以公开进行”。德国《联邦程序法》也规定，“言词辩论采用不公开原则”，“在当事人不提出异议的前提下，听证主持人可以准许其他人员参加”。通常，行政机关对当事人提出的不公开听证的请求，会在考虑了个人利益和公共利益并平衡各方面利益后做出是否允许的决定。

2. 信息公开法

政府信息作为一种重要的社会资源，蕴含着无法估量的价值。“公共信息服务”是当今信息社会政府应该提供的最为重要的一项公共服务。目前，“透明政府”已经成为许多国家的法律原则，政府信息公开是保障公民知情权、参与权和表达权等权利的前提，是打造“阳光政府”、防止权力腐败的必由之路。

瑞典被认为是最早建立情报公开制度的国家，其于1766年制定的《出版自由法》，规定了为出版而阅览公文的权利。

美国1966年制定了《情报自由法》，规定政府文件公开是原则，不公开才是例外。在不公开的例外情况下，政府要有举证责任，且法院有权重新审理。1972年制定的《联邦咨询委员会法》规定联邦行政机关的咨询委员会的组织、文化和会议等必须公开，这是对行政情报公开制度的补充。1974年制定的《隐私权法》则是解决情报公开与保护私人秘密的矛盾的法律。1976年制定的《阳光下的政府法》进一步规定合议制行政机关的会议必须公开，公众有权观察会议，取得会议情报。1996年制定的《电子情报自由法》对情报自由法的立法目的，电子记录的概念，电子情报的检索、公开、期限等问题都有具体规定。美国已经形成了较为完备合理的信息公开法律法规制度体系。

英国、加拿大和澳大利亚也在不同阶段制定了本国的情报信息公开法案。

亚洲的韩国于1996年制定了《公共机关情报公开法》，该法于1998年1月1日起施行。日本于1999年5月制定了《关于行政机关保有的情报公开的法律》，简称“情报公开法”。

制定信息公开法的目的在于规定公共机关对其保有和管理的信息负有公开的义务，规定公民有权要求公开信息的必要事项，以保障公民的知情权和参政权以及加强公共行政与政策运行的透明性。我国虽然还没有制定信息公开法，但《中华人民共和国政府信息公开条例》已颁布实施。《条例》共5章38条，主要规定了政府信息公开的立法宗旨，政府信息的法律定义，政府信息公开的总体要求，政府信息公开的范围、方式和程序，政府信息公开的监督和保障等。而且，为配合《条例》的实施，地方政府纷纷编制了各自的政府信息公开指南和政府信息公开目录。

3. 个人数据保护法

个人数据或信息的保护是在电子政务的发展过程中必然出现的问题。在信息化的推进过程中，一方面，要增强个人信息利用的有效性；另一方面，还要注意加强对个人信息的保护，防止个人信息被利用于不当目的。个人数据保护法已经成为许多国家实施电子政务的重要法律依据，是规范政府信息行为与公民隐私权保障的基本法律。

目前，世界上已经有50多个国家和组织制定了个人信息保护相关法律法规。美国早在1974年就制定了《隐私权法》，2005年又通过了包括《信息保护和安全法》《防止身份盗用法》《网上隐私保护法》《消费者隐私保护法》《反网络欺诈法》《社会安全号码保护法》等在内的一系列法律。其他国家如1981年以色列的《隐私保护法》、1982年和2000年加拿大的《隐私保护法》与《个人信息保护及电子文档法案》、1984年英国的《数据保护法》、1988年澳大利亚的《隐私权法》、2002年德国的《联邦数据保护法》

和2003年日本的《个人信息保护法》等。另外，欧盟先后制定了《关于在个人数据处理过程中保护当事人及此类数据自由流通的95/46/EC指令》（1995年10月24日）、《关于个人数据自动化处理之个人保护公约》（欧洲系列条约第181号）。上述各国及地区性立法不仅利于保护个人信息，而且为各国设置贸易壁垒和提高信息服务外包门槛创造了法律条件。

个人数据保护法的法律制度通常包括以下内容：

（1）规定有关个人信息保护的法律目的，即在于加强对个人尊严的尊重。个人信息保护法需要在个人信息的利用和保护之间进行有效的平衡，既要承认个人信息保护的必要性，又要考虑个人信息利用的有效性。

（2）确定应当保护的个人信息的范围，主要涉及行政机关占有的由电子计算机处理的个人信息。非公共机关的个人数据处理问题在个人数据保护法上要有原则性规定。

（3）有关加强个人信息保护的法律原则，即目的明确化原则、收集限制原则、利用限制原则、数据库内容原则、安全保护原则、信息公开原则、个人参与原则、管理责任原则。

中国在网络时代对于隐私的保护，一直在传统的保护手段上更新，并试图有所突破。首先是完善法律法规，开展个人信息保护的立法工作。自2003年起，历时5年的《个人信息保护法》终于进入了国务院的立法程序。2008年8月25日，首次提请全国人大常委会审议的《中华人民共和国刑法修正案（七）（草案）》专门增加规定，明确提出要追究泄露、窃取、收买公民个人信息行为的刑事责任。

《个人信息保护法》的制定将会更有效地保护网民的个人信息，同时对互联网企业加强行业自律起到积极作用。有学者认为：中国网络隐私权的立法必须在国家、社会和个人之间作出合理的平衡。在立法模式的选择上，应该采用技术中立的原则，把立法模式和技术保护、行业自律模式结合起来。

其次是尝试国际合作。由于现在是全球化经济时代，而互联网更是一个“开放的世界”，因此规范网络秩序的相关法律在管辖权的确定、国际司法协作等方面就必然会遇到国际协调的问题，网络时代不同隐私权制度间的冲突和矛盾更为突出。例如，黑客问题已经成为一个世界性问题，每个国家都有网络黑客在非法获取个人的、团体的，甚至是政府的隐私，同时，还呈现跨国界行动倾向。

因此，学术界的一致看法是，只有加强国际合作，制定统一的打击网络隐私侵权的标准，采取统一行动，才能最终有效地控制网络隐私侵权。目前，欧美发达国家在保护网络隐私权方面已经进行了有关的双边或多边协作，并取得了一定成效。比如欧盟各成员国一直都比较重视个人隐私权的保护，早在1973年瑞典就颁布了《数据法》，1978年法国颁布了《数据处理、档案及自由法》，1984年英国制定了《数据保护法》等。在这样的历史背景下，欧盟一直在努力促进各成员国之间在保护隐私权方面的协调和统一，并制定了一系列的法规。1981年1月28日，欧洲理事会的各成员国签署欧洲系列条约第108号条约，即《关于个人数据自动化处理之个人保护公约》。

1990 年 9 月，欧盟委员会制定了关于个人数据保护指令的草案。1997 年 9 月 15 日，欧盟委员会通过了《关于电信行业中的个人数据处理和隐私权保护的 97/66/EC 指令》，该指令除了对 1995 年的个人数据保护指令进行了补充之外，还特别强调了电子通信部门有关安全、保密等的原则。比较而言，由于观念、历史、文化等原因，中国在防范和保护网络隐私权方面的双边或多边协作虽然有所起步，但还有很多不足，有待大力加强以适应网络无国界时代的需要。

资料来源：http://www.china.com.cn。

9.2 国外电子政务法律、法规和政策建设状况与经验

电子政务率先在美、日和欧洲部分发达国家发展起来，并逐步成为全球政务活动的一种新形式。美、日和欧洲部分发达国家一般具有良好的法治传统和法治经验，各国在电子政务建设过程中，遵循和沿袭了“依法行政”和法治传统，并且在立法层次、内容和形式方面，做到了法律、法规和政策的搭配、组合，体现出不同法律层次的协同治理效果。鉴于国外电子政务诸多法治实践仍旧以政府部门颁布的法规规章和政策为主，因此，本部分分析将电子政务法律、法规和政策统一进行比较，不作具体分类。

9.2.1 国外电子政务法律、法规和政策基本概况

1. 法律、法规和政策总体概况

美、日和欧洲部分发达国家高度重视电子政务法律、法规和政策的建设与完善，从 20 世纪 90 年代至今，已经建立起相对成熟和有效的电子政务法律、法规和政策体系。美国和加拿大等国从本国电子政务建设战略与需求出发，结合本国法治传统和管理特色，先后颁布了涵盖电子政务各个领域的 30 余部法律法规和多项政策，调整和补充了百余项法律、法规和政策内容。日本和新加坡等亚洲国家，围绕本国电子政务发展框架和战略构想，结合亚洲国家治理传统和法治需要，突出行政立法和政策引导，制定和实施有关电子政务法律、法规和政策 50 余项。欧盟国家在 20 世纪末，开始规划和构建面向“创制权”的电子政务发展战略，即通过整合欧盟内部的电子政务资源，制定和实施统一的、相互协调的电子政务法律、法规和政策，巩固欧盟既有的电子政务优势，占领国际电子政务建设标准的制高点，因此，欧盟的电子政务法律、法规和政策在法治整合、法治协调和战略规划上，建设成果显著。

2. 法律、法规和政策建设基本特点

美、日和欧洲部分发达国家彼此之间在发展电子政务方面的差距虽然显而易见，但是由于它们一般都具有较高的信息技术水平、较为悠久的法治传统和治理结构、较好的人力资源储备以及较雄厚的经济资源保障，因而这些国家和地区在电子政务法律、法规和政策体系建设或单项法律、法规和政策的制定与实施上，具有显著的共同点，这些共同点可以看作电子政务法律、法规和政策建设应该明确的基本特点和规律。

（1）强化法制观念，协调法律、法规和政策的关系。这些国家和地区都明确强调法律、法规和政策对电子政务的规范和引导作用，依法管理，因策行政，推动电子政务法律、法规和政策体系的建设与完善。尽管上述国家和地区具有迥异的立法传统与社会治理特色，但是它们的法制意识和法治传统却是根深蒂固的，在促进电子政务发展上均坚持法治道路、采用法治手段。例如，美国先后颁布了大量的法律、法规和政策，以保证本国电子政务发展目标、战略意图、财务投入、基础设施建设等方面的实践；日本也在世纪之交制定出两部重要的基础法律；欧盟制定出整合欧盟内部电子政务发展的法律、法规和政策。同时，这些国家和地区利用政策的时效性、灵活性和针对性特点，在短期内纷纷制定和执行各类电子政务规划与政策，一方面逐渐完善了电子政务法律、法规和政策体系；另一方面更抓住了电子政务发展时机，为电子政务走向成熟奠定了一定的竞争优势。

（2）提升电子政务法律、法规和政策的地位，确立其中心地位。这些国家和地区都提升了电子政务法律、法规和政策的法律地位，并将其逐步转为政府法制建设的中心，其他行政法规和政策都要逐步向它靠拢，进行内容调整。目前，各国已经把电子政务法律、法规和政策建设确立为本国立法和政府机构法制建设的重点，这主要源于电子政务为各国的发展带来的影响已经日益重要，不再被简单地看作一种行政手段变革，而是被视为推进本国经济社会发展的新的力量。因此，从法治角度提升电子政务法律、法规和政策的地位，是在为电子政务全面发挥应有作用扫清具体法治障碍。

（3）明确电子政务法律、法规和政策的建设重点，从技术立法转向“政务”立法，为政府及其行政改革服务。20 世纪末期，欧、美、日等国家从围绕实现计算机、网络和办公系统管理的技术立法阶段，转到向促进政府行政管理方式的变革、加快政务流程重塑和推进电子服务等方面转变的新阶段。大量的技术立法和推进政策已经建构起日益完善的各国电子技术法制支撑体系，如关于计算机安全保护、犯罪惩治以及互联网管理等的法律。当前，政务管理日益成为电子政务发展的主题，各国又围绕政务管理创新制定和实施了各种规约政务发展的法律、法规和政策，力图通过政务法律、法规和政策创新，推动政府管理创新。

（4）更加重视立法策略的法制引导和规范功能，防范和制止犯罪的法律、法规和政策日益成熟。这些国家和地区一般都重视利用法制规范来引导市场资源的流动，突出政府宏观调控，减少政府对市场资源的直接干涉。但是，由于电子政务不同于一般市场资源，因而随着各国综合国力竞争的加剧，这些国家和地区开始从强制性立法和实施刚性政策，逐渐转向突出法律、法规和政策的柔性导向和劝导功能，使各种市场资源在国家既有战略和布局结构的基础上，参与电子政务发展。针对由计算机和网络发展而产生的新型犯罪问题，各国采取了积极的应对措施，在法律和政策上都有相对成熟的举措，并且正在积极构建法律、法规和政策防御网。

（5）更加关注保护私人权益，强调通过法律、法规和政策来提升本国技术和管理竞争力。随着电子政务的发展，尤其是公众大量信息日益掌握在政府手中，一些公众开始担心私人权益保护问题。这些国家和地区的电子政务法律、法规和政策把维护个人隐私、私人权益放在立法的重要位置。美、日等国都颁布了个人隐私权益保护条例等，防止损害私人权益事件的发生，避免公众对电子政务不信任。除此之外，立法形成的各项法律、法规和政策有利于形成本国甚至国际上关于计算机和网络技术的开发与管理能力，进一步提高与电子政务相关的科技竞争能力，并最终帮助本国向其他国家输出电子政务技术标准，以扩展国际市场。

（6）强调电子政务法律、法规和政策的体系化建设，根据技术和政务变化的需求，及时填补法制空白，加快健全法律体系。单独依靠法律文本或政策规划并不能发挥出法律、法规和政策应有的调节或规约功能。发达国家借助成型的法制建设经验，迅速建成了电子政务法律政策的骨干框架，从基础法律到一般政策，从技术法规到政务规章，法律体系日渐成熟，急需的一些法律、法规和政策也顺应电子政务发展需要而被制定出来，电子政务法律、法规和政策体系也从空白到日渐完善、健全。

3. 法律、法规和政策建设趋势

美、日和欧洲部分发达国家电子政务法律、法规和政策在当前出现一些新的走向，值得关注。

（1）开始关注和编撰电子政务法典或政策汇编，形成具有本国特色的与有效的法律、法规和政策覆盖网。美、日及欧盟国家在进一步整合既有电子政务法规、规划和政策的基础上，结合本国编撰法典传统，开始编撰适应本国电子政务发展需要的电子政务法典，以进一步提升电子政务法律体系在本国整个法律体系中的地位，显示电子政务发展环境的成熟。

（2）逐渐淡化技术立法。在计算机和网络管理等法律、法规和政策基本成熟的基础上，各国逐渐把由技术引起的政府管理创新规章建制列为重点。目前，美、英等国已经有了这样的转变，比如关于电子政府的法律、法规和政策明显增加，以与技术发展和政府管理要求相适应。这部分法律更加突出行政与社会结合、管理与服务结合的特点。

（3）协调电子政务法律、法规和政策内容与共同面对电子政务新的国际问题是国际合作的重点。各个国家进一步统一协调本国电子政务法律、法规和政策与国际和他国间的关系，共同解决因为各国法律、法规和政策协作漏洞而产生的传统或新型的利用电子政务实施犯罪等问题。这可能是一个讨价还价和各国相互博弈的艰难过程，但确实是国际电子政务法律、法规和政策发展的重点。这种合作可能先在具有传统友好关系的国家间展开，进而发展成为国际趋势和共同意愿。

（4）更加关注法律、法规和政策落实与执行效果评估，监督配套法规的相继实施。各国开始检讨本国电子政务法律、法规和政策的落实情况，尤其是评估一些政策的执行效果，这会直接影响到未来法律、法规和政策走向。另外，一些鼓励民间参与及公众监督的法律、法规和政策也相继出现，从而进一步体现了电子政务的公民参与本质，逐步完善了电子政务的法律、法规和政策体系。

9.2.2 部分国家电子政务法律、法规和政策建设介评

一般来说，电子政务法律、法规和政策建设程度与一个国家电子政务发展状况具有同步性，虽然也可能会有特例，但事实证明，目前电子政务发达的国家往往也是电子政务法律、法规和政策相对健全和完善的国家，在立法和政策实施上也具有一定的代表性与典型性。

1. 美国电子政务法律、法规和政策建设介评

(1) 美国电子政务法律、法规和政策建设。

全球电子政务建设兴起于美国。在促进电子政务发展上，美国一改以往政府干预极少而主要依赖市场作用的惯例，从一开始就强调政府在促进电子政务建设中的责任和领军者地位。当然，这并不意味着政府在电子政务建设中直接充当“运动员”角色，政府在电子政务法律、法规和政策建设方面发挥领军者作用。

1) 美国电子政务法律、法规和政策建设总体概况。

1993 年，新组建的克林顿政府提出了一项旨在改变全球信息产业发展和政府管理模式的计划——美国信息高速公路计划，即 NII。为确保这项工程的顺利推进，美国政府先后制定和实施了上百部法律、法规和政策及规范性文件。

2) 美国主要电子政务法律、法规和政策：类型与举例。

第一，夯实电子政务发展的基础性法律、法规和政策。

这类法律、法规和政策是夯实电子政务发展的法律基础，是构成一个国家或政府的框架性或纲领性法律文件，是确立国家电子政务的立法地位的骨干法律主体，由一系列规范电子政务实施主体及其程序的组织法和程序法构成，是从行政上规范和确立电子政务主体、明晰职责分工和管理权限的关键。2002 年，小布什总统签署的《电子政府法》及《电子政府法实施指南》中规定：白宫管理和预算办公室下设立一个电子政府信息办公室，由政府首席信息执行官（CIO）负责电子政府的资源协调和预算问题；设立一个由各个行政部门 CIO 组成的委员会，负责政府各部门的合作和信息资源共享；在财政部设立电子政府专项资金，保障电子政府建设经费的拨付；等等。另外，《联邦信息安全法》也是电子政府法律法规的重要组成部分，《国家信息基础设施行动议程》则是重要的基础性政策文件。

第二，促进信息化发展和维护计算机与网络安全、竞争力等的法律、法规和政策。

信息技术是电子政务发展的基石，制定信息技术方面的法律、法规和政策是保证技术利益和技术安全的关键。美国制定了严格的计算机和网络安全法律、法规和政策，以确保计算机和网络不受黑客、病毒和犯罪分子破坏。美国先后颁布和实施了《计算机保护法》《网上电子安全法案》《反电子盗窃法》《计算机欺诈及滥用法案》《网上禁赌法案》等。2003 年，美国出台《网络空间国家安全战略》，提出了 5 大优先发展领域和 47 项行动建议，将信息网络安全置于战略高度。2007 年，美国科技政策界最为重要的战略咨询机构——总统科技咨询委员会向总统提交了一份报告，即《领导于挑战中：世界竞争中信息技术研究与开发》，报告指出保持在网络和信息技术方面的领导地位对于美国经济繁荣、安全和生活质量都是不可缺少的，这种领导地位源自美国“网络和信息技术生态环境”，包括美国的市场地位、商业环境和领先的教育及研究环境；其他国家和地区已经认识到保持网络和信息技术领导地位的价值并在努力追赶；为继续保持这种领导地位，必须加强对长期、跨学科项目的研究，在高端计算、网络安全和信息保障、人机互动、网络信息技术和社会科学等方面大力开展研究与开发。

第三，加快政府信息公开和保护私人权益的法律、法规和政策。

政府信息公开是电子政务民主执政的前提，也是促进社会信息流动、降低社会信息交易成本的手段。为防止互联网在提供巨大的信息资源的同时，出现侵犯公民的个人隐私、商业秘密乃至国家安全等方面的问题，美国加快了在信息公开立法上的保护私人权益法律、法规和政策制定实施进程，先后制定实施了《公共信息准则》《文书削减法》《消费者与投资者获取信息法》《个人隐私保护法》《儿童在线隐私保护法》《电子隐私条例法案》等。1967年开始施行的《信息自由法》是政府信息公开法律中最具代表性和示范意义的法律，它主要确立了以下四点原则：第一点，政府信息公开是原则，不公开是例外；第二点，政府信息面前人人平等；第三点，政府拒绝提供信息要负举证责任；第四点，法院具有重新审理的权力。整部法律共包括七个部分，主要规定了公众对政府信息的获取权、政府信息的公开方式、处理信息请求的程序、政府信息的豁免条款和公众如何诉求等。此后，该法又经历了1974年、1976年、1986年和1996年的四次修改，其中1996年的改动较大，制定了新的《电子信息自由法》，正式确立了法律对电子政务信息的适用性，要求联邦机构建立电子阅览室，方便公众在线获取政府信息。[①] 2008年，美国政府制定并公布了《公开促进政府效力法》，使得美国政府信息公开受到了更大程度的监督和约束。

第四，加强知识产权保护和IT创新的法律、法规和政策。

高速发展的信息社会和日益开放的网络空间，要求必须健全知识产权保护，鼓励人们自主和原创性知识创新，推动IT创新，提升IT竞争力。美国在1998年10月颁布了《美国数字千禧版权法》，之后相继出台了《联邦商标反淡化法》《联邦商业间谍法》《技术转让商业化法》《美国发明人保护法》《反电子盗窃法》《数字著作权法》《反域名抢注消费者保护法》等。2004年，美国著名的智囊团——竞争力委员会完成了《创新美国：在竞争与变化的世界中繁荣》的报告，指出创新是美国的灵魂，是确保美国在21世纪处于领导地位的非常重要的手段，建议美国政府全面构建一种新型的合作、管理和监测机制，以确保美国在未来的全球经济中获得成功。2006年，美国提出覆盖未来10年的科技、创新、教育的综合性战略——“美国竞争力计划”，指出国家的未来越来越依赖于新思想的产生、科学与工程领域劳动力的活力以及新知识的创新性应用。这些都反映出美国在全力促进电子政务发展中对知识产权和创新的重视，尽管有一些内容并不是通过立法或者正式文件发布，但这些民间机构的研究报告，依然可以获得美国政府认可并在实践中被采纳实施。

第五，推动与电子政务相适应的政府管理机制创新的法律、法规和政策。

电子政务实体建设在转为一个国家政务活动后，相关促进和规范政府管理创新的法律、法规和政策成为建设重点。美国联邦政府和州政府颁布的这方面法律、法规和政策主要有：《政府绩效与结果法》（1993年）、《电子信息自由法》（1996年）、《电子签名法》（1998年）、《互联网税务自由法案》（1998年）、《政府文书削减法》（1998年）、《反垃圾邮件法案》（2003年）等。美国政府为推动政府信息管理机制创新，1996年在《克林格-科恩法案》中要求联邦各部门任命CIO，履行本法案条款所规定的IT管理任务和《文书削减法》规定的、范围更宽泛的信息资源管理任务，提升政府信息化应用水平和效率，在

---

① 参见陈传夫、黄璇：《美国解决信息公共获取问题的模式》，载《情报科学》，2007（1）。

该法案规定的 CIO 八项岗位职责中，有五项是直接与 IT 密切相关的，分别是：第一项，发起制定、组织协作完成企业 IT 战略规划；第三项，保障 IT 基础设施和体系架构（计算机和网络）的运行及投资；第四项，决定 IT 服务和技能是由内部提供或从外部采购；第五项，建立关键的 IT 供应商和咨询顾问间的战略伙伴关系；第八项，向企业所有的 IT 用户提供培训，以保证现有系统和新系统获得最增值的应用。

此外，美国还制定了大量的电子商务类法律、法规和政策，如著名的《全球电子商务政策框架》《统一电子交易法》《国际国内商务电子签名法》《统一计算机信息交易法》《网上贸易免税协议》等。这些法律、法规和政策客观上促进了电子政务平台的完善，培养了一批人力资源，改善了电子政务的应用环境。

（2）美国电子政务法律、法规和政策案例——网络隐私权。

1890 年，美国著名学者布兰戴斯和沃伦在《哈佛法律评论》第 4 期上发表《论隐私权》一文，首次提出“隐私权”（privacy）的概念和理论。隐私权指公民“享有的私人生活安宁与私人信息依法受到保护，不被他人非法侵扰、知悉、搜集、利用和公开的一种人格权”[①]，其内容主要包括以下几个方面：个人生活安宁权、个人生活情报保密权、个人通信秘密权和个人隐私利用权。权利主体有权依法按自己的意志利用其隐私，以从事各种满足自身需要的活动，但不得违反法律的强制性规定，不得有悖于公序良俗。

1974 年 12 月 31 日，美国参众两院通过了《隐私权法》。1979 年，美国第 96 届国会在修订《联邦行政程序法》时将其编入《美国法典》第五卷“政府组织与雇员”，形成第 552a 节。该法又称《私生活秘密法》，是美国行政法中有关保护公民隐私权和了解权的一项重要法律，就政府机构对个人信息的采集、使用、公开和保密问题做出了详细规定，以此规范联邦政府处理个人信息的行为，平衡公共利益与个人隐私权之间的矛盾。

随着信息化社会的到来，特别是网络化的计算机系统和大型数据库的建立，大量涉及金融、医疗、保险、财产、家庭等方面的个人信息，集中掌握在政府部门手中，随时都有可能发生个人信息失控的情况。公民的个人信息一旦被他人非法获取，或者信息持有者未经公民本人授权擅自将这些数据用于职责以外的其他目的，就很容易对公民的隐私权甚至人身安全造成侵害。因此，网络隐私权问题逐渐浮出水面，并且成为电子政务法律、法规和政策建设中必须解决的问题。

有学者认为网络隐私权是随着互联网的出现而产生的，是对个人在网上提供的信息进行保护的隐私权保护形式。侵害网络隐私权包括：侵害个人通信内容；收集他人信息卖钱；散播侵害隐私权的软件；侵入他人系统以获取资料；不当泄露他人信息；网上传播有害色情信息和其他不利于人们精神健康的信息等。美国公众对个人隐私权保护问题已经变得非常敏感。2000 年 9 月在美国 Hart-Teeter 电子政务权威调查中，有近 2/3（65%）的参与调查的美国人认为应该为确保安全和隐私而缓慢发展，近 1/3（30%）的人认为可以不顾安全和隐私而加速发展。在调查中，有近 2/3（66%）的公众非常担心黑客入侵电子政务系统——这是公众对电子政务最大的担忧。在个人信息和隐私问题方面，有 55%的人

① http://baike.baidu.com/view/49906.htm。

担心公务员滥用公民的个人信息，53%的人担心个人隐私的保密问题。

在电子政务环境中，侵犯隐私权的形式主要有：

1）政府管理部门在个人数据收集中的侵权行为。政府在社会管理过程中搜集到大量公民个人资料，公民对政府部门收集信息的目的以及采取何种安全措施都无法知悉，更无法控制。

2）政府部门在储存和利用个人数据中的侵权行为。政府部门对大量个人信息不及时采取安全措施，致使大量个人信息泄露或丢失。甚至政府部分工作人员或数据库管理员因玩忽职守或出于非法目的而泄露个人数据。

3）政府部门在网络监视中对个人信息的侵犯。各国政府在加强网络监视、防止犯罪上，一些应用技术和管理方式可能会导致侵犯网民的隐私，引起公众的反对。

4）政府部门在个人信息查询中的侵权行为。公安、税务和监察机关会因对社会公共事务的管理而获取用户的个人资料。政府部门常常滥用这一查询权，对用户资料进行非法查询，遭到网络用户的严厉批评。

5）黑客攻入计算机系统侵犯个人数据。黑客非法登录后，攻入国防、公安、税务、财政、金融等政府部门的计算机系统，删除、修改、窃取数据库中储存的大量的个人信息。

美国通过法律、法规和政策加强网络隐私权的保护。1986 年美国国会通过了《联邦电子通信隐私权法案》，它规定了通过截获、访问或泄露保存的通信信息侵害个人隐私权的情况、例外及责任，是处理网络隐私权保护问题的重要法案。1995 年 6 月又制定《个人隐私权和国家信息基础设施：提供与使用个人信息原则》，推荐了一系列在信息时代收集、加工、存储和再利用个人数据的原则，即个人隐私权原则。1997 年 7 月，克林顿发布了《全球电子商务政策框架》，对保护个人隐私权问题作了详细阐述。1998 年还对未成年人制定了《儿童在线隐私保护法》，规定在搜集 12 岁以下儿童的资料时，须获得家长的同意。1998 年 6 月，联邦贸易委员会进一步明确隐私保护立法应遵循如下四项原则：

1）知会原则。这是最基本的原则，是指政府或企业在收集公民个人信息时，应当向其告知有关信息收集的情况，否则公民就无法在充分了解的前提下决定对其个人信息是否予以披露以及披露到何种程度。如果信息是在没有被充分告知的情况下收集的，则这种信息收集行为有可能被视为不公平的。未被告知的信息收集行为侵犯了对个人信息的自主占有和处分权，即侵犯了公民的网络隐私权。

2）选择权原则。公民的选择权是指公民对于被收集的个人信息的使用目的和使用方式有完全的决定权，即是否同意某种特定类型的个人信息的某种使用，尤其是信息的二次利用。

3）通道与参与原则。这一原则是指公民有权查阅政府及企业收集的相关个人信息，并有权质疑信息的准确性和完整性。

4）安全与完整性原则。这一原则是指政府及企业应采取管理和技术上的足够措施，以防止未经授权对信息的查阅、损毁、使用或披露。

（3）美国电子政务法律、法规和政策建设特点。

美国围绕电子政务进行的法律、法规和政策建设，具有几个鲜明特点。

1）完善电子政务与信息化发展的基础环境，创造有利条件，促进电子政务与信息化的发展。电子政务是一项社会系统工程，成败的关键在于应用推广的条件是否具备、环境是否成熟。电子政务系统工程涉及面极广，所需的条件也是多方面的，要求的环境也较复杂，如技术成熟度与可靠性、社会的认可程度、资金的支持和供给的力度与稳定性、管理机构的参与和支持、基础设施的完善程度等。美国立法和制定政策机构着眼于这些软硬件建设，快速地颁布各项相关的法律和政策性文件，促进这些条件资源的匹配和成熟。

美国的《1996 年电信法》《全球电子商务政策框架》等都很好地体现了这一宗旨和原则。《1996 年电信法》打破了由原来的法律所设置的长期以来使电信业受到部门和地区限制的困扰，为促进计算机互联网和有线电视网方面的竞争排除了法律上的障碍，达到了整合力量、优势互补、共同发展的目的。《全球电子商务政策框架》更是一部通过完善基础环境促进发展的文件。这份文件分别就关税与税收、电子支付系统、统一商务法则、知识产权保护、个人隐私安全、电信基础结构、内容和技术标准等九大方面阐述了政府的立场，并提出了私营企业应起主要作用、政府应避免不恰当的限制等基本原则。

2）排除法律上的障碍，为电子商务、电子政务等信息化建设的发展提供法律上的依据。法律总是落后于技术和产业的发展，这样就产生了法律空白、法律盲区、法律滞后甚至法律障碍，一方面给予探索者更广阔的活动空间；另一方面也使很多商业行为和模式得不到法律的支持，甚至产生推广的阻力。美国在其《全球电子商务政策框架》中指出："各国政府应当认识到，互联网的精华化和爆炸性的成功的部分原因是其非集中化特性和自下而上的管理模式。各国政府还应当认识到，互联网独特的结构向现有的规则模式提出了保障和技术方面的重大挑战，因而要相应地调整自己的政策。"尽管不能完全解决电子政务、电子商务发展的障碍，但构筑旨在有效促进和保障国家信息化飞速发展的，涵盖其内存规律、外在市场规则和法律规范的支撑体系，是十分必要的行动。

3）坚持技术中立原则，在立法上为技术发展留有空间。不同体系和模式的技术方案会在抽象的法律规范中找到自己合适的位置，而法律良好的包容性又会为技术的发展留有充分的空间，不会把新的技术解决方案视为异物而排斥于外。目前，在法律范畴的概念中，由于网络的虚拟性、复杂性、多样性和灵活性，直接对一些法律术语的明确性、固定性和稳定性造成了冲击，产生了如何使一些法律术语适应一种动态性、复杂性更强的范畴的问题，即技术中立性问题。另外，在一些法律系统中要包容技术规范；法律系统要做到不偏不倚，要为技术的发展预留空间。

4）在信息化立法的过程中，政府通过积极的推进者与参与者的角色定位，积极推进信息化的发展。经济合作与发展组织在 1997 年提出，在促进电子商务和电子行政管理原则协调发展方面，应建立有效的对话方式，政府应调整现行法律（包括知识产权保护法）和法规，使其不仅适用于"有形"产品的需要，也适用于"无形"产品的需要，而且还应就制定政策和实施方面达成一致。美国政府为新技术及新经济的引进创造了条件，做出了榜样，启动了市场和需求，更帮广大消费者树立了信心，增强了企业的竞争力。美国通过法律、法规和政策明确规定政府在国家信息化发展中的宏观规划指导作用，从战略的角度使用立法规划手段对国家信息化建设予以支持，大力推广普及信息技术，建立全民参与的信息化发展机制。

2. 欧盟电子政务法律、法规和政策建设介评

欧盟电子政务建设并不晚于美国，在电子政务技术研发和应用上，也不比美国逊色。欧盟多次召开面向新型科技信息社会建设的政策研讨会，力争在统一协调各国电子政务建设进程和政策激励基础上，在关键技术和电子政务标准上，取得优先的创制权、话语权。欧盟成员国科技和政府管理体制有一定差异，电子政务法律、法规和政策建设也略有不同，但从趋势上看，这些差异正在被共同的目标和一致的利益选择替代。

（1）欧盟电子政务法律、法规和政策发展三阶段。

1）以 1993 年《成长、竞争力与就业》白皮书的发表和首次提出欧洲信息社会具体意见为标志，重点在于加快信息社会的网络基础建设。

2）以 2000 年 3 月《里斯本战略》的颁布并实施为标志，欧盟委员会提出要在 2010 年前成为“以知识为基础的、世界上最有活力和竞争力的经济体”，并以电子政务、电子医疗和卫生、电子教育与培训、电子商务四大主要应用为支柱，推动信息社会向前发展。

3）以 2005 年 6 月建设欧盟信息社会 2006—2010 年五年战略计划《i2010——建立充满经济增长和就业机会的欧洲信息社会》（简称《i2010 战略》）为起始标志。2006 年，欧盟委员会发布了《“i2010”电子政务行动计划：加速欧洲电子政务，使所有人受益》（简称《电子政务行动计划》），该项计划是欧盟信息化总体战略“i2010”所确定的工作目标之一，其发布实施标志着泛欧层次的电子政务建设步入系统化发展的轨道。《电子政务行动计划》从五个方面入手，对欧盟 2010 年的电子政务发展目标作出了明确部署。

第一，全民参与。欧盟委员会将同各成员国一起力争到 2010 年以前，实现所有欧盟成员国的公民，不论性别、年龄、国籍、收入、健康状况等，都能平等地利用数字电视、计算机和移动电话等一系列科技手段。

第二，提高效率。欧盟成员国利用信息技术，到 2010 年前实现“可观的效率”和“显著减轻行政负担”的目标。在该行动计划中，欧盟及其成员国将设定一个框架，建立评价电子政务影响的基准。

第三，执行电子采购计划。欧盟各成员国承诺到 2010 年实现 100%或至少 50%的采购在线化，预计每年将节省 400 亿欧元。

第四，欧盟范围内服务的安全接入。欧盟各国建立安全系统，开展公共管理网站和服务方面国家电子身份证的相互认证。

第五，加强参与和民主决策。该行动计划建议，开展在公众参与决策中利用信息技术的试验，进一步确保公众参与的有效性。

（2）欧盟电子政务法律、法规和政策分类比较。

欧盟电子政务法律、法规和政策并不像美国那样具有较长的历史积累，也不是以法律文本为主，而是突出了各类政策规范和战略报告的地位。根据各类法律、法规和政策具体性质与调整对象重点的差异，欧盟电子政务法律、法规和政策分类比较如表 9—1 所示。

表 9—1　欧盟电子政务法律、法规和政策分类比较

类别	具体内容
政策性文件	《有关实施对电信管制一揽子计划的第五份报告》《电子通信服务的新框架》《电子欧洲——一个面向全体欧洲人的信息社会》
规范性文件	《关于聚焦电信、媒体、信息技术内容及相关规范的绿皮书》《欧洲共同体委员会信息社会的版权和有关权利的绿皮书》
规划及其行动计划	《促进 21 世纪的信息产业的长期社会发展规划》及相应的行动计划
以规范和指导各国信息化发展的"指令"	《欧洲电子商务提案》《关于数据库法律保护的指令》《关于内部市场中与电子商务有关的若干法律问题的指令》《协调信息社会中特定著作权和著作邻接权指令》《著作权/出租权指令》《远程消费保护指令》《电信部门的隐私保护指令》《卫星广播指令》《软件保护指令》
促进本国信息化发展的法律规范体系	英国 2000 年的《电子通信法》，爱尔兰 2000 年的《电子商务法》，德国 1997 年的《信息与通信服务法》和《数字签名法》，意大利的 1997 年的《数字签名法》和 2000 年的《电子信息与文书法》

资料来源：《欧美电子政务与信息化政策法律环境发展启示》，见 http://www.topoint.com.cn/html/article/2004/12/183131.html，2004-12-30。

（3）欧盟电子政务法律、法规和政策建设特点。

1）采取注重欧盟整体信息化推进、法制统一与充分发挥各国特长和优势相结合的原则，从不同角度推进信息化的发展。欧洲各国在发展信息技术和产业领域各有所长，如：北欧各国长于无线通信技术支持下的网上服务，德国、英国长于多媒体、数据库的开发应用服务，法国长于基于民族文化特质的内容服务等。欧盟委员会要实现欧洲信息社会的目标，就必须借助各国优势互补的模式，突出既注重整体推进，又充分发挥各国特长的原则，从不同角度推进信息化，提高欧洲信息化领域竞争力。

2）利用欧洲一体化的优势，协调各国的法制环境，为信息化与贸易、交流等创造无障碍的法制环境。欧盟信息化政策的显著特色是其颁布的各种各样的"指令"（见表 9—1），这些"指令"在内容上有其突出特点。比如，欧盟《关于内部市场中与电子商务有关的若干法律问题的指令》明确表示："本指令的目的是保障内部市场的良好运行，重点在于保障信息服务得以在成员国之间自由流通；为实现这个目的，本指令致力于在如下一些领域使各成员国关于信息服务的国内立法趋于统一。这些领域主要包括内部市场制度、服务供应商的设立、商业信息传播、电子合同、服务中间商的责任、行业行为准则、争议的非诉讼解决、司法管辖和成员国间的合作；本指令旨在补充完善欧洲共同体关于信息服务的各项立法，但并不降低包括有关内部市场运行在内的其他一切欧盟立法业已确立的对公众健康和消费者的保护水平。"

3）重视信息化发展过程中对信息服务内容的管制和净化。互联网是一柄"双刃剑"，欧盟各国采取统一积极措施，净化互联网环境和内容，为他国树立了可供借鉴的榜样。比如，针对互联网服务提供商，很多欧洲国家都采取了较为严格的态度。1996 年 5 月，法国逮捕了两家网络公司的主管，原因是在这两家公司的网站上提供了大量的儿童色情照片；而德国的巴伐利亚州，也发生过类似的案例。所以，目前在 ISP 的法律责任问题上，特别是在ISP提供的主页空间上有侵犯他人的知识产权、名誉权等行为时，针对ISP究竟要不要承担连带责任的问题，欧盟采取的是相对严格的责任原则，即如果ISP在接到权利人的通知之后，不立即采取有效行动关闭侵权网站，就要承担法律责任，有的成员国甚至规定ISP必须及时把侵权者的有关信息提供给权利人。

英国在1996年9月颁布了《3R互联网络安全规则》，用于消除网络中的非法资料，特别是色情淫秽内容。其基本措施为“分级认定、举报告发、责任承担”，即“3R”（以上三项的英文词头）。英国政府在1999年9月发布工作计划，提出将由政府带头发展方便且容易使用的过滤技术，以保护公民免受网络有害内容的侵害。

4）重视网络隐私权的保护。欧盟主张订立严格的网络个人隐私权保护标准。通过设立特别委员会，欧盟敦促各国以立法的形式来保护网络隐私权。欧盟对网络隐私权保护的框架文件有四个：一是为配合经合组织的《关于隐私和个人资料的跨国境流动的保护指引》而制定的《关于在自动运行系统中个人资料保护公约》；二是1998年10月生效的《关于个人资料的运行和自由流动的保护指令》；三是1997年7月欧委会个人资料保护工作组制定的《关于个人资料向第三国传递的第一个指导——评估充分性的可能方案》；四是1999年部长会议关于互联网隐私权保护指引备忘录中规定的《关于在信息高速公路上收集和传送个人资料的保护》。

欧盟网络隐私权保护指令对与欧盟有电子交易的他国的网络隐私权保护情况也提出明确要求，如其达不到要求，将停止其电子交易行为，由此将欧盟所确立的网络隐私权保护标准提升为国际标准，使得在国际范围内出现了大规模的网络隐私权保护和立法活动。

（4）欧盟电子政务法律、法规和政策建设趋势。

1）推动欧盟成员国的行政管理创新，制定以公共服务旗舰项目为核心的法律、法规和政策，提升欧盟电子政务创制权。

2）重视信息技术和产业的可持续发展，准备在欧盟范围内建立一个适用于电子商务（或政务）的法律与管理框架，力争形成一个具有全球示范作用的法律环境。

3）欧盟委员会将信息化发展政策重点放在标准制定，围绕整合信息技术和政府管理，打通政务系统的阻隔，通过法律、法规和政策推进多种因素有效联系起来。

4）统一协调欧盟内部不同国家之间的电子政务应用政策，尤其是通过欧盟电子政务促进机制，加快电子政务法律、法规和政策的成熟。

（5）德国电子政务法律、法规和政策建设简评。

德国是欧盟电子政务发展较快的国家，也成为欧盟电子政务法律、法规和政策的主要开拓者。德国在1997年8月1日正式实施《信息和通信服务规范法》（即《多媒体法》）后，在1999年制定了德国“21世纪信息社会行动计划”。2000年，德国政府又出台了“联邦在线2005”，制定了未来五年政府网站发展规划，它是联邦政府为了推动德国向信息社会演进的一项重要政策，也是政府现代化过程中的一个重要组成部分，是欧洲规模最大的电子政府计划。为了引入电子政府，德国对私法与公法的法律框架都进行了调整。除了增加使用数字签名的规定外，对其他许多领域，例如，数据保护、公共合同签订的法律，商业注册法，信息公开法等法律、法规也进行了修改。此外提出，未来的法律，例如正在进行的资金预算方面的立法也需要考虑电子政府的发展情况。同时，德国还对行政程序规定进行修改，允许使用数字媒体。公民与政府之间可以通过书面、口头或电子形式来进行沟通，并在所有的行政管理领域中产生法律效果。

德国在电子政务和信息安全领域的标准化建设独树一帜，既是欧盟的领头羊，也在国际上发挥了先锋作用。在德国标准化学会（DIN[①]）的主持下，开展了一个以电子政务标准化为内容的“Media@Komm”项目，该项目源于联邦政府的一个关于电子政务的倡议。联邦政府在倡议中提出，到 2005 年，联邦行政管理机构要能通过互联网提供服务。DIN 主持制定了信息技术安全领域列入最高优先级的 37 个国际标准和专业报告，这些标准和专业报告涉及 IT 安全的基本原理与方法、密码编码机理和算法以及 IT 安全评估标准等领域。根据实际应用的要求，DIN 还制定了一系列合适的标准，涉及信息完整性和保密性、对象真实性的认定、数字签名的实现、管理公用密码的可靠基础设施的建设、证明数字签名的可靠性及保密性等。目前，DIN 正在将其中多个信息技术安全方面的德国国家标准修订为欧洲标准。

3. 日本电子政务法律、法规和政策建设介评

日本是世界上具有高层次电子政府能力的少数几个国家之一，这与日本多年来奉行的法律、法规和政策治理传统密不可分。日本总是能在电子政务建设出现危机或转折时，通过法律、法规和政策整合资源，强化建设力度，确保电子政务建设方向正确并得到公众支持。

（1）日本电子政务法律、法规和政策建设状况。

日本政府有计划、有重点地推进电子政务始于 1993 年起草的《推进行政信息化基本计划》。该计划于 1994 年 12 月发布（1997 年 12 月修订），这是日本政府推出的第一个政府信息化建设五年计划，主要目标是在国家行政机关建设信息基础环境，重点建设项目包括建立使用计算机的工作环境、推进数据编码等基本项目的标准化、建立电子文件交换系统等信息系统、完善并扩大数据库建设、强化政府对新技术的评估机制、建设高技术通信网络等。

从 2001 年开始，日本政府先后推出了“E-Japan”系列信息化战略计划，明确将电子政务建设确定为日本信息化建设的五大重点领域之一。“E-Japan”系列信息化战略计划指出了电子政务建设的基本思路、战略目标和具体的实施措施。2003 年 7 月，CIO 联络会议根据《E-Japan 战略Ⅱ》的有关规定，推出了专门的《电子政府构筑计划》，明确了 2003—2005 年日本电子政务建设的方向和重点以及两个战略目标。2004 年 12 月，在总务省提出的政策建议《U-Japan 政策》中进一步提出，“提高电子政务服务的便利程度”是下一步优先解决的 21 个问题之一。2006 年后，日本又相继出台《IT 新改革战略》《重点计划 2006》《重点计划 2007》《重点计划 2008》等。为了确保 2006 年《IT 新改革战略》中提出的目标能够实现，并充分考虑 2010 年以后信息化政策措施的进一步展开，2008 年

① DIN：Deutsches Institut für Normung e. V.，是德国最大的具有广泛代表性的公益性标准化民间机构，目前设有 123 个标准委员会和 3 655 个工作委员会，大约有 6 000 个工业公司和组织为其会员。DIN 的宗旨是：通过有关方面的共同协作，为了公众的利益，制定和发布德国标准及其他标准化工作成果并促进其应用，以有助于经济、技术、科学、管理和公共事务方面的合理化、质量保证、安全与相互理解。

IT 战略本部又制定了《IT 政策路线图》，详细规定了此后若干年的政策日程表。经过多年建设，日本电子政务相关法律、法规和政策有 30 多项，其中最重要的电子政务法律、法规和政策是 2000 年提出的《IT 基本法》、2001 年的《电子日本战略》和 2006 年的《IT 新改革战略》。

（2）日本《IT 基本法》《电子日本战略》《IT 新改革战略》内容解读。

1）《IT 基本法》是《高度信息通信网络社会形成基本法》的简称。《IT 基本法》的主要内容包括：一是建立世界最高水平和所有国民都能容易使用的高级信息通信网络；二是建立中央和地方政府的网络化办公系统；三是确保信息通信网络的安全性并对个人信息加以保护；四是制定实施信息化社会的具体计划；五是设立以首相为本部长的信息化战略推进部。

2）《电子日本战略》又称《E-Japan 战略》。该战略将实现电子政府作为日本形成高度信息通讯网络社会的基本战略。该战略的目标是集合政府与民间力量，迅速在重点领域寻求突破。其重点政策领域包括：在民间完善超高速网络基础设施建设；政府为自由、公正的竞争创造更加完善的环境，例如，制定电子商务规则，实现行政、公共领域的信息化，即实现电子政府；在教育上，重点培养 IT 技术人才和科研人员，理论和应用齐头并进。《E-Japan 战略》有四个重要的领域：第一，基础设施；第二，电子商务；第三，电子政务；第四，人力资源。

3）《IT 新改革战略》。日本于 2006 年 1 月正式出台了《IT 新改革战略》，包括两大部分：基本理念和 IT 政策的重点。基本理念部分提出了 2006—2010 年日本信息化建设的战略性理念、基本目标和方针。三个战略性理念分别是“用户导向”“强化竞争力”“通过信息化进行社会结构改革”。基本目标和方针要求政府努力促进光纤网的建设和完善；到 2010 年在全国范围内完成（高速大容量）宽带通信网的覆盖工作，促进电子政务的发展；到 2010 年将中央政府和地方政府的申请申报手续在线利用率从目前的不到 10%提高到 50%。IT 政策的重点是《IT 新改革战略》的核心所在，IT 战略本部依据总务省的《U-Japan 政策》以及自身的调研，提出了如下重点政策：通过信息化进行社会结构改革，信息化基础要素的建设完善，以及促进日本的技术、产品与标准向全球的推广。《IT 新改革战略》针对每一项政策详细说明了日本面临的现状和存在的问题，提出了明确而具体的建设目标和实施方案，并制定了详细的评估指标。

仔细分析这些政策，依据政策的具体内容可以将其分为四种类型：以提高服务水平和系统利用率为目的的措施（第 1～4 项和第 7 项）；以加强基础设施建设为目的的措施（第 5 项）；以完善管理体制为目的的措施（第 8、9 项）；以业务优化为目的的措施（第 6 项和第 11～13 项）。

（3）日本电子政务法律、法规和政策建设特点与趋势。

1）大力改善电子政务法制环境，提升政策能力。

日本在《电子日本重点计划 2004》中确立了“以民为主，政府支援”的高度信息化社会原则，规定政府要进行一系列的使市场能够平稳发挥作用的环境整治工作和推出一批行政管理体制改革措施，鼓励民间通过自由、公正的竞争，完成各种标新立异的研发创意，推进日本信息革命的发展。日本在这方面制定和实施了很多政策，以保护知识产权和促进科技成果转化，以法律政策激励公众的参与和权益保护。

2）通过立法引导并加强政府信息化建设，规范政府业务。

日本在电子政务相关法律、法规和政策中，对政府内部机构信息化建设做了明确、详细的要求，例如，办公的网络化、电子化、无纸化、电子签名、信息安全制度等，以法律、法规和政策带动社会信息化发展，促进电子政府发挥实际成效。此外，通过政府内外部管理和服务的规范化与示范化，加快公众对电子政务的接受。

3）设立电子政务主管机构，权责清晰。

日本各府省在 CIO 下设立新的综合管理机构——项目管理办公室，机构权责清晰，统一管理部署府省内信息系统的规划、开发、应用、评价等业务，并编制出可灵活执行上述业务的预算方案，以提高电子政务的建设效率，尤其是促进日本电子政务标准化进程和提升日本电子政务的国际影响力。

4）重视政府服务和流程创新法律、法规和政策建设，逐渐减少基础类设施建设。

日本电子政务在最近十年取得飞速发展，基础设施建设和人力资源培训基本结束。日本也把电子政务法律、法规和政策建设重心转向政府“政务创新”和实体政府业务的网络实现问题上，因而行政类法规将会明显增多，对政府的管理会进一步加强。

9.2.3　部分发达国家电子政务法律、法规和政策建设经验

在经合组织列举的电子政务建设外部障碍中，法律障碍高居第一位。在某种程度上，电子政务能否成功取决于政府能否提供一个完善有效的法律、法规和政策体系。电子政务发达国家或地区普遍重视法律、法规和政策的作用，它们通过大量的立法、修法和建策活动为电子政务的发展提供法律、法规和政策保障，推动电子政务的发展。其中，主要有以下几点经验：

1. 制定专门的电子政府法

电子政府法属于纲领性立法，具有统领、指导及协调各单行本电子政务法律法规的作用，它既是制定各个子项法律法规的依据，又是理顺电子政务法律体系内部层次关系的前提，因此，制定专门的电子政府法可以促进各国电子政务快速发展。目前，美国、奥地利、意大利、拉脱维亚、保加利亚、波兰、芬兰、韩国、新西兰、澳大利亚、南非等国家都已经制定了电子政务专门法，而如日本、加拿大、新加坡、英国、法国、德国等国则没有专门法律，有关规定主要散见于单项法中。

澳大利亚于 1999 年制定的《联邦电子交易法》的适用范围不局限于政府，也适用于电子商务。芬兰在 2000 年开始实施《行政管理电子送达法》，该法的目的在于促进公共管理领域的电子送达，规定了电子送达中行政机关以及行政管理相对人的权利、义务和责任，也规定了数据安全和电子身份的相关重要要求。巴西于 2000 年 10 月 18 日开始实施的《电子政府总统令》的主要目的是在政府理事会中设立电子政府行政委员会，并赋予其统筹电子政府发展的相应职权，负责在联邦公共行政管理体系中推广和采用信息与通信技术，发布指令，指导各部门制定电子政府发展的年度计划，定义电子交往形式的质量，协调电子政府的预算支出，规定通过电子方式提供信息和服务的水平，就电子政府问题提出法律改革的建议和年度预算方面的建议。美国在 2002 年制定的《电子

政府法》不论是就篇幅还是就内容而言，都是国际上迄今为止最为详细、覆盖面最广的一部法律。

2. 制定与电子政府尤其是与政务管理创新相关的法律、法规和政策

以美国为例，除《电子政府法》之外，美国还有四类推动政务管理创新和信息建设的相关法律、法规和政策：一是推进作为电子政府核心内容的行政机关信息化的法律；二是与电子政府关系密切的政府信息公开制度；三是在推进电子政府过程中，对个人权利保护的法律、法规和政策；四是确保信息安全的法律、法规和政策。这四方面法律、法规和政策构成严密的美国电子政务发展网，具体法律、法规和政策举例见表9—2。

表9—2　美国电子政务相关法律、法规和政策举例

类型	法规政策举例
推进行政机关信息化	《文书削减法》《政府文书削减法》《信息技术管理改革法》《行政绩效评估法》
政府信息公开制度	《信息自由法》《电子信息自由法》
个人隐私权利保护	《隐私权法》《儿童在线隐私保护法》
确保信息安全	《计算机安全法》《计算机安全增强法》《联邦信息安全管理法》

3. 制定或修改行政程序法

以西班牙为例，1992年西班牙《行政程序法》第38条规定，公共行政机关为接收个人或行政部门的书面材料及通知而建立的总登记及其所有登记都必须输入电脑。第45条规定，公共行政机关为开展活动或行使其职能，应在宪法或法律有关的限定范围内推动技术及电子、电脑或电信媒介的使用与运用。如果与公共行政机关的技术媒介通用，那么在尊重每个程序规定的保障及手续前提下，公民可通过技术及电子、电脑或电信媒介与公共行政机关相连接来行使自己的权利。公共行政机关通过电子、电脑或电信媒介发出的资料，或这些媒介所储存的原件的复制件，只要其具备真实性、完整性并保存可靠，利害关系人的签收以及本法和其他法律规定的保障及手续的履行均得到保证，那么上述复制件就享有原始资料的有效性及效力。另外，其他国家也在程序法上对电子政务运行和管理做出了积极的调整。

4. 制定或修改其他法律

电子政务立法与整个国家法律的协调，是通过法律的“立、改、废”实现的，即除了制定相关的新法律法规之外，在原有法律法规基础上不断修改、完善更是一条便利途径。英国政府为减少政府规制，在法律改革方面的举措之一就是大力废止不必要的规制措施。自1999年开始，英国政府分别为每个部任命了规制改革部长，负责清除过时的规定或负担。英国于2001年制定的《规制改革法》为加速清理和简化现行法律提供了基础。根据该法的规定，各部部长可以通过发布命令的方式，经议会两院批准后，废止法律规定中增加负担的条款。2002年2月颁布的《规制改革行动计划》提出了超过260项规制简化措施，并明确了完成的日期和达到的标准。这些都大大加快了电子政务法律、法规和政策的制度化与执行，尤其是减少了法律、法规和政策间的冲突与内耗，促进了政府执行力的提升。

5. 使用其他政策工具，如战略规划或行动等

在一些国家政府的其他政策工具中，电子政府战略或行动计划（包括欧盟的“指令”）是最为普遍、使用最多的，几乎每个国家都有类似的战略或行动计划。如：美国、加拿大、新加坡都奉行“以公民为中心”，利用信息和通信技术实现政府转型战略，但各自侧重点不同。美国强调降低政府运行成本，提高政府效率和有效性；加拿大强调政府重组其内部流程优化，向用户提供不断改进的优质服务；新加坡强调电子政府的服务对于提升本国在区域竞争与全球竞争中的地位和影响的作用。

9.3　中国电子政务法律、法规和政策建设与完善

中国电子政务法律、法规和政策（对于港澳台地区本节不作研究）虽然起步并不比西方发达国家晚，但由于法制基础相对薄弱并受到电子政务技术能力和社会环境等因素制约，中国在电子政务法律、法规和政策建设与电子政务互动发展方面并不显著。因此，为确保中国电子政务建设的良性发展和深入推行，应进一步克服在关键立法和政策实施中存在的诸多难题，推动电子政务法律、法规和政策的建设与完善。

9.3.1　中国电子政务法律、法规和政策概况

1. 中国电子政务法律、法规和政策建设总体状况

从国际上看，各国电子政务建设都是首先从计算机和网络技术开始的，进而走向政府管理创新，最后才是基于技术的网上政务活动。这三个阶段尽管不是完全割裂的，但也具有相对的独立性。电子政务法律、法规和政策的建设历程与以上三个阶段基本对应，具体表现为一个国家或地区首先构建促进计算机和网络技术发展的法律、法规和政策，进而加快实施与政府管理创新相关的法律、法规和政策，如督促政府信息公开、信息公开中有关个人数据保护的法律、法规和政策的实施，最后再到制定关于电子签章、电子政务的专门性法律、法规和政策等。

以上三个阶段并不是严格的前后相继和连续递进的过程，而是不同种类同时并存的发展状态，因此，对于上述三个阶段的法规政策我国都有涉及。截至目前，我国已经颁布出台了百余部与电子政务相关的法律、法规和政策以及行动计划和意见等，电子政务法律、法规和政策体系也已初具规模，具体表现为：

（1）电子政务与政府信息公开类：如国务院《中华人民共和国政府信息公开条例》《海南省政务信息化管理办法》等。

（2）电子政务中的信息服务与信用体制建立类：如《互联网信息服务管理办法》《互联网电子公告服务管理规定》《互联网出版管理暂行规定》等。

（3）电子签名与认证服务类：如《中华人民共和国电子签名法》《海南省数字证书认证管理试行办法》。自 2005 年 4 月 1 日起，我国《电子签名法》开始实施。该法立法的直接目的是规范电子签名行为，确立电子签名的法律效力，维护各方合法权益；最终目的是

促进电子商务和电子政务的发展，增强交易的安全性。该法是我国信息化领域的第一部法律，同时也是我国《行政许可法》实施以来以法律形式对直接关系公众利益的电子认证服务业设置行政许可，并授权原信息产业部作为实施机关对电子认证服务提供者实施监督管理的第一部法律。

（4）行业信息化类：如财政部《会计电算化管理办法》《网上银行业务管理暂行办法》《网上证券委托暂行管理办法》等。目前，国际上许多国家都已开展了电子化政府采购的实践。电子化政府采购，是指政府利用信息网络技术，实现公共部门采购货物、工程和服务的一种采购形式，核心内容是通过电子系统打破时间和空间障碍，增强采购信息透明度，为政府采购活动提供便利。我国在 2002 年通过的《政府采购法》中并没有提及政府电子采购的问题。但是，最近几年，一些省市进行了政府电子采购实践探索，例如，北京市政府颁布了《北京市政府采购网站管理规定》，列举了一些电子采购规范要求。国家和一些省市建立了电子化政府网上采购平台（网站），并开通电子采购审计和监察。

（5）信息系统建设及信息基础设施建设类：如《电信设备进网管理办法》《电信建设管理办法》等。

（6）信息服务市场管理与登记许可类：如《中国互联网域名管理办法》《网站名称注册管理暂行办法》等。

（7）信息安全与保密类：如《中华人民共和国计算机信息系统安全保护条例》《计算机病毒防治管理办法》《广东省电子政务信息安全管理暂行办法》等。

在上述分类中，第五类与第七类同属于涉及计算机网络系统和维护网络安全阶段的法律、法规和政策；第二类与第六类同属于政府信息公开和信息公开中个人数据保护阶段的法律、法规和政策；第一类、第三类与第四类则属于电子政务阶段的法律、法规和政策。

2. 中国电子政务法律、法规和政策建设特点

我国电子政务法律、法规和政策是随着我国信息化进程逐步发展起来的，总体上落后于电子政务的实践发展，并具有以下几个方面的特点：

（1）制定法律、法规和政策主体的多元性和交叉性。由于信息化涉及我国政府多个部门和社会领域，因此制定这些法律、法规和政策的主体也必然是多元的。在我国，这些主体及其制定的法律、法规和政策主要包括：全国人民代表大会制定的有关电子政务的法律法规，国务院和有关部委制定的有关电子政务的全国性法规、规章与规定，地方人大和政府制定的有关电子政务的地方性法规与规章以及各级政府制定的具有一定法规性质的、有关电子政务的规划及计划等。上述一些法律、法规和政策有些是由多个不同主体联合制定和发布的，体现了法律、法规和政策对电子政务发展影响的全面性和深远性。

（2）电子政务法律、法规和政策层次复杂，法律层次较低。至今为止，我国并没有一部专门规范电子政务的法律法规，涉及电子政务的法律法规都分散在其他各个部门法之中，而且层次较低，绝大部分都是各种部门规章、地方法规，内容不够完善，甚至存在大量彼此冲突的情况。即使是我国自 2005 年 4 月 1 日起实施的《电子签名法》也是主要用来规范电子商务领域的电子签名活动，对电子政务领域则基本没有涉及。这与我国立法传统密切相关，我国的立法传统是将较为成熟的案例或已有实践基础的规章政策上升为法律。鉴于电子政务在我国发展所处阶段和未来发展的不确定性，仅能在一些地区或某个方面制定较高层次的立法，只有在经过若干阶段的探索和实践后，才有可能制定综合性电子政务法律。

（3）电子政务技术安全立法明显多于政务管理立法。我国对电子政务运行环境和技术安全等网络立法高度重视，覆盖了计算机、信息和网络技术安全的多个方面，信息技术立法层次高、规范对象全、行政执行效果较好。但是，电子政务法律、法规和政策发展的另一个重点——“政务”管理类法律、法规和政策明显缺乏，无论是在立法层次还是在可执行性上，都还需要很大的提升，这也反映出电子政务在具有技术安全保障后，其建设重心已经转向政务管理上来，而这又受到我国政府管理中现有制度和体制改革进程的影响。

（4）重点领域涵盖面广——在信息服务和网络服务领域，我国制定了较为详细的登记、备案或许可的管理体系。目前，这些领域包括：ISP 的经营管理，ICP 的经营管理，BBS 的经营管理，域名的管理，电信设备入网的管理，软件的管理，网上证券、网上银行、网上出版的管理等，涵盖大部分信息服务和网络服务领域。

9.3.2　中国主要电子政务法律、法规和政策介评

1. 关于政府网站建设和管理的若干规定

近年来，随着国民经济和社会信息化的发展，尤其是电子政务的深入推进，我国政府网站建设和发展不断加快。2006 年 1 月 1 日，中央政府门户网站正式开通，标志着由中央政府门户网站、国务院部门网站、地方各级人民政府及其部门网站组成的政府网站体系基本形成。网站建设和管理方面的规章政策将构成电子政务法律、法规和政策的重要内容之一。2006 年 12 月 29 日，《国务院办公厅关于加强政府网站建设和管理工作的意见》出台；2007 年以后，各省、自治区、直辖市相继制定该《意见》的实施办法和具体方案。该《意见》的主要内容包括：

（1）不断健全和完善政府网站体系。中央政府门户网站和国务院部门网站要着重加强全局性、宏观性、权威性政府信息发布，为公众和企业提供在线办事服务指引或特定内容的办事服务，增强与公众互动交流。省级人民政府及其部门网站要着重就区域性重大问题加强权威政府信息发布，提供相关内容的办事服务，积极开展与公众互动交流。市（地）级以下人民政府及其部门网站要及时准确地发布政府信息，搭建与公众互动交流平台，拓宽社情民意的表达渠道，着重为公众和企业提供在线办事服务、公益性便民服务。上下级政府和部门网站之间要做好链接，逐步实现资源共享、协同共建和整体联动。

（2）着力加强政府信息发布。要按照“严格依法、全面真实、及时便民”的政务公开要求，及时公布法律法规、发布适宜公开的规范性文件和国民经济统计数据、重大工作部署等重要信息，及时更新政府负责人简介、机构职能等概况信息，不断提升信息发布的深度和广度。围绕政府重点工作和公众关注的经济社会发展中的热点问题，组织发布热点政务专题、政策法规解读等权威政府信息，引导公众理解、支持和配合政府工作。对重大突发公共事件，要主动、及时地发布权威政府信息，为事件的妥善处理营造良好的舆论环境。按照有关保密工作的规定，加强审查，确保信息内容和发布的程序合法合规。要编制信息公开目录，明确责任部门、公开范围及公开时限，制定信息分级分类管理办法，建立健全信息采集、编辑、审核、发布、共享等方面的规章制度。

（3）切实提高在线办事能力。要从满足公众日益增长的需求出发，增强服务意识，不断提高在线办事能力和水平。要公布办事项目的名称、依据、程序和要求，提供表格下载、业务咨询和办理指南，努力实现在线申请受理、状态查询和结果反馈。按照公众、企业等服务对象的需求，梳理业务流程，整合办事项目，积极探索推行“一点受理、抄告相关、并联审批、限时反馈”“前台一口受理，后台协同办理”等在线办理模式。按照“网站受理、后台办理、网站反馈”的模式，通过办事指引和页面链接提供“一站式”服务入口，逐步建立网上办事大厅。要确保“十一五”期间50%的行政许可项目实现在线办理。

（4）持续拓展公益服务。要着眼便民利民，针对不同受众和不同群体，进一步开发利用教育、科技、文化、卫生、社会保障、公用事业等与公众生活密切相关的公益性信息资源，努力提供各类便民服务。按照建设社会主义新农村的要求，整合相关资源，努力向农民提供科技知识、气象信息、农产品和农资市场信息、灾害防治等方面的服务。按照提高对外开放水平的要求，积极提供商贸活动等方面的公共服务。

（5）稳步推进互动交流。要按照“总体规划，分步实施，严格审理，确保安全”的原则，加强互动栏目建设，不断丰富互动交流方式，为公众参与互动交流创造条件。围绕政府重点工作和公众关注热点，开通在线访谈、热点解答、网上咨询等栏目，做好宣传和解疑释惑工作，正确引导舆论。通过行政首长信箱、公众监督信箱等，接受公众建言献策和情况反映，适时开通留言板功能。围绕政府重要决策和与公众利益密切相关的事项，开展网上调查、网上听证、网上评议等工作，征集公众的意见和建议，及时分析汇总，为决策提供参考，提高科学民主决策水平。

（6）不断改进网站展示形式。政府网站页面设计要科学布局、重点突出，页面层级要合理规划、深度适中，栏目划分要清晰合理、避免歧义，便于公众快捷获取所需内容。设计风格要美观大方、简洁庄重，体现政府网站共性与地方、部门特色的统一。首页显著位置应标注本行政机关的合法名称，并可根据需要设计网站标志图案。英文域名要以“.gov.cn”结尾，中文域名要以“.cn”结尾，并与本行政机关的合法名称或简称相适应。默认文版为简体中文，民族自治地方的网站可编制少数民族文字版，有条件的网站还可编制繁体中文和外文版。

（7）切实提高技术保障水平。要根据政府网站运行维护和内容建设需要，加强网络技术平台和重要业务应用系统建设及功能性软件研发。根据资源共享和业务协同的需要，逐步实现相关政府网站之间网络技术平台的对接和业务应用系统的兼容。具备条件的地方，可逐步统一所属部门网站和下级人民政府网站的网络技术平台；具备条件的部门，可逐步统一本系统的重要业务应用系统。要做好日常巡检和随时监测，确保网站全天候工作、信息页面正常浏览、办事和互动平台畅通有效。

（8）有效提升安全保障能力。要按照电子政务安全规范和技术要求，完善政府网站的安全基础设施，制定完备的安全策略和应急预案，加强安全技术和手段的应用，不断提高对网络攻击、病毒入侵、系统故障等风险的安全防范和应急处置能力。要按照“谁主管谁负责、谁运行谁负责”的要求，明确相关单位的职责分工，建立健全责任制，形成多层次的完备的安全责任体系。

（9）进一步完善运行管理机制。各地区、各部门要把政府网站建设和管理列入重要议事日程，纳入电子政务发展规划，并明确政府网站建设和管理的责任单位。根据内容保障工作特点，建立信息保障和栏目共建、信息处理和反馈、办事服务提供、互动交流等各方面的工作机制。积极探索委托管理、服务外包等多元化的技术保障工作机制。加强统筹协调和监督检查，确保工作中出现的问题得到及时解决。积极开展各类交流培训，加强绩效评估，探索建立有关部门、社会机构和公众共同参与的政府网站绩效评估机制，科学确定评估内容和指标体系，充分发挥绩效评估的导向和激励作用。

该《意见》的出台和实施对于规范各级政府网站建设、发挥政府网站职能具有重要意义。但是，该《意见》还仅是一般规范性文件，与法律等规范性文件比较，在约束力、影响力和规范严谨性上，还有较大的差距。这一方面反映出我国政府网站管理尚处在初级阶段，还需要实践探索；另一方面也反映出我国在电子政务整体上立法层次较低的现状。电子政府网站建设和管理是电子政务发展的基础，是电子政务运营的根本保证，其立法层次较低恰好说明我国电子政务法律、法规和政策的基本现状。

2.《刑法》中关于计算机信息类犯罪的规定

《刑法》是一个国家在打击刑事犯罪方面的根本大法。《刑法》中所规定的罪责对全社会具有直接有效的震慑力和约束力。我国1997年《刑法》对计算机信息类犯罪作出了明确的规定，在2009年《刑法修正案（七）》中又进一步明确和补充了若干犯罪规定。这些犯罪规定，进一步丰富了电子政务法律、法规和政策中有关刑事犯罪方面的内容，对维护电子政务安全和信息化建设具有重要意义。

我国1997年《刑法》第二百八十五条规定：违反国家规定，侵入国家事务、国防建设、尖端科学技术领域的计算机信息系统的，处三年以下有期徒刑或者拘役。

第二百八十六条规定：违反国家规定，对计算机信息系统功能进行删除、修改、增加、干扰，造成计算机信息系统不能正常运行，后果严重的，处五年以下有期徒刑或者拘役；后果特别严重的，处五年以上有期徒刑。

违反国家规定，对计算机信息系统中存储、处理或者传输的数据和应用程序进行删除、修改、增加的操作，后果严重的，依照前款的规定处罚。

故意制作、传播计算机病毒等破坏性程序，影响计算机系统正常运行，后果严重的，依照第一款的规定处罚。

第二百八十七条规定：利用计算机实施金融诈骗、盗窃、贪污、挪用公款、窃取国家秘密或者其他犯罪的，依照本法有关规定定罪处罚。

在2009年的《刑法修正案（七）》中进一步规定：《刑法》第二百八十五条中增加两款：

第二款：违反国家规定，侵入前款规定以外的计算机信息系统或者采用其他技术手段，获取该计算机信息系统中存储、处理或者传输的数据，或者对该计算机信息系统实施非法控制，情节严重的，处三年以下有期徒刑或者拘役，并处或者单处罚金；情节特别严重的，处三年以上七年以下有期徒刑，并处罚金。

第三款：提供专门用于侵入、非法控制计算机信息系统的程序、工具，或者明知他人实施侵入、非法控制计算机信息系统的违法犯罪行为而为其提供程序、工具，情节严重的，依照前款的规定处罚。

尽管我国《刑法修正案（七）》在打击网络犯罪上还有一定的“真空”，如没有涵盖“重大公共利益”领域，一些罪罚力度尚需要进一步平衡，等等。但总体上，《刑法修正案（七）》进一步强化了信息安全保护，扩大了刑法适用范围，加大了对网络犯罪的处罚力度，能够起到积极的社会防范和打击效果。

9.3.3 中国电子政务法律、法规和政策建设存在的问题与改进

中国电子政务法律、法规和政策建设是一个不断完善的动态过程，其间难免产生许多难点和需要重点解决的具体问题，只有从理论和实践两方面加以探索，才能切实推进我国电子政务法律、法规和政策建设取得新进展。

1. 中国电子政务法律、法规和政策建设的难点与重点

（1）法律、法规和政策建设的难点。

首先是观念和认识问题。通过立法，可能会在限制这项技术的同时让渡出更大的国家利益，产生许多立法悖论——这就是普遍存在于网络、IT、电子商务、电子政务以及信息化领域中，需要十分警惕的法制观念和认识问题，这在短期内是很难纠正过来，并转化为大家都接受的一致行动的。法律、法规和政策固然重要，但改变不当的观念和认识问题的视角更重要。

其次是“法难责众”的实践性窘境。在网络和IT领域存在大量的普遍性违法行为，诸如网络色情、计算机软件的盗版和非法使用、域名抢注、网络版权保护等违法行为相当猖獗。然而，在实践中却很难及时、有效地制止某一项或某种违法行为，违法者和违法行为的大量存在使得“法难责众”的情况普遍存在，法律的严肃性和权威性因此受到挑战。

最后是法律、法规和政策稳定性与动态性矛盾的问题。随着IT和网络的快速发展，大量技术性难题产生，尤其是技术和产业竞争倡导的“更新、更高”理念，与法律、法规和政策秉承的相对稳定和不能“朝令夕改”背道而驰。此外，还有法规条例与技术方案的契合问题、地方规章制定在数量和速度上超前于国家法律法规的问题、信息产业跨越部门的活动对既有行政管理体制模式的挑战问题、一整套法制辅助机制建设问题等等。

（2）法律、法规和政策建设的重点。

1）政府信息公开中的法律问题。亟须出台可实施的《政府信息公开条例》的配套规定，完善有效监督政府信息公开的机制和条件。

2）信用体系建设中的法律问题。完善的电子政务法律、法规和政策是信用体系建立和发展的前提与保障，而信用体系的建立和发展又是促进电子政务快速发展的重要手段，因而急需立法确保两者关系的稳定发展。

3）电子政务与行政法及行政诉讼法。电子政务产生很多新的行政行为和方式，行政程序也发生了很大变化，这些都需要给予新的立法规范，在法规上界定其合法性。

4）电子签名立法。电子商务签名问题已解决，而电子政务签名中的问题尚须进一步解决。

5）电子政务的法律效力问题。电子政务一系列新的行政方式和结果，都需要相关法律给予确认和保障，解决其与传统行政法规的衔接问题。

6）网上行政行为的合法要件问题。

7）电子政务的技术标准化问题。

8）公民隐私权保护问题。

9）电子政务的安全问题。

10）电子政务建设的资金问题。需要通过法规方式确保电子建设资金充足，尤其是要完善对后期建设和管理费用的预算与可持续投入的法规保障。

11）电子政务法律、法规和政策体系建设应重点关注的方面。

12）电子政务立法模式的选择问题。

13）电子政务建设的阶段性和电子政务立法阶段性相协调的问题。

14）应当考虑电子政务立法的法律层次问题。

2. 中国电子政务法律、法规和政策的改进

首先，应按照《2006—2020 年国家信息化发展战略》要求，及时制定和实施电子政务法，尽快建立相对应的电子政务立法框架，包括法律性质、地位、主体、核心法规内容、管理措施以及与相关法规的关系。

其次，应重点解决目前制约电子政务运营的法律、法规和政策问题。一旦确立了某种电子政务运行模式，就必须立刻围绕该模式进行充分的法律、法规和政策建设与完善，通过立法保障电子政务运营模式的高效执行。其中，管理措施、运营模式、具体规范都是立法重点。

最后，应分门别类地推进不同性质的具体法律、法规和政策的规范进程，完善法律、法规和政策体系。鉴于法律、法规和政策体系的复杂性和多层次性，应该在国家层面统筹规划电子政务法律、法规和政策，重点推进若干急需的法律、法规和政策，分层次、有步骤地推进法律类、法规类和规章类电子政务法律、法规和政策的完善。

政策法规——电子政务安全的法规依据

电子政务就是要实现政府决策、社会化管理、为公众服务这三个业务过程的信息化。考虑到国家秘密的安全，在电子政务中涉密网络的规划和建设就显得尤为重要。以下是电子政务安全的相关政策法规依据：

2010 年 4 月 29 日，十一届全国人大常委会第十四次会议审议通过了新修订的《中华人民共和国保守国家秘密法》，自 2010 年 10 月 1 日起实施。新保密法的突出亮点就是规定依法保密、依法公开、保放适度，充分体现了我国民主政治的进步。依法保守秘密是电子政务工作要恪守的准则。

2000 年 1 月 1 日起颁布实施的《计算机信息系统国际联网保密管理规定》第二章保密制度第六条规定，“涉及国家秘密的计算机信息系统，不得直接或间接地与国际互联网或其它公共信息网络相连接，必须实行物理隔离”。

2002 年 7 月，国家信息化领导小组针对当时电子政务网络建设各自为政、重复建设、结构不合理等问题，在《国家信息化领导小组关于我国电子政务建设指导意见》（简称 17 号文）中提出建设政务内网和政务外网。电子政务网络由政务内网和政务外网构成，两网之间物理隔离，政务外网与互联网之间逻辑隔离。政务内网主要是副省级以上政务部门的办公网，与副省级以下政务部门的办公网物理隔离。政务外网是政府的业务专网，主要运行政务部门面向社会的专业性服务业务和不需在内网上运行的业务。

2006年5月，国办又下发了《关于推进国家电子政务网络建设的意见》（简称18号文）。专家认为，18号文是对17号文的完善和发展，不仅进一步细化了电子政务网络建设的原则和目标，而且明确了统一网络建设的责任主体等，增强了各级政府建设统一网络的可操作性。首先，18号文扩充了电子政务内网的内涵，将党委、人大、政府、政协、法院、检察院等部门开展内部办公、管理、协调、监督和决策时对有关专网的需求纳入进来。其次，18号文对政务外网进行了具体描述，即满足各级政务部门、社会管理、公共服务等面向社会服务的需求；并新增了建设从中央到地方统一的国家电子政务传输骨干网的内容，明确了传输网的建设方法和建设主体以及建设原则等；还明确了副省级以上和副省级以下单位的网络建设方式。

按照安全域的划分，政府的内网就是涉密域，政府的外网就是非涉密域，互联网就是公共服务域。根据以上电子政务相关的政策法规，可以得出以下电子政务网络安全规范：（1）核心政务内网分别与地方政务内网和政务外网物理隔离；（2）地方政务内网与政务外网可以选用物理隔离或逻辑隔离；（3）政务外网与基于互联网的公共服务平台逻辑隔离；（4）通过安全网闸，把政务内网和政务外网联系起来。

资料来源：中国电子政务网，2012-02-10。

本章小结

电子政务法律、法规和政策是电子政务健康、有序发展的重要保障，各国电子政务法律、法规和政策的发展并不均衡，主要受到各自电子政务发展进程、立法传统等因素影响。美、日和欧洲部分发达国家电子政务法律、法规和政策相对健全与完善，其与时俱进的特点，使其在各自电子政务发展的过程中起到了应有的作用。我国电子政务法律、法规和政策建设起步较晚，但发展较快，各个方面的法律、法规和政策基本上已建立起来，但也存在许多亟待解决的问题。我国电子政务法律、法规和政策建设是一个较长期的过程，要借鉴国外电子政务相对发达国家的法律、法规和政策建设经验，把握未来发展趋势，重点攻克我国电子政务法律、法规和政策建设中的难点，尽快解决重点问题，系统规划“政务”类法律、法规和政策，尽早制定电子政务法，提升立法层次，监督法制执行，实现我国电子政务法律、法规和政策建设与电子政务发展的同步前进。

关键术语

电子政务法律、法规和政策　政策体系　计算机犯罪　网络安全　规划　网络安全　电子签名法　隐私保护　法律体系　电子服务　电子政务法　政府信息公开条例

复习思考题

1. 试述电子政务法律、法规和政策包括哪些基本内容。
2. 如何认识电子政务法律、法规和政策制定与实施的紧迫性和严峻性？
3. 全球电子政务法律、法规和政策的基本特点与趋势有哪些？
4. 电子政务建设发达国家的法律、法规和政策有何特点，有何借鉴之处？
5. 我国电子政务法律、法规和政策取得哪些进展？还面临哪些问题？
6. 电子政务法律、法规和政策体系应该包括哪些内容？
7. 如何认识我国电子政务法律、法规和政策建设的长期性和复杂性？

参考文献

1. 张锐昕主编. 电子政府概论（第二版）. 北京：中国人民大学出版社，2010
2. [美] 斯蒂芬·戈德史密斯，威廉·D·埃格斯. 网络化治理——公共部门的新形态. 北京：北京大学出版社，2008
3. [印度] M. P. 古普塔等. 政府在线：机遇和挑战. 北京：北京大学出版社，2007
4. 汪向东，姜奇平. 电子政务行政生态学. 北京：清华大学出版社，2007
5. 徐晓日编著. 电子政务概论. 天津：天津大学出版社，2006
6. 王琰，徐玲主编. 电子政务理论与实务. 北京：清华大学出版社，2004
7. 吴江，张锐昕主编. 电子政务教程. 北京：中国城市出版社，2003
8. 陈振明主编. 政策科学. 北京：中国人民大学出版社，1998

第 10 章

全球电子政务发展模式和经验

本章重点问题

- 全球电子政务发展概况
- 全球电子政务发展的模式
- 全球电子政务发展的经验

在信息时代到来之际，世界各国都在搭乘信息技术航船追逐信息化浪潮，以此来强化本国的软实力和硬实力。国家信息化建设作为一种创新实践，是人类社会发展使然且关系到每一个国家的前途和命运。尽管各国在信息化建设方面有着共同的愿景，但在实践过程中仍然存在不同的实施策略和路径选择。例如，每个国家在其信息化发展过程中都有自己的目标定位：美国要利用其在国力和技术上的优势保持自身在全球的领先地位；日本除争取在某些领域的技术上的领先地位以外，还着重于利用 IT 解决国内面临的诸多问题；法国除要保持其原先的国际地位外，还把保持民族文化作为信息化的一个突出问题来考虑；等等。中国的信息化定位是，不仅要在若干关键技术领域取得突破性进展并保持与国力相称的技术实力，还要把重点放在解决未来经济和社会发展所面临的重大问题上。事实上，中国信息化建设的根本目的是实现社会生产力的跨越式发展。所谓跨越式发展，主要体现在两个方面：一是以比较短的时间和比较小的代价实现发达国家在该阶段所完成的目标；二是跨越先进国家经历过而发展中国家不必重复的历史阶段，达到变落后为先进的目的。可见，实现跨越式发展的基本条件是我们必须了解和学习其他国家信息化发展的经验，尤其是电子政务发展的经验，以充分利用后发优势，走出一条有中国特色的电子政务发展道路。这也是我们研究一些典型国家电子政务发展模式和经验的主要原因之一。

10.1　全球电子政务发展概况

面对全球范围内的国际竞争和知识经济的挑战，许多国家都把电子政府的构建作为优先发展战略，这使得电子政务成为世界各国信息化建设的重要应用领域。

如果要概览世界各国电子政务发展状况，那么最好的选择莫过于查阅联合国自 2001 年以来连续发布的全球电子政务调查报告。联合国经济和社会事务部以其先天的资源优势和协调能力①，将其全球 193 个成员国纳入电子政务评估范围，为各国在世界电子政务发展中的定位树立了标杆，为决策者了解本国电子政务的优势和不足提供了参照，进而指导其制定更完备的电子政务发展策略。

联合国经济和社会事务部在 2014 年发布了《2014 年联合国电子政务调查报告：电子政务成就我们希望的未来》(*United Nations E-government Survey* 2014：*E-government for the Future We Want*)。在这份报告中，联合国使用的电子政务绩效评估指标体系包含两个一级指标：电子政务发展指数②（e-government development index）和电子参与指数（e-participation index）（见表 10—1）。

表 10—1　　　　联合国电子政务绩效评估指标体系

一级指标	二级指标
电子政务发展指数	在线服务指数
	通信设施指数
	人力资本指数
电子参与指数	电子信息
	电子咨询
	电子决策

资料来源：United Nations，*United Nations E-government Survey* 2014：*E-government for the Future We Want*，New York：A United Nations Publication，2014。

电子政务发展指数主要评估电子政务本身可以提供服务的范围和内容，该指数是一组复合指标，包括在线服务指数（online service index）、通信设施指数（telecommunication infrastructrue index）和人力资本指数（human capital index），三者被赋予了同样的权重，这充分显示了联合国对这三者的同等重视。

电子参与指数则重点考察政府的工作流程和政策的制定及执行能在多大程度上与公众互动，包含电子信息（e-information）、电子咨询（e-consultation）和电子决策（e-decision-making）这三个指标。其中，电子信息是评估政府是否通过网上论坛、电子邮件、博客、新闻组和聊天室等电子方式为公众提供政策、方案规划、预算、法律法规和关键的公

① 联合国经济和社会事务部是协调 14 个联合国专门机构、10 个职司委员会和 5 个区域委员会的经济、社会和相关工作的主要机构，权限涉及整个联合国系统的 70%多的人员和金融资源。

② 电子政务发展指数，并不是衡量电子政务发展水平的绝对值，而是不同国家相互比较的相对值，因此它的最大值是 1，最小值是 0。

共利益等相关信息；电子咨询是评估政府是否有为公众提供在线咨询服务的机制和手段，如是否以实时在线交流、咨询信息归档或视频会议等方式提供公共政策的在线讨论；电子决策是评估政府鼓励公众通过政府网站平台参与实际决策并将他们提出的具体问题或意见纳入政府决策过程以及将采纳结果及时反馈的状况。这三项指标的评估具体地表现为对参与方式、内容和结果的考察，评测的是各国公众参与电子政务的程度，但实际上反映的是各国政府为公众提供高质量信息和有效沟通工具以及支持公众咨询、建议和参与公共决策的意愿和能力，一定程度上代表着各国电子政务取得的社会效益。①

10.1.1 全球电子政务发展程度调查

在《2014 年联合国电子政务调查报告：电子政务成就我们希望的未来》中，联合国对 193 个成员国进行了综合评估和对比，评估了政府对于信息技术的应用状况。尽管不同的政府实施电子政务的目的不尽相同，但大都包括让公众更容易获得政府服务、改善政府与公众和企业的互动、让公众获得更多的信息等内容。总体而言，电子政务建设提高了政府服务工作的效率，拉近了政府与公众的距离。因此，对于电子政务发展程度的评估就把公众放在最主要的位置，把评估的重点集中于最能影响到公众的政府服务上来。

1. 全球电子政务发展程度比较

联合国的调查显示，由于更多的国家投资于建设政府网站，因此世界电子政务指标平均水平持续上升，大部分国家都有了自己的电子政务政策、法律和政府网站等。从洲际平均水平来看，2014 年，欧洲（0.693 6）以最高的电子政务发展指数继续领先其他地区，紧接着是美洲（0.507 4）、亚洲（0.495 1）、大洋洲（0.408 6）和非洲（0.266 1）。与之前的发展趋势相比，地区排名从 2001 年起非常稳定（见图 10—1）。

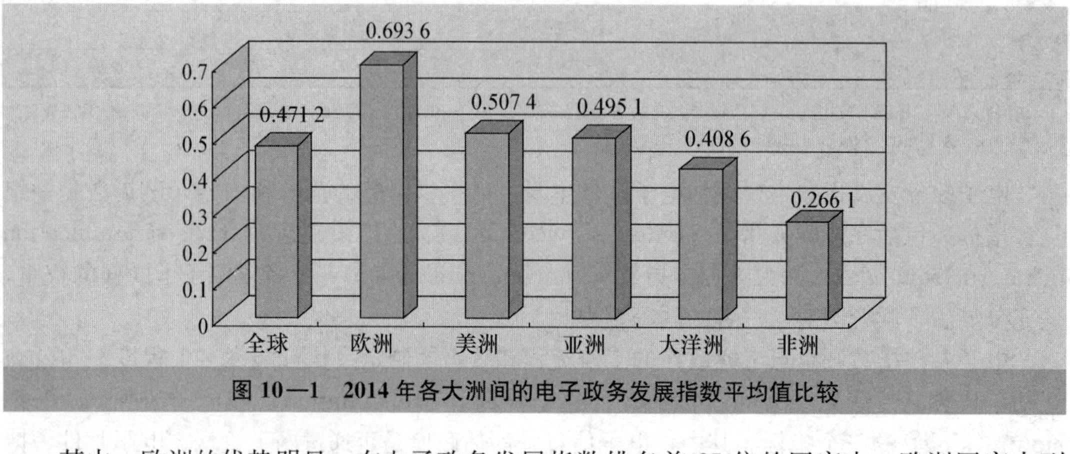

图 10—1 2014 年各大洲间的电子政务发展指数平均值比较

其中，欧洲的优势明显，在电子政务发展指数排名前 25 位的国家中，欧洲国家占到 64%（16 个国家），亚洲国家占 20%（5 个国家），美洲国家 8%（2 个国家），大洋洲国家占 8%（2 个国家）（见表 10—2）。

① 参见张锐昕、刘红波：《联合国电子政务调研评估体系的特点和启示》，载《情报科学》，2010（3），344～348 页。

表10—2　　2014年联合国电子政务发展指数前25位国家及中国排名表

国家	地区	2014年电子政务发展指数	2014年排名	2012年排名	2014年相较2012年排名变化
韩国	亚洲	0.946 2	1	1	—
澳大利亚	大洋洲	0.910 3	2	12	↑10
新加坡	亚洲	0.907 6	3	10	↑7
法国	欧洲	0.893 8	4	6	↑2
荷兰	欧洲	0.889 7	5	2	↓3
日本	亚洲	0.887 4	6	18	↑12
美国	美洲	0.874 8	7	5	↓2
英国	欧洲	0.869 5	8	3	↓5
新西兰	大洋洲	0.864 4	9	13	↑4
芬兰	欧洲	0.844 9	10	9	↓1
加拿大	美洲	0.841 8	11	11	—
西班牙	欧洲	0.841 0	12	23	↑11
挪威	欧洲	0.835 7	13	8	↓5
瑞典	欧洲	0.822 5	14	7	↓7
爱沙尼亚	欧洲	0.818 0	15	20	↑5
丹麦	欧洲	0.816 2	16	4	↓12
以色列	亚洲	0.816 2	17	16	↓1
巴林	亚洲	0.808 9	18	36	↑18
冰岛	欧洲	0.797 0	19	22	↑3
奥地利	欧洲	0.791 2	20	21	↑1
德国	欧洲	0.786 4	21	17	↓4
爱尔兰	欧洲	0.781 0	22	34	↑12
意大利	欧洲	0.759 3	23	32	↑9
卢森堡	欧洲	0.759 1	24	19	↓5
比利时	欧洲	0.756 4	25	14	↓11
中国	亚洲	0.545 0	70	78	↑8
前25位国家的平均值		0.836 8			
全球平均值		0.471 2			

资料来源：United Nations，*United Nations E-government Survey* 2014：*E-government for the Future We Want*，New York：A United Nations Publication，2014。

韩国以其持续的领导力和对电子政务创新的重视，在2014年调查报告中其电子政务发展指数仍居榜首。澳大利亚和新加坡分列2014年的第二名和第三名，与2012年相比都进步明显。另外，排名前25位的国家的电子政务发展指数“非常高”，数值在0.75到1.00之间。与往期《联合国电子政务调查报告》相同，这25个国家中有22个国家在《2012年联合国电子政务调查报告》中同样排在前25位。根据2012年世界银行对国家类型的划分，前25位国家都是高收入国家。

2. 东亚五国电子政务发展程度比较[1]

东亚地区在全亚洲地区中居于首位。除朝鲜之外，韩国、日本、蒙古和中国的电子政务发展程度均超出了世界平均水平（见表 10—3）。

表 10—3　　东亚五国电子政务发展指数

国家或地区	2014 年指数（排名）	2012 年指数（排名）	2010 年指数（排名）	2014 年相较 2012 年排名变化
韩国	0.946 2（1）	0.928 3（1）	0.878 5（1）	—
日本	0.887 4（6）	0.801 9（18）	0.715 2（17）	↑12
蒙古	0.558 1（65）	0.544 3（76）	0.524 3（53）	↑11
中国	0.545 0（70）	0.535 9（78）	0.470 0（72）	↑8
朝鲜	0.275 3（149）	0.361 6（131）	—	↓18
地区平均	0.642 4	0.634 4	0.647 0	
世界平均	0.471 2	0.488 2	0.440 6	

资料来源：《2010 年联合国电子政务调查报告：电子政务在金融和经济危机时的应用》《2012 年联合国电子政务调查报告：面向公众的电子政务》《2014 年联合国电子政务调查报告：电子政务成就我们希望的未来》。

在联合国 2012 年电子政务调查中涉及的服务，韩国就提供了 87%。[2] 作为这个领域的佼佼者，韩国在信息和通信技术领域的突飞猛进，诸如高速宽带、第三代和第四代移动通信设备，确保它能够在电子政务领域快速发展。日本在东亚地区位居次席，2014 年在世界排名第 6 位。值得注意的是，东亚所有国家都改进了电子政务服务，朝鲜政府也从 2012 年开始了网络上的活动。

联合国的报告显示，中国在电子政务的整体发展中稳步前进。中国的电子政务发展指数为 0.545 0，排名第 70 位，相较于 2012 年上升了 8 位，这是中国在近 10 年来排名首次上升。中国电子政务排名的提升，与政府推动网络信息建设和电子政务发展的决心与行动密不可分。中央网络安全和信息化领导小组的成立，对新时期推进信息化和电子政务建设做出了战略部署，网络强国战略的实施，给电子政务发展注入了新的活力。[3]

10.1.2　全球电子参与程度调查

几乎所有国家在电子政务发展战略中都这样写明："向公众提供另一种高效便捷的服务，促进政府与公众之间的交互性"。电子参与便是加强政府与公众对话、密切政府与公众关系的一个重要工具。

《联合国电子政务调查报告》运用的电子参与模式分为三个层次：电子信息、电子咨询、电子决策。这三个层次的公众参与依次从"被动型"向"主动型"转变。该模式具体包括：（1）电子信息，即通过向公众提供公共信息来实现公众参与；（2）电子咨询，即公

① United Nations, *United Nations E-government Survey* 2014: *E-government for the Future We Want*, New York: A United Nations Publication, 2014.

② United Nations, *United Nations E-government Survey* 2012: *E-government for the People*, New York: A United Nations Publication, 2012.

③ 参见国家行政学院电子政务研究中心：《〈2014 联合国电子政务调查报告（中文版）〉发布　我国电子政务排名上升 8 位》，见 http://www.egovernment.gov.cn/art/2014/8/12/art_583_1601.html，2014-08-12。

众可以针对公共政策进言献策，参与审议，实现深层次的公众参与；（3）电子决策，即通过与公众共同制定政策、共同提供公共服务来增强公众的权能。该电子参与模式的理念是：从“被动型”向“主动型”转变的公众参与可以真正增强公众的权能，这是可持续发展的必要基础。

该电子参与模式默认两大趋势：第一，公众不再是服务的被动接受者，而正转变成为公共价值的共同创造者、社区复原韧性（community resilience）的贡献者；第二，应对可持续发展的巨大挑战——实现全面的经济发展和资源的最优配置，同时保护脆弱的生态环境，降低气候变化带来的影响——只有所有政务管理人员共同努力才能取得最佳效果。①

2014 年，在电子参与指数排名中，荷兰和韩国（1.000 0）并列榜首，中国（0.647 1）位列第 33 位（见表 10—4）。排名前 50 位的国家中，有 21 个国家来自欧洲，14 个国家来自亚洲，10 个国家来自美洲，3 个国家来自非洲，2 个国家来自大洋洲（见图 10—2）。排名前 50 位的 3 个非洲国家是摩洛哥、肯尼亚、突尼斯。排名在前 20 位的国家大多分布在美洲、亚洲和欧洲（各有 6 个国家）。

表 10—4　2014 年电子参与指数排名前十的国家及中国的表现

排名	国家	2014 年电子参与指数
1	荷兰	1.000 0
2	韩国	1.000 0
3	乌拉圭	0.980 4
4	法国	0.960 8
5	日本	0.960 8
6	英国	0.960 8
7	澳大利亚	0.941 2
8	智利	0.941 2
9	美国	0.921 6
10	新加坡	0.902 0
33	中国	0.647 1

资料来源：United Nations, *United Nations E-government Survey* 2014: *E-government for the Future We Want*, New York: A United Nations Publication, 2014。

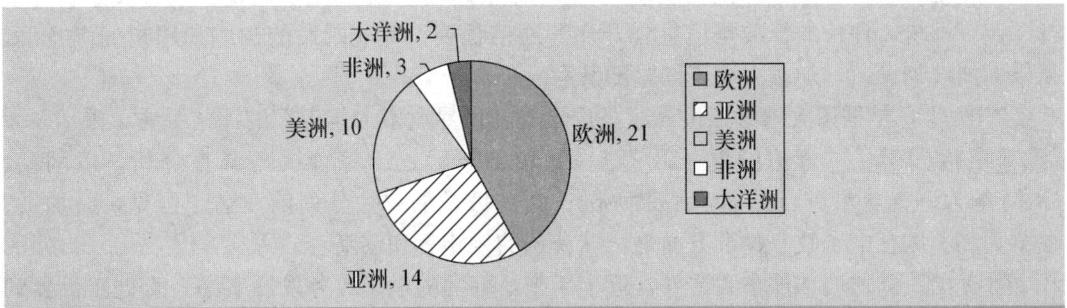

图 10—2　电子参与指数排名前 50 位的国家的地区分布

① United Nations, *United Nations E-government Survey* 2014: *E-government for the Future We Want*, New York: A United Nations Publication, 2014.

排名前50位的国家中56%的国家（28个国家）是高收入国家，28%（14个国家）的国家是中高收入国家，7个中低收入国家分别是摩洛哥、蒙古、斯里兰卡、印度、摩尔多瓦、萨尔瓦多、格鲁吉亚，有1个低收入国家（肯尼亚）。

10.2 全球电子政务发展分类

著名的咨询公司埃森哲（Accenture）连续八年（2001—2008年）对全球电子政务发展状况进行了跟踪评估，并于每年初发布一份详尽的年度评估报告。报告除了对接受评估的各国电子政务发展状况进行测评外，还对全球电子政务发展的整体状况、存在问题、发展趋势等做出概括和预测。① 埃森哲公司在2001年对全球22个国家和地区的电子政务发展状况进行了研究与评价，并依据这些国家电子政务发展的成熟程度，把这些国家和地区分成四个类别：第一类是创新和领先的国家（创新领导者，innovative leaders），如加拿大、美国、新加坡等；第二类是积极推进电子政务发展的国家（有远见的追随者，visionary followers），如英国、澳大利亚、挪威、芬兰、荷兰等；第三类是稳步发展的国家或地区（平稳发展者，steady achievers），如中国香港、新西兰、法国、德国等；第四类是正在打基础的国家（平台建设者，platform builders），如日本、意大利、马来西亚等。这个划分有相当的现实依据。但为了教学和分析的方便，我们将第二类与第三类结合在一起，依据电子政务开展的水平，将全球电子政务发展情况划分为三种类别：发达型电子政府、发展型电子政府与后发型电子政府。下面依据这个划分，分别就每一种类别的特征和发展状况进行说明。

10.2.1 发达型电子政府

所谓发达型电子政府，是指那些电子政务发展较早、基础较好、覆盖面较广、规章制度较为完善的政府。埃森哲公司于2007年对全球22个国家和地区的电子政务发展状况进行了调查评价，评价的标准是信息公开化和通信程度、政府网站的构成和用户的满意度，结果新加坡列第一，加拿大和美国紧随其后。

2007年，早稻田大学参照世界经济论坛等“世界竞争力排名”的评估手法，采用6大类26项指标衡量“理想的电子政府”（见表10—5），以综合视角调查分析，以网站、CRM等为调查对象进行排名，结果美国、新加坡、加拿大分列前三名。可见，新加坡、加拿大和美国在电子政务建设方面是全球公认的领跑者和创新者。②

除美国、新加坡和加拿大之外，近十年来，韩国的电子政务发展水平一直处于世界的前列。2007年8月，美国布朗（Brown）大学发布了《全球电子政务》年度研究报告。报

---

① 参见秦浩、刘红波：《国外电子政务绩效评估的最新进展及启示——以埃森哲和联合国为例》，载《电子政务》，2013（2），80～86页。

② 参见郭洁敏：《世界主要电子政务评估指标比较》，载《信息化建设》，2008（9），19～21页。

表 10—5　“理想的电子政府”衡量指标表

序号	网络基础设施的完备度	在线服务	最适化管理	主页状况	CIO 的导入情况	电子政府的战略、推进和振兴
1	网络利用率	电子投标	系统最适化	更新状况	CIO 的导入水平	国家计划、战略优先度
2	宽带普及率	电子纳税	综合网络服务	信息公开度	CIO 培育机构	普及、宣传活动
3	手机入网率	电子投票	总务、财务等管理系统	相关链接	副 CIO 等的辅助功能	IT 战略、法规、组织
4	电脑持有率	电子支付	运用 IT 进行行政改革	支持多种语言	权益、作用的明确化	评估机制
5	信息安全机制	用户应对				

资料来源：日本早稻田大学电子政府·自治体研究所。

告指出，在全球各国电子政务绩效评估中，韩国电子政务服务水平排名全球第一。① 另根据联合国全球电子政务调查显示，韩国 2005 年排名全球第五，2008 年排名第八，2010 年排名第一，2012 年排名第一，2014 年再次排名第一。可见，韩国电子政务建设已然成为世界的标杆，因此同样被归为发达型电子政府行列。

1. 美国政府

作为电子政务的先行者和全球其他国家所模仿的对象，从 1993 年到 2001 年，美国联邦政府已经发布了 1 300 多项有关电子政务的实施项目，取得了举世瞩目的成就。美国政府在 IT 方面的花费在 2002 年就已达到 48 亿美元，2003 年则达到 52 亿美元，其中很大一部分用于电子政务的推广。截至 2007 年年底，在美国已有超过 60%的互联网用户通过政府网站进行事务处理。在埃森哲公司 2005 年的全球电子政府调查中，美国的电子政务发展水平排名全球第一，虽然 2007 年时降到了第三位，但是，在电子政务的公民参与程度方面，美国凭借其在电子信息和电子咨询方面的优势仍居于世界首位。美国政府实施电子政务的实质是促进政府改革、提高政务效率和改善服务质量。②

美国政府的网站能够提供包括办公室电话、办公地址、在线报刊、在线数据库以及外部网站链接、外语翻译、个人隐私政策、广告、安全特性、免费电话、技术服务等在内的 27 种功能。根据美国已出台的《政府文书削减法》，美国将实现政府办公的无纸化作业，使美国公民与其政府的互动关系实现电子化，在线提供所有政府服务。美国电子政务的发展重塑了政府对公众的服务流程，加强了政府与客户间的互动，建立了“以客户为导向”的电子政府，推动了政府改革向纵深方向发展，受到了公民的普遍支持。

美国政府网站的成熟性在全球是最高的，联邦政府一级机构已经全部上网，所有的州一级政府也全部上网，而且几乎所有的县市都已经建立了自己的站点。政府网站的内容十分丰富有效，以“人口调查站点”为例，用户可以通过地图形式，直观地查看到州甚至县

① 参见王欣：《全球领先的韩国电子政务》，载《学习时报》，2007-11-26。
② 参见张锐昕等编著：《公务员电子政务必修教程》，138 页。

一级的极其详尽的统计数据，包括当地从事各种职业的人口组成等。

当前，美国电子政务的主要目标是促进联邦政府、州政府和地方政府之间的协作，提高行政管理绩效，鼓励更多的公民使用电子政务参政议政。

美国电子政务的基础构架为：建立一套共同的整合性政府运作程序，为公众提供便捷的前台申请服务，所有跨部门的申请事项将由系统自动处理，公众无须介入；提供一套共同的统一 IT 工具、获取信息方法以及服务措施，增强标准化和交互化，使政府各部门可以共享信息，减少某一部门对 IT 独特性或个别性的需求；使政府服务面对公众，实现渠道多元化和窗口单一化，即公众可以利用各种渠道，通过各部门交互串通的“单一窗口”，“一站到底”地获取政府的信息和服务。

2007 年 1 月，美国总务管理局为了便于处理市民的信息请求和求助，将美国“第一政府网”（www. firstgov. gov）更名为 USA. gov——一个更容易理解和记忆的名称。据统计，2006 年有 60 多万人在搜索政府信息时在浏览器中键入 USA. gov；在同年的一次电话调查中，有 79%的受访者倾向于使用域名 USA. gov①，因为 USA. gov 符合了人们的第一反应，能描述美国门户网站的特征——美国政府在线。

美国电子政务的应用重点是：第一，建立全国性、整合性的电子福利支付系统；第二，发展整合性的电子化信息服务，提供一般性的电话服务；第三，发展全国性的执法及公共安全信息网络；第四，提供跨越各级政府的纳税申报及缴税处理系统；第五，建立国际贸易资料系统；第六，推动政府部门电子邮递系统的发展。

美国的电子政务发展具有网站多、分类细、网联网等特点。从功能上来讲，已经凸显出四大优势，即扩大了政府传播信息的渠道；扩展了政府提供服务的职能；提高了效率，降低了成本；拉近了公民与政府间的距离。

2. 新加坡政府

新加坡是全世界最早推行“政府信息化”的国家之一。1999 年，美国大众服务管理部将新加坡的政府网站评为世界上最先进的综合服务网站。新加坡电子政府在全球经济论坛《全球信息技术报告（2004—2005）》中排名世界第一，并连续五年在埃森哲《全球 IT 报告》中被评为全球三大最佳电子政府（分别是美国、新加坡、加拿大）之一。截至 2007 年，新加坡电子政府在服务广度上仅次于美国，在服务深度上位居全球第一。

20 世纪末，新加坡计算机委员会实施了三项国家信息化技术计划，为政府信息化奠定了良好的基础。

第一项国家信息化技术计划：1984—1985 年，实施公务员计算机化计划。为各级公务员配备计算机，进行 IT 培训，并在各级政府机构中建立了 250 多套计算机管理信息系统，推进政府机构办公自动化，重点发展政府内部机构之间的信息传递和协同工作，并建立了三大数据中心——土地、公民与组织。在此期间，新加坡许多部门都借助 IT 实现了从传统手工流程到自动化流程的转变。

第二项国家信息化技术计划：1986—1991 年，实施国家信息化技术计划。建立连接

---

① 参见《美国政府门户网站改名为 USA. gov》，见 http://cio. it168. com/a/2007-01-18/200701180953337. shtml，2007-01-18。

23个政府主要部门的计算机网络，实现了这些部门的数据共享，并在政府和企业之间扩展电子数据交换。目前，新加坡是全球少数几个在对外贸易领域推行电子数据交换、实现无纸化贸易的国家之一。

第三项国家信息化技术计划：1992—1999年，在公务员办公计算机化和国家信息化技术计划成功实施的基础上，制定并实施了将新加坡建成“智慧岛”的IT2000计划。1996年，新加坡宣布建设覆盖全国的高速宽带多媒体网络，并于1998年投入全面运行。1999年，新加坡网上公民港启动，由新加坡资讯通信发展管理局管理。通过网上公民港，政府各级部委和机关向公众提供了大范围的网上服务，涉及商业、国防、教育等领域。新加坡电子政务系统中的电子公民中心是一个三维虚拟社区。在这里，个人可以完成自己的虚拟人生，而政府部门则是个人人生旅途上的一个个站点，医疗保健、商务、法律法规、交通、家庭、住房、招聘等信息和部门都在“人生之路”两边的建筑物里。在“人生之路”上，个人可以找到从出生到死亡所需要的所有政府信息。

2011年6月，新加坡政府发布了《新加坡电子政务总体规划（2011—2015）》（eGov2015），用以指导下一个阶段新加坡电子政务的建设和发展。“eGov2015”是新加坡《智慧国2015》（iN2015）十年规划的一部分。“eGov2015”的愿景是建立一个与国民互动、共同创新的合作型政府，即借助信息通信技术的力量创造一个政府、私营部门和公众共同努力、无缝融合的互动环境。为了实现这一愿景，该规划提出了三项电子政务发展的战略措施。[①]

——共同创造更大的价值（co-creating）。政府将继续利用ICT提高公共服务的内容丰富度和质量，通过搭建新的平台，与私营部门和公众合作，发挥他们的力量，共同创造新的服务内容和服务渠道。规划中正式推出“mGov@SG”这项公共服务，其中汇集了40多项移动服务，包括基于手机浏览器、本地应用程序和短信的服务等。此外，新加坡政府规划推出了首个访问政府公开数据的“一站式”门户网站——“Data.gov.sg”。用户可以访问和下载由50多个政府部门提供的5000多项公开数据集，并可以利用这些数据进行研究和分析，开发和创新应用程序和服务，进而创造新的价值。

——沟通促进积极的参与（connecting）。规划指出将进一步完善REACH门户网站，使其成为所有政府民意征询活动新闻发布和更新的官方渠道，增加利用社交媒体、移动等其他简单应用程序发表建议的功能。

——促进向整体政府转型（catalyzing）。规划侧重于改造公共基础设施和提升政府工作人员的能力两个方面。构建下一代“整体政府”基础设施以增强机构之间的协作，如建设国家高速宽带网络、推动云计算和节能技术的发展等。以云计算为例，新加坡政府的云策略通过采取多管齐下的方法，针对相应的需求选择利用合适的云。政府将建设一个政府私有云，营造灵活可靠的ICT环境。政府云的建立分为两个阶段，从几乎没有定制化的商业云开始，逐渐升级为完全私有的政府云，从而为整体政府机构所用，满足公共云无法满足的安全和管理要求。

新加坡的电子政务系统将政府电子商务网和网上公民门户站点上的公共服务项目整合到一起，完全由国家控制，没有私人参与。电子政务主要由中央信息技术组来负责推动，

① 参见殷利梅：《新加坡电子政务总体规划（2011—2015）及启示》，载《信息化建设》，2011（11），38～41页。

这个组织为电子政务的发展确立了相应的目标和任务，主要包括：提高政府与公众、企业间相互作用的速度；提高信息获取的快捷程度；增加服务时间和服务项目选择的弹性化程度；为公众提供更贴切的服务。

新加坡公众已经可以获得多达560多项网上服务，包括网上所得税申报、网上商业登记等。政府网站（www.gov.sg）就像政府的白皮书，完全代表了政府。目前，普通公民在家里通过政府的“电子公民中心”网站即可获得医疗卫生、商务、交通、家庭、环境、住房、就业等多种信息和服务，享受“一站式”服务，例如，查询自己的社会保险账号余额，申请报税，为新买的摩托车上牌照，登记义务兵役，等等。

新加坡电子政府最重要的目标是利用IT为公众提供更为方便快捷的服务。从整体看，新加坡的电子政务具有这样两个特点：第一，政府的强势推动。政府在过去的几年中连续推出国家IT发展计划、IT2000计划、iGov 2010计划、eGov2015计划等，并为其发展准备了充足的资金。第二，多功能、全天候服务的“电子公民中心”的建立，使公民可以获得多项服务，并使政府可以传递各种公共信息并整合政府各部门的信息资源。

3. 加拿大政府

从20世纪90年代初期开始，加拿大政府就开始有意识地发展“信息高速公路”，其目的就是要建立低成本、高品质的信息网络，向公众提供公共信息，使公众能够公平地享有就业、投资、教育、医疗保障、社会福利等方面的机会。

1994年4月，为了提高政府对企业的服务质量，由加拿大政府工业部与各省政府及企业共同合作成立了五个“加拿大商务活动中心”，以“单一窗口”的形式向工商企业提供各种信息和服务。也是在这一年，加拿大开始试行使用电子方式支付各种社会福利，全国有300个政府公共信息服务网站开始提供政府的公共信息和服务。

1999年，加拿大政府正式颁布国家的电子政务战略计划——“政府在线”，提出政府要做使用IT和互联网的模范，计划到2004年实现政府的信息和服务全部上网的目标。为保持电子政务在全球的领先地位，加拿大政府发挥了强大的领导作用，推行了“统一的政府”实施战略，以加强各级政府和各部门间电子政务的协同发展，力争满足公众的需求，向他们提供一体化的电子服务。

2001年1月，加拿大政府门户网站进行了具有重大意义的改进和重新设计，体现了“以客户为中心”的服务理念，改变了过去政府网站按照部门或机构的职责来划分组织信息的形式。每一个入口严格按照主题、客户需求或者生活周期事件分类进行信息、服务传递，目的是全面推行“以客户为中心”的网上服务。

为了更好地为加拿大公民服务，加拿大政府制定了能够有效利用和管理IT的国家策略，将共同性的需求整合成电子信息基本构架，包括：（1）共同性的电子邮递服务系统，连接大约15万名联邦公务员。（2）政府网络合理化方案，最终的目标是建立一个供联邦政府使用的单一的、共同的骨干网络。这项措施对于提供单一窗口的服务是相当重要的一环。（3）国际网络服务及电信与信息服务，包括信息安全等内容。

加拿大政府上网的策略不只是使已有的服务和信息上网，其目标还包括“以客户为中心”，按照公民、企业和国际客户的服务需求，重新设计政府的服务，包括：通知公民有关的政策和服务；配置资源给有需要的人；为所有公民提供平等获得政府服务的机会；征求公民意见；定制服务以满足个人需要；等等。加拿大政府使用互联网传递政府公共服务，增加了政府运作过程中的透明度和行政效率，并且使更多的加拿大人参与到政策讨论和政府决策中去。在埃森哲公司2008年度调查中，60%的受访者对政府相关建设予以肯定。

埃森哲公司2008年度调查报告显示，在过去的十年里，为了应对挑战，促进跨区域合作，加拿大政府建立了一套强大的跨辖区公共机构。这些机构调节联邦与各省，选择市级首席信息官，并将领先的服务政策提供给相关官员，使他们寻求机会为公众提供协同服务。

从总体上看，加拿大的电子政务有如下特点：一是建立了强大的政府门户网站。加拿大政府门户网站（www.canada.gc.ca）是其中最为成功的范例，该网站将门户分为企业、公民、非加拿大公民三大类，以方便为各类人群提供公共服务。二是完成了与数字签名相关的立法。三是具有强大的政府电子邮递服务系统。四是具有服务于企业的资料仓储系统。五是提供资料处理设施管理服务。六是提供单一窗口与“一站式”的支援服务。七是提供依据顾客需求的各种通信服务和网络管理服务。

4. 韩国政府

韩国政府在电子政务方面所取得的成就得益于政府良好的顶层设计以及世界上最快捷的通信网络支持。

20世纪90年代后期，韩国前总统金大中亲自主持的韩国“信息化战略会议”，是国家信息化的最高决策、指挥和监督机构。1999年，通过实施“信息化促进及21世纪电子韩国发展计划”，韩国政府的电子政务建设开始起步。2001年1月，金大中总统发表关于建设基于知识的信息社会的韩国国家发展远景报告；与此同时，韩国成立由著名专家和政府高级首脑（政府重要部门的副部长级官员）组成的电子政务特委会（SCEG），指导和规划韩国的电子政务建设。

在电子政务相关法律法规制定方面，韩国政府早在1996年就专门制定了《信息化促进基本法》，到2000年6月，共制定或修改了107项有关信息化方面的法律法规。1999年3月，韩国政府公布了“韩国21世纪信息化计划”并专门设置了数额巨大的“信息技术促进基金”，计划到2003年基本实现“电子政府”建设目标。

根据全球最大的CDN服务商美国阿卡麦（Akamai）公司2011年1月31日公布的数据，在政府宽带（超高速广域网）指数（gBBi）排名中，韩国以4.4分（满分5分）排名全球第一。[①] 韩国的宽带覆盖范围广泛，且宽带市场规范合理，已然成了全球公认的宽带强国。宽带技术等互联网技术的快速发展为韩国的电子政务的发展提供了强力支撑。

当前，韩国成为全球电子政务的领头羊。政府的门户网站已经发展成为一个综合性网站，市民可以在这里找到任何他们想要找到的。主要政府门户网站是一个多渠道、主题性和议题性的服务网，公民也可以通过输入自己的年龄、性别和兴趣来定制个性化服务通道。跨部门的后台办公的一体化使得官方强大的搜索引擎具有了先进的分类功能，可以按照网站、服务和新闻的不同方式，列出搜索结果。地方一级的网站也具备这种

① 参见吴爱明、何滨：《电子政务》，37页，北京，中国人民大学出版社，2013。

功能。

韩国能够在全球电子政务领域持续发挥领导作用的一个关键原因是可供下载的移动通信应用程序的发展和供给，这些在国家门户网站上都有提供。为市民提供的跨部门的移动应用程序在 iPhone 和 Android 的平台上都兼容，这包括了电子化学习程序，学生只要通过移动电话就可以学习社会学、数学和英语。对于就业问题，Jobcast 提供了符合国家相关劳动就业管理法规的许多有用的就业信息。

总的来看，韩国电子政务发展具有以下特点：第一，将普及宽带通信提升为国家战略；第二，为了推进部门间的交互协作，韩国政府建立了强有力的领导机构——电子政务特委会；第三，重视提供电子服务过程中的整体性治理，加强统筹和协调各部门的利益。

10.2.2 发展型电子政府

所谓发展型电子政府，是指正处于积极发展当中并具有相当水准的政府。从全球范围看，澳大利亚、英国、中国香港、德国、法国等国家和地区的政府在过去的几年中积极发展电子政务，并已经取得了相当好的社会效果。

1. 澳大利亚政府

早在 1972 年，澳大利亚政府的海关服务署就引入了通关文件申报自动化系统。现在，基本上所有的进出口货物的报关和清关都完全通过海关服务署的在线系统完成。与此相似的还有澳大利亚税务系统，澳大利亚在 20 世纪 80 年代就引入了电子申报服务系统。20 世纪 90 年代以来，由于互联网技术的广泛使用，澳大利亚的电子政务迅速发展。1997 年，澳大利亚政府宣布“所有适当的、可以通过电子手段进行传递的联邦服务都必须在 2001 年年底全部搬上互联网”。随后，澳大利亚政府正式颁布了国家电子政务发展战略——“政府在线战略”，其核心目标是“开发更多、更好的一体化电子服务，打破政府部门在行政权限和组织机构上的屏障，以公民、企业的需求为中心，为他们提供所需的服务”。

为推动电子政务进程，澳大利亚政府制定了一系列的法律保障措施。此外，澳大利亚政府还成立了国家信息经济办公室，负责电子政务的全面实施和协调发展。在公司业务的电子申报服务中，澳大利亚实施了世界上最大规模的政府对商界的数字证书行动。澳大利亚税务局在 2000 年 6 月建成了一个电子商务平台，这使澳大利亚所有大大小小的公司都可以通过互联网直接申报它们的业务活动报告。该电子商务平台称为电子商务界面，最终将支持 ATO 一系列的高容量业务交易。在门户网站的建设上，澳大利亚政府提出了“以客户为中心”的设计理念。2000 年 12 月，联邦政府签署了一项政府网上门户的框架协议，目的是加强“以客户为中心”的访问方式。到 2001 年，所有适合的澳大利亚联邦政府服务都实现了互联网传递。电子支付也在 2002 年成为澳大利亚政府对供应商的普遍支付手段。

澳大利亚政府在 2002 年 7 月发布的电子政务调查中声称：澳大利亚已经超过美国，成为全球政府使用在线技术最为领先的国家。不但如此，澳大利亚还正着手在各级政府间建立一个共同的、基础的设施平台，以实现对公众传递一体化的电子服务。调查显示，使用政府电子服务的用户已占澳大利亚总人口的 1/3，使用范围遍及社会服务、产业发展资源数据库等。用户对政府的电子服务普遍反应良好。

2006 年 3 月 30 日，澳大利亚发布了最新的 2006—2010 年电子政务战略——《响应的政府：新的服务议程》，该战略旨在进一步提高澳大利亚的在线服务提供水平，并建成积极响应的政府。该战略对电子政务项目的建设更加强调协调和以公众为导向，确定了用户需求、互联服务、经济效益、公共部门能力这四个非常重要的关键优先领域。[①]

据埃森哲公司 2008 年的调查，澳大利亚政府于 2006 年启动的电子政府战略，在 2008 年进入了最后实施阶段，预计在 2010 年左右完成。澳大利亚政府信息管理办公室负责推动整个项目议程，其工作重点之一就是落实澳大利亚政府在线服务点计划。该计划的重点是加强公民门户网站（australia. gov. au）建设，使它的主要切入点在于提供网上政府服务；增强门户网站的服务功能，包括分阶段实施的单点登录的多种服务，并增加新的在线服务。[②]

在《2008 年联合国电子政务调查报告：从电子政务到整体治理》中，澳大利亚电子政府发展指数居于世界第八位、大洋洲第一位，远高于同地区其他国家。澳大利亚通过国家网站 www. australia. gov. au 提供信息加载服务及政府资源的链接，其门户网站由三个通道同时提供服务：商业综合门户网站（www. business. gov. au）；公民所需信息及服务可经由中心链接（Centre Link）通道获得（www. centrelink. gov. au）；还有一个先进的国家工作搜索网站（www. jobsearch. gov. au），为公众提供政府及私营部门的工作机会，截至 2008 年，该搜索网站提供了超过 84 000 个工作机会，其范围覆盖澳大利亚全国。[③]

澳大利亚电子政务的发展体现了这样一些基本特点：

（1）围绕电子商务发展电子政务。澳大利亚政府很早就认识到互联网所带来的机遇，并且将电子政务作为促进电子商务发展的一个重要工具。自 1996 年 3 月起，澳大利亚政府提高了对 IT 的重视程度，并且于 1997 年 9 月成立了国家信息经济办公室，它的一个重要职能就是在全国范围内推广和扶持电子商务，充分发挥电子政务的催化剂作用。

解决安全、身份验证与保密性等问题是发展电子事务的关键。澳大利亚采用了公钥基础设施，制定了联邦政府通用的 PKI 标准，以确保数字身份认证和更安全的网上交易。2000 年 11 月，澳大利亚政府提出了一系列措施以提升在线服务，主要包括：以客户为中心，重建澳大利亚联邦政府的网站，提高安全性和隐私性管理，以及加速采纳电子支付手段等。截止到 2000 年 12 月，澳大利亚政府已经对商界发出了大约 30 万张数字证书，并且 6.5 万多家公司已经下载了证书并积极使用。澳大利亚“商业数字—数字签名证书”的理念是根据政府的要求，为实现一个使用更广泛的数字证书而形成的，它以澳大利亚商业数字（ABN[④]）为基础，以简化商业对政府、商业对商业的在线交易为目的。ABN-DSC[⑤]

---

① 参见张锐昕等编著：《公务员电子政务必修教程》，150 页。

② Accenture. Leadership in Customer Service：Creating Shared Responsibility for Better Outcomes. http://www.accenture.com/NR/rdonlyres/14E4340B-4D2B-4147-9291-8FA94D8218E7/0/LCS08Re-port012109.pdf:88.

③ The Department of Economic and Social Affairs of the United Nations Secretariat. United Nations e-Government Survey 2008. E-Government to Connected Governance. http://unpan1.un.org/intradoc/groups/public/documents/un/unpan028607.pdf:41.

④ ABN：Australian Business Number.

⑤ ABN-DSC：Australian Business Number-Digital Signature Certificate，即澳大利亚“商业数字—数字签名证书”。

主要用于支持商业对政府的在线交易，允许商业企业在与政府部门在线交易时使用一个身份，因此减少了企业和部门的成本及不便。

当前，澳大利亚电子政务优先发展的项目是：通过电子政务促进电子商务的发展；加强信息安全、数字认证、数字证书建设，缩小数字鸿沟；实施“创新行动计划”。

（2）实施《政府在线战略》。2000 年 4 月，澳大利亚政府发表了《政府在线战略》，强调政府部门要充分利用互联网所提供的机会，加强与公民的交流，推动跨部门的电子服务，尤其是电子采购和支付，促进政府业务流程的在线化，加强政府的在线服务。2006 年，澳大利亚政府又启动了新的电子政务战略《响应的政府：新的服务议程》，进一步提高政府门户网站的在线服务能力。

（3）实施创新行动计划。总理霍华德于 2001 年 1 月 29 日发表了《政府的创新行动计划——澳大利亚的实力后援》。该计划认识到 ICT 在澳大利亚经济和社会结构中所起的重要作用，澳大利亚政府将在 5 年时间内额外提供 1.295 亿美元，用以成立一个世界一流水平的 ICT 卓越中心，该中心的目标是加强澳大利亚 ICT 的公共研究活动、培养世界级的人才以及实现研究成果的商业化。

与许多政府一样，澳大利亚政府认识到这将是一个长期的持续过程。澳大利亚《政府在线战略》描绘了未来电子政务发展的前景：个人和企业能够通过互联网从政府那里得到他们需要的信息和服务；他们将发现直接的、便利的和容易理解的电子服务，而不需要了解政府的结构是怎样的；他们对在网上与政府交易有信心；他们将发现同在线支付打交道要比个人亲自与政府打交道容易得多；他们将在互联网上得到更高质量的服务。为了推动政府完成交互式在线服务，澳大利亚政府目前已经确定了两项主要目标：实施“统一的电子政务”策略和一个协同的投资策略。

澳大利亚政府目前正着手创立一种“统一的电子政务”策略。随着各机构逐渐把许多交互式服务放到网上，一个跨越政府的协同结构难以通过元数据或门户这样的技术来实现。这就需要一个“统一的电子政务”结构体系来进行交互服务。政府正为下一步电子政务所需要的 IT&T 体系设置一个新的流程。

另外，澳大利亚政府已经进行了一体化政府电子区域服务的实验。这项实验的一个重要部分就是进行跨部门的一体化电子服务传递，计划将实验的各种方式进行跨机构和跨行政界限的一体化交易处理，以确定最适合澳大利亚联邦政府的应用程序。

为了最大限度地利用互联网，政府需要一个更为长期的解决方案来打破传统僵硬的结构，并为用户提供更好的服务。由于商业部门和政府都意识到互联网是服务传递渠道的另一种主流，所以它们都面临着检查和重新设计自己服务传递渠道战略的挑战。真正以公民为中心的服务需要新的组织形式，用户面对的是以服务为导向的服务体，而不是以管理为导向的行政体。对于澳大利亚电子政务发展来说，这将是更有意义的和富有挑战性的问题。

2. 英国政府

英国从 1994 年开始进行电子政务建设，虽晚于美国，却大有后来居上的态势。据《英国在线 2001 年度报告》公布的数据显示，截至 2001 年 9 月，英国已经具有覆盖 60% 家庭的宽带接入能力；有 38%的英国家庭和 51%的成年人使用互联网；有 190 万个中小企业接入了互联网，超过了英国信息化建设的预定目标。据德国公司的调查，2002年英国60%的政府机构的互联网服务网站已经开通或正在建设。2000年开通的英国在线网站将1 000多个政府机构的信息送上了互联网，用户可以从这个网站获取就业、理财、旅行、生活等政府信息与服务。在电子政务建设方面，英国政府先后制定了《政府现代化》白皮书、《信息时代公共服务战略框架》和《21世纪政府电子服务》等一系列规划。其主要的指导思想是：建立"以公众为中心"的政府；在电子政务建设过程中，加强跨部门的合作，以更好地满足公众需求；在制定有关政策和方案时，应照顾少数民族及残疾人的需求；通过实施电子政务，极大地提高工作效率和改进服务方式。为了加快电子政务的发展，让尽可能多的英国家庭能够通过互联网与政府打交道，2000年，英国政府制定了"在五年内使每个英国家庭都能上网"的宏伟计划。

英国建立电子政务的原则是：(1) 提供选择机会。顾客除接受传统的政府服务外，还可以选择电子化传送政府服务的新方式。(2) 获取公众信任。政府在收集和发布信息时，应遵守有关法律，保证信息收集过程的正当性、信息内容的准确性，获取公众的信任。(3) 可取得性。通过IT连接政府各部门，建立电子化的单一窗口，以全天候快速服务，尽可能地为公众提供政府服务的通道。(4) 效率。强调政府必须通过IT提高行政效率并快速回应公众的需求。(5) 合理化。提供政府部门与机构间共享资源或组织功能重组的机会，以减少政府支出并简化系统。(6) 公开信息。信息公开制度化，提供国家的竞争力与政府的开放性。(7) 电子安全。采取相关的安全机制，维护电子环境中的安全与可靠性。加强电子政务建设、发展电子商务和促进全民上网是英国信息化建设的三大基本任务。

英国政府认为：电子服务能够更加方便、快捷地满足用户需求。根据电子政务进一步发展的要求，英国政府在2005年工作计划中为电子服务项目注入30亿英镑资金，其中10亿英镑用于提高刑事审判系统的效率，5亿英镑用于支持地方政府开展电子服务，2亿英镑用来开发海关与货物税务署的电子服务项目，将其作为电子政务建设中的优先发展领域。

鉴于地方电子政务发展水平对国家总体行动计划有着重要的影响，英国政府还制定了地方电子政务发展战略，以加强地方政府间的合作，帮助它们确定优先提供的服务项目、制定能够有效利用资金的计划等。国家总体计划涉及电子政务发展规划、电子政务的构建模块，以及国家、地区和地方各级政府的行动计划。

从整体上看，英国政府的电子化状况体现出这样几个方面的特点：

(1) 建立强有力的领导机构。英国建立了强有力的电子政务发展和建设的领导机构，做到了在全国范围内实现统一、协调的领导。英国首相任命了电子大臣 (e-Minister)，全面领导和协调国家信息化工作，并由两名官员（内阁办公室大臣、电子商务和竞争力大臣）协助其分管电子政务和电子商务，负责政府信息化的整体进程与全面发展，全面推进电子政务建设。联邦政府各部门都相应地设立电子大臣一职，由联邦政府核心部门的电子大臣组成电子大臣委员会，该委员会为电子大臣提供决策支持。同时，将原设在贸工部的电子特使 (e-Envoy) 职位调整到内阁办公室，并在内阁办公室下设电子特使办公室，专职负责国家信息化工作，电子特使办公室又下设若干个工作组。电子特使与电子大臣一起，每月向首相汇报有关信息化的进展情况，并于每年年底递交信息化进展年度报告。由联邦政府各部门授权的行政机构和地方政府指定的高级官员组成国家信息化协调委员会（e-Champions），协助电子大臣和电子特使协调国家信息化工作。英国政府还建立了完善的电子政务评估体系，包括：电子特使和电子大臣每月向英国首相呈交电子政务整体发展汇报；电子特使办公室每半年一次的国家电子政务调查报告；英国与其他国家电子政务的比较分析报告；电子商务评估报告；等等。

（2）缩小数字鸿沟，实现全民上网。英国政府建设电子政务最为突出的特点是“平民化”色彩较浓。政府在发展电子政务过程中，既考虑到熟悉、了解 IT 的人，也充分考虑到不熟悉、不了解 IT 的人。为了在 2005 年实现全民上网，英国政府加强了 IT 教育和基础设施建设，保证公民在家、在工作单位及在社区都能接入互联网。同时，开展 IT 培训，并建立电子终身教育系统，帮助人们掌握互联网技术，通过大力发展地方在线内容让更多的人使用互联网。

2002 年年底，英国所有中小学和图书馆都已接入互联网，有效地推动了英国的年青一代掌握 IT。政府还在全国设立 1 000 个新的 IT 培训中心，投入了 3 亿英镑对教育者进行 IT 培训。为缩小数字鸿沟，政府还向 10 万个低收入家庭出租电脑或廉价提供整修过的旧电脑，并向求职者提供免费的电脑技能培训，总投入达 2 500 万英镑左右。为使不同收入水平的人都能便捷地接触到电脑、互联网、电子邮件和其他新兴的 IT，英国政府建立了“英国在线中心”，该中心主要是为没有上网条件的人提供上网天地，同时，为他们提供 IT 技术培训。这些中心遍布于酒吧、商业街、大学、社区中心、公共图书馆等任何一个公共人群密集的地方。截至 2002 年，这些中心达到 6 000 个。英国在线中心的网络系统将所有的在线中心连接起来，为观众提供终身的电子教育。同时，英国还建立了国家学习网，将许多机构（如学校、博物馆、图书馆及广播站）与供应商连接到一起，向人们提供互联网教育。

英国政府通过主动缩减可供公众使用的政府网站数量，更新了其在线系统。英国主要的政府门户网站 www. directgov. uk 在 2008 年进行了重新设计，这可能导致了其排名的下降，但是，它仍然是能够提供中央政府和地方当局相关信息与服务资源的最好的网站之一。主站点拥有海量而全面的信息，同时设有一个关于中央政府与地方当局的综合服务目录，除此之外，也有一些额外而有价值的链接，你可以通过它们去获得当地政府的一些服务和资源。此外，主站点还提供了新的市民通信功能，例如，一个移动政府网站通道，一个独立的商业业务通道（www. businesslink. gov. uk）。尽管英国政府网站的排名曾略有下降，但其提供的覆盖各级政府的综合信息及服务的功能对于公众依然有很好的使用价值。[①]

（3）建立和开发知识管理系统。在发展电子政务的过程中，英国政府创建了全世界最为领先的知识管理系统，该系统是英国各政府部门内部信息、知识交流的一个内域网。英国政府是全世界第一个实现了所有政府部门内部、部门与部门之间在同一个交互系统中协同工作、知识共享的政府。知识管理系统从根本上改变了政府的事务处理流程与方式，提

① The Department of Economic and Social Affairs of the United Nations Secretariat. United Nations e-Government Survey 2008. E-Government to Connected Governance. http://unpan1. un. org/intradoc/groups/public/documents/un/unpan028607. pdf:38.

高了管理效率，从而使英国政府最终实现了政府职能转变。

知识管理系统的构建分为四期进行，并于 2002 年 6 月完工。第一期工程侧重于知识网络系统的发布，初步实现了政府各部门通过政府安全内域网，以浏览器或其他客户端的方式实现数据检索和查阅。第二期工程侧重于政府部门在知识网络系统中的相互交流，为跨部门协同工作提供基础。第三期工程侧重于对知识网络的管理，加强各部门间的协同工作。第四期工程主要是推动各部门、各机构开始利用知识网络这个平台充分实现自己的目标。

（4）“政府入口”。“政府入口”是将政府部门的后台系统与前端应用系统，如政府网站、门户网站等有机连接起来的中间件，是实现政府向公众提供事务交易服务的关键环节。“政府入口”与各部门标准一起用于对用户进行身份鉴定。进行交易时，鉴定方式主要有两种：用户 ID 加密码和数字签名。两种方式的选择取决于交易本身所要求的安全度。交易一旦被认定为有效或合法，就将被送往相关的后台系统进行处理。公民只需凭借一个单一的用户 ID，加上口令或者通过数字签名，便可登录多个政府部门网站。当一个公民或企业注册后，在进行电子交易时，可以运用同一个身份认证与任何一个连接的政府部门进行安全、合法的交易，从而大大方便了客户并提高了效率，同时也为政府各部门节省了重复建设的开支。

“政府入口”确保全年 365 天、每天 24 个小时都接受认证并处理电子交易。“政府入口”最初涉及的交易服务主要是针对税务申请与支付，退税补税，税务评估，海关申报，向环境、食品部发出申请等，英国政府将在以后向公民、企业提供更多类型的交易服务。

（5）发展电子民主。电子政务追求的目标不仅是实现政府与公民间的电子服务和电子交易，更是吸引公民参政议政，与政府官员进行实时互动交流。于是，电子民主越来越受到各国政府的关注。

英国政府对电子民主的发展态度相当积极。2000 年 11 月，英国内阁发布法令，宣布英国公民可以在网上对政府文件进行咨询并提出意见。这些政府文件被放在“英国在线”门户网站上，供公民随时查看。同时，网站还建立了一系列的政策论坛，供公民对政府政策进行讨论。公民可以在论坛里自由地发表见解，相互交流。许多政府部门在门户网站上都建立了相关的政策讨论专区，公民可以就感兴趣的政策法规进入相应的论坛。为了推动电子民主的发展，英国政府还在一些地区试行电子投票，着手开展电子注册工程，主要是对公民在远程选举时进行电子注册，以确定公民是否有法定的选举权，同时，对投票人与投票结果进行记录，以顺利完成整个选举过程。该工程将开发一个统一的、稳定的电子注册标准系统，以适用于国家所有的选举，确保远程投票的安全性与可靠性。此外，英国电子特使办公室还将联合内阁办公室以及其他部门，广泛征求公众意见，以便共同制定出电子民主的相关法律法规。

3. 中国香港特别行政区政府①

1998 年，香港政府制定了“21 世纪数字战略”发展计划，并历经 2001 年、2004 年、2008 年相继三次更新发展。“21 世纪数字战略”制定初期的目标是“致力加强香港的资讯

---

① 参见姚国章：《香港电子政务规划与发展》，载《电子政务》，2009（12），72～82 页。

基建设施和服务”。香港政府希望整个社会可借助一套共通的资讯基建设施进行各类电子交易，并可以让市民通过各种途径，包括不限于个人电脑、互动公共收费电话或电视，获得不同机构所提供的服务。为了向香港市民及商界提供效率更高及质量更好的公共服务，并鼓励和推动私人机构及大众更广泛地采用电子商务处理事务，香港政府的电子政务发展规划把“公共服务电子化”（ESD[①]）作为实施的重点和突破口，目的包括三个方面：以崭新的方式提供高质量的公共服务；改善政府工作效率，降低提供公共服务的成本；推动香港特区电子商务的发展。

2001年，香港政府为了加快整个社会和经济的信息化进程，又更新了发展计划，制定了如下的措施：（1）公布全面的电子政府政策；（2）进一步实施电子服务交付计划；（3）为电子政府开发必要的架构、工具和技术；（4）政府购买采用电子采购方式；（5）外包政府的IT项目。

2004年，香港政府推出了“数码21新纪元”资讯科技策略（2004年版）。该策略提出ESD计划已经走过初级阶段，目前应该做的是继续深化，更注重服务品质和成效，注重为客户和政府带来益处；该策略提出本阶段的重点在于：深入了解客户需要，改善客户界面和推广客户关系管理，提高电子政务服务的使用率，鼓励服务整合和转型，提供以客为本的优质服务，进行更有效的业务流程重组，便利市民接触政府及提高政府运作的透明度。2006年3月，特区财务委员会拨款1.708亿元供开发“香港政府一站通”——“一站式”政府门户网站及增强中央基础设施。“香港政府一站通”于2006年9月初步推出供公众试用，其后于2007年8月正式推出。“一站式”的门户平台，可以让香港市民在网上获取政府信息和服务。

为进一步达到把香港建设成为全球领先的数码城市的目标，香港政府充分认识到，包括政府、资讯和通信科技业、其他业界及市民大众均须通力合作。为此，香港政府在制定新的“数码21新纪元”资讯科技策略的过程中，一直进行充分的公众咨询，务求策略能平衡各方对未来资讯和通信科技发展的期望。经过广泛的公众咨询后，2008年版的“数码21新纪元”资讯科技策略于2007年年底出炉，策略包括以下五个重点范畴：推动数码经济；推广先进科技及鼓励创新；发展香港为科技合作及贸易的枢纽；促进新一代公共服务；建立数码共融的知识型社会。

由康柏公司参与建设的香港政府ESD项目获得了广泛的国际声誉。ESD是运用互联网和其他电子手段全天候向公民提供政府服务的一种模式。通过这种模式，香港地区的居民可以在自己最方便的时候获得政府服务或完成不同类型的交易。这种模式的服务内容包括：查询文件和服务、缴纳税费、检查信息、变更个人信息、预订服务和进行预约、提交申请以及查看处理的进度等。所有的ESD项目全部采用中英文支持，市民的个人信息将始终得到妥善和安全的管理。

4. 德国政府

与其他国家相比，德国政府在IT方面的发展要迟缓一些。单从数量上看。德国就落后于其他发达国家。根据有关统计材料，截止到2001年，德国的互联网用户仅为710万

---

① ESD：electronic service delivery.

人，占居民总数的20.7%。而同期美国的用户达5 050万人，占居民总数的48.7%。就互联网使用来看，在美国，平均每天一人上网时间为11个多小时，而在德国仅为4.9小时。在其他方面，德国也落后于其他国家。比如，截止到2001年，与互联网连接的学校，美国多达90%，荷兰也有50%，而德国只有40%。据慕尼黑福尔萨民意测验所的调查，截至2001年，在德国有近75%的人居然不知互联网为何物。

为了改变德国的落后被动局面，德国政府从2000年开始制定计划，提出了“全体上网”的十点赶超计划。这个计划强调了使用互联网的重要性，要求学校在2002年必须与互联网实现联通；信息产业的职业培训岗位到2003年要扩大到6 000个；全国公共图书馆要实现联网，各地劳动局要为失业者普及互联网的课程；要求到2005年联邦政府的一切公共服务都能够从网上获得。此外，德国政府鼓励社会各界联合，加大IT的发展力度。经济界为此专门成立了以IT为核心的“德国21世纪”协会，德国总理任该协会的顾问委员主席，前总统任名誉主席。该组织提出，要为社会的网络化转型创造最好的条件，联邦政府的行政机关要为使用IT做好表率。

德国的电子政府建设的特点是：

（1）加强了公务员的培训。为了使各政府部门顺利而有序地开展电子政务，德国联邦信息安全局牵头编写了一本《电子政务手册》，从电子政务的基础知识开始，到设计思想、项目组织、软硬件需求、人员培训等，全方位介绍了电子政务的实施过程。各部门只要按这个手册的要求，如同搭积木般把该部门开展电子政务所需的各种条件准备妥当，就基本能做出一个实用性很高的电子政务设计方案。

（2）电子政府不受贿。电子政府讲原则，是它受公民欢迎的又一原因。电子政府已被视为德国廉政的帮手，不仅可以方便公众，提高政府部门的办事效率，更可以防止“情面”因素的干扰，减少腐败滋生的土壤。

5. 法国电子政务发展概况①

在西方发达国家中，法国的电子政务建设起步较晚，但发展的速度较快。其发展经历大致可以分为三个阶段：第一阶段是从1997年至2003年。在这一阶段，法国政府确立了国家信息化发展战略，提出建设“电子政府”的总体目标和行动计划。政府各部门也相继完成了内部局域网和办公自动化系统建设，并启动了部分跨部门的政府合作项目。第二阶段是从2004年至2005年。这一阶段的主要任务是开展网络基础设施建设，启动一批面向公众的网上远程服务项目，如：个人住址变更报告、出生证明、大学生远程考试、公共采购、个人法律状况查询等。第三阶段是从2007年开始。这一阶段是法国电子政务建设继续完善并日趋标准化、制度化、规范化的阶段。

（1）明确电子政务建设目标。

法国政府的电子政务目标非常明确，即建立一个具有更高生产率和工作效率，更加便于使用和成本更低的行政管理系统；建立一个处于信息时代前沿的政府；建立一个由服务驱动的，将用户放在管理流程核心的政府。电子政务在一定程度上实现了理想政府的承

---

① 参见燕国明：《欧洲八国电子政务考察报告》，见 http://www.jiaozuo.gov.cn/xxhjs/2007111145246.htm，2007-11-01。

诺：个性化服务，“24×7”提供帮助，超越用户预期。虽然结构相当复杂，但是由于采用了新技术，所以非常便于管理。通过实行电子政务，政府可以避免堆积如山的文件，能够释放出公务员的能力和创造力，提供符合现代社会需要的公共服务。

（2）以用户为中心，推进政府门户网站建设。

法国政府非常重视政府门户网站建设。新网站“Service-Public”于 2000 年 10 月开通，受到社会的极大欢迎，用户调查反馈的满意加非常满意率达 97%，每月访问量达 800 万页面，在法国网站访问量中排名第三，为政府网站第一。门户网站的设计强调以用户为中心，特别是以公众用户为中心，要求满足公众的两大需求：一是行政事务方便性需求，包括了解政府办事程序、下载填报表格等；二是信息需求，不仅提供政府的决定，还要提供各项决定的背景和原因。事实上，法国政府网站发挥了重要的作用：一是有效地减少了公众直接到政府来访问的人次。这既方便了公众，又减少了政府人员接待的工作量。二是规范了全国各级政府网站的信息。各部门、地方政府网站中与政府门户网站中相关的部门，都要直接使用政府门户网站的拷贝。法国政府门户网站的负责人将其成功原因归纳为三点：第一是有良好的信息管理经验；第二是领导人有决心和信心；第三是有强有力的部门间合作的协调机制。

（3）强化政务应用，促进电子政务建设。

一是哥白尼计划。哥白尼计划是在大范围内使用电子认证的早期案例之一，提供了先进的电子管理服务，对下一代电子政务服务的发展具有重要的意义。针对处理财政改革的，旨在为纳税人提供简洁、方便服务的哥白尼计划在 2000 年出台，计划用 8 年的时间来实现。截至 2005 年，一些里程碑式的目标已经实现，包括：发起上网缴纳增值税和所得税，建成与税务相关的专门的网上端口。现在，法国纳税人可以迅速、方便和安全地在网上申报税务，下载或打印电子收据，查阅自己的税务记录和相关信息，并且可以使用电子签名进行网上申报税务和查看账户。税务官员则可以通过国家数据库检查任何纳税人所得税、福利份额、房屋税和财产税的记录。截止到 2003 年，法国 60 万纳税人通过互联网完成税务报表的提交。到 2004 年，人数突破 120 万。哥白尼计划曾计划到 2006 年，提供给纳税人每天 24 小时、每周 7 天的财务账户网上端口，实现交易的随时追踪，最终所有交易和申请均可实现联网办理，同时可提供缴税提醒和信息警报等新的服务；到 2007 年，还将引入新的收入税防御系统。

二是“电子政务 2004/2007-ADELE①”计划。这是旨在主动建立和谐合作的电子政务的长期计划。计划的直接目标是：使人们的生活变得更舒适，无论是个人、公务员，还是代表私营企业组织的雇员。ADELE 出台了议程，为相关 300 项新服务制定了 140 条度量方法，其中每一项服务都直接使个人的生活变得舒适或者对其有直接的贡献。其实现方式不是仅仅将外部部门接入，还包括协调地方政府、社会安全组织和私营部门组织。电子政务即将进入政府管理的各个领域，例如，统一的针对所有政府服务的联系电话（3939），统一的地址变更通知服务。从 2006 年开始，法国将启用新一代的 Vitale 卡以实现电子身份识别。

① ADELE：administration electronique.

（4）重视政府各部门之间的协调机制。

法国政府认为，电子政务成功的关键之一是政府各部门之间的协调。法国政府从战略目标、工程项目管理和日常操作运行三个层次建立了三个级别的委员会来管理电子政务工作，包括：1）方向委员会（Orientation Committee），由中央部门、地方省级政府及某些全国性行政单位的首脑组成，由公共职能和政府改革部部长任主席。方向委员会一般一两年开一次会，以确定电子政务的战略方向。2）工程项目委员会（Project Committee），由各有关工作部门的领导人组成，每两个月开一次会，讨论电子政务工程项目的整体进展，进行工程项目目标管理。3）项目运行监控委员会，由具体参与工作的部门，如总理办公室、政府信息处、政府改革办、总理府秘书处文献署等部门的代表组成，每两周召开一次会议，研究解决运行中的具体问题。为了统一规范全国各项政府网站，政府规定地方或部委网站中与政府门户网站相关的网页一定要拷贝政府门户网站的内容，以此来保证相关网站内容与门户网站内容在整体上的一致性。通过这些方法，法国政府把整个电子政务的网上服务组成一个整体。

（5）加强政府信息化建设的政策研究和措施制定。

为了加快政府信息化的步伐，围绕电子化政府建设，法国政府主要制定了以下一些措施：一是行政管理部门提供的各种窗口服务必须进入网络，将政府信息对外开放；二是为了使农村及偏僻地区使用互联网，国家和地方政府应增设一些公共网点，帮助信息产品进入家庭；三是增加网上教育的内容，鼓励学校等机构更多地应用网络；四是推动网络政府的国际合作，提高政府在国际社会中的竞争力；等等。

法国对电子政务建设也有一些具体要求：一是公众能够在任何时候、任何地点得到政府提供的信息，也就是说进入政府网站的方法途径必须是多样化的；二是所有信息必须是电子的，时间上必须是达到要求的，标准必须是统一的；三是不论是企业还是居民，在向一个公共部门提供信息后，就不必向政府任何部门再次提供信息；四是政府网站对应该向社会公开的信息不能有遗漏，保证企业和居民进入一个政府门户网站就可得到所有政府信息。

10.2.3　后发型电子政府

所谓后发型电子政府，是指那些正积极准备发展电子政务的政府。这种政府已经具有电子化的意识并积极着手实施相关发展战略，产生了初步效应，比如日本政府、中国政府就属于此列。

1. 日本电子政府发展概况

众所周知，在电子政府的建设发展方面日本是一个后起之秀。2000 年 3 月，日本政府正式启动了“电子政府工程”，该工程的启动时间相较其他发达国家已经晚了几年。然而，根据《2012 年联合国电子政务调查报告》，日本电子政务发展指数排名第 18 位，而到了 2014 年排名已经跃居世界第 6 位。

2001 年 1 月，日本政府确立了“IT 立国”的方针，其目标是在五年内把日本建设成为世界上最先进的 IT 国家。到 2005 年为止，日本政府各部门的主要业务基本都可通过互联网完成，并构建了由中央政府、地方各级政府、企业、公民相互连接的功能完善的“四级互联网”，还完成了全国光缆新干线的建设，普及了宽带网，使日本成为世界上拥有最先进的网络基础设施的国家之一。2006年1月，日本政府在原有的基础上又进一步提出了《IT改革新战略》，即“打造世界第一方便、高效的电子政府”，进一步明确了电子政府发展的主旨是有效削减财政开支，缩短业务处理时间，减少人员，以提高行政效率，促进政府的行政及财政体制改革。围绕新战略，日本政府还引入了PDCA[①]循环工程管理体制，确立了2006—2010年电子政府推进计划，即到2010年争取实现在线利用率达到50%以上。

电子政府推进计划实施以来，已取得了较为显著的成果。根据日本电子政府评价委员会2007年度报告的调查结果，政府机关处理申请、申报的在线利用率达到了15.3%，而税收、社会保险、劳动保险等职能部门的在线利用率则达到了17.1%，已达到了预期的目标。而从电子政府发展的国际比较来看，早稻田大学电子政府·自治体研究所从2005年开始，针对世界上32个国家（2007年为34个）电子政府的运作现状及进展程度作了一个较为全面的调查分析，以自己的视角及评价指标体系做了一个世界排名。根据其2008年3月发布的世界排名结果，日本的综合实力已跃居世界第5位，处于世界领先水平（前3位分别是美国、加拿大、新加坡，中国居第23位）。综合来看，促进日本电子政府发展的要因主要有以下几个：

（1）日本政府的优先发展战略。

日本电子政府的快速发展与日本政府的重视是分不开的。2001年，日本政府为了推进电子政府建设，首相亲自挂帅，由全体内阁成员及民间有识之士组成了IT战略总部，具体事项由各府省（相当于我国中央各部委）的CIO组成的“各府省CIO联络会议”负责。2003年7月，日本政府制定了“电子政府建设规划”，确立了电子政务的发展目标：到2005年为止，争取将日本建设成为世界上最先进的IT国家。2006年7月，日本政府发布了“电子政府推进计划”，明确了未来五年电子政府的发展方向：打造世界第一方便、高效的电子政府。

在中央政府的高度重视及积极推动下，各府省及地方自治体也大力配合，网罗人才，加大投入，注重创新，并建立起中央、地方的协调联动机制，逐步推进电子政府、电子自治体的建设。正是在日本政府的优先发展战略的推动下，日本的电子政府在短短几年之内，跃升至世界先进水平的行列。

（2）完善相关立法体系。

2000年11月，鉴于IT的利用给世界带来的大规模、快速的社会经济结构的变化，日本政府也迫切需要构建高度的信息通信网络社会来加以应对。因此，通过了以推进电子政府建设及构筑高度的信息通信网络社会为目的的《IT基本法》。该法的实施一方面有利于构建以全体国民为主体的、具有世界先进水平的、高度的信息通信网络，另一方面也为日本电子政府的建设奠定了法律基础。

为了不断推进及深化电子政府建设，日本政府也在不断完善相关法律法规体系，为电子政府的进一步发展打造良好的基础与平台。2002年11月，为了提高国民对电子政府利用的便利性，增加在线办理的行政手续的种类，日本国会又通过了在线化关联三法案

---

① PDCA：plan（计划），do（实施），check（评价），act（改善）。

(《行政手续在线化法案》《和平安全法制整备法案》《关于电子签名的地方公共团体认证业务的相关法律案》)，2003 年 2 月起开始实施。在线化法案的实施，不仅给国民带来了更多的便利，而且也在行政职能的简化及行政效率的提高上发挥了重要作用。不仅仅是国家的行政事务，包括地方公共团体、独立行政法人等在内的相关事务都可以实现网上办理。该法案也成为电子政府及电子自治体的基础。

除上述法律法规以外，2001 年 4 月开始实施的《信息公开法》及 2003 年 5 月的《个人信息保护法》及 2005 年 4 月开始实施的《关于行政机关保有的个人信息保护法》等法律也为日本电子政府的不断发展奠定了良好的法律制度环境。

（3）PDCA 循环工程管理体制的应用。

日本政府为了强化、充实电子政府推进机制，在不断完善各府省信息系统的统筹、评估等体制的同时，IT 战略总部还进一步完善政府总体信息系统的评估机制，并从“成本—效益”的视角出发，导入了 PDCA 循环工程管理体制，以不断推进电子政府建设，实现电子政府业务及系统的最优化。

“PDCA 循环”的概念最早是由美国质量管理专家戴明（W. E. Deming）于 20 世纪 50 年代初提出的，所以又称为“戴明循环”或“戴明环”。它由四个部分组成，即：制定计划、实施计划、评价结果、改善计划，是一个将计划与改善联结，并为下一个计划服务的循环往复的过程。其目的是取得更好的效果。如在制定本年度方针、目标及实施计划方案时，应回顾上一年度方针、目标的实现情况，即对上一年度的 PDCA 循环效果进行充分验证后，再制定本年度的计划。日本政府在其 IT 战略中引入了 PDCA 循环工程管理体制，目的是从利用者的视角对电子政府发展的战略成果进行评估、检验，为下一阶段的政策制定提供参考，以达到业务及系统的最优化：在不断掌握最新技术动向的基础上，利用 PDCA 循环不断进行更新改进，不仅要实现各业务及系统的最优化，还要从整体最优的观点出发，力求进一步扩大及推进各府省共通业务的最优化。因此，要求各府省按照最优化方针，及时、准确把握、评价每年度的最优化实施状况，对于没有达到目标值的，应立即采取包括终止系统开发及废止业务系统开发在内的改进措施。为了提高行政手续的在线利用效率，推进业务及系统的最优化，日本政府采取成果重视的方针，在改进税收制度、降低手续费用的同时，相关府省还积极推进电子签名的简化、系统改进、添加文件的原则省略等。另外，在推进业务及系统最优化的过程中，重点实施那些被认为能够发挥最大效力的措施。PDCA 循环的导入，可以使政府的战略规划，各府省、自治体的业务及系统的实施，电子政府评估委员会的评估，形成一个有效的循环系统，并将下一阶段战略方针的制定纳入该系统中来，使电子政府的建设发展成为一个系统工程，在不断改进中得到完善。

（4）CIO 及 CIO 辅助人员培训机制的确立。

为了实现业务、系统的最优化，日本政府也投入了大量的财政资金，但政府各部门的重复投资及行政官僚的能力不足和体制欠缺所导致的低效率也招致各方面的批判。为了解决该问题，在电子政府建设规划中，首先要建立明确各府省实施信息化的责任机制。为此，在各府省设立了 CIO，大多由各省的官房长官担任，明确了其在信息化投资及信息安全等方面应承担的责任。又设置了联络各省厅的“CIO 联络会议”，担负着电子政府建设计划实施过程中审议、决定重大事项的重任。由于各府省的 CIO 并不一定是精通 IT 的专家，所以，为了辅助 CIO 推进电子政府建设，2003 年又引入了“CIO 辅助官员”制度，由具有 IT 专业知识的民间有识之士担任 CIO 辅助官员。具体的人数、资格及待遇由各府省自行决定。大多数 CIO 辅助官员都是来自信息系统、电气通信系统等 IT 行业的经营者或精英，他们既可以从技术层面，又可以从业务方面提出意见和建议。

CIO 辅助官员的主要职能是针对所属各府省的相关业务、系统的最优化构建，从技术专家的角度提出科学合理的指导、建议及支援。由于 CIO 辅助官员来自民间社会，有丰富的实践经验和专业知识，可以充分利用和发挥参与公共领域和民间社会的信息系统及业务改革的经验与知识，有效促进行政部门的有关 IT 投资及 IT 利用的观念更新。

为了保证 CIO 辅助官员人才的充足供应，日本政府于 2007 年末制定了“行政机关 IT 人才培养、确保实施计划”，总务省还制定实施了“信息系统统一进修”课程，目的是培养各府省从事信息化工作的骨干。高等院校也根据需要，设置培养 CIO 专业人才的课程，为电子政府建设培养和输送人才。如早稻田大学大学院从 2005 年开始设置 CIO 硕士课程，为电子政府及电子自治体的建设和发展培养既懂管理又懂技术的专门人才。日本形成了政府、学校、企业、社会四位一体的培养机制，为促进电子政府的发展提供了人才保证。

人才的充足供应及人才的有效利用是日本电子政府快速发展的一个重要原因。政府的科学决策、企业的大力支持、学校的培养机制、民间有识之士的配合，使得日本在短时间内建立起一条有效的 CIO 及 CIO 辅助人员的培训机制，为电子政府的后续发展提供了充足的人才。

（5）评估体系的建立及评估机制的完善。

2005 年 12 月，由民间的专家及技术人员组成的电子政府评估委员会在以小泉首相为首的 IT 战略本部的领导下正式成立。该委员会主要是针对各省厅如何实现业务及系统的最优化目标，如何减少浪费，如何促进省厅间及省厅内部各部门间横向与纵向的协调，以提高效率、节约成本而设置的；是为了强化各省厅的信息系统从计划、开发到实施、评估等一系列环节的监督检查机制。

电子政府评估委员会自成立以来，根据现有条件，在了解各府省的自我评估的结果后，在听取“经团联”（经济团体联合会）等各方意见的基础上，通过发放利用者切身体会的问卷调查等方式，客观、准确地把握电子政府的发展状况。其按照不同的领域制定相应的评估指标，在对上一年度的实施情况进行客观分析总结的基础上，指出需要继续改进的方面，并提出改善的方针及切实可行的具体措施，并且从长远的发展角度为政府指出电子政府发展中特别需要注意的事项。评估委员会以公民为中心设置评估指标，对电子政府建设成果进行客观的评估，进而提出完善措施，为下一轮建设提供有效参考。

电子政府评估委员会主要是以国内各省厅为对象，针对其电子政府建设过程中所取得的成果及存在的问题进行研究分析，并提出可行的解决建议。而前述的早稻田大学电子政府·自治体研究所的评估体系既包含了行政改革及财政改革的核心，即效率性、生产性、透明性的提高，也包含了公众便利性的充实。其着眼点一方面在于电子政府的建设要适应信息社会发展的需求，有利于提高国际竞争力；另一方面也在于电子政府的发展建设能作为支援百姓生活的有利工具。该评估体系对于研究世界各国电子政府发展的现状提供了有益的参考。

无论是政府，还是民间的评估机构，都能从不同的角度及根据不同的指标体系对日本的电子政府的发展作出定期的、客观的、及时的评估分析，肯定成绩，发现不足，对促进其不断地改进与发展具有良好的推动作用。

（6）网络基础设施的充实。

电子政府的发展离不开网络基础设施的建设，日本电子政府的跨越式发展既得益于政府的宏观战略，也受益于各 IT 企业的大力支持。

日本政府 IT 战略总部在 2007 年提出了“到 2010 年为止消除宽带零地区”及“到 2008 年末为止在信号条件不好的地区新增加 20 万人的手机用户”等目标，为此，2008 年 3 月末，总务省首次发布了《消除数字鸿沟战略会议报告》，提出了维修宽带基础设备、维修超高速宽带基础设备、消除手机无信号地域、推进基础维修与利用一体化建设、发挥地域信息化顾问的作用及跟踪体制的建设等六项具体措施，并准备投入 12 000 亿日元的经费，来消除“数字鸿沟”问题。

各 IT 企业也在不断降低成本，提高服务质量，扩大入网用户数量。如在人员流动较大的车站、广场等公共场所，电脑销售商会以较低廉的价格提供上网服务，各电信公司也在不断增加优惠措施，降低上网费用，这些在客观上也为电子政务的发展提供了帮助。[①]

2. 中国政府

与上述其他国家和地区相比，中国电子政务的现状无论是基础设施建设还是法律法规的完善等，都显得较为滞后。虽然近几年我国互联网应用技术有了长足的发展，但仍远远不能适应社会经济发展的总体需要。尤其是加入 WTO 之后，面对全球化带来的冲击与挑战，政府运行的效率和公开化程度都面临着空前的压力。为此，大力发展电子政务，加大政府管理中 IT 的应用，是今后我国政府管理改革的重要战略举措。

事实上，中国政府早在几年前就已经意识到并着手部署电子政府的发展规划。1996 年，中央政府成立了国务院信息化工作领导小组，政府各部委以及地方政府相继成立了专门的领导小组。其中，邮电部率先建立了公众信息网。之后，中央各机构以及那些经济条件比较好的地方政府在信息化方面都走出了开创性的一步，先后建立了政府网站，发布公共信息和政府政策。

但是，我们也注意到，由于中国政府管理传统的影响，政府垄断和控制了大量的社会信息资源。政府作为社会发展的推动者，其现有的信息化程度远远不能适应社会发展的要求，尤其是政府对信息化的运用远远不及金融等行业，大多数政府网络都只具有形式功能而不具备实际应用功能。因此，在追赶发达型电子政府的过程中，中国还有很长的路要走。

10.3　全球电子政务发展的模式和特点

现阶段，人们对电子政务的认识还处在不断深化的过程中，世界各国的电子政府建设

---

① 参见高梁：《日本电子政府发展研究：经验与启示》，载《电子政务》，2008（6），115～120 页。

也处于一个十分重要的时期。从世界各国的理论研究和实践做法来看，大家对于电子政务发展模式的认识主要有三种，分别是以电子管理（e-administration）为核心的发展模式、以电子服务（e-service）为核心的发展模式和以电子社会（e-society）为核心的发展模式。①

10.3.1 以电子管理为核心的发展模式

随着科技和IT的发展，越来越多的政府将电子政务看成是IT在政府领域的应用，由此带来了政府工作的流程再造乃至政府管理方式和制度的变革。而电子政务的发展，实际上也就是政府不断地采用先进的IT，并以此为基础，推动政府各方面的变革，从而改变政府工作流程、降低政府成本、提高政府绩效。因此，这个战略的核心在于“电子化”，即不断采用先进的IT，而战略的目的在于通过电子化推动政府管理的变革，以提高政府的效能。

这种电子政务的发展模式是受到企业信息化的启发，并在学习企业信息化的过程中发展起来的。20世纪以来，由于受到来自市场竞争的压力和趋利动机的驱使，在各种社会组织中，企业总是较早采用先进的技术。从历史看，从办公自动化到决策支持系统、管理支持系统再到电子商务，企业一直走在信息化的前列，而政府则一直紧随其后，把企业的一些先进经验引入政府的管理过程中。

当前，以电子化为核心的电子政务发展战略已经成为政府改革和发展的一种模式。这种战略的核心是利用IT来重新设计政府的业务流程，以提高政府绩效。在日常的文献和媒介中，这种战略也被称为“政府流程再造”。其主要措施包括：减少传统的管理层次，压缩职位分类，创建工作团队，开发行政人员的综合技能，缩短和简化各种业务程序，使管理流水线化等。这种战略下的电子政务主要表现在以下几个方面：

1. 政府内部网络办公系统

政府内部网络办公系统是电子政务的基础，它是指政府部门内部利用OA系统和Internet或Intranet技术完成机关工作人员的许多事务性的工作，实现政府内部办公的自动化和网络化，在实现内部资源充分共享的基础上，提高政府的作业效率和业务水平。政府内部网络办公系统又可分为领导决策服务子系统、内部网站子系统、内部财务管理子系统等，通过不同子系统的应用，传统的政府内部管理实现了向网络化管理的转型。

2. 电子政策法规系统

颁布和实施各项政策法规，是各级政府部门的一项重要工作。由于政策法规的牵涉面广、信息量大、时效性强，因此制定、发布、执行各种政策法规历来是政务活动的重要内容。通过电子化方式传递不同政府部门的各项法规、规章、行政命令和政策规范，使所有政府机关和工作人员真正做到有法可依、有法必依，具有十分明显的速度和管理成本优势，既可做到政务公开，又可实现政府公务人员和老百姓之间的“信息对称”。目前，众多政府机构的网站都开设了不同形式的政策法规的宣传窗口，起到了较好的作用。

---

① 参见韩文报主编：《电子政务概论》，122～131页，北京，解放军出版社，2005。

3. 电子公文系统

公文处理是政府部门的基本职能。传统的公文处理方式是依靠纸张作为载体，借助盖章、签字等形式实现公文的传递与处理，这种公文处理方式不但浪费资源，而且周期长、效率低，常会出现因公文“长途旅行”而影响政府决策的效率的情况。比如，在招商引资过程中，不少地方政府因为公文处理过程复杂、漫长而失去吸引外资的机会，不能不令人痛心。电子公文系统借助网络技术，使传统的政府间报告、请示、批复、公告、通知、通报等在保证信息安全的前提下，通过数字化的方式在不同的政府部门间实现瞬时传递，大大提高了公文处理的效率，彻底改变了传统的、司空见惯的公文“长途旅行”现象。

另外，除了上面三个方面的政府行政实现了电子政务以外，电子司法档案系统、电子财务管理系统、电子培训系统、垂直网络化系统、横向网络协调管理系统、网络业绩评价系统、城市网络管理系统等也都被慢慢纳入电子政务系统中。

10.3.2　以电子服务为核心的发展模式

从公共管理的角度来看，随着公共管理运动在全球范围的兴起，各国政府对公共管理理念和方式的追求越来越迫切，在公共管理领域，将电子政务看成政府管理和服务方式的创新，即利用 IT 来实施公共管理、提供公共服务的一种新型的途径。因此，电子政务的实施，要以政府管理和服务创新为出发点，根据公共行政发展的规律来规划和推行电子政务，以弥补传统政府管理和服务的不足，实现政府管理和服务的改革与创新，提高政府的管理水平和服务质量。

电子服务式电子政务的出现，主要与传统的行政管理模式的转型有关。众所周知，传统的行政管理基本上建立在多层制理论基础上。从行政生态学的角度看，这种以专业分工、等级制和程序化、规范化管理为基础的行政体制，是与工业化社会相适应的。随着社会的发展，其僵化、低效以及程序取向的弊端愈来愈突出，终于到了非改不可的地步。而改革的方向，就是要彻底打破传统的政府模式，创建一种被称为“服务型行政”的新型行政模式，这种新的行政模式与传统行政模式的根本不同在于，它改变了传统行政模式的程序取向，将行政的价值和目标定位于为公民、企业和社会提供优质、高效、低廉的服务。而要做到这一点，除了要在行政理念、职能、组织结构、程序、人员和管理方式等方面做出改革和创新之外，还必须利用 IT 来促进上述方面的改进，并在此基础上实现服务型行政。

以电子服务为核心的电子政务发展战略主要出现在 20 世纪 90 年代以后，其实施国家主要是那些倡导并进行大规模的公共行政改革的西方国家。在此方面最为突出的例子就是新西兰。在 20 世纪 90 年代制定的电子政府发展战略中，新西兰政府确定其电子政务的目的就是要改变其工作方式以及与公众联系的方式，为新西兰公众提供更好的服务。新西兰政府规定，到一定时期，新西兰政府的主要服务都要能够从网上获得。而且与以前的政府服务相比，网上的政府服务要更便利、更可靠、更低廉、更优质、更高效。

10.3.3　以电子社会为核心的发展模式

该模式从信息化的角度，将电子政务视为国家信息化的一个重要领域，视为政府领域的信息化。它与社会事业信息化、国民经济信息化一起构成国家信息化的完整体系。因而，发展电子政务，必须将其纳入国家信息化的整体战略之中，从国家信息化的整体战略高度来规划和推行电子政务。

这是从比较宽的视角来看待电子政务的。政府是社会系统的构成要素之一，政府的发展自然也是社会发展主题中的应有之意。21 世纪从某种角度来看是信息时代。IT 带来的深远而全面的变化，将影响着社会的每一层面、每一环节。值此社会之大变革时期，如何通过积极、有效的行动，将社会的所有单元带入信息时代，使每一个人都能享受到信息时代所带来的好处，将是世界各国政府面临的重要课题。而要做到这一点，就要从社会信息基础设施建设、教育和培训、信息资源开发、IT 的开发和应用、信息产业的培育、法律和制度建设等多方面进行努力。所有这些努力合起来就是信息化。

信息化是一个整体战略，电子政务作为其重要组成部分，与其他领域的信息化相互影响、相互促进、协同发展。因而，制定电子政务发展战略，应与其他领域的信息化战略一起考虑。从实践来看，我国政府主要是从第三种模式来发展电子政务的。譬如，国家制定的《国民经济和社会发展第十个五年计划信息化重点专项规划》表明："十五"期间，国家信息化工作的重点任务之一是 IT 推广应用工作。而该项工作的主要内容则由经济领域信息化、政务信息化、电子商务和企业信息化、社会事业信息化等构成。电子政务的发展战略，基本上作为整个国家信息化战略的组成部分出现，并在国家信息化这个战略平台上实施。

10.4 全球电子政务发展的趋势和经验

21 世纪以来，电子政务在世界范围内取得了很大的发展，其发展呈现出几个明显的特征：一是以互联网为基础发展电子政府。在电子政务的整体治理方面，全球总体进展不大，绝大多数国家仍处于开发和运作的第一阶段，只有少数几个国家在整合电子政务资源方面进行了必要的投资。二是更强调政府服务功能的发挥和完善。三是更强调公众参与度，强调政府与公众的互动，包括政府对企业、公众的服务以及政府各部门之间的相互服务。在未来的发展中，电子政务将立足已有成就，寻求创新与突破。

10.4.1 全球电子政务发展的趋势

将 IT 运用于政府管理，其目标主要在于使政府更好地履行服务于民的承诺，进一步完善电子政务系统，提高政府工作效率，降低政府管理成本，推动政府管理体制改革，这也是未来电子政务发展的趋势。

1. 更好地服务于民，以公众为中心，增强政府与公众更深层次的互动

服务于民是现代政府的基本承诺，IT 将促使这一原则更好地实现。从电子政府的实际应用来看，几乎所有的国家都是围绕这样的指导思想来进行的：建立以公众为中心的政府，目的是向公众提供一种高效、便捷的服务，促使政府与公众之间更好地沟通和交流。可以这样概括电子政府的中心任务——通过电子手段进行公众服务。未来的电子政务发展，强调以公众的需求为取向，提供高质量的政府服务。

2. 完善电子政务系统

电子政务能够发展到什么程度，完全取决于 IT 运用的程度。完善的技术和管理制度有助于电子政务的深入发展；反之，则将阻碍电子政务的推广。因此，IT 的不断完善不但是电子政务健康发展的关键，而且也是未来电子政府发展的目标之一。首先，将建立和完善电子政务信息基础设施。电子政务信息基础设施主要由政府内部网（办公业务网）、专用网（办公业务资源网）、外部网（政府公众信息网）和办公资源数据库四个要素构成。其中，内部网、专用网和办公资源数据库构建的是信息交换、资源共享和协同办公的平台，外部网则是一个为公众提供公共服务的平台，它包括一个具有政府信息服务和办事服务等功能的门户网站。其次，将建立有效的电子政务绩效评估体系和评估制度。有效的评估体系和评估制度是建立与完善电子政务的一个必要的措施，这样就保证了电子政务建设资源的合理利用，降低了建设成本，提高了电子政务的管理效率。

3. 提高政府工作效率

在全球范围内，公众对政府管理的效率普遍感到不满。电子政府将 IT 运用到政府管理中，政府管理改革相辅而行，从而简化了政府办事流程，方便了公众，这对于提高政府管理的效率无疑将产生积极的促进作用。

4. 降低政府管理成本

从世界范围来看，各国政府普遍存在管理成本高、负担较重的问题。IT 在政府管理中的运用，必然依据一定的标准化工作程序，这是电子政府得以存在的一个重要基础。既然如此，标准化的管理必然降低管理成本。我们相信，电子政务的发展，对于各国降低管理成本将产生极大的推动作用。

5. 推动政府管理体制改革

由于电子政务对政府管理效率和管理成本的影响，政府在管理模式上必然会有所不同，这些变化将在客观上引起政府管理体制的改革。建设电子政府，首先是政府治理理念的变革，这无疑将推动政府转变职能，调整组织结构，进行一系列不断深入的政府管理体制改革。

6. 电子政务全球化

随着全球化进一步的发展，各国之间的交往与合作越来越密切，为了适应全球化这样一个大趋势，各国之间电子政务的交流与合作也变得越来越重要和迫切；另外，信息化的本质要求开放，由此加速了信息网络的互联互通，促进了信息、知识的创造与信息跨国界的流通和共享。地域、时空界限的打破，信息的流动，创造了无限的商机并且孕育了许许多多的新兴产业，这要求每个国家或者地区都必须在全球范围内寻找自己的位置和发展途径，必须加强与外界的经济联系和信息沟通，只有这样才能以高起点推进信息化的建设。

所谓电子政务全球化，是指由于经济的全球化程度不断提高，各国相互依存的程度不断加深，因此各国的电子政务建设既要有一定的独立性，又要在一定程度上实现系统的对接，从而实现各国政府对跨国金融、商务、旅游等活动的管理和服务，并且在打击跨国犯罪、反恐和国防安全等方面进行合作。

电子政务与发展环境高度相关。不同发展环境和发展阶段的国家，希望通过电子政务解决的紧迫问题以及解决问题的优先顺序不同。各国应根据本国行政环境的特点，从实际出发，选择最适合自己的发展模式。我国电子政务现行策略选择也必须与我国所处的行政环境相适应，既不能超越历史阶段盲目跃进，又不能错过历史机遇。

7. 更多新技术将应用到电子政务领域

当前，一些国家或地区正致力于将大数据技术运用到电子政务中，大数据技术的运用将会极大地提升公共服务的质量，并会对电子参与提供很大的帮助，因为它促进了政府开放数据的步伐。除此之外，近年来涌现出的诸如物联网技术、云计算技术、4G网络、微博、微信等技术或互动平台同样会给电子政务的进一步发展升级提供技术支撑。

10.4.2 全球电子政务发展的经验

从电子政务在全球的发展看，在政府的推动下，电子政务在各国都呈现阶段式发展。其中，各国发展电子政务的目的大都集中在简化政府管理流程、提高政府工作效率、树立政府形象等方面，电子政务的出发点基本上都是为了满足本国人民对政治事务的管理和社会服务方面的诸多要求。各国电子政务的发展已经积累了以下一些经验：

1. 政治家的积极推动

电子政务是政府管理方式的革命，它的意义不仅在于政府管理工具的技术创新，更重要的是政府利用IT和网络环境可以提高工作效率、精简机构、降低管理成本，这意味着政府管理结构和管理方式的变革。换言之，传统的官僚制对资源和信息的独占将不可避免地走向对资源和信息的公共享有。事实上，电子政务发展较好、较快的国家无不得益于国家或政府领导人敏锐的洞察力、强烈的政治意愿和有力的领导。越来越多的国家政府领导人已经认识到电子政务是政府不可缺少的工具。政治家们普遍认识到电子政务对于国家生存和发展的重要性，从政治上确定了电子政务的目标并勾画了其所应实现的蓝图；同时，也落实了相应的实施部门和所需的资源。其中，特别重要的是明确地定义了电子政务的目标，以及通过做哪些事情或完成哪些项目来达到这些目标。电子政务不是一个概念，也不是一种技术，而是一项庞大的系统工程，它需要洞察力、政治意愿和踏踏实实的组织实施。

2. 强有力的工作机构

电子政务建设是涉及社会方方面面的、复杂的、长期的系统工程，难度很大，必须有一个强有力的电子政务建设的领导机构。只有在全国范围内实现统一、协调的领导，电子政务建设才能持续、快速、健康地发展。在美国，电子政务建设由总统管理委员会统一领导，并设首席信息官、业务指导委员会、政府信息技术推动小组，协助总统管理委员会组织电子政务建设。意大利成立中央战略制定小组、公共管理信息技术与网络发展办公室，配合公共管理信息化局，共同推动国家的电子政务建设；总理办公室还成立了一个由50人组成的技术小组，全力支持国家电子政务计划的实施。英国的电子政务建设由电子大臣和电子特使领导，还有国家信息化协调委员会、中央信息技术组和议会的“信息化办公室”来促进“信息社会”各方面的发展。

3. 以用户为中心

将公众视为政府的“客户”，一切以客户为中心，是21世纪政府管理创新的基本理念。客户关系管理（CRM）是近年来在企业界非常流行的一种通过改善与客户的信息交流和互动，掌握客户消费习惯和行为方式，来留住客户、扩大市场占有率的技术。现在，这种技术也开始用于电子政务之中，帮助政府管理其与“客户”（企业和公众）的关系。政府比任何企业或单位都有更多的“客户”，将“客户关系管理”引入电子政务中，可以体现以用户为中心的理念；按照用户的意向来设计政府的电子政务系统，可以帮助政府更好地满足“客户”的个性化要求，从而建立新的、更好的政府与企业、政府与公民的关系。

在电子政务实现的早期，各个政府部门的网站都是按照政府的组织结构和业务流程来设计的。换句话说，是以政府结构为中心来设计政府的网站的。经过一段时间的实践后发现，这种做法实际上强化了政府的固有模式。要真正为用户服务，必须以用户为中心，按照用户的意向来设计政府网站的内容。新加坡政府的电子公民（e-Citizen）网站就是按照一个公民由出生到入殓的生命全过程的各个阶段所可能遇到的、需要与政府打交道的全部问题来设计的，是一个完全以公民为中心的政府服务网站。这代表了电子政务发展的新趋势和新要求。

4. 统一的规划和标准

电子政务技术复杂、投资大、项目管理要求高，需要用信息化的思维来进行统一的规划，遵循“审慎规划，小步快走”的原则，在对需求充分研究的基础上，从小的、容易实现的、效果明显的项目起步，分步实施，分层次推进。规范化和标准化是电子政务系统实现互联互通、信息共享、业务协同、安全可靠的前提，必须以规范化和标准化的方法发展电子政务。政府通过技术政策来引导和推进标准化。如英国政府为规范电子政务建设，颁布了一系列指导政府各部门电子化建设的共同原则。再如，西班牙政府制定了一系列关于电子政务信息系统建设的标准，用以规范全国各级政府的电子政务信息系统建设。

5. 与政府改革和政府职能转变紧密结合

世界电子政务建设领先的国家无论是中央政府各部门，还是地方政府，在电子政务发展中，均以政府业务流为主线，一个一个地实现政府业务流的信息化。这种做法可以避免固化或强化现有的政府结构，有利于通过信息化来实现政府的重构。对政府的业务重新“梳一次辫子”，梳出来的急需业务，先实现电子化和数字化。等到按照优先顺序把“辫子”梳完了，一个电子政务的总体结构就出来了。那些没有梳进“辫子”的部门就是要调整的政府机构。如日本，在大力推进电子政务建设过程中，于 2001 年 1 月对中央省厅级机构进行了大刀阔斧的改革，将 1 府 22 省厅精简为 1 府 12 省厅，撤销、合并了许多功能重复的部门，加强了首相府对各省厅的协调。首相府专门设立了信息技术办公室，负责保证各省厅计算机系统的相互兼容以及互联互通。美国通过“运用信息技术再造政府”，关闭了 2 000 个办公室，裁员 24 万人，撤销了 200 个联邦项目和执行机构。2008 年，日本教育部网站（http://www.mext.go.jp/）全面提供网上输入服务或者通过电子邮件提供反馈，精简面对面式窗口。它允许公众建立个人账户，同时也是提供电子签名以确保安全的少数几个网站之一。[①]

① The Department of Economic and Social Affairs of the United Nations Secretariat. United Nations e-Government Survey 2008. E-Government to Connected Governance. http://unpan1.un.org/intradoc/groups/public/documents/un/unpan028607.pdf:32.

6. 确立电子政务发展的优先级

电子政务要取得成功，就必须确立优先级，提出实施战略。目前，世界各国都是从经济效益、社会效益和政府自身建设三个方面考虑电子政务发展的优先级。经济效益优先级是以增加政府收入为主，同时也可以改进政府对企业和公众的服务的项目。当前，世界电子政务领先国家都将与增加税收有关的系统列为电子政务工程的第一优先级。社会效益优先级是以促进社会稳定和公共安全为主，主要是面向公众服务的项目，如生死、婚姻、迁徙、公民身份证和护照发放、自行车或汽车落籍社保、街道的各种服务和管理、公共教育、文化、医疗保健等系统。政府自身建设优先级是以提高政府效率、促进政务公开为主的项目，如各种公文管理、决策支持、政府采购、档案管理等系统。

7. 有配套的法律法规保障

为了把电子政务发展纳入法制轨道，各国在推进电子政务建设的同时，加强对有关电子政务方面的法律法规体系建设，以保障电子政务的有序发展。美国众议院于 2002 年 11 月 15 日正式通过了《电子政府法》，小布什总统于 2002 年 12 月 17 日签署了该法。德国制定并出台了数字签名、信息公开的法律。日本国会于 2000 年 3 月通过了《电子签名与认证服务法》，使电子签名具有同本人签字、盖章同等的法律效力，从而建立起网上行政手续和电子商务身份认证的法律基础。新加坡出台了保障信息安全的《防止滥用计算机法》《电子交易法》，为电子交易提供了法律保障。

8. 提供可靠的资金保障

电子政务建设是资金密集而又须不断投入的持续建设的工程。政府财政是电子政务建设主投资渠道。电子政务建设领先的国家客观上是由于这些国家经济基础好、资金雄厚，主观上是由于这些国家的政治领导者对电子政务的发展与价值的前瞻性认识，舍得花钱搞电子政务建设。美国联邦预算管理局提出了一个 3 年花 1 亿美元推行电子政务的计划。美国参议院 2002 年 7 月通过了一个法案，计划在 4 年中拨出 345 亿美元作为电子政务基金。2003 年，美国投入电子政务建设的资金高达 520 亿美元，比 2002 年增长了近 10%。英国于 2000 年投资了 130 亿英镑实施电子政务《国家计划》。2008 年，新加坡资讯通信发展管理局（IDA）为了促进电子政务建设，改善机会平等，投资 4 300 万新元，以确保经常受信息隔离的人群能获得获取信息知识的技能。

9. 发展门户网站成为主要趋势

政府门户网站是电子政务发展的一种基本形式，即通过一个门户网站可以进入已互联的所有政府部门，并享受其提供的在线服务。对于那些需要几个政府部门同时介入才能完成的事务处理，这种门户网站对用户来说极为方便，使得用户从原来的与每个部门分别互动发展到与通过网络互联的部门整体互动。政府门户网站改变了用户与政府互动的方式，有助于提高政府服务在信息社会中的适应性。美国联邦政府已经建立了一个类似的门户网站（http://www.usa.gov/），它是庞大而复杂的美国联邦政府向公民提供的第一个简单的、便于使用的、单点进入联邦政府的网站。

10. 推进电子政务建设的市场化

推行电子政务必须在政府的主导下，引入市场竞争机制。电子政务建设的市场化是世界各国电子政务建设的一项重要举措，也是一个重要趋势。电子政务建设要市场化，核心的原因是电子政务建设也要讲效益，而不能因为电子政务具有各种重要性就忽视电子政务工程项目投资的回报，忽视电子政务工程项目的使用情况和实际效果。从国外的经验来看，电子政务建设的市场化可以使资源得到最为优化的配置。推进电子政务建设的市场化，可以从两方面入手：第一，政府与企业或机构合作开展电子政务项目建设；第二，借助第三方提供部分电子政务服务。

11. 加强相关的人力资源开发与培训

在各地的行政环境中，公共管理人员的人力资本投资与电子政务水平提高的关系，要比其他行政要素与电子政务水平提高的关系更密切。培养技术、业务复合型的高素质电子政务人才，特别是高级人才，对电子政务建设具有十分重要的意义。在人文环境中，人力资源成为制约电子政务发展的“短板”，而且，电子政务越是向高级阶段发展，人力资源因素的影响作用就越显著。因此，在发展电子政务的过程中，要加强相关的人力资源开发与培训。具体可从五个方面入手：一是要分层次对政府主要负责人、信息化主管、高级公务员和一般公务员进行电子政务培训，并将培训结果纳入公务员考核范围；二是将具备信息化意识和技能作为招考公务员与干部提升的主要条件之一；三是引进信息化专门人才，加强政府电子政务队伍的力量；四是通过社会化的方式，加强与企业、教育科研机构等政府外部机构的交流与合作，借用外力提升政府电子政务的能力；五是通过宣传培训等措施，提高包括公众在内的各类用户对电子政务的认识和应用水平，通过对公众的 IT 培训，使公众对电子政务和互联网有一个充分的认识，让他们充分掌握 IT。

综观各国电子政务的发展状况，目前电子政务的建设主要集中在政府的办公自动化信息和一些网上服务，例如，在线教育、在线健康咨询、电子申办、电子报税、电子采购、电子支付、电子数据库及在线出版、公共信息站等的应用。目前，全球电子政务建设正面临着阶段性转变，即从以开发电子服务为重点的第一阶段向以整体治理为重点的第二阶段的转变。在转变过程中，各个政府部门之间的协调一致越来越重要，因而要求各国政府逐步把电子政务的开发重点从单纯的应用转向政府服务的整合与协调。①

本章小结

本章分析和介绍了有代表性的国家电子政务的发展情况及原因，目的是使读者了解和借鉴其他国家电子政务发展的经验，以利于我国充分利用后发优势，以较短的时间和较小的代价实现发达国家在该阶段所完成的目标，或者跨过先进国家经历过而发展中国家不必重复的历史阶段，加快我国的电子政务建设。

关键术语

全球电子政务　　电子政务的发展模式　　电子政务的发展趋势

---

① 参见张锐昕等编著：《公务员电子政务必修教程》，120 页。

复习思考题

1. 简述全球电子政务发展的三种模式。
2. 简述全球电子政务发展的趋势。
3. 简述全球电子政务发展的经验。

参考文献

1. 吴爱明，何滨. 电子政务. 北京，中国人民大学出版社，2013

2. 秦浩，刘红波. 国外电子政务绩效评估的最新进展及启示——以埃森哲和联合国为例. 电子政务，2013（2）

3. 张锐昕主编. 电子政府概论（第二版）. 北京：中国人民大学出版社，2010

4. 张锐昕，刘红波. 联合国电子政务调研评估体系的特点和启示. 情报科学，2010（3）

5. 姚国章. 香港电子政务规划与发展. 电子政务，2009（12）

6. 张锐昕等编著. 公务员电子政务必修教程. 北京：清华大学出版社，2008

7. 郭洁敏. 世界主要电子政务评估指标比较. 信息化建设，2008（9）

8. 张锐昕，秦浩. 爱森哲电子政务评估体系的分析与借鉴. 第一资源，2007（1）.

9. 韩文报主编. 电子政务概论. 北京：解放军出版社，2005

10. 许肖生，关老健编著. 电子政务概论. 北京：中国市场出版社，2005

11. ［日］白井均，城野敬子，石井恭子，水田梢一. 电子政府. 上海：上海人民出版社，2004

12. 焦宝文，薛晓户主编. 全球电子政府发展概况. 北京：中国财政经济出版社，2003

13. 焦宝文主编. 电子政府导论. 北京：中国财政经济出版社，2002

14. 姚国章编著. 电子政务基础与应用. 北京：北京大学出版社，2002

15. United Nations. *United Nations E-government Survey* 2014：*E-government for the Future We Want*. New York：A United Nations Publication，2014

16. United Nations. *United Nations E-government Survey* 2012：*E-government for the People*. New York：A United Nations Publication，2012

17. The Department of Economic and Social Affairs of the United Nations Secretariat. United Nations E-Government Survey 2008. E-Government to Connected Governance. http://unpan1.un.org/intradoc/groups/public/documents/un/unpan028607.pdf

18. Accenture. Leadership in Customer Service：Creating Shared Responsibility for Better Outcomes. http://www.accenture.com/NR/rdonlyres/14E4340B-4D2B-4147-9291-8FA94D8218E7/0/LCS08Report012109.pdf

19. 美国政府门户网站改名为 USA.gov. http://cio.it168.com/a/2007-01-18/2007

01180953337. shtml，2007-01-18

20. 国家行政学院电子政务研究中心.《2014联合国电子政务调查报告（中文版）》发布我国电子政务排名上升8位. http://www.egovernment.gov.cn/art/2014/8/12/art_583_1601.html，2014-08-12

第 11 章

中国电子政务建设目标和策略

本章重点问题

- 中国电子政务发展的指导思想和方针
- 中国电子政务建设的总体框架
- 中国电子政务发展的目标和应用重点

与发达国家相比，我国电子政务建设起步较晚、基础薄弱，但发展速度很快，势头迅猛，尤其是在“十五”时期至今的十多年里取得了重要进展。总体来讲，中国的电子政务建设经历了一个目标不断调整、方向逐步明确、规划渐趋细化的发展过程。在此过程中，中国信息化的战略方针和目标、重点的逐步明晰对电子政务建设实践起到了重要的指导性作用。

11.1　中国信息化的战略方针和目标、重点

11.1.1　中国信息化的战略方针及领导机构变迁

进入信息时代，无论是发达国家还是发展中国家，都在顺应时代发展的潮流，把推进信息化作为增强国家综合实力和国际竞争力的重要举措，并将其提升至国家战略高度。我国政府也在确立“大力推进信息化，以信息化带动工业化，以工业化促进信息化，走新型工业化道路”的国家战略的基础上，逐步明确了“政府先行，带动信息化发展”，“推行电子政务，实现政府信息化”以及“推进信息化与工业化融合”等一系列战

略方针。

1996 年 4 月 16 日，国务院办公厅发出《关于成立国务院信息化工作领导小组的通知》，国务院副总理任领导小组组长，将原国家经济信息化联席会议办公室[①]改为国务院信息化工作领导小组办公室，电子工业部副部长任办公室主任。

1997 年 4 月 18 日，国务院信息化工作领导小组召开首次全国信息化工作会议，全面部署国家信息化工作，提出了“统筹规划，国家主导；统一标准，联合建设；互联互通，资源共享”的 24 字基本方针和相应政策。

1997 年 9 月 12 日，党的十五大提出要“推进国民经济信息化”[②]。

1998 年 3 月，随着国务院机构的进一步改革，原国务院信息化工作领导小组办公室整建制并入新组建的信息产业部，成立了信息产业部信息化推进司（国家信息化办公室），负责推进国民经济和社会服务信息化的工作。

1999 年 12 月 23 日，国务院办公厅发出《关于成立国家信息化工作领导小组的通知》，国家信息化工作领导小组成立，国家信息化工作领导小组由 15 人组成，国务院副总理任组长，信息产业部部长任副组长，其余成员是来自国家相关部门的领导同志。按照通知要求，国务院信息化工作领导小组不单设办事机构，具体工作由信息产业部承担；并将国家信息化办公室改名为国家信息化推进工作办公室。

2000 年 10 月 11 日，党的十五届五中全会提出要“以信息化带动工业化，发挥后发优势，实现社会生产力的跨越式发展”，并通过了《中共中央关于制定国民经济和社会发展第十个五年计划的建议》，其中明确提出：“信息化是当今世界经济和社会发展的大趋势，也是我国产业优化升级和实现工业化、现代化的关键环节。要把推进国民经济和社会信息化放在优先位置，顺应世界信息技术的发展，面向市场需求，推进体制创新，努力实现我国信息产业的跨越式发展”，“要在全社会广泛应用信息技术，提高计算机和网络的普及应用程度，加强信息资源的开发和利用”，“健全国家公共信息网，加强信息化法制建设和综合管理，强化信息网络的安全保障体系”。

2001 年 8 月 23 日，中共中央、国务院决定重新组建国家信息化领导小组，以进一步加强对推进我国信息化建设和维护国家信息安全工作的领导。中共中央、国务院还批准成立国家信息化专家咨询委员会，负责就我国信息化发展中的重大问题向国家信息化领导小组提出建议。至此，国家信息化领导小组、国务院信息化工作办公室、国家信息化专家咨询委员会“一体、两个支撑机构”的格局已经形成。同年 12 月主持召开国家信息化领导小组第一次会议。同时单设办事机构——国务院信息化工作办公室也正式成立，由国家发展计划委员会主任、国家信息化领导小组副组长曾培炎兼任国务院信息化工作办公室主任。国家信息化领导小组负责审议国家信息化的发展战略，宏观规划，有关规章、草案和

---

① 1986 年 2 月，国务院批复成立国家经济信息中心负责建设国家经济信息系统。国家经济信息中心由原国家计委所属的计算中心、预测中心和信息管理办公室合并组建，1988 年更名为国家信息中心。1993 年 12 月 10 日，国务院批准成立国家经济信息化联席会议，国务院副总理任主席。国家经济信息化联席会议办公室设在原国家计委（国家信息中心）。1994 年 5 月，成立国家信息化专家组，作为国家信息化建设的决策参谋机构。

②《高举邓小平理论伟大旗帜　把建设有中国特色社会主义事业全面推向二十一世纪——江泽民在中国共产党第十五次全国代表大会上的报告》，1997 年 9 月 12 日。

重大的决策，综合协调信息化和信息安全的工作。

2002年7月3日，国家信息化领导小组第二次会议指出，推进电子政务建设，对于应对加入世贸组织的挑战，加快转变政府职能，提高工作质量和效率，增强各级政务部门的管理能力、决策能力、应急处理能力和公共服务能力，促进社会监督，实施信息化带动工业化的发展战略，具有十分重要的意义。会议制定并通过了《国家信息化领导小组关于我国电子政务建设指导意见》，明确提出了“政府先行，带动国民经济和社会发展信息化”的发展战略，强调要抓好电子政务建设，推动其他领域的信息化。电子政务建设之所以被给予高度重视，是因为推行电子政务将促使各级政府带头整合当地的信息资源，极大地丰富网上中文信息资源，使之发挥应有的社会效益和经济效益，为信息化奠定基础。电子政务的实现将产生强劲的示范辐射，对国家信息化建设起着示范效应和引导作用，能有力地推动国民经济和社会信息化的进程。由此我国把电子政务建设提到了国家战略高度。

2002年10月18日，《国民经济和社会发展第十个五年计划信息化发展重点专项规划》提出，信息化“是以信息技术广泛应用为主导，信息资源为核心，信息网络为基础，信息产业为支撑，信息人才为依托，法规、政策、标准为保障的综合体系”，这准确、清晰地表述了当前和未来一段时间内我国信息化建设的主要内容，以及信息技术应用、信息资源、信息网络、信息产业、信息人才、信息法规政策标准等在信息化体系中的位置以及相互之间的关系。

2002年11月，党的十六大提出要“进一步转变政府职能，改进管理方式，推行电子政务，提高行政效率，降低行政成本，形成行为规范、运转协调、公正透明、廉洁高效的行政管理体制”①。

2003年国务院换届后，成立了新一届国家信息化领导小组，中央政治局常委、国务院总理温家宝担任组长。为了应对日益严峻的网络与信息安全形势，同年在国家信息化领导小组之下成立了国家网络与信息安全协调小组，组长由中央政治局常委、国务院副总理担任。

2003年10月，党的十六届三中全会通过的《中共中央关于完善社会主义市场经济体制若干问题的决定》又指出，要“发展电子政务，提高服务和管理水平”。

2006年3月19日，中共中央办公厅、国务院办公厅印发《2006—2020年国家信息化发展战略》，将信息化应用体系做了分类，分为社会信息化、文化信息化、政务信息化、军事信息化，提出“坚持以信息化带动工业化、以工业化促进信息化，坚持以改革开放和科技创新为动力，大力推进信息化，充分发挥信息化在促进经济、政治、文化、社会和军事等领域发展的重要作用，不断提高国家信息化水平，走中国特色的信息化道路，促进我国经济社会又快又好地发展”。

2007年10月15—21日，党的十七大报告提出要“全面认识工业化、信息化、城镇化、市场化、国际化深入发展的新形势新任务”，并再一次强调“推行电子政务，

① 《全面建设小康社会　开创中国特色社会主义事业新局面——江泽民在中国共产党第十六次全国代表大会上的报告》，2002年11月8日。

强化社会管理和公共服务”[①]。“五化”比以往的“四化”多了一个“信息化”，并且排位仅次于“工业化”，说明我们党对当今时代特征的清醒认识和准确把握。此外，报告中还强调要“推进信息化与工业化融合”。从“以信息化带动工业化”到“推进信息化与工业化融合”，是我国加快推进现代化的战略选择，揭示了信息化对工业化的引领作用，也反映出我国对信息化与工业化关系的认识的进一步深化，抓住了信息化与工业化相互发展、紧密依存的逻辑本质。“两化融合”更强调“信息化”对于“工业化”的质的提升。强调信息化带动传统产业的发展，是从支持生产力到支持生产方式的升级。“融合”意味着“信息化”与“工业化”不是简单的叠加，而是相互渗透。这要求我们从现代化全局高度看信息化与工业化融合趋势，从人类社会活动特征看融合本质，从工业化发展角度看融合需求。另外，党的十七大报告还指出要“推进决策科学化、民主化，完善决策信息和智力支持系统”，这不仅重申了信息化在民主决策中所起到的重要作用，也重申了推行电子政务对信息化、工业化的核心引领作用。

2008 年 3 月，根据国务院大部制改革的总体部署，决定不再保留国务院信息化工作办公室，根据《国务院关于机构设置的通知》，原国家发展和改革委员会的工业行业管理有关职责，国防科学技术工业委员会核电管理以外的职责，以及信息产业部和国务院信息化工作办公室的职责，统一纳入新成立的“工业和信息化部”，国家信息化领导小组的具体工作由工业和信息化部信息化推进司负责。

2008 年 10 月 12 日，党的十七届三中全会提出了关于推进农业信息化的要求。

2012 年 11 月 8 日，党的十八大报告把“信息化水平大幅提升”纳入全面建成小康社会的目标之一。与党的十七大报告提出的“五化”发展道路不同，党的十八大报告明确了“坚持走中国特色新型工业化、信息化、城镇化、农业现代化道路，推动信息化和工业化深度融合、工业化和城镇化良性互动、城镇化和农业现代化相互协调，促进工业化、信息化、城镇化、农业现代化同步发展”[②] 的“四化”发展道路。

2013 年 11 月 12 日，党的十八届三中全会吹响了全面深化改革的号角，提出在教育信息化、医疗信息化、军队信息化方面提出要“大力促进教育公平，健全家庭经济困难学生资助体系，构建利用信息化手段扩大优质教育资源覆盖面的有效机制，逐步缩小区域、城乡、校际差距”。“充分利用信息化手段，促进优质医疗资源纵向流动。”“加强信息化建设集中统管。优化武装警察部队力量结构和指挥管理体制。”

2014 年 2 月 27 日，中央网络安全与信息化领导小组正式成立，由习近平任组长、李克强、刘云山任副组长。这是党的十八届三中全会以后由总书记直接担任组长、由总理担任第一副组长的第三个跨党政军的重要机构。习近平同志主持召开中央网络安全和信息化领导小组第一次会议并发表重要讲话。他强调，网络安全和信息化是事关国家安全和国家发展、事关广大人民群众工作生活的重大战略问题，要从国际国内大势出发，总体布局，

① 《高举中国特色社会主义伟大旗帜　为夺取全面建设小康社会新胜利而奋斗——胡锦涛在中国共产党第十七次全国代表大会上的报告》，2007 年 10 月 15 日。

② 《坚定不移沿着中国特色社会主义道路前进　为全面建成小康社会而奋斗——胡锦涛在中国共产党第十八次全国代表大会上的报告》，2012 年 11 月 8 日。

统筹各方，创新发展，努力把我国建设成为网络强国。会议审议通过了《中央网络安全和信息化领导小组工作规则》《中央网络安全和信息化领导小组办公室工作细则》《中央网络安全和信息化领导小组 2014 年重点工作》。

多次将推行电子政务写入党的重要会议文件，意味着电子政务发展已成为推进我国信息化进程，促进我国经济社会发展中的一项重大问题和任务。由此，深化对推行电子政务意义的认识，正确把握电子政务建设中的关键环节，并采取相应的对策措施，以促进电子政务的健康发展，就成为贯彻落实历次党代会精神的一项重要任务。

推进信息化作为我国加快实现工业化的必然选择，是覆盖现代化建设全局的战略举措，是实现社会生产力跨越式发展的重大措施，是提高国际竞争力和综合国力的迫切要求，已被党和国家置于优先发展的战略地位。在国家的信息化体系建设中，政府信息化是关键环节，是优先发展领域。由于政府信息化建设的核心内容是电子政务，而电子政务几乎覆盖了信息技术、信息内容、信息服务等产业的所有领域，又与改革、开放、发展等当代中国重大问题密切相关，所以，要求政府必须以战略眼光，从全局出发，来充分认识电子政务建设的战略地位、理论价值和实践意义。我国的信息化建设要从推行电子政务入手，并以政府信息化先行带动整个信息化发展，“以信息化带动工业化”，“推进信息化与工业化融合”，直至建设好社会主义现代化强国。

11.1.2　中国信息化的目标和重点

经过多年的发展，我国信息化发展已具备了一定基础，进入了全方位、多层次推进的新阶段。为抓住机遇，迎接挑战，保证国家信息化健康、有序发展，克服盲目性和防范风险，国家制定了《2006—2020 年国家信息化发展战略》，以明确发展方向和目标，并提出战略重点。

1. 中国信息化发展的目标

到 2020 年，我国信息化发展的战略目标是：综合信息基础设施基本普及，信息技术自主创新能力显著增强，信息产业结构全面优化，国家信息安全保障水平大幅提高，国民经济和社会信息化取得明显成效，新型工业化发展模式初步确立，国家信息化发展的制度环境和政策体系基本完善，国民信息技术应用能力显著提高，为迈向信息社会奠定坚实基础。

具体目标是：

（1）促进经济增长方式的根本转变。广泛应用信息技术，改造和提升传统产业，发展信息服务业，推动经济结构战略性调整。深化应用信息技术，努力降低单位产品能耗、物耗，加大对环境污染的监控和治理，服务循环经济发展。充分利用信息技术，促进我国经济增长方式由主要依靠资本和资源投入向主要依靠科技进步和提高劳动者素质转变，提高经济增长的质量和效益。

（2）实现信息技术自主创新、信息产业发展的跨越。有效利用国际国内两个市场、两种资源，增强对引进技术的消化吸收，突破一批关键技术，掌握一批核心技术，实现信息技术从跟踪、引进到自主创新的跨越，实现信息产业由大变强的跨越。

（3）提升网络普及水平、信息资源开发利用水平和信息安全保障水平。抓住网络技术转型的机遇，基本建成国际领先、多网融合、安全可靠的综合信息基础设施。确立科学的信息资源观，把信息资源提升到与能源、材料同等重要的地位，为发展知识密集型产业创造条件。信息安全的长效机制基本形成，国家信息安全保障体系较为完善，信息安全保障能力显著增强。

（4）增强政府公共服务能力、社会主义先进文化传播能力、中国特色的军事变革能力和国民信息技术应用能力。电子政务应用和服务体系日臻完善，社会管理与公共服务密切结合，网络化公共服务能力显著增强。网络成为先进文化传播的重要渠道，社会主义先进文化的感召力和中华民族优秀文化的国际影响力显著增强。国防和军队信息化建设取得重大进展，信息化条件下的防卫作战能力显著增强。人民群众受教育水平和信息技术应用技能显著提高，为建设学习型社会奠定基础。

2. 中国信息化发展的重点

2006—2020 年国家信息化发展战略重点如下：

（1）改善公共服务。逐步建立以公民和企业为对象、以互联网为基础、中央与地方相配合、多种技术手段相结合的电子政务公共服务体系。重视推动电子政务公共服务延伸到街道、社区和乡村。逐步增加服务内容，扩大服务范围，提高服务质量，推动服务型政府建设。

（2）加强社会管理。整合资源，形成全面覆盖、高效灵敏的社会管理信息网络，增强社会综合治理能力。协同共建，完善社会预警和应对突发事件的网络运行机制，增强对各种突发性事件的监控、决策和应急处置能力，保障国家安全、公共安全，维护社会稳定。

（3）强化综合监管。满足转变政府职能、提高行政效率、规范监管行为的需求，深化相应业务系统建设。围绕财政、金融、税收、工商、海关、国资监管、质检、食品药品安全等关键业务，统筹规划，分类指导，有序推进相关业务系统之间、中央与地方之间的信息共享，促进部门间业务协同，提高监管能力。建设企业、个人征信系统，规范和维护市场秩序。

（4）完善宏观调控。完善财政、金融等经济运行信息系统，提升国民经济预测、预警和监测水平，增强宏观调控决策的有效性和科学性。

此外，《2006—2020 年国家信息化发展战略》还确定了我国在未来一段时间的电子政务行动计划，具体内容是：规范政务基础信息的采集和应用，建设政务信息资源目录体系，推动政府信息公开。整合电子政务网络，建设政务信息资源的交换体系，全面支撑经济调节、市场监管、社会管理和公共服务职能。建立电子政务规划、预算、审批、评估综合协调机制。加强电子政务建设资金投入的审计和监督。明确已建、在建及新建项目的关系和业务衔接，逐步形成统一规范的电子政务财政预算、基本建设、运行、维护管理制度和绩效评估制度。

11.2　中国政务信息化发展规划

“十二五”时期是全面建设小康社会的关键时期，是深化改革开放、加快转变经济发展方式的攻坚时期，也是我国政务信息化深入发展的重要阶段。2012 年 5 月 5 日，国家发展和改革委员会围绕“十二五”期间国民经济和社会发展的主要任务，以促进转变经济发展方式、提升治国理政能力为宗旨，以推动经济社会各领域信息化、保障和改善民生、维护经济社会安全为目标，为加快推进国家政务信息化工程建设而印发《“十二五”国家政务信息化工程建设规划》（简称发改委规划），具体部署落实《中华人民共和国国民经济和社会发展第十二个五年规划纲要》和《2006—2020 年国家信息化发展战略》。

11.2.1 中国政务信息化发展的指导思想和基本原则

1. “十二五”时期中国政务信息化发展的指导思想

发改委规划提出的指导思想是：以邓小平理论和“三个代表”重要思想为指导，深入贯彻落实科学发展观，围绕“十二五”期间国民经济和社会发展的主要任务，以促进转变经济发展方式、提升治国理政能力为宗旨，以推动经济社会各领域信息化、保障和改善民生、维护经济社会安全为目标，加快推进国家政务信息化工程建设。要加强顶层设计，坚持需求主导，强化信息共享、业务协同和互联互通，突出建设效能，有效提高公共服务水平，强化国家网络与信息安全保障，推进国家信息化建设步伐，促进经济平稳较快发展和社会和谐稳定。

2. “十二五”时期中国政务信息化发展的基本原则

发改委规划提出了四项基本原则：

（1）坚持统筹协调。统筹规划和综合协调政务信息化工程建设，结合各政务部门核心职能，深入开展需求分析，合理设定建设任务，科学量化效能目标。加强顶层设计、统筹规划，分步实施，试点先行，成熟一项，建设一项，确保工程应用实效。

（2）坚持协同共享。科学规划工程项目，统筹部署应用系统，支持跨部门、跨区域的业务协同和信息资源共享，共用基础网络，有效控制投资规模，切实发挥投资效益，坚决避免重复投资、重复建设。

（3）坚持创新发展。结合公共服务模式改革和政务运行机制创新，优化业务流程，顺应新技术发展趋势，探索政务信息化工程建设运行管理的新模式，提高投资管理水平。

（4）坚持安全保障。强化与新一代信息技术发展相适应、满足信息化发展实际需要的信息安全基础设施。坚持自主可控，强化安全保密措施，确保重要信息系统安全可靠，着力提升国家网络与信息安全保障能力。

11.2.2 中国政务信息化发展的目标和任务

1. “十二五”时期中国政务信息化发展的重要目标

通过实施国家政务信息化工程，到“十二五”期末，形成统一完整的国家电子政务网络，基本满足政务应用需要；初步建成共享开放的国家基础信息资源体系，支撑面向国计民生的决策管理和公共服务，显著提高政务信息的公开程度；基本建成国家网络与信息安全基础设施，网络与信息安全保障作用明显增强；基本建成覆盖经济社会发展主要领域的重要政务信息系统，治国理政能力和依法行政水平得到进一步提升。

2. “十二五”时期中国政务信息化发展的重点任务

发改委规划拟定了四项重点建设任务，每个任务下又涵盖了子工程建设任务，并对每一个工程提出了相应的建设目标和建设内容。具体情况如下：

（1）构建国家电子政务网络。

基于国家电子政务传输骨干网，建好内网，扩展外网，整合优化已有业务专网，构建完整统一的国家电子政务网络。加快推进专网业务向国家电子政务网络迁移，确需保留的部门专网根据业务需要实现与国家电子政务网络互联互通。

1）国家电子政务内网平台。

建设目标：形成统一的国家电子政务内网平台，主要用于承载各级政务部门的内部办公、管理、协调、监督和决策等业务信息系统，并实现安全互联互通、资源共享和业务协同。

建设内容：加快建设统一的电子政务内网平台。规范网络连接，整合网络资源，确保安全接入。重点建设中央级平台，尽快实现顶层互联互通。各部门按照业务系统部署和安全管理要求，依托统一的国家电子政务内网平台，开展跨地区跨部门业务应用，实现网络资源的共享共用。

2）国家电子政务外网平台。

建设目标：实现国家电子政务外网平台的互联互通，为各级政务部门履行职能提供服务，为面向公众、服务民生的业务应用系统以及国家基础信息资源的开放共享提供信息支持。

建设内容：完善国家电子政务外网中央级平台，整合地方网络资源，加大地方各级电子政务外网建设，推进中央级电子政务外网平台与地方各级电子政务外网的有效联通。

（2）深化国家基础信息资源开发利用。

基础信息资源库包括基础信息库和业务信息库，并依法向政务部门和社会开放。基础信息库要按照一数一源、多元采集，共享校核、及时更新、权威发布的原则建设。业务信息库要按照物理分散、逻辑集中、共享校核的原则建设。

1）人口信息资源库。

建设目标：初步实现相关部门人口信息资源的实时共享，为区域资源承载能力、实有人口统筹管理、人口全生命周期管理、社会治安状况、人力资源能力素质、社会就业形势、市场消费能力和公益事业发展水平、城镇化水平等的监测分析和评价决策提供信息支持，提高管理、服务和决策水平。

建设内容：建设和完善覆盖全国人口、以公民身份号码为标识、以居民身份证信息为主要内容的国家人口基础信息库。以人口基础信息为基准，建立信息共享和校核机制，充分利用全国人口普查信息，逐步建设人口总量和静态动态分布、户口登记、健康素质、残疾人口、年龄和性别结构、教育程度、就业状态、居住状况、收入水平、纳税情况、参保缴费、社保待遇、婚姻状况、优抚救助、扶贫开发、党员、公务员、专业技术人才等方面的业务信息库。

2）法人单位信息资源库。

建设目标：初步实现相关部门法人单位信息资源的实时共享，为企业技术创新、产品质量保障、中小企业发展、劳动就业需求、行政资源配置、产业经济安全、社会事业发展、市场开放竞争、社会信用体系等的监测分析和评价决策提供信息支持，提高管理、服务和决策水平。

建设内容：建设和完善以法人组织机构代码为标识的机关法人、事业法人、企业法人、社团法人及其他依法成立的各类机构单位基础信息库。以法人单位基础信息为基准，建立信息共享和校核机制，充分利用经济普查信息，逐步建设法人信用、固定资产投资、产业结构、就业规模、生产经营、税源税收、法人业务范围等方面的业务信息库。

3）空间地理信息资源库。

建设目标：初步实现相关部门空间地理信息资源的实时共享，为自然资源储备和开发利用状况、人居环境、生态环境、自然灾害、交通资源配置和物流配送效率的监测分析和评价决策提供信息支持，提高国土空间资源配置效率。

建设内容：在国家自然资源和地理空间基础信息库一期工程的基础上，进一步扩充和整合相关数据资源，完善信息共享机制。建设和完善以测绘基础地理信息为主要内容的国家空间地理基础信息库。以国家空间地理基础信息为基准，建立信息共享和校核机制，逐步建设土地矿产资源、海洋环境状态、地质地震构造、耕地草原状况、森林湿地荒漠、水源水系分布、城乡建设规划、综合交通布局、水域空域航线、网络资源分布、重点水利工程分布、行政区划和地名、邮政编码和地址、地理数据资源等业务信息库和国土资源监管信息系统。

4）宏观经济信息资源库。

建设目标：依据业务需要实现宏观经济信息的共享，为有关部门和地方开展经济运行动态监测、产业安全预测预警等分析决策提供信息支持，确保金融、税收、统计等宏观经济基础数据真实准确、完整及时，提高政府统计公信力，提高宏观调控的科学性、预见性和有效性。

建设内容：强化金融、税收、统计等基础信息资源开发利用，逐步完善消费、投资、进出口以及经济运行、节能减排、知识产权等方面的业务信息资源。建立完整、统一、高效、适用的国家统计信息系统，完善国家统计数据库，建成安全畅通、便捷高效的联网直报系统。

5）文化信息资源库。

建设目标：推动文化信息资源共享和开发利用，促进中华文化的传承和传播，提升国家文化软实力。

建设内容：完善文化信息资源共享工程，逐步建设以国家物质和非物质文化遗产信息、少数民族传统文化、国家重要文物、国家档案信息等为主要内容的信息库。完善文化市场信息监管平台，加强重点新闻网站建设，推动新闻信息搜索引擎发展，完善国家级网络视频内容传播和共享平台。

（3）完善国家网络与信息安全基础设施。

坚持以促发展、保安全为主线，按照规制为主、疏堵兼顾、科学管控、共建共享、政企结合的方针，加快网络与信息安全基础设施建设，完善国家信息安全保障体系，提高我国基础信息网络和重要信息系统的安全保障能力。

1）网络与信息安全基础设施。

在已有设施和资源的基础上，重点围绕提高网络舆情监测能力、网络失窃密监测预警能力、网络有害信息监测和管控能力、网络违法犯罪防范和打击能力等，逐步建立科学高效的信息安全管控机制，建设统一的网络与信息安全基础设施，健全重点信息安全管理业务系统，构建密码保障、身份认证、保密监管、检测评估和监测预警等技术支撑体系，切实保障我国信息网络空间的安全可控。

2）重要信息系统安全保障设施。

减少各部门互联网出入口数量，推进党政机关互联网统一接入。加强涉密信息系统与信息资源的安全保密设施建设，统筹应急响应与灾难备份能力建设，增强电子政务网络、基础信息库和重要业务信息系统的安全防护能力建设，为重要信息系统的安全可控运行提供支撑。完善密钥管理基础设施，推进电子政务网络信任体系建设，充分利用已依法设立的电子认证服务机构，实现面向电子政务内外网与各级各类业务应用的身份认证、访问授权和责任认定等安全管理，为跨部门、跨地区的政务业务应用提供安全保障。

（4）推进国家重要信息系统建设。

在继续加快推进金盾、金关、金财、金税、金审、金农等重要信息系统建设的基础上，重点建设保障和改善民生、维护经济社会安全、提升治国理政能力等方面的重要信息系统。根据各部门的职能分工，整合部门工程项目功能，实现重要信息系统的跨部门协同互动和资源共享，形成相关部门项目关联组合的信息化一体工程。

1）全民健康保障信息化工程。

建设目标：实现相关政务部门的信息共享和业务协同，提高突发公共卫生事件应对能力、重大疾病防控能力、卫生监督和公众健康保障能力，以及基层医疗卫生服务能力。提升医疗卫生事业行政监督管理水平。提高远程医疗服务能力，促进医疗卫生公共服务均等化，满足人民群众多层次多样化医疗卫生需求。

建设内容：按照深化医药卫生体制改革的要求，完善以疾病控制网络为主体的中西医协同的公共卫生管理信息系统。建立涵盖基本药物采购供应和使用管理、居民健康管理、诊疗导航与管理、综合业务管理和绩效考核等功能的基层医疗卫生管理系统。以建立城乡居民电子健康档案和中西医电子病历、推广医保“一卡通”为重点，建设支持各级医院上下联动、医保医药医疗业务协同、居民健康监测咨询等的医疗健康公共服务信息系统，支持医疗机构分级协作和医保支付即时结算。建设基本药物制度运行监测评价信息系统和基本医疗卫生服务质量与绩效评价信息系统。推动远程医疗试点。

2）全民住房保障信息化工程。

建设目标：实现相关政务部门的信息共享和业务协同，为加强住房保障工作提供信息支持，增强国家房地产市场宏观调控能力，提高科学决策水平。

建设内容：以人口分布、建设用地供给信息监测为基础，整合房屋权属信息和房地产市场交易信息，重点建设住房信息系统，加强对保障性住房资源配置的监管、互助性住房建设资金的监控以及投资性住房需求的监测。

3）全民社会保障信息化工程。

建设目标：实现社会保险经办服务的多险种跨省区可接续，规范业务办理流程，控制资金风险，实现精细化管理，为完善社会保障制度提供信息支持，不断提升国家社会保障的能力和水平。

建设内容：在金保一期工程基础上，加快社会保障信息化工程建设。推进社会保障卡应用，建设覆盖乡村社区、实现多险种和跨省区接续的社会保险经办服务信息系统。在低保一期工程基础上，建设由城市延伸到农村的统一社会救助、社会福利和慈善事业管理信息系统。建设社会保障监管信息系统。

4）药品安全监管信息化工程。

建设目标：实现相关政务部门的信息共享和业务协同，进一步加强对药品和医疗器械研制、生产、流通和使用全过程监督，实现药品流通过程的透明监管，有效提高对药品全生命周期安全监管的水平，强化药品（含医疗器械）安全监管，满足国家基本药物制度和深化医药卫生体制改革的需求。

建设内容：建设药品监管信息化工程。建成国家药品监管信息系统一期工程，支持药品真伪鉴别、来源追溯、过程追踪、快速召回和紧急调配。在此基础上，加快建设药品安全监管信息系统。

5）食品安全监管信息化工程。

建设目标：逐步实现食品生产、流通、消费全程监管业务的紧密协同和数据共享，支持食品安全事件的预防预警和应急处置，满足预防为主、科学管理、明确责任、综合治理的食品安全监管工作要求，切实提高食品安全的保障水平。

建设内容：加快建设食品（含农产品）生产、加工、流通（含进出口）、消费等环节的安全监管信息化工程。利用物联网技术、溯源技术、防伪技术、条码技术、云计算技术等，建设支持食品及食品添加剂生产达标的生产监管信息系统，建设支持食品及食品添加剂品牌真伪认证、来源追溯、过程追踪、责任追查及召回销毁的流通监管信息系统，建设支持对食品生产商、经营商和餐饮服务商进行信用评价、守信激励、失信惩戒的食品经营者信用监管信息系统。建设食品安全风险监测和评估信息系统，建设相应的食品安全信息共享平台。

6）安全生产监管信息化工程。

建设目标：推进各级安全生产监管部门对安全生产信息的共享共用，提升重大危险源管理和生产安全事故的预防预警、监管监察和应急处置能力。

建设内容：按照加强安全生产监管监察能力建设的要求，在煤矿、非煤矿山、危险化学品、病险设施、特种设备、工业生产、工程建设、交通运输等领域，充分利用企业安全生产的实时监测信息，完善和建设安全生产监管信息系统。

7）市场价格监管信息化工程。

建设目标：实现相关政务部门的信息共享和业务协同，切实加强价格调控监管，防范市场投机炒作和价格异常波动，提升重要商品的市场价格监测预警、价格调控、监督检查，以及公共服务的能力和效率。

建设内容：充分利用已有的信息化设施，优化整合现有信息化资源，加快建设和完善价格监管、价格监测预警、成本调查、价格鉴证、药品和医疗器械价格评审、价格监督检查等信息系统，形成统一协调的价格管理和数据共享平台，加强对生产、流通、消费各环节的价格监测分析。

8）金融监管信息化工程。

建设目标：实现相关政务部门的信息共享和业务协同，为金融市场平稳运行和国民财富安全等方面的有效监管提供信息支持，逐步增强金融信息服务能力，规范金融机构行为，提高对金融风险的防范预警能力和应急处置水平。

建设内容：按照深化金融体制改革和加强金融监管的要求，加快建设金融监管信息系统，完善针对金融业系统性风险、信用风险、市场风险的风险管控和信息共享系统，重点加强对外汇业务、资本市场交易和跨境资金流动等的动态监测和信息共享。建设和完善金融信息平台。

9）能源安全保障信息化工程。

建设目标：实现相关政务部门的信息共享和业务协同，提高对油、气、电、煤等能源供需、价格走势、国际能源市场发展变化，以及重点能源企业财务状况的监测预测和预警能力，为提高国家能源安全保障能力提供信息支持。

建设内容：按照构建安全、稳定、经济和清洁的现代能源产业体系的要求，建设能源安全保障信息化工程。建设覆盖能源资源、能源生产、运输、储备、库存、价格、进出口、消费等各个环节，能源上下游相关产业的监测预警与监督管理信息系统。重点建设支持国内能源生产结构调整、合理布局、确定能源定价策略、制定重大能源战略规划的宏观决策信息系统。

10）信用体系建设信息化工程。

建设目标：依法实现信用信息的跨部门共享，有效支撑对失信行为的惩戒和守信行为的激励，提升信用监管水平，推进社会信用体系的建设。

建设内容：按照加快推进社会信用体系建设的要求，利用人口和法人基础信息库，依托部门和地方建设的业务信息系统，进一步完善公民和法人的信贷、纳税、履约、生产、交易、服务、工程建设、参保缴费，以及违法违纪等信用信息记录。根据客观需求，结合实际条件，建设公民和法人信用信息征信信息系统。

11）生态环境保护信息化工程。

建设目标：逐步实现污染源、污染物、生态环境质量等方面的信息共享，不断提高对重点流域、区域的环境治理水平，有效增强对环境生态和生物多样性保护的监测、评估、服务能力，有效遏制工业污染，促进环境友好型社会建设。

建设内容：针对危害群众生命健康的突出环境问题，按照从源头上扭转生态环境恶化趋势的要求，充分利用物联网、遥感等先进技术，进一步完善土壤、森林、湿地、荒漠、海洋、地表水、地下水、大气等方面的生态环境保护信息系统。运用新一代信息网络技术，动态汇集工业企业污染监测信息，加强工业污染和温室气体排放的评估和监测能力建设。

12）应急维稳保障信息化工程。

建设目标：实现相关政务部门的信息共享和业务协同，有效提高对自然灾害和突发公共事件的综合防范和应对能力，提升应急维稳信息预测预警通报、综合分析研判和决策指挥支持能力，切实维护社会和谐稳定，保障国家安全。

建设内容：进一步建设和完善应急管理信息系统，加强对自然灾害、公共卫生事件和突发群体性事件的信息报送、预测预警、分析评估、舆论引导、应急预案智能化联动、预警信息发布、应急通信、应急指挥、防灾减灾、应急队伍和物资调配、应急处置责任认定等信息能力建设。充分利用、整合和完善各类社会管理动态综合信息，拓宽民意反映渠道，建设维护社会稳定信息系统，面向重点地区、特殊群体、敌对势力和矛盾多发领域，加强舆情搜集和信息监测。

13）行政执法监督信息化工程。

建设目标：为有效防控廉政风险，促进行政权力规范运行，深入推行行政执法责任制，加大行政复议指导监督力度，提高面向公共财政资源配置的制度监督水平等提供信息支持，规范行政自由裁量行为，促进依法行政。

建设内容：加快建设行政监察信息系统，以落实违法违纪责任追究为重点，加强行政权力运行监察监管机制，完善电子监察系统。以行政许可和行政处罚等执法行为为重点，建设行政执法监督信息系统。以公共财政运行安全和绩效评价为主要内容，在金审工程的基础上，进一步完善政府预算执行监督的审计信息系统。

14）民主法制建设信息化工程。

建设目标：有效满足立法和监督等工作需求，为人大及其常委会履职提供信息支持。进一步提高政协政治协商、民主监督和参政议政能力。有效增强司法能力、提高司法效率、确保司法公正、推进司法公开。实现检察信息资源的整合与共享，促进公正廉洁执法。

建设内容：围绕国家基本法律制度的建设，加强人大信息系统建设，完善法律信息库。整合共享有关信息资源，完善政协业务网络系统。加快推进法院系统信息化，建设完善法院案件管理及决策支持系统。加快推进检察系统信息化，建设以控告举报与刑事申诉、职务犯罪侦查与预防、侦查监督、刑事审判监督、民事审判与行政诉讼监督、刑罚执行监督为主要内容的检察院法律监督信息系统。

15）执政能力建设信息化工程。

建设目标：充分运用信息化手段，加强党的建设，优化配置党的执政资源。为不断巩固党的执政基础，提高执政能力提供信息支持。

建设内容：整合利用各级党委、政府和其他相关机构的信息资源，建设完善党的决策指挥管理系统、执政资源配置和运行监测系统、惩治和预防腐败系统、社会管理和群众工作服务系统。

11.2.3 中国政务信息化发展的保障措施

1. 科学组织工程建设

国家政务信息化工程建设任务涵盖的具体工程项目，均应严格按照基本建设程序审批。要加强工程建设的跨部门统筹协调，确定牵头建设部门，建立健全“一把手”负责制，确保完成规划提出的目标任务。牵头建设部门要会同有关部门严格依照规划要求，对具体工程项目开展专题研究，逐项细化工程体系架构和具体项目的建设范围，落实实施步骤和部门职责分工。各项目建设单位必须充分利用统一的国家电子政务网络开展本部门信息化工程建设，避免重复投资、重复建设。对各自为政、不支持信息共享和业务协同、不能满足国家政务信息化工程整体建设要求、论证不充分的项目不予审批。有关部门要抓紧研究制定部门现有业务专网迁移规划，促进部门业务网络尽快向国家电子政务网络迁移。原则上不再审批新建部门信息化专网。要进一步明确工程项目完工投用后的共用共享机制，增强部门间的业务协同能力，确保工程项目取得实际效果，切实提高国家投资效益。鼓励采用物联网、云计算、下一代互联网、绿色节能、模拟仿真等新技术，以促进信息基础设施和信息资源共享，培育多元化公共服务为重点，在相关领域开展政务信息化试点示范工程建设。

2. 落实工程建设资金

充分保障国家政务信息化工程的建设资金和运维经费。中央地方共建项目按照统一规划，根据中央地方事权划分确定相应的建设内容和建设资金。建设资金列入同级政府固定资产投资，运维经费列入同级财政预算。国家对西部地区和中部欠发达地区的中央和地方共建项目予以适当补助，通过中央基建投资安排解决。中央和地方的建设资金、运维经费必须及时到位，确保项目顺利实施。

3. 加强工程全过程管理

项目建设单位应按照国家电子政务工程建设项目管理的相关规定加强项目的全过程管理。严格项目概算调整管理，严格工程项目信息通报制度和档案管理制度，同步推进电子化档案管理，进一步强化工程监理。有关部门要抓紧研究制定国家政务信息化工程效能评价指标体系，在项目验收阶段和投入运行后对工程项目进行效能评价，评价结果作为项目验收和后续项目建设立项的重要参考。要深入开展项目需求分析，科学确定项目建设内容和投资规模，确保政务信息化工程取得实效。

4. 推进工程建设管理创新

鼓励项目建设单位积极采用服务外包、项目代建等专业化和市场化方式，探索政务信息化工程建设运行的新机制新模式。有关部门应抓紧研究编制国家数据中心和灾备中心的整体规划，制定促进部门信息化建设采用共建、代建、服务外包等方式的具体措施，以及与之配套的信息安全保密管理制度，有效促进部门信息化建设的改革发展，合理控制、切实降低建设与运维成本，提高专业化水平和服务质量，确保重要信息系统安全可靠运行。工程建设中应按照优先采购安全可控、绿色节能软硬件产品的原则进行设备选型和招标，并将采购情况作为项目验收和效能评价的重要内容。继续组织实施信息安全产品和服务产业化专项，推进自主创新产品发展，为政务信息化工程提供技术支持。

5. 加强信息安全保密

工程建设必须与安全保密措施有机结合，做到安全保密措施先行。项目建设单位要严格依据国家关于涉密信息系统分级保护和非涉密信息系统信息安全等级保护的有关规定，在政务信息化工程项目的需求分析报告和建设方案中同步落实分级保护和等级保护要求，制定实施与业务应用紧密结合、技术上自主可控的信息安全和保密解决方案。项目建成后的试运行期间，项目建设单位应按有关规定组织开展信息安全风险评估，确保信息化工程项目安全保密。

6. 强化规划监测评估

建立动态评估机制，强化对规划实施情况的跟踪分析和督促检查。发展改革委要对规划实施的年度进展情况进行总结，并适时开展中期评估，不断优化规划实施方案和保障措施，促进规划工程建设目标和任务的顺利实现。

11.3 中国电子政务发展规划

为强化顶层设计，加强规划指导，落实科学发展观、深化改革开放、加快转变经济发展方式的必然要求，深化行政管理体制改革和建设人民满意的服务型政府的战略举措，大力推进国家政务信息化工程建设，2011 年 12 月 12 日，国家工业和信息化部依据《2006—2020 年国家信息化发展战略》《中华人民共和国国民经济和社会发展第十二个五年规划纲要》，发布了《国家电子政务“十二五”规划》（简称工信部规划），以此作为“十二五”期间推动国家电子政务发展的指导性文件。

11.3.1 中国电子政务发展的指导思想和方针

1. “十二五”时期中国电子政务发展的指导思想

以邓小平理论和“三个代表”重要思想为指导，深入贯彻落实科学发展观，紧紧围绕全面建设小康社会的总目标，以电子政务科学发展为主题，以深化应用和注重成效为主线，转变电子政务发展方式，充分发挥电子政务应用成效，服务经济结构战略性调整，服务保障和改善民生，服务加强和创新社会管理，促进服务型政府、责任政府、法治政府和廉洁政府建设，走一条立足国情、讲求实效、面向未来的电子政务发展道路。

2. “十二五”时期中国电子政务发展的方针

（1）必须坚持将科学发展观贯穿电子政务发展全过程。加快转变电子政务发展方式，坚持统筹规划，抓好顶层设计，强调政务与技术深度融合，深化电子政务应用，突出发展质量，注重可持续全面协调发展。

（2）必须坚持把以人为本和构建和谐社会作为电子政务发展的出发点和落脚点。以服务社会公众为中心，围绕解决经济社会重大问题和突出矛盾，把保障和改善民生、促进社会和谐稳定、保持经济平稳较快发展作为发展重点，加快服务向基层延伸，提升服务效率和质量，使电子政务惠及全民。

（3）必须坚持把深化应用和突出成效作为电子政务发展的根本要求。切实以提高各级政务部门履行职责能力为目标，优化业务流程，创新服务模式，强化应用推广，加大政务信息资源开发、利用和管理力度，大力推动信息共享和业务协同，突出建设集约化、应用平台化、服务整体化，进一步提高电子政务的经济和社会效益。

（4）必须坚持创新发展和加强管理的有机统一。积极探索新技术在电子政务中的应用，构建互联互通和高效服务的技术应用体系. 顺应发展形势需要，进一步健全管理体制机制，加强建设、运行和服务管理，开展考核评估，加大安全可靠产品的研发和应用力度，带动信息产业发展，提升信息安全保障能力。

11.3.2　中国电子政务发展的目标和应用重点

1.“十二五”时期中国电子政务发展的目标

在“十二五”期间，电子政务全面支撑政务部门履行职责，满足公共服务、社会管理、市场监管和宏观调控各项政务目标的需要，促进行政体制改革和服务型政府建设的作用更加显著。具体发展目标如下：

（1）电子政务统筹协调发展不断深化。全面推进电子政务顶层设计，符合科学发展的电子政务工作体制和机制不断完善，统筹协调能力不断提高。

（2）应用发展取得重大进展。县级以上政务部门主要业务基本实现电子政务覆盖，政务信息资源开发利用成效明显。政务部门主要业务信息化覆盖率，中央和省级超过 85%，地市和县区分别平均达到 70%、50% 以上。

（3）政府公共服务和管理应用成效明显。县级以上政府社会管理和政务服务电子政务水平明显提高，社会管理和政务服务事项电子政务覆盖率平均达到 70%以上。县级以下街道（乡镇）和社区（行政村）的政务服务事项电子政务覆盖率分别平均达到 50%、30%以上。

（4）电子政务信息共享和业务协同取得重大突破。县级以上政府普遍开展跨地区、跨部门信息共享和业务协同，共享内容和范围不断扩大，业务协同能力不断增强。主要业务信息共享率平均达到 50%以上。

（5）电子政务技术服务能力明显加强。电子政务基础设施建设不断发展，专业技术服务水平持续提升，应用支撑服务能力明显提高。电子政务网络互联互通率平均达到 85%以上，专业技术服务机构技术服务达标率平均达到 60% 以上。

（6）电子政务信息安全保障能力持续提升。县级以上地方电子政务信息安全管理制度普遍建立，信息安全基础设施不断发展，安全可靠软硬件产品应用不断加强，信息系统安全保障取得显著成绩。

2.“十二五”时期中国电子政务发展的应用重点

（1）加快推动重要政务应用发展。

1）推进业务应用协同发展。坚持统筹协调，充分发挥电子政务基础设施作用，围绕解决经济和社会发展的重点难点问题，优先推进经济运行、财政管理、综合治税、强农惠农、城市管理、国土管理、住房管理、应急指挥、信用监管等一批重要协同业务应用。加大行业与地方应用发展的条块结合统筹力度，努力构建基础统一与应用协同的电子政务应用整体发展格局。兼顾行业与地方业务应用发展，行业业务应用发展纵向部署要充分考虑地方实际，加强与地方应用建设和发展衔接。地方要加强行业与当地应用的统筹协调，建设内容纳入当地电子政务规划和年度计划，做好配套工作，满足行业业务应用要求，确保纵向互联互通的行业电子政务应用整体发展。

2）推进部门业务应用发展。围绕信息化环境下提升执政和履职能力需要，加强统筹规划和顶层设计，统筹推进政务部门业务应用发展，全面支撑社会主义经济建设、政治建设、文化建设、社会建设以及生态文明建设发展。加强重要信息系统建设，不断扩大应用规模，逐步实现应用全业务、全流程和全覆盖，推动政务与技术深度融合，充分发挥应用成效。加强国民经济预测预警应用功能建设，提高信息分析和利用能力，创新分析研判的方式和手段，提高各类突发事件的应急应对能力，提升宏观调控和科学决策水平。推进法规、规章、政策制定和实施管理，加强实施情况信息采集和落实成效分析评估，支持动态调整，增强科学决策能力。加强信息综合利用，强化信息分析研判，提高宏观调控的科学性和预见性，增强针对性和灵活性。推进国家级全民健康保障、住房保障、社会保障、药品安全监管、食品安全监管、能源安全、安全生产监管、市场价格监管、金融监管、社会信用体系等重点工程建设。

3）强化政府网站应用服务。加强政府网站建设和管理，促进政府信息公开，推动网上办事服务，加强政民互动。加大政府网站信息公开力度，不断丰富公开信息内容，提高公开信息质量，增强信息公开的主动性、及时性和准确性。大力提升政府网站网上办事能力，以社会公众为中心，扩大网上办事服务事项，优化办事流程，不断提高网上办事事项的办事指南、表格下载、网上咨询、网上申请、结果反馈等五项服务功能覆盖率，提高便捷性和实效性。推进政府网站政民互动服务发展，建立健全公众意见及问题的受理、处理及反馈工作机制，实现网上信访、领导信箱、在线访谈等互动栏目的制度化和规范化，注重民意收集与信息反馈，保障人民的知情权、参与权、表达权、监督权。加强政府网站服务保障和运行维护保障，建立相关制度，明确各方责任，加大管理力度，开展绩效评估和考核，大力提高政府网站服务能力。

（2）加强保障和改善民生应用。

1）深化保障和改善民生应用。加快推进劳动就业、社会保障、医疗卫生、教育、文化等应用服务，促进基本公共服务体系建设发展。加快推进劳动就业应用，提供公共就业信息发布、需求预测、跟踪监测和失业预警等服务，促进构建和谐劳动关系。统筹推进城乡社会保障应用，覆盖社会保险、社会救助、社会福利等社会保障业务。完善医疗卫生应用，健全覆盖城乡居民的基本医疗和药品供应服务体系，拓展新型农村合作医疗服务覆盖面。完善重大疾病防控等专业公共卫生业务应用，提高重大突发公共卫生事件的处置能力。完善教育和文化行政管理信息化应用，促进教育公平，为公众提供优秀文化资源服务。推进交通运输管理应用，促进综合交通运输体系不断完善。加强水资源、管理应用，提高水量水质监测能力，确保水资源安全。

2）加强县级政府和基层政务服务应用。加大县级政府政务公开和政务服务应用推进力度，不断创新政务服务方式和手段，促进基本公共服务体系建设的应用发展。依托县级政府电子政务公共基础设施，开展民政、计生、劳动、教育、卫生、公安、农业等政务服务应用，增加服务内容，扩大服务范围，加强业务应用系统互联互通，推进信息共享和业务协同，提高服务水平。深化政务服务中心和各类政务服务窗口等多种渠道服务应用，充分利用已有的基层为民场所和服务设施，推进基层政务服务窗口的应用服务环境建设，配备服务终端、自助终端和辅助设备，加快推进政务服务应用向乡镇（街道）和社区（行政村）的延伸。不断提升基层政务工作人员电子政务应用能力，开展“一站式”服务，为社会公众提供方便优质、多方式全方位的服务，提高基层服务水平，促进基本公共服务均等化。

（3）加强创新社会管理应用。

1）深化社会管理应用。加快推进维护社会秩序、促进社会和谐、保障人民安居乐业的电子政务应用建设，电子政务要在协调社会关系、规范社会行为、解决社会问题、化解社会矛盾、促进社会公正、应对社会风险、保持社会稳定等方面发挥作用。以解决影响社会和谐稳定突出问题为突破口，深化社会管理应用，逐步建立覆盖全面、跟踪动态、信息共享、功能齐全的社会管理应用服务体系，促进社会管理水平提高。推进实有人口和流动人口管理服务应用，保障人民安居乐业。推进基层社会管理和服务应用，强化基础工作，促进社区和谐稳定。推进公共安全、食品药品安全监管、安全生产监管、应急处置管理等应用，为人民群众提供安全稳定的生活环境。加强生态环境保护应用，确保国家生态安全。推进非公有制经济组织、社会组织管理等应用，推动社会组织健康有序发展。推进信息网络管理应用，提高对虚拟社会的管理水平。大力推进政务公开和权力阳光运行应用，完善权力网上公开运行和电子监察应用，推进公共权力运行、公共资金使用和公共资源交易等领域的综合监控应用，促进行政行为的公开公正和透明廉洁。

2）促进城镇社会管理创新。加大城镇社会管理应用推进力度，进一步创新管理模式，不断提高社会管理科学化水平。加强城镇人口管理和服务应用，支持“以证管人、以房管人、以业管人”新模式，提高管理服务水平。推进社会治安防控应用，实现城镇社会治安有效防控。推进城镇基层社会管理和服务应用，强化城镇社区自治和服务功能，改善自我管理，提升自我教育，强化自我监督。加强突发事件应急处置和管理应用，提升自然灾害和公共突发事件的预测预警、分析评估、应急处置等能力和水平。推进城镇基础设施服务管理应用，建设文明、卫生、宜人、宜居城镇。加快推进依托电子政务平台促进城镇基层社会管理和服务应用向街道和社区延伸，提高社区自治和服务功能，实现城市网格划分、管理联动，构建城市综合管理格局。

（4）强化政务信息资源开发利用。

1）建设高质量政务信息资源。推进政务部门依据职能建设政务信息资源，逐步覆盖业务活动中产生和获取的各类政务信息。加强政务信息资源建设规划和计划的制定，梳理信息内容，明确程序，建立制度，落实责任，提高质量。大力推进基础信息资源建设，完善基础信息资源体系，动态完善地理、人口、法人、金融、税收、统计等基础信息资源，规范信息采集，保证信息质量，推动应用服务。围绕促进经济平稳较快发展的需要，加强宏观经济、财政、土地、投资、工业经济、科技创新、贸易、商品市场、房地产市场、现代农业、服务业等宏观调控信息资源建设。围绕促进社会和谐稳定的需要，加强食品药品监管、环境保护、公共安全、流动人口、安全生产监管、质量监管、城镇综合管理、网络舆情等社会管理信息资源建设。围绕保障和改善民生的需要，加强劳动就业、教育文化、社会保障、医疗卫生、社会救助等公共服务信息资源建设。

2）加强政务信息资源管理。建立健全政务信息资源管理制度，提高政务信息资源管理能力，明确政务信息管理要求，提升政务信息资源管理水平。加强政务信息资源专业管理队伍建设，建立政务信息资源产生、传输、存储、管理、维护、服务等环节的管理规范和标准，加强政务信息资源管理系统运行维护，保障信息安全，强化信息服务，提高政务信息资源利用成效。加强政务信息资源准确性管理，明确信息来源，建立实时动态更新机制，确保信息及时准确。加强政务信息资源可靠性管理，明确信息管理要求，建立授权信息使用制度，加强信息防篡改和可恢复管理，确保信息安全可靠。加强政务信息资源可用性管理，确保信息真实、准确和完整。加强国家电子文件管理，确保电子文件的真实、完整、可用和安全，保存国家历史记录。

3）大力推动信息共享和政务信息资源社会化利用。积极推进跨地区、跨部门、跨层级信息共享，丰富信息共享内容，扩大信息共享覆盖面，提高信息共享使用成效。加强信息共享规划和计划制定，建立跨地区、跨部门、跨层级的信息共享推进机制，以协同业务需求为导向，明确共享信息内容和程序，确定信息共享部门责任，制定信息共享制度，建立信息共享基础设施，保障共享信息安全，进一步完善信息共享管理和服务。重点推进地理、人口、法人、金融、税收、统计等基础信息资源共享，推进宏观经济、财政、国土、投资、工业经济、科技创新、贸易、房地产、现代农业等宏观调控信息共享，推进食品药品监管、环境保护、公共安全、流动人口、安全生产监管、质量监管、社会信用、城镇综合管理等社会管理信息共享，推进劳动就业、教育、文化、社会保障、医疗卫生、社会救助等公共服务信息共享。围绕地市和县级政府深化社会管理和公共服务应用需要，汇聚在国家、省级集中管理的各类基础信息资源和重要业务信息，要采取多种方式和手段，为地市和县级政府深化电子政务应用提供跨层级、跨部门信息共享服务，促进地方政府社会管理和服务水平持续提高。加快推进国家级电子政务信息共享平台建设，为各级政务部门开展跨地区、跨部门、跨层级信息共享和业务协同提供支撑服务。建立完善有利于社会化、市场化利用政务信息资源的机制。

（5）建设完善电子政务公共平台。

1）完成以云计算为基础的电子政务公共平台顶层设计。积极研究云计算模式在电子政务发展中的作用，全面分析新技术对电子政务公共平台发展的影响和全方位业务协同、信息资源共享及信息安全保障对电子政务公共平台发展的需求，适时开展以云计算为基础的电子政务公共平台顶层设计试点，在此基础上开展国家电子政务公共平台顶层设计，充分发挥既有资源的作用和新一代信息技术潜能，加快电子政务发展创新，为减少重复浪费、避免各自为政、信息孤岛创建技术系统。

2）全面提升电子政务技术服务能力。鼓励地方在国家电子政务规划和顶层设计指导下，在现有基础上建设集中统一的区域性电子政务云平台，降低电子政务建设和运维成本，提高电子政务发展质量，增强电子政务安全保障能力。鼓励电子政务建设的运行维护走市场化、专业化的道路。系统集成资质管理和电子政务管理密切结合，将建设和运维安全可靠、复杂大系统的能力和绩效作为系统集成资质评价的重要内容。

3）制定电子政务云计算标准规范。加快研究制定基于云计算的电子政务标准规范，主要包括系统架构、技术标准等技术性标准规范，应用分类服务标准、应用迁移标准、数据管理标准等服务性标准规范，公共平台安全规范、应用安全规范、信息安全规范、服务安全规范等信息安全保障标准规范，绩效评价标准、平台和信息管理标准、技术服务管理规范等管理性标准规范。

4）鼓励向云计算模式迁移。以效果为导向，推行“云计算服务优先”模式，制定电子政务公共平台建设和应用行动计划，明确相关部门的职责和分工，共同推动电子政务公共平台运行和服务。在满足安全需求、遵从法律法规和业务准备的基础上，推动政务部门业务应用系统向云计算服务模式的电子政务公共平台迁移，先期重点推进新建、升级改造的业务信息系统在电子政务公共平台上部署运行，提高基础资源利用率和应用服务成效。开展电子政务公共平台应用试点示范工作，总结推广应用服务成功做法和有益经验。

（6）提高政府信息系统的信息安全保障能力。

1）建设完善信息安全保障体系。加强信息安全防护体系建设，建立电子政务网络信任体系、应急处置体系和监管体系。加强政府网站安全管理，实施政务部门互联网安全接入防护工程。按照国家等级保护和涉密信息系统分级保护的有关要求，建立完善等级保护工作机制，落实涉密信息系统分级保护制度，规范涉密信息系统使用管理。

2）制定电子政务安全可靠的标准规范。按照安全可靠的要求，保护政府信息系统不被攻破和信息不被窃取泄漏，研究制定政府信息系统的信息安全标准规范。推进安全存储、数据备份与恢复、主动防护、安全事件监控、恶意代码防范等信息安全保障。加大电子政务安全可靠软硬件产品的研制力度，建立应用评估机制，建设安全可靠的电子政务应用。

3）进一步加强政府信息系统安全管理。建立完善政府信息系统安全管理制度规范，制定政务部门计算机安全配置和审计制度，建立信息系统安全检查制度，加强信息安全检查工作力度，加强对政务部门使用信息技术外包服务的安全管理，不断提高电子政务信息安全保障水平。

11.3.3 中国电子政务发展的保障措施

1. 加强组织领导，加大工作力度

加强国家级电子政务部际统筹协同工作制度建设，建立健全部门协同工作机制。地方要结合实际，进一步明确工业和信息化主管部门、财政部门、投资主管部门、科技部门、业务部门等职责，不断完善在统筹规划、顶层设计指导下的各司其职、各负其责、相互配合的工作体系和机制。加强电子政务发展共性基础性工作，协调电子政务规划、顶层设计、工程投资、应用建设、系统运维、考核评估等环节的管理。地方和部门要重视电子政务发展工作，列入重要议事日程和考核内容，确定分管领导和责任单位及人员，明确目标和任务，精心组织实施，确保认识到位、责任到位、措施到位、投入到位。

2. 加强资金保障，提升使用成效

研究完善适应我国实际情况的电子政务资金投入和管理办法，实现集中统一、高效、低成本的管理制度。加强电子政务建设发展必需的财政资金保障，调整和优化支出结构，统筹各种渠道的建设资金，实行公共基础设施、业务应用和系统运维的资金分类保障制度，加强资金管理和监督，不断提升资金使用成效。推进公共基础设施统建共用和统一运维服务的集中投入，确保基础设施投入效益，坚决制止重复建设和投资浪费。加强业务应用和信息资源开发利用建设投入，满足部门业务发展需要，深化电子政务应用，持续提升电子政务应用成效。保障电子政务系统运维经费，研究制定部门系统运维费用支出核定标

准，落实政务部门系统运维费用，确保电子政务可持续发展。做好政府采购和使用电子政务正版软件资金保障。加大中西部地区电子政务建设转移支付力度，地方财政也要加大对贫困地区电子政务建设的转移支付力度。加强经费使用管理和监督，建立科学、规范的管理制度，提高资金使用效率，严肃查处财政专项资金管理和使用中出现的问题。

3. 加强规划实施，落实目标任务

加强电子政务规划组织落实工作，建立目标一致、方向统一、互联互通、层级衔接的全国电子政务规划实施体系。地方工业和信息化主管部门要根据国家要求结合实际，制定本地区电子政务规划及规划实施方案，加强地方规划与国家规划衔接，按年度分解目标指标，落实保障措施。加强地方和部门规划年度实施的统筹管理，建立规划及年度计划备案制度和实施监测评估机制，加强对规划执行情况的监测、评估、督导和工程项目动态跟踪及实施效果评估。组织开展电子政务发展水平综合评估，积极开展信息共享和业务协同、政府网站发展的专项评估。建立地方和部门规划实施年度报告制度和规划中末期实施成效评估制度，根据变化情况，对规划适时修订和完善。大力推进政务公开，加大信息公开力度，增强规划实施及修编过程的公开性和透明度。

4. 加强队伍建设，提高服务能力

加强行政部门、技术服务单位和专业人员队伍建设，建设一支规模适当、结构合理、德才兼备、符合不同层次需要的高素质、职业化电子政务管理和服务队伍。加强行政机构和干部队伍建设，建立科学考核评价制度，对任务完成情况实行绩效考核，完善激励约束机制，建设一支政治坚定、业务精通、清正廉洁、作风优良的电子政务干部队伍，提高履行职责能力。加强电子政务技术服务单位和专业人员队伍建设，制定技术服务单位服务评价标准和办法，建立服务质量、运维保障、技术管理等综合考核制度，强化队伍职业道德建设，建立专业人员职业资格认证制度，建设一支技能高、专业强、服务优的专业技术服务队伍，提高技术服务能力和质量。强化运行保障服务工作，地方要建立以工业和信息化部门为核心，技术服务单位为主体，专业技术队伍为基础，服务制度为保证，合作密切、功能互补、资源共享的电子政务运行保障服务体系，提升系统运维服务能力。充分利用社会专业技术资源，推行运维服务外包，逐步实现技术服务机构和人员规范化管理。重视西部和困难地区的队伍建设，不断充实工作力量，改善工作环境和条件。结合实际组织开展培训工作，不断提升业务部门工作人员电子政务应用能力，不断提高专业技术人员政务服务能力。

5. 健全法规制度，促进持续发展

加强电子政务相关行政法规研究，积极推进电子政务相关法规制度建设，实施依法行政，完善监督措施和办法，健全行政责任制。开展国家电子政务顶层设计，统筹电子政务发展中整体与局部、行业与地方、建设与应用、统一与分散、管理与服务的关系，促进电子政务全面协调发展。加强电子政务规范性文件和技术标准制定，规范网络、应用、信息、网站、运维、队伍等方面建设，逐步覆盖电子政务全过程。推进业务应用和服务规范化标准化，依据职能结合实际，制定符合应用条件的业务工作规范和服务标准，规范相关职能业务在电子政务条件下的工作程序、内容和要求。开展电子政务理论研究和学科建设，积极学习国外先进经验。加强电子政务发展指导，建立地方电子政务发展指导工作制度，不断总结成功做法和经验，组织开展经验交流。

11.4 中国电子政务建设的总体框架和策略选择

11.4.1 中国电子政务建设的总体框架

1. 中国电子政务建设的网络框架

在我国电子政务建设过程中曾经先后出现过两种类型的网络架构，一种是“三网一库”，另一种是“两网四库”。这两种网络框架目前在实践中都有广泛应用。由于后者对前者不能简单地继承和替代，所以遗留了一些现实难题。

（1）以“三网一库”为特征的电子政务网络框架。

2000 年，国办发［2000］36 号文件《关于进一步推进全国政府系统办公自动化建设和应用工作的通知》中首次提出了我国“三网一库”的建设构架。其中提出了当时我国政府系统信息化建设的总体目标是用 3～5 年逐步建成以“三网一库”为基本结构的全国政府系统办公自动化网络。其中，“三网”主要是指服务于从中央到地方各级政府领导及与办公自动化有关的政府工作人员的机关内部办公网（内网）、服务于行业部门业务管理有关人员的办公业务资源网（专网）、服务于企业和社会公众的公共管理与服务网（外网），“一库”是指由政府各部门共建共享的信息资源库。

“三网一库”概念提出后，曾一度成为我国各级政府和部门电子政务建设总体框架的代名词。“三网一库”连接了副省级以上的全国各地方政府首脑机关和国务院各部委及其下属机构的办公部门，是国家重要信息上传政府领导和重大决策下达社会、公众的主渠道之一，同时提供了中央政府与地方政府间以及部门之间统一的行政决策业务通信和应用平台，形成了跨地域、跨机构的网上虚拟政府框架。它将具有不同特征的业务和数据区分开，三者在统一的建设原则指导下，由不同的机构或部门来分别负责规划和实施，而三者之间只是通过统一、共享的电子政务信息资源数据库来实现集成，有效降低了电子政务建设的复杂性和系统性风险，易于协调三网之间及各个建设部门之间的关系。可以说，“三网一库”的建设对于加速国民经济信息化和社会信息化进程具有里程碑意义。

但是，随着社会的发展与政府机构职能改革的深入，电子政务系统本身也需要不断地改进。在“三网一库”方案中，根据国家相关的安全法规的规定，专网与外网之间实行物理隔离，这使得两网之间通过现有技术在满足安全要求的同时不能实现数据的高效、实时交换，同时也违背了互联网中数据处理的一些规律和原则，限制了政府借助电子政务向企业和公众提供服务。而随着互联网的发展和我国信息化程度的提高，外网面向企业和社会公众提供的服务在规模数量上正呈几何级数增长，但政府在专网上的业务随着信息化的发展和政府业务流程的优化却呈现出不断减少的趋势，这必然造成两个网络中业务量的不对称。为了解决“三网一库”中存在的这些矛盾，保证在现有技术条件下满足信息安全的要求，提高数据交换的效率和拓展政府网上公共服务的内容，国务院组织了上百位专家对国家电子政务进行研究。专家通过对我国以“三网一库”为基本结构的电子政务网络基本体系的理论与实践两方面的研究和探讨，在对“三网一库”结构进行改进和优化的基础上，提出了以“政务内外网”结构为特征的电子政务网络框架。

（2）以“政务内外网”为特征的电子政务网络框架。

为了更科学地构建我国电子政务网络平台，有效遏制重复建设，避免资源的巨大浪费，满足我国电子政务业务发展和安全保密的客观要求，2002 年 7 月，中共中央办公厅和国务院办公厅转发了《国家信息化领导小组关于我国电子政务建设指导意见》，提出要建设和整合统一的电子政务网络。其中明确指出电子政务网络由政务内网和政务外网构成，两网之间物理隔离，政务外网与互联网之间逻辑隔离。政务内网主要是指副省级以上政务部门的办公网，与副省级以下的办公网物理隔离。政务外网是指政府的业务专网，主要运行政务部门面向社会的专业性服务业务和不需在内网上运行的业务。

根据这一文件要求，我国电子政务的总体框架结构开始从“三网一库”向“政务内外网”转变，并形成了更为稳定的、更加科学的发展模式与体系。我国以“政务内外网”为特征的电子政务网络框架如图 11—1 所示。

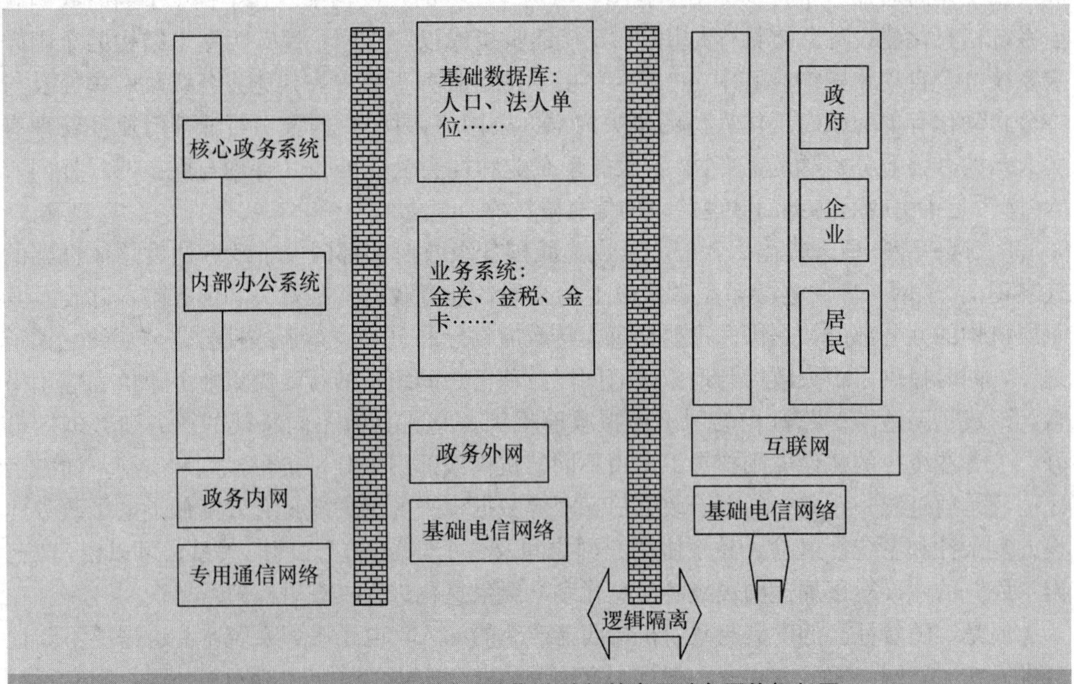

图 11—1 以“政务内外网”为特征的电子政务网络框架图

如今的政务内网是政府系统内部专用的计算机网络，运行的是政务信息、管理信息、决策指挥信息和应急指挥信息。政务内网仅供政府内部使用，所有用户都是政府公职人员；同时还高度涉密，其中运行的信息即使没有标明密级，在没有正式形成之前，也应当是保密的。所以，政务内网需要与政务外网以及互联网进行物理隔离。而政务外网指的是部门业务网，运行的是社会监管和公共服务信息，一般和非政府网包括互联网联通。政务外网的主要特点包括：一是可有可无。如果一个政府部门不承担社会监管和公共服务职能，就不需要政务外网。二是可通可断。各部门之间的政务外网不要求互联互通，是通是断完全根据实际工作需要来定。

2. 中国电子政务建设的系统框架

从纵向上看，我国电子政务系统可分为四个层次：国家级电子政务系统、省（市）级电子政务系统、地（市）级电子政务系统和县（市）级电子政务系统。纵向的电子政务系统主要侧重于同一种业务中各级政府部门和业务系统之间的业务处理与衔接。从横向上看，电子政务系统主要侧重于同一层次上各个政府部门和业务系统之间的业务联合与协作。

地方政府电子政务建设的系统框架与国家电子政务总体框架格局相对应，由各部门电子政务系统和门户网站构成。省（市）级电子政务系统由省（市）委、省（市）政府、省（市）人大、省（市）政协、省（市）各委办局（工商局、税务局、社保局等）的电子政务系统及统一的电子政务门户网站，通过统一的网络基础设施和国家信息安全基础设施互联起来，其构成的基本元素是各单位的电子政务系统。在整个省（市）级电子政务系统中，通过一个统一的互联网门户为社会公众提供服务，该门户是一个政务公开及各种政府服务的导航系统。典型的省（市）级电子政务系统框架如图 11—2 所示。

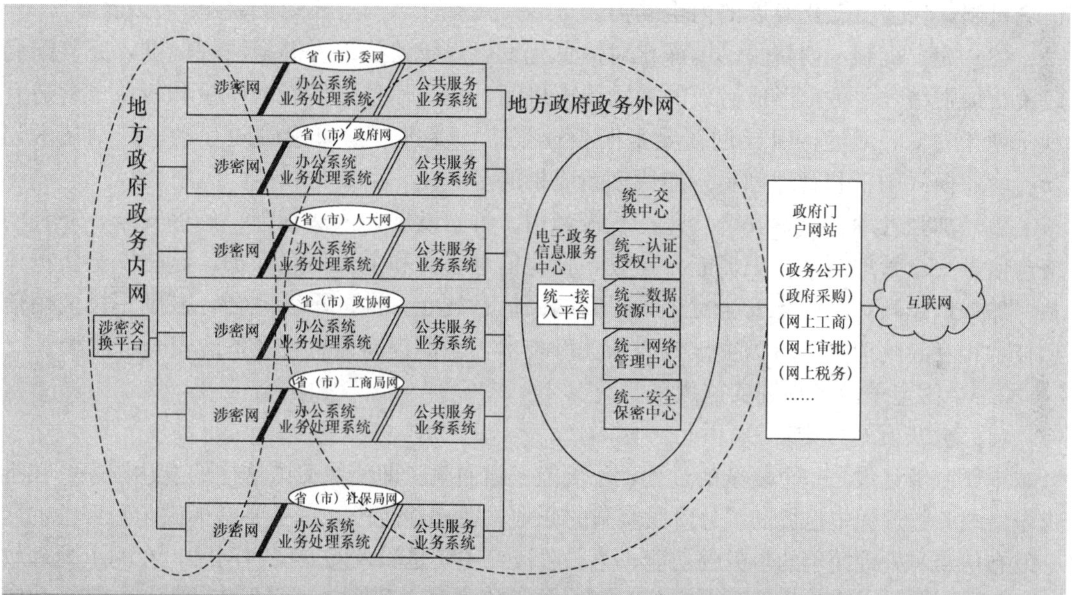

图 11—2　中国省（市）级电子政务系统框架图

11.4.2　中国电子政务建设的策略选择

从总体上看，“十五”以来，我国电子政务建设的指导思想、目标和任务日渐明确，并制定了相对具体的政务信息化专项规划，可以说，我国电子政务建设已经有了宏伟而清晰的发展蓝图。但将蓝图变为现实，就涉及规划的实施和执行问题。不言而喻，电子政务规划的实施和执行对于确保电子政务目标和规划的有效落实、保障电子政务健康有序地发展具有举足轻重的意义。

1. 中国信息化规划原则

工业和信息化部于 2013 年 9 月 29 日印发的《信息化发展规划》对我国信息化规划原

则做了进一步的修改和明确。相较之“十二五”期间信息化“统筹协调，资源共享；立足需求，注重效益；面向市场，开拓创新；以民为本，服务发展”的基本原则，新的信息化规划原则强调了安全的重要性，将需求与市场原则进行了整合，并把以民为本从规划原则拿出，上升到指导思想上。

（1）统筹发展，有序推进。推动信息技术在经济社会中的广泛覆盖和深度集成应用，支撑现代农业发展，带动工业转型升级，加快服务业现代化进程，提高社会事业信息化水平，加快建设惠及全民的信息服务体系，推动社会管理和公共服务水平提高。加强统筹规划，根据实际需求以及技术和产业基础等，突出行业和区域特色，有重点有步骤地推进信息化发展。加强信息资源的整合协同，提高资源利用效率，避免重复建设。

（2）需求牵引，市场导向。立足于促进经济发展方式转变、服务群众生活和维护国家安全，适应国际信息化发展趋势，发挥信息化对科学高效配置资源的支撑和服务功能，积极推动信息技术推广应用和信息产业发展。坚持企业主体地位和市场配置资源的基础性作用，在竞争性领域坚持信息技术推广应用的市场化，在社会管理和公共服务领域积极引入市场机制，增强信息化发展的内生动力。

（3）完善机制，创新驱动。深化对信息化发展规律的认识，健全法规标准，完善配套政策，加强绩效评估，形成有效的激励约束机制，提高信息化发展的质量和效益。营造有利于创新的良好环境，引导创新要素向企业聚集，促进产学研用协同互动，鼓励技术创新、商业模式创新和管理创新，加快创新成果的产业化、商业化和推广应用。

（4）加强管理，保障安全。坚持积极利用、科学发展、依法管理、确保安全，完善网络与信息安全管理制度，狠抓能力建设，强化信息资源和个人信息保护，健全安全防护体系。加强信息教育，强化安全意识，提高国民信息技能。推进军民融合，鼓励军民两用信息技术相互转化应用。着力突破核心和关键技术，全面提高信息化装备的安全可控水平。

2. 中国电子政务规划实施原则

（1）分步实施原则。

电子政务建设是一个复杂的过程，不可能一蹴而就。即使像美国这样的发达国家，在推进电子政务的过程中也贯彻了分阶段实施的原则。在初始阶段，它主要是提供了一般性的网上发布信息和处理简单的事务的功能；第二阶段，主要是深入发展门户网站，在网上处理较为复杂的事务，实现初步的网上业务协同；在此基础上，再寻求政府业务的重组，实现政府与企业、公民的互动式交流及服务。我国电子政务应用起步较晚，尚属于次发达国家，这就决定了我们必须本着由简至繁、由易到难、由内及外的原则稳步推进电子政务建设，首先侧重政府内部及某一具体行业的建设，如工商、税务、金融、海关等领域的电子化管理等，再过渡到实现跨行业、跨地区、跨部门的在线服务。

同时，综合经济效益、社会效益和政府自身建设来确定电子政务建设的优先级和重点。从经济效益出发，重点考虑发展效益显著的项目，如增加税收的项目（包括各种税收管理系统、费用管理系统等）、财务管理系统、资源和计划管理系统，以及能够营造良好市场和投资环境的项目，如工商企业管理系统、进出口管理系统、市场信息管理系统、各种政府政策法规信息及服务系统等。从社会效益出发，优先发展面向居民的各种服务系统，如警察与公安系统、公共教育和文化系统、医疗与保健系统、环境保护和环境信息系统等。从政府自身建设出发，优先发展那些能够提高政府核心业务运行的有效性和效率，增加政府的透明度，增强反腐倡廉以及促进政府信息资源开发的应用系统。

（2）协调发展原则。

电子政务规划的实施要充分考虑到内外环境的影响和制约作用，应与内外环境相适应、相协调。

首先，要与外环境相协调。一是电子政务规划的实施应充分考虑地区发展的不平衡状况，避免“一刀切”。在条件成熟的大城市，要进一步突出以业务为中心的应用系统的建立，不断扩大在线政务处理；而在相对落后的中西部地区，则应进一步普及计算机知识，加强网络建设和技术应用，把管理信息系统当作应用重点。二是电子政务建设要与电子商务发展相协调。电子政务建设与电子商务发展紧密相关，如果后者发展缓慢，将在很大程度上制约电子政务的深入发展。因此，我国在推进电子政务建设过程中，必须同步发展电子商务。三是要注重与政府职能配置相适应。在现阶段，要紧密围绕政府承担的“经济调节、市场监管、社会管理、公共服务”的职能要求，开发相应的电子业务系统，适当强化市场监管、社会管理等职能，并在此基础上为社会提供各种服务。

其次，要与内环境相协调。一是要协调好技术、网络和信息资源之间的关系。信息资源开发和利用与网络建设同等重要，甚至要更超前。二是要协调好信息共享和信息安全之间的关系。电子政务既要强调共享，又要强调安全。通过建立行之有效的管理规则，明确安全责任，避免由于任何偏颇，造成对信息共享和信息安全的负面影响。三是要协调好中央政府各部门与地方各级政府信息化建设之间的关系。国家信息化推进部门的首要任务是结合行政改革和职能转变，制定和提出有指导性、约束性和可操作性的电子政务推进措施。各部门要在已有信息化建设基础上，按照统一的标准和规范，整合现有的技术资源和信息资源。

此外，各级政府和部门还要处理好自主研发和对外引进的关系、开拓创新与实事求是的关系，从自身的实际需求、财政状况出发开展电子政府建设，量力而行，不搞攀比，不搞华而不实、贪大图全的形象工程。

（3）需求和服务导向原则。

首先，从电子政务实施的动力看，政府的实际业务需求与应用是电子政务实施得以持续和发展的最根本动力。电子政务实施必须以政府实际需求为导向，以应用促发展，坚持务实、高效、便捷的建设方针。电子政务建设并不是追求技术最先进、设施最优良或者系统最完备，它应该始终服务并服从于实际应用和业务需要，系统建设应最大限度地体现需求、满足需求。

其次，从电子政务实施的目的看，电子政务实施的最终目的是更好地实现政府的公共服务和社会管理职能，提高政府职能行使的效率和效能。因此，在电子政务实施中要始终把握“一个中心”，即以服务为中心。其关键就是要立足于社会和公众的需求，通过电子政务手段提高便民和为民服务的水平与效率。同时，还要把对公众服务的实现程度、服务质量、服务效率以及公众与社会的满意度当作电子政务实施的重要衡量和检验标准。

3. 中国电子政务规划实施的具体做法

电子政务规划的实施是一项系统工程，主要涉及：由谁来实施，即实施的主体；怎样实施，即实施的各种体制、机制保障等问题。

（1）成立专门的实施机构和配备专职人员。

目前，我国在政府信息化与电子政务建设方面主要有三个国家层面的重要机构：一个是国家信息化领导小组，由国务院总理任组长；二是国务院信息化工作办公室，是国家信息化领导小组的办事机构；三是国家信息化专家咨询委员会。其中，前两个机构是我国电子政务建设的领导和决策机构，后者则主要是为领导小组提供重要的咨询和建议的机构。与之相对应，很多地方政府也都在本级政府建立了信息化领导小组和信息化工作办公室。在中央政府的各部委中，电子政务的实施有的是由一个司局负责，有的是由办公厅负责；在办公厅负责的情况下，有的成立了电子政务处，有的则由其他处主管。在地方政府，情况也较为复杂，有的电子政务部门与信息产业厅合署办公，有的地方则由信息产业厅的一个处负责政府信息化与电子政务工作。

我国的电子政务实施可在现有的组织和人员框架基础上不断进行完善与优化，可以采取以下做法：

1）可借鉴发达国家的经验，实行政府首席信息官制度，使政府首席信息官成为具体负责本地区、本部门电子政务实施的责任人，主要承担规划实施、部门间协调、制度和标准制定等职责。

2）在逐步整合现有的电子政务实施机构的基础上，建立统一的、层级分明的、以政府首席信息官为中心的组织框架，形成“一把手＋首席信息官”的电子政务实施模式。

（2）推行电子政务项目的市场化运行机制。

政府通过合理的方式授权非政府组织参与电子政务项目的筹资、建设、运营和管理，即建立市场化运作机制，不仅能够减轻政府的财政压力，还可使企业通过产品开发、技术咨询与服务、数据的商业再开发而获得利润，进而带动信息产业的发展，使电子政务实施进入一种可持续发展的良性循环。从国外的实践看，政府 IT 服务外包已经成为电子政务建设和运营的主流模式，即引入市场机制，由专业企业、研究院所等非政府机构与政府合作共同承担电子政务的建设和运营。我国目前电子政务市场化运作的程度还很低，尚处于外包的摸索和起步阶段。如何明确电子政务外包的范围和层次，逐步提高政府的外包管理能力，加强对外包风险的控制等问题，是我国电子政务项目运营市场化必须着重研究和解决的重要问题。

建立和完善我国电子政务项目的市场化运作机制，要重点解决好以下几方面的问题：

1）明确划分电子政务项目的不同层次。一般来说，电子政务项目可以划分为构成政府职能核心业务的项目和非核心项目两种，对于那些非核心项目完全可以通过公开招投标的方式外包给专业 IT 公司去完成，这样不仅提高了效率，降低了成本，同时也大大增强了电子政务的生命力和竞争能力。

2）明确政府在电子政务市场化运作中的地位和作用。外包并非万能，风险与优势共存。政府作为电子政务建设的主导者，不仅要作为外包合同中的甲方，履行向乙方提出需求、全程监控乙方的项目进程等职责，还要充分考虑到电子政务项目的政治性、安全性、整体性等方面的特殊要求。那些不适于外包的建设项目或环节（专业企业没有能力完成或不愿意承担），应该由政府独力或起主导作用来承担，如项目规划和标准的制定、系统的整合等宏观性问题。

3）提升外包风险防控能力。外包是存在风险的，并且损失难以估量，因此，要提升政府对外包风险的控制能力。对风险的控制主要是通过签订合同方式实现的，电子政务的外包合同约定应尽可能详细，合同内容应包括双方合作的具体项目，以及各个项目的质量标准、价格、工作量、服务要求、响应时间、费用支付条件、费用额度和支付方式等细节。详细的合同规定，不仅有利于对电子政务项目实施全程监理和最终的验收，还易于加强政府对外包商的控制，把项目的结果与最初目标出现的偏差降到最低。

（3）完善电子政务绩效评估体系。

对电子政务实施和应用水平进行评估，是保证电子政务质量和效率的重要手段，是衡量电子政务项目成本和效益的重要指标，也是引导电子政务沿着既定方向发展的重要保障。

完善电子政务绩效评估体系，要着重做好以下几项工作：

1）要把宏观评估与微观评估有机地结合起来。宏观评估是指对若干典型的电子政务应用领域，按照其重要程度综合考虑，从而得出总体应用水平的评估结果。微观评估是对某个具体的电子政务项目或工程进行包括内容、服务和技术等层面在内的评估。在实际的评估中，各政府部门不仅要进行宏观评估，以明确本部门在全国电子政务中的发展水平和位置，同时更要着重进行具体项目的微观评估。其中，宏观评估以微观评估的结果为依据和基础，微观评估以宏观评估的结果为参考，两者相辅相成、密不可分。

2）逐步完善电子政务的评估指标体系。指标体系是评估的重要依据，其完善程度直接影响着评估结果的有效性和全面性。因此，应借鉴发达国家在评估方法、技术方面的成熟经验和体系，逐步建立起完善且行之有效的指标体系。

3）要引入第三方进行评估。由第三方即专门的绩效评估公司来评估电子政务应用水平有很多优势，它不仅可以保证评估的公正性和客观性，还可以有效保证评估结果的科学性和专业性，因为政府的主要职能是从事行政管理和公共服务，对先进而复杂的评估方法与指标体系缺乏深入和专门的研究，由专业公司进行评估则可以有效弥补政府在此专业领域的缺陷。

（4）创造有利于电子政务实施的制度环境。

电子政务规划实施要制度先行，为电子政务实施营造一个规范、有序的制度环境。为此，要做好以下工作：

1）继续完善电子政务方面的法律法规、规章制度，在已有制度框架的基础上加紧进行地方性法规、部门规章的制定。

2）加强各项法规制度的执行力度，建立执行效果监督和评估机制。

3）继续完善已制定和发布的电子政务建设的相关标准与规范，推进电子政务各类标准的具体、深入实施。

11.5　中国电子政务典型工程

我国电子政务建设主要围绕“两网一站四库十二金”重点展开。两网是指政务内网和政务外网，一站是指政府门户网站，四库即建立人口、法人单位、空间地理和自然资源、宏观经济等4个基础数据库，十二金则是要重点推进办公业务资源系统等12个业务系统。

从1993年开始，政府为推动国民经济信息化和社会发展信息化，提出了“金”字工程建设。我国的“金”字工程从“三金”工程起步。所谓“三金”工程，即金桥工程、金卡工程和金关工程。在“三金”工程之后，以“金”字打头的电子政务工程陆续推出。2002年7月，中共中央办公厅和国务院办公厅转发的《国家信息化领导小组关于我国电子政务建设指导意见》中明确提出了“十二金”的概念。该文件指出，要加快12个重要业务系统建设：继续完善已取得初步成效的办公业务资源系统、金关、金税和金融监督（含金卡）4个工程，促进业务协同、资源整合；启动和加快建设宏观经济管理（即金宏）、金财、金盾、金审、社会保障（即金保）、金农、金质和金水等8个业务系统工程建设。以上统称为“十二金”工程。

从“十二金”工程立项情况来看，可将其分为三类：第一类是对加强监管、提高效率和推进公共服务起到核心作用的办公业务资源系统、宏观经济管理系统建设；第二类是增强政府收入能力，保证公共支出合理性的金税、金关、金财、金融监管（含金卡）、金审等5个业务系统建设；第三类是保障社会秩序，为国民经济和社会发展打下坚实基础的金盾、金保、金农、金水、金质等5个业务系统建设。

11.5.1 系统核心层

系统核心层包括办公业务资源系统、宏观经济管理系统。在此仅介绍宏观经济管理系统。

宏观经济管理系统（即金宏工程）是我国电子政务建设中最核心的内容之一，是一个综合型的大型电子政务应用系统。金宏工程涉及国务院8个宏观经济管理部门，包括国家发展和改革委员会、财政部、商务部、中国人民银行、国有资产监督管理委员会、海关总署、国家统计局、国家外汇管理局。

1. 金宏工程的建设目标

金宏工程的建设目标是：依托国家电子政务网络平台，通过信息资源、信息共享平台、重点领域业务应用系统和安全保障体系的建设，实现宏观经济管理部门的互联互通和信息共享，促进宏观经济管理部门间的业务协同与互动，提高业务管理信息化和科学决策水平，增强政府调控宏观经济、驾驭市场变化、应对经济突发事件、总揽经济全局的能力，为中共中央、国务院及时、准确、全面地掌握宏观经济运行态势提供信息服务。

2. 金宏工程的总体架构

金宏工程划分为一个信息共享平台和8个共建部门节点。建设信息共享服务系统和辅助决策支持系统原型、专家咨询系统等，形成信息共享的基础，各宏观经济管理部门可在网络环境下通过信息共享平台的门户网站，实现对共享信息资源的透明访问。8个共建部门节点按照统一的标准规范，整合本部门业务系统数据，形成共享数据库，建设业务应用系统。

3. 金宏工程一期的主要建设内容

金宏一期工程主要建设10个信息资源共享数据库，建设宏观经济管理信息共享平台，建设和完善 8 个宏观经济管理业务应用系统，构建宏观经济辅助决策支持系统原型，营造共建部门互联互通的过渡网络环境，建立统一的标准规范、安全保障体系和管理制度，初步实现宏观经济管理部门之间的互联互通和信息共享，提高业务管理信息化和科学决策水平。

2012 年 8 月 29 日，国家发改委在京组织召开了"宏观经济管理信息系统一期工程"竣工验收会议，标志着金宏工程建设任务圆满完成。

11.5.2　系统支撑层

系统支撑层包括金税、金关、金财、金融监管（含金卡）、金审等 5 个业务系统。

1. 金税工程

金税工程总称为中国税收管理信息系统，是伴随着我国税收制度改革而推出的税收管理信息系统。1994 年我国开始实行以增值税为主体的流转税制度，但由于当时税务机关缺乏对纳税人使用增值税专用发票进行监控的有效手段，致使偷税、逃税、骗税的违法犯罪活动猖獗。在此情形下，国家决定引入现代化技术手段加强对增值税的监控管理，对一般纳税人认定、发票领购、纳税申报、税款缴纳全过程实现网络运行，加强增值税征收管理的信息化系统工程建设，由此启动了金税工程。

（1）金税工程的组成。

金税工程的全称是全国增值税专用发票计算机稽核网络系统，即通过先进的计算机网络技术，建立一个业务覆盖全面、功能强大、监控有效、全国联网运行的税收信息管理系统。金税工程由一个网络、四个软件系统组成，一个网络即覆盖全国国税系统的，从区县局、地市局、省局到总局的四级广域网络；四个软件系统分别为增值税防伪税控开票系统、防伪税控认证系统、计算机稽核系统和发票协查系统。

我国税务局系统的整体管理呈四级分层结构：国家税务总局；省、自治区、计划单列市国税局；地市级国税局；区县级国税局。网络设计遵循层次化设计的总体原则，将整个金税网络进行垂直分层（按照管理模式）和水平分割（按照地域）。金税网络在垂直方向按照功能划分成骨干层、分布层、接入层三个层次，在水平方向上按照地域划分成各个省、自治区、计划单列市内部的网络（简称省内网络）。各个省内网络在地位上都是平等的，它们向上连接国家税务总局，内部包括省、自治区、计划单列市国税局，地市级国税局，区县级国税局等几个机构。

（2）金税工程的意义。

1）有利于税务部门加强对增值税的控管，可以有效地打击和遏制增值税专用发票的犯罪活动。

2）有助于税务部门提高工作效率，提高税收征管质量。

3）有利于企业加强内部管理，提高企业防范财务风险的能力，保护企业的合法经济利益。

4）能有效地防范和遏制腐败行为，有利于依法治税。

（3）金税工程的建设情况。

1994 年 3 月底，金税工程办公室组织实施了以 50 个城市为试点的增值税计算机交叉稽核系统建设，即金税工程一期工程。

2000年8月31日，国家税务总局向国务院汇报金税二期工程的建设方案并得到批准。金税二期工程由四个子系统构成，包括防伪税控开票、防伪税控认证、增值税专用发票交叉稽核、增值税专用发票协查。系统的成功运行，对加强增值税专用发票管理，打击偷、骗税犯罪行为，增加税收收入等起到了积极有效的作用。

2005年9月7日，国务院审议通过金税三期工程项目建议书；2007年4月9日，发改委批准金税三期工程可行性研究报告；2008年9月24日，发改委正式批准初步设计方案和中央投资概算，标志金税三期工程正式启动。金税三期工程主要目标是充分利用现有信息化建设基础条件，通过“一个平台、二级处理、三个覆盖、四个系统”的建设，建立和完善中国税收管理信息系统。“一个平台”是建立一个包含网络硬件和基础软件的统一的技术基础平台。“二级处理”是逐步实现税务数据信息在总局和省局二级集中处理。“三个覆盖”是应用信息系统逐步覆盖所有税种，覆盖税务管理的重要工作环节，覆盖各级国、地税机关，并与有关部门联网。“四个系统”是指税收业务管理系统、税务行政管理系统、外部信息管理系统、决策支持管理系统等四大应用系统。

金税三期工程主要是在对二期的四个系统进行功能整合、技术升级和业务与数据优化的基础上，进一步强化征管功能，扩大业务覆盖面，形成有效的、相互联系的制约和监控机制。同时，为了加大执法力度和提高执法效率，必须加强税务部门与工商、银行、外贸、海关、质监、公安、统计等部门系统的信息共享，实现跨部门的网络互联，最终将建成拥有一个覆盖全国的行业网络、一个国家级税务处理中心（含备份中心）、70个省级税务处理中心（含备份中心）、80万个工作站，年事务处理量超过10亿笔、内部用户约80万人和外部用户过亿的，覆盖各级税务机关、所有税种、所有工作环节的全国性信息系统。

2. 金关工程

金关工程是国务院确定的由外经贸部牵头组织实施的国家重点工程，2001年正式启动。金关工程就是要推动海关报关业务的电子化，改革传统的报关方式，以节省单据传送的时间和成本。

（1）金关工程的含义及组成。

金关工程又称为海关联网工程，也称国家经济贸易信息网络工程，是我国政府利用计算机网络技术实现对国家的对外经济贸易及相关领域进行标准化、规范化、科学化、网络化和现代化管理的一项国家信息化重点系统工程。

金关工程的核心系统包括两部分，一是海关内部的通关系统，二是外部口岸电子执法系统。

在海关内部联通的基础上，由海关总署等12个部委牵头建立了电子口岸中心（又称“口岸电子执法系统”）。该系统利用现代信息技术，借助国家电信公网，将外经贸、海关、工商、税务、外汇、运输等部门分别掌握的进出口业务信息流、资金流、货物流的电子底账数据集中存放在一个公共数据中心，各行政管理机关可以进行跨部门、跨行业的联网数据核查，企业可以上网办理出口退税、报关、进出口结售汇核销、转关运输等多种进出口手续。

（2）金关工程的四个应用系统。

金关工程由配额许可证管理系统、进出口统计系统、出口退税系统、出口收汇和进口付汇核销系统四个业务应用系统组成。

1）配额许可证管理系统。

外经贸部在与美国、欧盟、加拿大、土耳其等的海关实现纺织品配额联网核查的基础上，实现了与国内许可证签证机关的计算机联网管理和电子数据网上核查。从 2000 年 10 月 1 日起，在全国许可证发证机关和海关口岸全面试行进出口许可证联网核销。

2）进出口统计系统。

原始数据由海关产生，外经贸部利用海关联网传输的相关数据生成 80 多种业务统计报表，为本机关和有关单位提供服务。海关总署还依托此系统积极推动口岸电子执法系统的开发与应用，实现了电子报关与监管核销。

3）出口退税系统。

税务总局利用金税工程加快实现与全国税务系统的专线联网，并实现了与外经贸部的联网；通过互联网实现了与海关总署、外汇管理局的计算机联网。税务总局已开发完成出口退税网络版，与外经贸部开展联网退税。

4）出口收汇和进口付汇核销系统。

外汇管理局通过银行专用网络实现了与全国主要外汇管理机关的联网，并实现了与外经贸部的联网。通过互联网实现了与海关口岸电子执法系统的联通，基于网络传输外汇核销单，实现了报关单电子底账的计算机核查等功能。

（3）金关工程的建设目标。

金关工程的总体建设目标：对外贸企业的信息系统实行联网，推广 EDI 业务，通过网络交换信息取代磁介质信息，消除进出口统计不及时、不准确，以及在许可证、产地证、税额、收汇结汇、出口退税等方面存在的弊端，达到减少损失，实现货物通关自动化、国际贸易无纸化，并与国际 EDI 通关业务接轨的目的。

金关工程的近期目标是建设好配额许可证管理系统、进出口统计系统、出口退税系统、出口收汇和进口付汇核销系统等四个应用系统，实现外经贸相关领域的网络互联和信息共享；中长期目标是逐步推行各类对外经贸业务单证的计算机网络传输，提高对外经济贸易的现代化管理水平，实现国际电子商务，增强国家的宏观调控能力。

（4）金关工程的标准体系。

外经贸部按国家标准制定了《中华人民共和国进出口企业代码管理办法》及其配套措施，制定了进出口企业代码标准，建立了全国进出口企业代码数据库，并在配额许可证管理、电子招标、加工贸易等一批重要外经贸联网管理业务中使用。此外，外经贸部还组织制定了一批电子报文格式标准和外贸单证格式标准。

（5）金关工程的安全体系。

由外经贸部承担的国家“九五”科技公关项目——“商业电子信息安全认证系统”已经建成。1999 年 2 月，该系统顺利通过了国家科技部、公安部、安全部和国家密码管理委员会的技术鉴定。

按照国务院统一部署，外经贸部、海关、税务、外汇、银行等部委顺利解决了计算机 2000 年问题（俗称“千年虫问题”），保证了金关工程网络平台和数据交换业务的正常进行。

3. 金财工程

财政部从1999年下半年开始规划建立“政府财政管理信息系统”。2002年年初，国务院正式命名财政部“政府财政管理信息系统”为“金财工程”，这标志着金财工程正式全面启动。

（1）金财工程的含义。

金财工程是利用先进的信息网络技术，支撑预算管理、国库集中收付和财政经济景气预测等核心业务的政府财政综合管理信息系统。金财工程以财政系统纵向、横向三级网络为支撑，以细化的部门预算为基础，以所有财政收支全部进入国库单一账户为基本模式，以预算指标、用款计划和采购订单为预算执行的主要控制机制，以出纳环节高度集中并实现国库资金的有效调度为特征，以实现财政收支全过程监管、提高财政资金使用效益为目标。

金财工程是新时期财政管理改革的核心内容之一，是财政工作信息化和财政管理现代化的必然要求。实施金财工程可以规范财政预算管理，提高国库资金使用效率，增强财政决策的科学性和财政工作的透明度，加强廉政建设，实现依法理财。

（2）金财工程的组成。

金财工程分为财政业务应用系统、信息网络系统和安全保障体系三部分，即以应用为中心，以网络为支撑，以安全为保障。一是建立财政业务应用系统，包括预算管理系统、国库集中支付管理系统、总账管理系统等核心财政业务的管理系统和宏观经济预测分析系统等12个业务应用系统。二是覆盖全国各级财政管理部门和财政资金使用部门的信息网络系统。其中包括：连接财政部、省财政厅、地区财政局的三级纵向计算机网络系统，以及连接财政资金使用部门的三级横向计算机网络系统，以保证金财工程业务应用系统的顺利运行。三是建立安全保障体系，即建立以认证中心、数据加密为核心的统一安全保障体系，确保金财工程应用系统高效、稳定运行。

（3）金财工程的建设情况。

金财工程规划建设期为2003年至2008年，分两期建设。2003年至2006年为第一期，主要完成中央级和省级政府财政管理信息系统建设，完成大部分地市级及半数左右县级政府财政管理信息系统建设。具体建设情况如下：

1）预算编报系统已稳定运行，并逐步升级改造。到2003年，包括中央部门在内的近一万户预算单位的预算编报工作由计算机来完成。地方所有省级财政部门实现了部门预算编报的计算机化管理。

2）国库支付系统从2003年3月开始研制，同年8月投入使用，随后，部分省市采用财政部统一研制开发的地方财政国库支付系统开展业务。

3）非税收入系统从2002年7月1日开始在包括财政部在内的8个试点开始使用，效果非常明显。

4）部分完成财政业务应用支撑平台的开发工作，同时建设系统运营所必需的网络、安全、运营维护等保障环境。

2007年至2008年为第二期，完成金财工程全部建设内容。截至2008年，建成基于统一规范的应用系统平台，依托财政系统纵横向三级网络，以财政部和省财政厅高度集中处理为主要模式，功能覆盖各级财政部门预算管理、国库集中收付管理、财政经济分析等主要核心业务应用的功能齐全、协调高效、信息共享、监控严密、安全稳定的中国政府财政管理信息系统。

4. 金融监管（含金卡）工程

金融监管工程（简称金监工程）即银行业信息化工程，其目的是利用信息化手段，加强货币政策管理和金融监管，并推进自动化支付系统及电子货币工程建设。

金融监管工程由中国人民银行牵头，中国人民银行、银监会、证监会、保监会（简称"一行三会"）四个金融监管部门联合共建。

（1）金监工程的建设目标。

金监工程总体建设目标是建立和完善"一行三会"的监管信息系统，建立一个跨部门的金融监管信息共享平台，实现金融监管部门的互联互通和信息共享，逐步使"一行三会"从以合规性为主的、被动的、事后的监管方式向以防范风险为主的、主动的、事前的监管方式过渡，及时防范、化解金融风险，保障我国金融体系安全、稳健、高效运行。

（2）金监工程的总体架构。

金监工程由五部分组成，即金融监管信息共享平台、人民银行监管信息系统、银行业金融机构监管信息系统、证券期货监管信息系统、保险监管信息系统。

"一行三会"监管信息系统不仅实现了对银行业、证券业、保险业的监管，而且也为金融监管信息共享平台提供了数据。同时，通过金融监管信息共享数据库，实现了"一行三会"互联互通，实现了监管信息共享。

5. 金审工程

金审工程是审计信息化系统建设项目的简称，该工程主要由审计署负责。2002 年 4 月，原国家计委批准审计署提出的可行性建设报告，金审工程成为按照国家基本建设程序批复的第一个国家电子政务建设项目，是国家电子政务一期工程的重要组成部分。

（1）金审工程的建设背景。

金审工程是适应会计电子化的发展而推出的。审计工作是通过对账簿的检查，来监督财政、财务收支的真实、合法、效益情况。20 世纪 80 年代，计算机的应用领域越来越广泛，各行各业开始使用计算机进行管理，国家机关、企事业单位会计电算化趋向普及，同时也出现了会计领域计算机做假和犯罪情形。审计对象的信息化，客观上要求审计机关的作业方式及时作出相应的调整，运用计算机技术全面检查被审计单位的经济活动，发挥审计监督的应有作用。1998 年，审计署提出审计信息化建设的意见，并开始筹备金审工程。

（2）金审工程的组成。

金审工程是依托公共网络建立审计专用网，不断开发高效、实用的审计业务应用软件，建立一个为审计业务和决策、为政府和公众提供有效信息的数据库群，通过改进审计作业手段，逐步建立一种崭新的"预算跟踪＋联网核查"的审计模式，对财政、银行、税务、海关等部门和重点国有企事业单位的财务信息系统及相关电子数据进行密切跟踪，对财政收支或者财务收支的真实、合法和效益情况实施有效审计监督。

根据国家审计信息系统的规划要求，确定金审工程总体框架包括 6 个部分，分别是审计应用系统（审计实施系统、审计管理系统）、应用支撑平台、数据资源平台、网络系统、安全系统和服务体系。

（3）金审工程的建设目标。

金审工程的建设目标可以用“一个模式、三个转变、五个一工程”来描述。

“一个模式”就是用五年左右的时间，建立对财政、银行、税务、海关等部门和重点国有企事业单位的财务信息系统及相关电子数据进行密切跟踪，对财政收支或者财务收支的真实、合法和效益情况实施有效监管的信息化系统，建立起一种适应信息化的崭新审计模式——“预算跟踪＋联网核查”。

“三个转变”即逐步实现从单一的事后审计转变为事中审计和事后审计相结合，从单一的静态审计转变为动态审计和静态审计相结合，从单一的现场审计转变为现场审计与远程审计相结合。

“五个一工程”是指：建设一个依托政府公共网络，连通全国审计机关和重点被审计单位的高效实用的审计专用网；开发一批满足审计业务需求并在应用中不断完善的应用软件；建立一个为审计业务和决策、为政府和社会公众提供有效信息的数据库群；配置一批经济实用的计算机设备；培养一支胜任审计信息化的新型队伍。

（4）金审工程的建设情况。

金审工程分期建设。一期建设工期为两年左右，主要任务是：

1）初步建成基于应用平台、实现数据共享的办公和业务应用系统，探索“预算跟踪＋联网核查”审计模式的实现途径与方法。

2）改建、扩建和提升审计署和驻地方的 18 个特派员办事处的原有网络基础设施，实施审计机关之间、审计机关与政府部门和重点被审计单位之间、审计机关与审计现场之间的广域连接试点。

3）以国家有关电子政务安全体系框架为指导，以确保审计信息的安全为核心，在局域网系统设计、数据传输、审计业务应用、安全管理机构和制度建设等方面，采取符合国家有关安全规定的建设措施。重点解决电子政务网络统一平台环境下的数据交换、共享的安全问题。

4）以国家有关电子政务标准体系框架为指导，以确保网络互联互通、信息资源共享为目标，按照“有国标用国标，无国标定署标”的原则，指定金审工程需要的审计准则、审计操作指南、审计机关、审计事项、被审计单位、违纪违规行为等的标准代码。

2005 年 11 月，审计署金审一期工程项目顺利通过了国家发改委的验收，成为通过验收的第一个“金”字工程。

2007 年 4 月，国家发改委批复了审计署报送的金审二期工程项目建议书，金审二期工程正式启动。金审二期工程项目建设期为三年，其建设目标是：有效履行国家审计在信息化条件下对财政财务收支的真实、合法和效益情况的审计监督职责，初步建成国家审计信息系统，实现中央和地方各级审计机关的审计业务协同和信息共享，进一步增强政府预算执行审计的及时性和有效性，提高审计工作效率、质量和水平，培养适应信息化的审计队伍，有效提升审计监督能力。

2010 年 5 月 25 日，审计署信息办以视频会议的形式组织召开了关于全国金审三期工程项目建设目标内容务虚会。会议回顾了金审一期和二期工程建设与应用成果，明确了金审三期工程的建设内容，即应用系统建设、信息资源建设、网络系统建设、安全系统建设、标准规范建设和服务系统建设，这 6 个方面涉及 26 项工作。

11.5.3　系统基础层

系统基础层包括金盾、金保、金农、金水、金质等 5 个业务系统。

1. 金盾工程

1998 年，公安部为适应我国在现代经济和社会条件下实现动态管理与打击犯罪的需要，实现“科技强警”，提出建设金盾工程。

（1）金盾工程的含义及建设目的。

金盾工程实质上就是公安通信网络与计算机信息系统建设工程，是实现公安机关内部信息化的一个科技建设项目。它是考虑到公安机关相关警务工作的特殊性而构建的一个在互联网上与公共互联网完全隔绝的局域网。

金盾工程建设的目的是实现以全国犯罪信息中心为核心，以各项公安业务应用为基础的信息共享和综合利用，为各项公安工作提供强有力的信息支持。

（2）金盾工程的建设内容。

金盾工程的建设内容主要包括：公安基础通信设施和网络平台建设；公安计算机应用系统建设；公安工作信息化标准和规范体系建设；公安网络和信息安全保障系统建设；公安工作信息化运行管理体系建设；全国公共信息网络安全监控中心建设；等等。全国公安计算机网络分为三级：连接公安部至省、自治区、直辖市的网络为一级网，连接省、自治区、直辖市至地市的网络为二级网，连接地市至县（市）区的网络为三级网。

（3）金盾工程的建设意义。

金盾工程的建设意义主要体现在：

1）有利于带动和促进公安工作的现代化、正规化建设，加快现代警务机制的形成。

2）有利于提升公安机关的战斗力，提高公安工作的整体水平。

3）有利于提高公安机关行政管理和公共服务水平。

（4）金盾工程的建设情况。

金盾工程总体工程 5 年内完成，分两期建设。

1）金盾一期工程主要是完成公安基础通信设施和网络平台建设，周期约为三年（1999—2002 年）。基础通信设施主要包括有线通信、移动/无线通信、卫星通信。网络平台建设主要包括电话专网、计算机专网、电视会议系统以及大部分应用数据库和共享平台等工程的建设。金盾一期工程建设完成了全国公安一、二、三级主干网和接入网的建设任务，80%的公安基层所队接入主干网，每百名民警拥有联网计算机达 40 台；规划建设的

60 个应用系统已投入运行；公安信息网安全保障体系基本建成；开发了“金盾工程项目管理系统”，实现了档案管理的信息化，共形成立项、管理、标准、施工、培训、验收 6 大类档案 9 000 余件等。

2）金盾二期工程的主要任务是完善三级网及延伸终端建设，全面实现公安工作通信多媒体化、有关业务信息共享、公安工作信息化，全面建成基础研究部门所需的应用系统。主要应用系统包括全国公安快速查询综合信息系统（CCIC）和城市公安综合信息系统、出入境管理信息系统、监管人员信息系统和交通管理信息系统。此外，还有禁毒信息系统、办公管理信息系统等。

2. 金保工程

金保工程是全国劳动保障信息系统的简称。2002 年，全国劳动保障信息化工作会议正式提出了金保工程的概念。2003 年 8 月，金保工程正式获准国家立项。

金保工程是利用先进的信息技术手段，以部、省、市三级网络为依托，支持劳动和社会保障业务经办、公共服务、基金监管和宏观决策支持等核心应用，覆盖全国的统一的劳动和社会保障电子政务工程。

（1）金保工程的建设目标。

金保工程建设的总体目标是：利用五年左右的时间，在电子政务统一网络平台上，构建中央、省、市三级劳动保障系统网络。在全国范围内建立统一、高效、简便、实用的劳动保障信息系统，覆盖劳动保障领域主要业务，实现本地业务和服务的规范化、异地业务和服务的现代化、基金监管和宏观决策的科学化。

（2）金保工程的建设规模。

金保工程建设分为中央、省、市三级。中央劳动保障部门网络中心连接全国 32 个省级劳动保障部门，省级劳动保障部门网络中心连接本省范围内所有地级以上城市市域网和省本级经办机构（网络地位同城市）。包括省本级在内，全国约有 380 个城市连入各省级劳动保障部门网络中心。城市级网络连接市内区县所有经办机构、街道（社区）经办网点，以及医疗服务机构、银行、邮局、公安、财政等相关单位和部门。

（3）金保工程的建设内容。

金保工程的建设内容可以简要概括为“一二三四”四个字。其中，“一”是一个工程，指在全国范围建设一个统一规划、统筹建设、网络共用、信息共享、覆盖各项劳动和社会保障业务的电子政务工程；“二”是两大系统，指建设社会保险子系统和劳动力市场子系统；“三”是三级结构，指由中央、省、市三层数据分布和管理结构组成；“四”是四项功能，指具备业务经办、公共服务、基金监管和宏观决策支持四项功能。

（4）金保工程的建设周期。

金保工程按照总体规划、分步实施的原则分期建设，总建设周期为五年左右。一期项目建设周期为 2003—2005 年，二期项目建设周期为 2006—2007 年。其中，一期建设所达到的规模为在地级以上城市建成统一的社会保险信息系统，建成中央—省—市三级网络系统，实现各项社会保险信息共享与交换；二期建设目标为用两年左右的时间，在完善社会保险与劳动力市场信息系统的基础上，实现两大系统的统一与信息共享，实现劳动保障主要业务的全程信息化。

3. 金农工程

金农工程即农业综合管理和服务信息系统，是 1994 年 12 月在“国家经济信息化联席会议”第三次会议上提出的，目的是加速和推进农业与农村信息化建设。

(1) 金农工程的建设目标。

金农工程的建设目标是：在现有基础上，利用先进适用的信息技术手段，开发并运行由支持宏观决策、支持生产经营的各类应用系统组成的多元化的信息应用系统及相关的大型数据库群，加速农业综合信息数据库群和信息应用系统的建设，建立农业综合管理及服务信息系统；加大农业电子信息基础机构建设力度，逐步建成依托国家传送基干网和电信业务网、广播电视网、计算机信息网，能够满足农业宏观调控、微观导向和农村社会化服务要求的中国农业信息网；培养一批既懂农业又懂经济、既懂技术又懂管理的农业信息人才，造就一支信息资源开发和信息技术应用的服务队伍。

(2) 金农工程的主要建设内容。

金农工程系统结构的核心是金农工程的国家中心。其主要任务：一是网络的控制管理和信息交换服务，包括与其他涉农系统的信息交换与共享；二是建立和维护国家级农业数据库群及其应用系统；三是协调制定统一的信息采集、发布的标准规范，对区域中心、行业中心实施技术指导和管理；四是组织农业现代化信息服务及促进各类计算机应用系统的开发与应用。

(3) 金农工程的建设情况。

金农工程由农业部牵头，原国家计委、国家粮食局、中农办等部门配合。从 2003 年起，力争利用 3 年时间，实现增强政府宏观调控能力和综合服务能力、增强农民信息意识和信息利用能力、增强农产品国际市场竞争力的目标。具体建设任务是：

1) 初步建成农产品市场预警系统。选择部分关系国计民生的重要和敏感农产品，通过建设数据采集、分析、会商、发布四个工作平台，完成数据集成、警情确认和信息发布工作。依托部属“五个一”信息发布窗口和社会媒体，建立固定发布窗口和稳定传播渠道，传播、发布农产品市场预警信息，为农产品生产经营者提供服务。

2) 整合部内信息资源，建立稳定的涉农信息收集、沟通渠道。建立起与海关总署、国家粮食局、中华全国供销合作总社、外经贸部等涉农部门的信息支持协作机制，开发国际农产品生产贸易信息资源。

3) 建立两支信息服务队伍。一支是高素质的农业信息管理服务队伍。计划用 3 年时间，完成 3 万人的培训任务。另一支是农村信息员队伍，依靠村组干部、农村经纪人、产业化龙头企业、中介组织和经营大户等，通过培训考核和资格认证，建立农村信息员队伍。计划用 3 年时间，在全国建立起一支至少 15 万人的农村信息员队伍。

金农工程第一阶段（1995—2000 年）建设的主要内容是使用 PSTN、ChinaNet、DDN、帧中继、BSTN、VSAT 卫星小站等方式传输数据，使各级、各部门间的信息能够及时地传递、交换和进入数据库；组织、协调、引导信息资源的开发，建立和完善国家级农业基本数据库群；建立农业监测、预测、预警等宏观调控与决策服务应用系统和农业生产形势、农作物产量预测系统；建立防灾减灾系统和农业服务信息系统，研制开发与推广有较大经济和社会效益的软件系统和应用工具；建设遥感信息处理系统，包括国家农业遥感中心和区域分中心建设，省级农业遥感站建设，遥感信息处理系统和 GIS 技术应用的开发；建设示范工程和科技教育信息网；等等。

金农工程第二阶段（2000—2010 年）建设的主要内容是扩大信息采集点的规模，使总数达到 3 000 个；完善省级农业综合信息传输和处理中心，与金农国家中心的网络互联至少要达到 64K 速率；将第一阶段的中心建设内容扩展至省级。

4. 金水工程

水利信息化是指利用现代信息技术，深入开发和广泛利用水利信息资源，包括水利信息的采集、传输、存储和处理。水利部信息化工作领导小组于 2001 年 4 月召开了全国水利信息化工作座谈会，将水利信息化建设定名为“金水工程”。

（1）金水工程的建设任务。

金水工程又称“国家防汛指挥系统工程”，旨在加强标准、安全体系建设，提高水利工作的管理水平，提高水利工作的科技含量，从而以水利信息化促进水利现代化。其建设任务主要包括：

1）水利公用信息平台建设。建成覆盖全国水利系统的水利信息网络，建设和完善全国水文数据库、基础水利工程数据库和水利空间数据库等基础数据库，制定和完善一批水利信息化建设与管理的技术标准及规范，建成全国水利信息网络管理中心。

2）九大应用系统建设。九大应用系统有国家防汛指挥系统、全国水利政务信息系统、国家水资源管理决策支持系统、国家水质监测和评价信息系统、全国水土保持监测与管理信息系统、全国水利工程管理信息系统、全国水利信息公众服务系统、全国水利规划设计信息系统、水利数字化图书馆。

3）水利信息安全体系建设。要在防止入侵、安全检测、加固系统和系统恢复等多个环节上，采用先进的信息安全技术，选用经国家主管部门认证并推荐的安全产品，确保万无一失。

（2）金水工程的目标。

金水工程的近期（2003—2005 年）目标是：基本建成水利信息网、水利数据中心和安全体系，全方位构建水利信息基础设施；健全信息化建设运行管理体制，统一标准规范，加强人才培养；重点建成国家防汛指挥系统、全国水利政务信息系统、国家水质监测和评价信息系统、国家水资源管理决策支持系统、全国水土保持监测与管理信息系统；建立水利信息化教育培训体系，培养和造就一批水利信息化技术和管理人才。在七大流域机构、经济发达省份、国家重点工程、大城市率先实现水利信息化。

金水工程的中期（2006—2010 年）目标是：完善水利信息基础设施，持续改善水利信息化保障环境，全面推进重点业务应用，提高信息资源利用水平，提供全面、快捷、准确的信息服务，增强决策支持能力，基本实现水利信息化，为实现水利现代化奠定基础。

金水工程的远期目标是：在全国全面实现水利信息化。

（3）金水工程的建设情况。

1）全国水利系统逐步实现从水情、雨情信息的采集、传输、接收、处理、监视到联机洪水预报，并在国家防汛抗旱工作中逐步发挥了作用。

2）在全国范围内初步建成了“国家水文基础数据库”和其他一些专业数据库。

3）办公自动化水平逐步提高，一些单位已开始实行远程文件传输、公文管理和档案管理。

4）1995 年开始建设的全国实时水情计算机广域网，已连接全国重点防洪省市和流域机关的水利部门，在近年的防汛抗旱工作中发挥了显著作用。在 1998 年抗洪斗争中，在充分发挥全国实时水情计算机广域网作用的同时，还充分利用了国家应急通信系统，保障了国家防总对抗洪斗争的指挥调度。

5）水利部和一些流域机构、省市水行政主管部门、科研院所和重点企业，已建立网站并进入互联网，向社会提供水利信息服务。

6）建设覆盖全国的“国家防汛指挥系统工程”，这个系统工程将是水利信息化的骨干工程和龙头工程，它的实施将为水利信息化建设打下坚实的基础。

5. 金质工程

2001 年，国家质量技术监督局和国家出入境检验检疫局合并，组建国家质量监督检验检疫总局（简称国家质检总局）。国家质检总局组建后的一项重要任务，就是建设质量监督检验检疫信息化工程，简称金质工程。

（1）金质工程的建设目标。

金质工程的建设目标为：依托国家电子政务平台，建设标准统一、功能完善、安全可靠的质检信息化网络平台，全面建设质检业务计算机管理系统，建立质检业务数据库群，提高信息资源共享程度，建设质检信息化标准体系，开展全方位的信息化培训。

（2）金质工程的建设内容。

金质工程的建设内容主要是“一网一库三系统”，即建设质检业务监督管理系统、质检业务申报审批系统、质检信息服务系统，建设质检业务数据库群，建设软硬件及网络平台。

（3）金质工程的作用。

金质工程的建设，有助于充分发挥质检工作在我国国民经济中的重要技术基础作用，促进各级质检机关向管理服务型转变，提高质量监督检验检疫执法的透明度，形成全国统一的质检网络，促进质检系统执法信息化，为生产企业和外经贸企业带来更大的方便与效益，加大打击假冒伪劣的力度，更有效地规范市场经济秩序，促进社会主义市场经济的发展。

本章小结

本章以《“十二五”国家政务信息化工程建设规划》《国家电子政务“十二五”规划》《国家信息化领导小组关于我国电子政务建设指导意见》《关于印发〈国家电子政务总体框架〉的通知》《2006—2020 年国家信息化发展战略》等文件为政策依据和指导方针，阐释了中国信息化战略方针和目标重点，全面介绍了中国政务信息化发展规划、中国电子政务发展规划以及中国电子政务建设的总体框架和策略选择，并以“十二金”工程为典型案例，简要介绍了各项“金”字工程的建设目标、内容和作用。

关键术语

国家政务信息化工程建设规划　国家电子政务“十二五”规划　中国信息化战略方针　中国信息化发展目标　中国信息化战略重点　中国电子政务发展指导思想　国家电子政务发展方针　电子政务建设的总体框架　“金”字工程　“三金”工程　“十二金”工程　宏观经济管理系统（即金宏工程）　金关工程　金税工程　金融监督（含金卡）工程　金财工程　金盾工程　金审工程　金保工程　金农工程　金质工程　金水工程

复习思考题

1. 简要概括中国信息化战略方针，并解释推行电子政务在其中的战略地位。
2. 分析中央网络安全与信息化领导小组的由来及其影响。
3. 如何解释《“十二五”国家政务信息化工程建设规划》和《国家电子政务“十二五”规划》两者之间的关系？是否有必要同时发布两个国家级规划？
4. 比较中国“十五”“十一五”“十二五”时期的电子政务规划，它们之间有哪些关联和变动？
5. 简述中国电子政务建设的总体框架和策略选择。
6. 从“十二金”工程立项来看，“十二金”是如何分类的？

参考文献

1. 国家发展改革委关于印发“十二五”国家政务信息化工程建设规划的通知，2012年5月5日
2. 坚定不移沿着中国特色社会主义道路前进　为全面建成小康社会而奋斗——胡锦涛在中国共产党第十八次全国代表大会上的报告，2012年11月8日
3. 中华人民共和国工业和信息化部信息化推进司关于印发《国家电子政务“十二五”规划》的通知，2011年12月12日
4. 高举中国特色社会主义伟大旗帜　为夺取全面建设小康社会新胜利而奋斗——胡锦涛在中国共产党第十七次全国代表大会上的报告，2007年10月15日
5. 中共中央办公厅　国务院办公厅关于印发《2006—2020年国家信息化发展战略》的通知，2006年3月19日
6. 全面建设小康社会　开创中国特色社会主义事业新局面——江泽民在中国共产党第十六次全国代表大会上的报告，2002年11月8日
7. 中共中央办公厅　国务院办公厅关于转发《国家信息化领导小组关于我国电子政务建设指导意见》的通知，2002年8月5日
8.《中共中央关于制定国民经济和社会发展第十个五年计划的建议》，2000年10月

11 日

9. 高举邓小平理论伟大旗帜　把建设有中国特色社会主义事业全面推向二十一世纪——江泽民在中国共产党第十五次全国代表大会上的报告，1997 年 9 月 12 日

10. 张锐昕主编. 电子政府概论（第二版）. 北京：中国人民大学出版社，2010

11. 张锐昕等编著. 公务员电子政务必修教程. 北京：清华大学出版社，2008

第 12 章

电子政务建设典型案例

12.1 吉林省政务大厅

从 20 世纪 90 年代至今，随着全球化和信息化的逐步深入，公共管理改革成为世界性的潮流。在管理主义取向的变革理念影响下，放松管制，突出服务，引入市场机制、社会力量参与行政审批，以信息技术应用推动行政审批流程再造和行政审批方式变革，成为西方国家行政改革的一个重要内容。与此相应，中国社会主义市场体系的逐渐完善和经济社会的快速发展，对政府管理的服务性、法治化、透明度和效率性提出了更高的要求，传统的政府本位的行政审批模式与经济社会转型之间的矛盾凸显，并成为阻碍行政体制改革深入进行的主要因素之一。

在这一背景下，自 1998 年开始，我国的行政审批制度改革进入了一个以政府职能转变为中心、重塑权责体系、整合部门机构、优化审批流程、变更审批方式的新阶段。这一阶段的改革，明显地具有三个方面的特征：一是行政服务中心建设成为行政审批制度改革的重要手段和主要途径。以 1999 年浙江省金华市第一个建立集中办事大厅为标志，经历了 2003 年《行政许可法》颁布以后的发展高潮，到目前为止，全国大部分省地市县均设立了不同名称的行政服务中心（或称为行政审批服务中心、政务大厅等），取得了令人瞩目的一系列成果，使行政服务中心成为行政审批制度改革的先导和行政组织机制创新的先锋。二是地方政府在行政审批制度改革中扮演了重要的角色。在中央政府的政策和法规指导下，地方政府立足于管理实践，借鉴西方国家行政改革的有益经验，充分发挥了自身的主动性和创造性，在组织机构、办理机制、功能设置等方面进行了一系列的改革和创新，实现了“一厅式”办公、“一站式”服务等崭新的管理实践，形成了各具特色的行政审批改革探索。三是电子政务与行政审批制度改革实现了有机的结合。通过电子政务系统的应用，各政府部门在审批事项上的信息共享、资源整合、流程再造等方面有了全新的进展，电子化服务提高了审批的效率，电子化监督强化了监督的力度，网上行政审批正在稳步推进。

吉林省政府在政务大厅建设方面取得了比较突出的成绩。一直以来，吉林省政府高度重视行政审批制度改革，他们通过率先推行行政审批权相对集中改革、拓展审批公开的范围和途径、完善新的审批办理制度、提高电子政务系统的应用来优化审批流程和增进服务，以及依托政务大厅进行了多次行政审批事项的清理、整合等，在推进体制改革、提高行政效率、优化经济社会发展环境方面发挥了重要的作用，并成功步入全国政务大厅建设的先进行列，形成了特有的“吉林模式”。

12.1.1　吉林省政务大厅建设背景

1. 行政管理体制改革深入进行，服务型政府建设目标提出

政务大厅作为政府对传统行政管理体制和管理方式进行突破和创新而建立起来的一种新型行政机构，其产生和发展与当代中国行政管理体制改革的深入进行和服务型政府建设目标的明确提出密切相关。从行政管理体制改革来看，自改革开放以来，我国行政管理体制历经了三次重大改革。我国行政管理体制的发展可以分为三个阶段，分别是：从 1978 年党的十一届三中全会召开到 1992 年党的十四大之前的积极探索阶段、从 1992 年党的十四大召开到 2002 年党的十六大之前的重大进展阶段、从 2002 年党的十六大召开到现在的全方位深化阶段。特别是 2002 年以来开始的行政管理体制改革，主要是推进服务型政府和法治政府建设，重点围绕构建有利于推动科学发展和和谐社会的体制机制，着力进行政府职能转变，以及制度机制创新和管理方式创新。相较于以往的两次改革，它强调以明确政府职能为逻辑起点，以建立比较完善的中国特色社会主义行政管理体制为目标，以建设服务型政府为导向。中央为推进行政管理体制改革所颁布和采取的一系列政策举措为吉林省改革提供了良好的制度基础、有力的政策支持和明确的目标导向，特别是《关于深化行政管理体制改革的意见》提出“必须坚持发挥中央和地方两个积极性，在中央的统一领导下，鼓励地方结合实际改革创新”，更是为吉林省提供了前进的动力。正是在国家推进行政管理体制改革不断深入这一大的背景之下，吉林省自 2002 年以来开始持续探索适应本省的改革思路和改革途径。

政务大厅作为行政管理体制改革的重要内容，其建立、发展和不断完善，都需建立在政府职能转变、机构改革和管理方式转换的基础之上。从这个角度来看，吉林省在行政管理体制改革和服务型政府建设上所做出的诸多努力，既为政务大厅的建立和建设创造了制度环境和政策支持，也为政务大厅的不断发展和完善提供了明确方向和重要动力。

2. 政务公开广泛推行，电子政务建设蓬勃兴起

政务公开是行政管理现代化的重要目标和显著标志。实施政务公开，改变传统政府管理模式下的权力的封闭式运行和暗箱操作，是推进我国行政管理体制改革的重要手段，也是政务大厅健康有序发展的前提条件。鉴于电子政务建设是构建适应网络的崭新政府管理模式的关键内容和重要途径，能够为政府管理向服务、民主、透明、高效、法治方向发展提供重要支撑，加之近年来政府网站作为政务公开载体的作用不断提升，推行政务公开与电子政务建设越来越紧密地结合在了一起。正是政务公开和电子政务建设对于政府管理改革和发展的重要作用，决定了它们必将成为政务大厅建设的重要前提基础。

自1997年以来，党中央和国务院对推行政务公开和建设电子政务十分重视，相继推出了一系列战略部署。为响应党中央、国务院的号召，吉林省在推行政务公开，加强电子政务建设方面全面部署，迈出了坚实性的步伐，自2001年起经过十多年的努力已经取得了比较丰硕的成果，具体体现在：全省政府系统办公业务资源网络系统基本建成，各市州政府、省政府部门机关内部业务网络形成规模，信息资源库迅速发展，政府公众信息网普遍建立并在政务公开和公共服务上发挥了明显的作用。总的来说，吉林省政府在政务公开和电子政务建设上取得的成绩为政务大厅的建立和发展提供了良好的条件，成为政务大厅得以健康有序发展的重要前提；而《政府信息公开条例》的颁布，省以下各级政府政务信息公开制度的建立，以及政府公务员对于推行政务公开、建设透明政府等理念的普遍接受，成为政务大厅新的管理方式得以运行的重要基础。当然，电子政务建设所带来的政务信息网络平台和业务系统的应用，是政务大厅改进传统审批流程所必不可少的技术支持，政府公众信息网在推行政务公开和提供管理服务等方面的积极探索为政务大厅网站的建立以及其后进行网上行政审批的尝试提供了实践经验，并减少了制度惯性和观念抵制等方面带来的人为阻碍。

3. 行政审批制度改革全面展开，部分地方政府行政审批服务机构率先建立

政务大厅的建设与行政审批制度改革之间存在着更为密切的相互依赖和协同发展关系。政务大厅建设一方面以行政审批制度改革为重要的前提基础，始终以行政审批制度的改革方向为目标导向；另一方面也以推进行政审批制度改革为目的，并在发展完善中同步促进了行政审批制度改革的发展。

中央政府对推进行政审批制度改革一直十分重视。国务院行政审批制度改革领导小组于2001年成立。从20世纪90年代中期到党的十六大，伴随行政管理体制改革的逐渐深入，党中央、国务院提出了转变政府职能的要求，并找到了行政审批制度改革这个突破口。在中央推行行政审批制度改革的政策支持下，我国部分地方政府开始率先示范，通过建立行政服务中心促进行政审批制度改革。在2001年政务大厅建立之初，一些地（市）级政府，如浙江省的金华市政府，广东省的深圳市政府，安徽省的合肥市政府、芜湖市政府，湖北省的黄石市政府，四川省的绵阳市政府等已率先开始了对于审批中心建设和发展模式的初步探索，而一些省级政府的行政审批服务机构也已经建立，如陕西省政务大厅、四川省政务服务中心、安徽省政务服务中心、西藏自治区“一站式”审批服务中心等。这些机构的建立为吉林省政务大厅的创建提供了典型经验和参考样板，使吉林省政务大厅比其之前建立的类似机构有了更高的起点。在政务大厅建设过程中，天津市行政许可服务中心、广西壮族自治区政务服务中心、甘肃省政府政务大厅、宁夏回族自治区政务服务中心和海南省人民政府政务服务中心等省级政府行政服务中心相继建成，党中央、国务院大力推行政务公开，提出努力建设服务型政府、不断深化行政体制改革和推进行政审批制度改革等举措，以及一系列相关法律、法规、政策措施的相继出台，都为政务大厅的健康有序发展提供了良好环境和支撑条件。

12.1.2　吉林省政务大厅建设历程

1. 学习规划阶段

吉林省政府积极吸取其他省市的建设经验，在实践中进行了一系列的改革探索。第一，积极学习先进经验。政务大厅筹划之初，省委、省政府组织相关同志先后赴安徽、湖北、四川等省市进行实地考察调研，对当地建设经验进行系统总结，在此基础上提出了政务大厅的建设要求。第二，形成建设方案，正式成立政务大厅。2002年8月，省政府政务公开联席会议第6次会议讨论确定《吉林省人民政府政务大厅建设方案》(简称《方案》)。《方案》对政务大厅的组织结构、业务范围、运行方式、设施建设、信息化建设、资金筹措、准备工作和时间安排做出了明确规定。在《方案》的指导下，吉林省人民政府政务大厅于12月18日正式开业，同时，省政府政务大厅网站开通。第三，初步建立政务大厅电子政务系统。建成了物理隔离的内外网，形成了以审批业务管理为核心的软件体系，基本实现了政务大厅审批业务的网上运行和网上管理。政务大厅外网拓扑结构如图12—1所示，内网拓扑结构如图12—2所示。

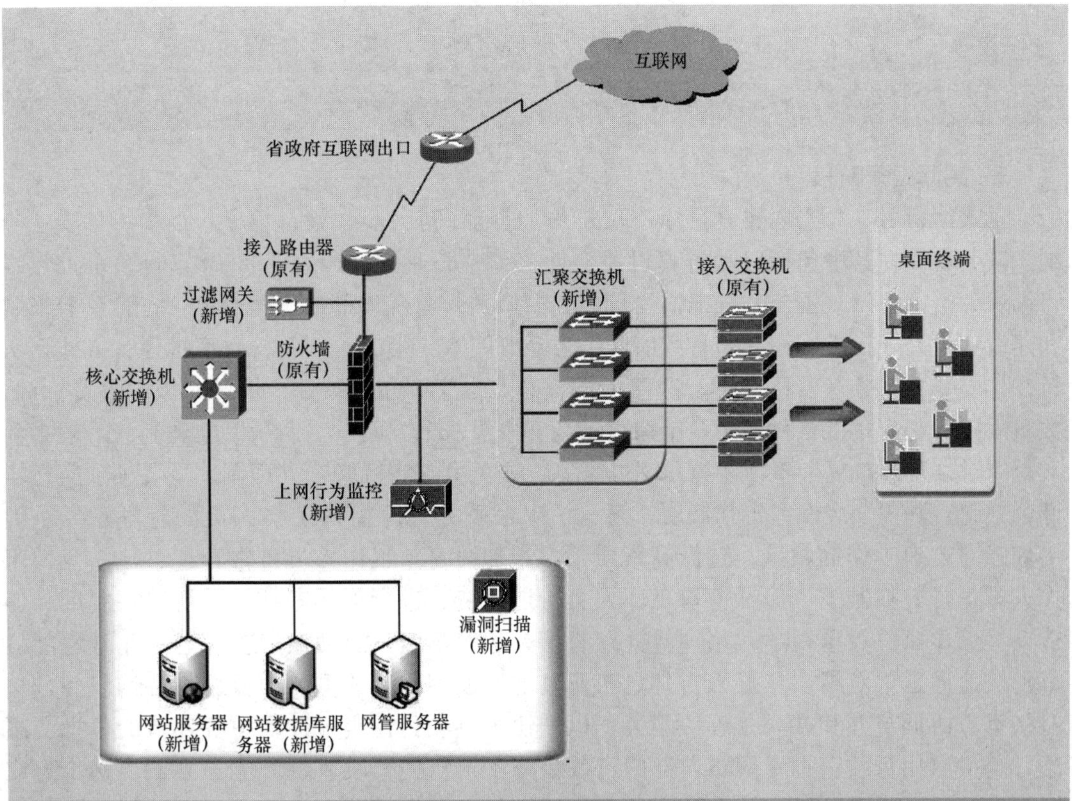

图12—1　政务大厅外网拓扑结构图

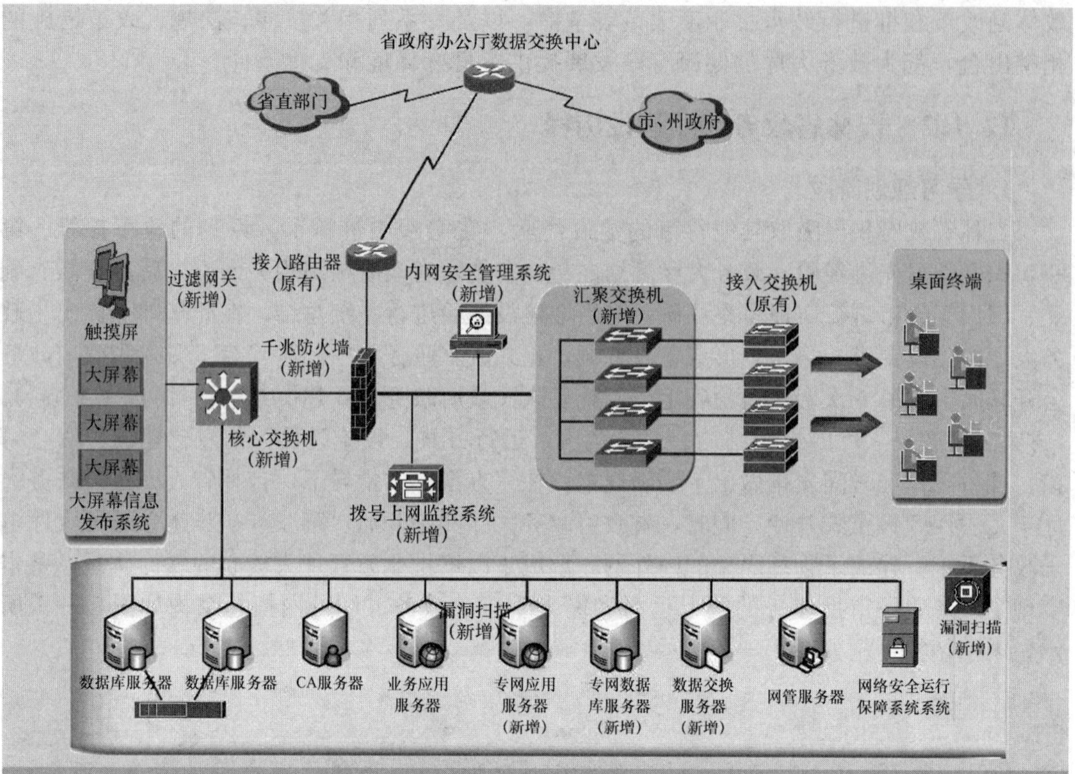

图 12—2　政务大厅内网拓扑结构图

2. 实际运用阶段

正式运行后，为实现建设目标，政务大厅进行了进一步建设。第一，逐步将各项业务纳入政务大厅，其中包括启动省直机关会计核算中心业务，开通“96108”行政审批热线咨询服务电话，设立省长公开电话受理服务窗口，开通行政审批快速通道，省直政府采购和建设项目公开招投标，开通省政府网站公众查阅室。第二，创新行政审批运行方式，实行“八公开”服务（项目名称、法律依据、办理程序、办事条件、承诺时限、收费标准、数量限制、全部审批材料目录及申请书示范文本等八个方面）、“四制”办理制（一般事项实行即时办理制、复杂事项实行承诺办理制、相关事项实行联合办理制、重要事项实行协调督办制）和“一次性”告知制度。第三，出台政务大厅窗口工作人员的管理意见，提出加强对窗口工作的领导、选派高素质干部、加强窗口工作人员日常管理、建立窗口工作人员正常轮换制度、保证窗口工作人员待遇不变、进行工作考核、实行奖惩制度、创造良好工作条件、重视学习培训等九点管理办法。第四，启动振兴吉林老工业基地项目审批快速通道，对纳入《振兴吉林老工业基地规划纲要》的重点项目提供咨询服务、材料初审、协调督办和并联办理等服务，以加快重点项目在实施过程中各环节的审批。第五，统一启用行政审批专用章，部门行政公章不再行使行政审批职能。第六，初步建成网上审批平台，对外面向社会公众，开展网上信息查询、表格下载、在线填报、批复反馈等业务，实现公开办事、公开监督、网上运行、网上反馈；对内连接省政务大厅管理中心、政务大厅窗口和部门职能处室以及领导，实行审批项目全过程网上办理，实现了行政审批的网上运行。

3. 完善提升阶段

2006 年 5 月 19 日政务大厅新址启用，政务大厅建设进入完善和提升阶段。第一，统一组建行政审批办公室。凡是承担行政审批事项的各省政府部门都在政务大厅设立行政审批办公室，根据各部门实际情况核定领导职数，分配 30 多个正副处长职数给政务大厅。第二，形成多功能、综合性大厅。政务大厅成为集审批与收费、信息与咨询、管理与协调、投诉与监察等为一体，为群众、企业、基层提供公共服务的综合性窗口。第三，构建综合性招投标统一平台，各类招投标业务全部进厅。第四，建立立体化行政审批监管机制。构建包括监察机关监督、省政府政务公开协调办公室协调督查处监督、各部门内部监督、大厅内部各行政审批办公室之间的相互监督、办事公众监督和新闻媒体监督等在内的立体化监督体系。第五，建立比较完善的网上审批软件体系，对信息系统进行全面提升，整合大厅软硬件系统，将信息系统覆盖到政务大厅现有业务的各个方面。信息化建设的基本框架（见图 12—3）逐步完善和成熟。

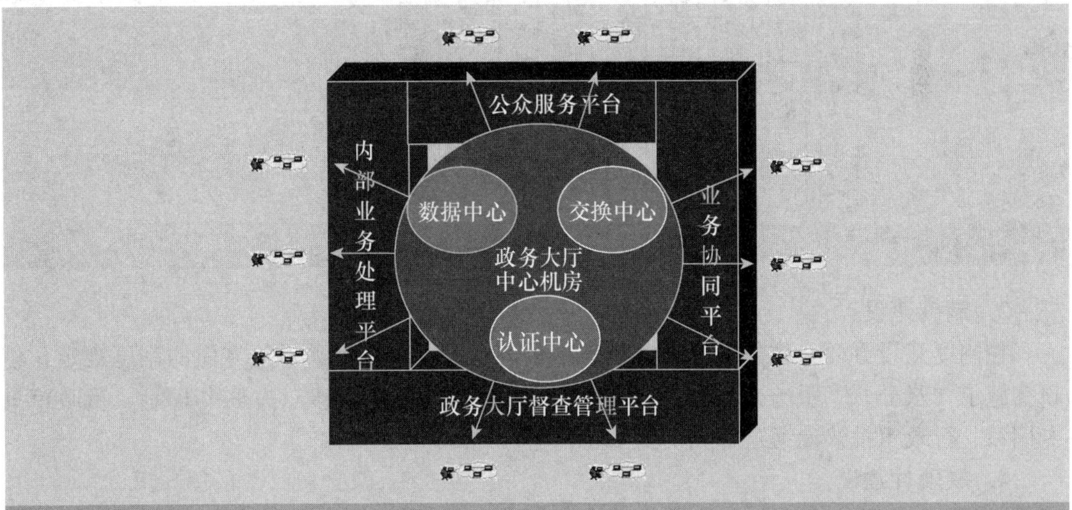

图 12—3　政务大厅信息化建设的基本框架

12.1.3　吉林省政务大厅建设成果

1. 组织建设

在组织建设方面，政务大厅先后设立了省政府政务公开协调办公室、政务大厅机关工作委员会、省监察厅专门监察室和投诉窗口、招投标服务中心等，并有 41 个省政府部门在政务大厅设立了行政审批办公室，初步形成了一个完整的管理和服务组织体系（见图 12—4）。

2. 功能建设

在功能建设方面，政务大厅实现了对行政审批和服务事项的清理，现政务大厅已具备集中审批、招投标服务、财务管理、政务公开、政策咨询、行政复议和法律咨询、监督监察等功能。

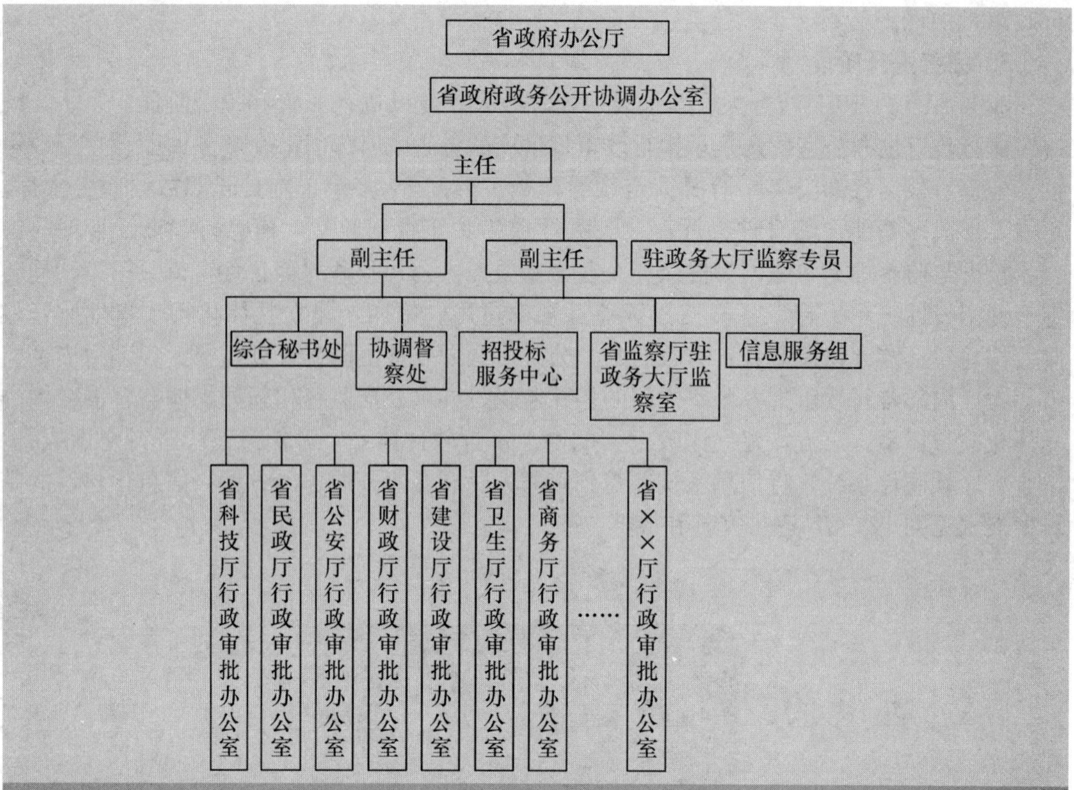

图 12—4　政务大厅组织管理体系

3. 制度建设

在制度建设方面，政务大厅出台和完善了窗口人员、审批项目等方面的制度规定，创新实施了“八公开”服务、“四制”办理制、“一次性”告知制度、并联办理制、行政审批专用章、行政审批快速通道等制度。

4. 软硬件建设

在软硬件建设方面，政务大厅优化完善了大厅办公机构和设施，全面升级了电子政务系统，初步建成了比较完善的网上行政审批系统、公共服务系统、招投标业务系统和电子监察系统。

（1）网上行政审批系统。

政务大厅网上行政审批系统通过审批项目“八公开”和统一的办件流程实现了与行政审批相关的社会公众、业务窗口、职能部门、监管机构之间的信息共享和业务协同，使行政审批的项目内容和办理过程向公众公开和监管部门公开，从而推动了政府职能转变，改进行政管理和社会服务方式，提高了审批效率，降低了行政成本，方便了群众办事，确保了行政审批业务的公开、透明、优质和高效。

网上行政审批以成熟的网上审批业务流程为基础，实现了申报（大厅申报、网上申报）、受理、办理、办结、反馈、查询、取件等全部的行政审批环节的网上办理。网上行政审批业务流程如图 12—5 所示。

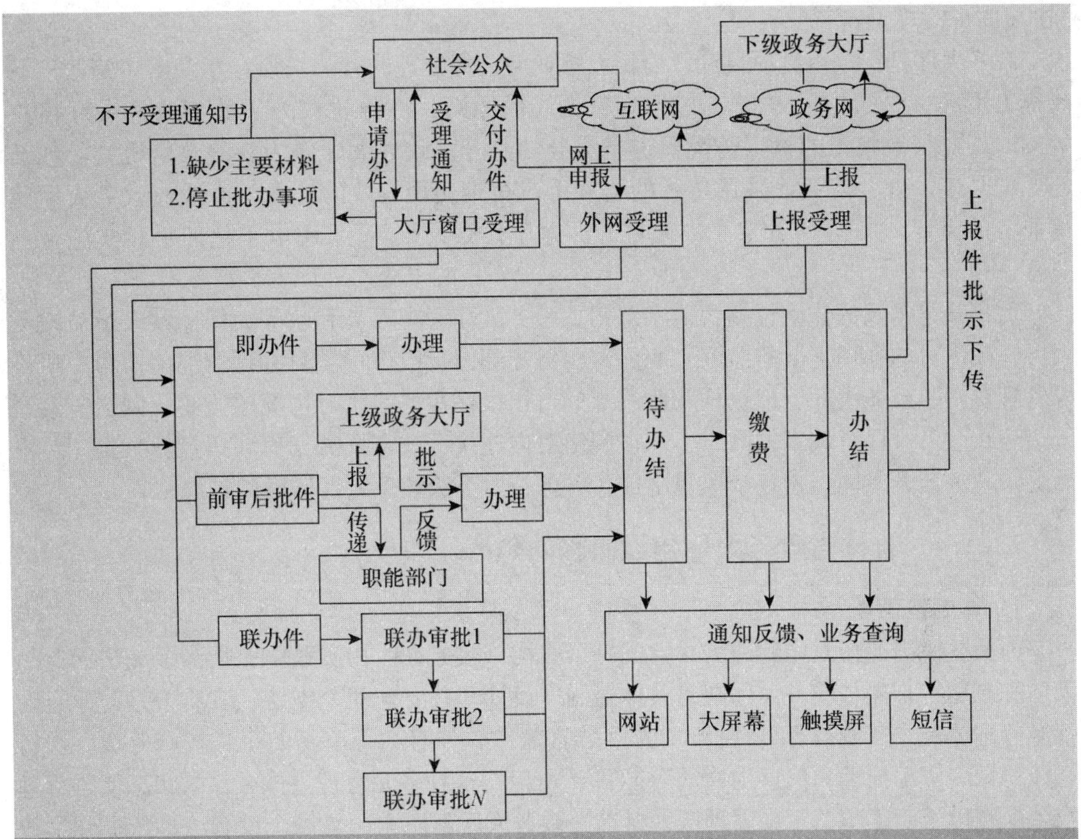

图 12—5　政务大厅网上行政审批业务流程图

（2）公共服务系统。

政务大厅公共服务系统是基于政务大厅的行政审批和招投标管理两大业务，通过互联网、触摸屏、大屏幕等系列设施，面向社会公众提供信息服务、接受社会监督的软件平台。该系统架构于政务大厅行政审批和招投标业务数据库之上，开展自助项目申报、项目查询、办件过程跟踪、在线咨询等相关业务。该系统的投入使用对提高政府服务水平、丰富政务大厅的政务公开形式、增加政务大厅业务运转的透明度等起到了重要作用，受到公众的广泛好评。

（3）招投标业务系统。

政务大厅为保障招投标业务的顺利开展，建设了政务大厅招投标管理信息平台，该系统以招投标项目管理为核心，包括项目管理、专家管理、中介机构管理、供应商管理、招投标信息发布等子系统，实现专家指纹签到、专家自动抽取和计算机评标系统，强化对专家、供应商和中介机构的管理和考评，加强纪检监察，杜绝了人为干预招投标活动的现象。特别是 2008 年建成了统一业务流程管理的招投标业务系统，以及招投标业务流程管理、专家管理、电子评分等相关子系统，并已陆续投入使用。政务大厅招投标区域均采用先进的电子手段，对招投标过程进行全方位录音录像，音像资料可以自动存储半年以上。同时，引进专家变声系统，实现了背靠背非接触式评标，使招投标活动更公开、公正、公平。

（4）电子监察系统。

政务大厅是行政审批项目和政府招投标业务公开处理的办公场所，承载着本级政府行政权力执行的重要职能。本着放权与监管同步的原则，将行政权力下放到政务大厅窗口的同时，对行政权力的执行情况也进行充分的监管。政务大厅作为新的政府机构，涉及的部门众多、业务广泛，采用传统的监察手段很难实现有效的监督。为适应政务大厅监察业务的需要，2008年开发了“政务大厅电子监察系统”，采用电子化的手段实施业务监察。

监察系统涉及的监察包括：监察部门、政务大厅管理人员和政务大厅监察人员对政务大厅行政许可的办理情况的监察；职能部门对本部门行政许可项目办理情况的监察；招投标管理机构、政务大厅管理机构和监察部门对招投标业务的执行情况的监察。网上监察系统搭建在政务大厅行政审批网络上，该网络对内连接行政审批数据库和招投标数据库，对外通过政务公开专网连接各个监督主体，并保持对下级政务大厅监察的扩展。

12.1.4 吉林省政务大厅建设面临的障碍

1. 体制性障碍

作为在原有的行政体制外另设立的一个机构，政务大厅在实践中面临诸多无法回避的矛盾和难题：首先，政务大厅缺乏整体性制度设计和必要的理论支持，实质上是与原有的行政管理体制“并轨运行”，由于“大多数官僚组织拥有一个单一的正式权威等级，履行组织协调、资源配置和信息沟通的职能”①，所以，这种多元管理主体并存的状态使得管理权限模糊以至于工作关系难以理顺。其次，政务大厅本质上还是一个没有法理依据和实权担当的协调机构，在现有行政管理体制中找不到自己的位置。再次，虽然行政审批权形式上已集中到政务大厅，但实质上，一些职能部门领导仍牢牢掌控着权力。最后，进厅的窗口单位的人事权和财政权仍受其所属职能部门的实质性控制。要从根本上解决体制性难题，一是需要省政府和政务大厅的努力；二是应呼吁国家尽早出台和修订相关法律；三是应科学谋划并系统规划未来行政体制改革的实施策略，努力寻求中央政府的政策支持与意见指导。

2. 组织性障碍

政务大厅的组织结构是典型的“矩阵型组织”，这种组织结构有着较强的适应性和灵活性，但也存在诸多问题。首先，政务大厅管理部门的权力与责任不匹配，往往是责任大于权力。其次，受“临时观念”影响，窗口工作人员普遍缺乏对政务大厅的“组织归属感”。解决组织性难题的首选策略在于突破政务大厅权责不一致的障碍：一是将政务大厅升格为专司行政审批、具有独立法律地位的行政执法机构；二是将窗口工作人员的人事、财政和组织关系等全部划归政务大厅统一管理；三是关注政务大厅内非正式组织文化建设，并实施必要的奖惩政策和激励措施。

3. 利益性障碍

长期以来，政府各职能部门已经形成利用行政审批方式来管理经济社会事务的思维定

---

① ［美］安东尼·唐斯：《官僚制内幕》，284页，北京，中国人民大学出版社，2006。

式，又因其审批事项的繁杂性和审批行为的专业性，各职能部门除拥有法律明确赋予的审批执行权外还拥有一定的自由裁量权，这虽然有助于适时解决审批过程中遇到的众多非结构化问题，但也带来了权力寻租等方面的风险。因为行政领域中的“个人是严格按经济人的方式行动的”①，这使“政府权力部门化，部门权力利益化，部门利益个人化”倾向难以扭转，由此可能给政务大厅进一步改革发展带来棘手的利益性难题。改革中不可避免的利益再分配和再调整问题已经触及了职能部门的既得利益，某些行政官员“可能会把变革看成是对他们既定权力、地位和影响力的一种现实的或潜在的威胁，从而激发对变革的否定态度”②，特别是行政审批权进厅的某些部门的领导可能会为了自身利益或部门利益而消极应付改革甚至积极对抗放权，从而造成职能部门与政务大厅之间关系僵持或权力争夺的不利局面。同时，改革主体容易受到其他人消极行为的影响而对改革采取观望、“搭便车”的态度。为解决以上利益性难题，首先，省政府应进一步加大将行政审批权从原职能部门剥离的力度，推动执行权与决策权和监督权的完全分离。其次，应对原职能部门进行职责明确定位、职位合理调整和人员妥善安置等，以免因部门权力流失或个人利益受损而使改革陷入困境。最后，应“激励先进，带动后进”，建立和完善奖惩机制。

政务大厅是推动吉林省行政审批制度改革前进的中坚力量。自行政审批制度改革启动至今，虽然政务大厅在发展前进的过程中也经历过探索的艰辛和改革的阵痛，但目前已基本步入成熟、规范和理性的轨道，并积累了丰硕的改革成果与丰富的实践经验。从行政改革和行政发展的角度来看，不变的是变化，永恒的是发展，政务大厅的先进性和生命力正蕴含在其不断探索和完善的发展过程中。随着服务型政府建设的逐步深入和公众对公共服务需求的进一步攀升，以及业已建成的电子政务系统的运行需要行政体制做适应性改革的保障要求，政务大厅具有革命性意义的相对集中审批模式与“一站式”办公方式需要进行更深层次的再变革，朝向集中审批模式尤其是网上行政审批迈进。

12.2　武汉市智慧城市

智慧城市是在城市运营中充分利用新一代信息技术，高效开展公共服务和社会治理的城市信息化高级形态。美国、韩国、新加坡、中国台湾等 50 多个国家和地区相继开展了智慧城市试点和示范工程建设，并制定了相应的国家发展战略。在我国，智慧城市的基本理念也得到了普遍认可，许多城市纷纷将建设智慧城市作为转变城市发展方式的重要路径。赛迪数据显示，截至 2011 年 5 月，我国一级城市基本上都制定了智慧城市相关发展规划，80％以上的二级城市也明确提出了智慧城市建设意向。

武汉市是我国建设智慧城市的先行者之一。2010 年，武汉市被科技部认定为国家 863 计划“智慧城市主题”项目试点城市，率先启动智慧城市建设。经过四年多的建设，武汉市从智慧城市顶层设计和总体规划开始，分阶段实施智慧城市试点和示范工程，逐步完善

① ［美］詹姆斯·M·布坎南：《自由、市场与国家》，347 页，上海，上海三联书店，1989。
② 张国庆编著：《行政管理中的组织、人事与决策》，274 页，北京，北京大学出版社，1997。

智慧城市基础设施建设，在智慧城市建设方面取得了显著成效。

12.2.1 智慧城市的产生背景

智慧城市是新一代信息技术发展和城市化进程加速的产物。

智慧城市的产生恰逢信息技术的大变革。IBM前首席执行官郭士纳曾经提出信息技术的“十五年周期定律”，即计算模式每隔15年发生一次变革：1965年前后发生的变革以大型机为标志；1980年前后以个人计算机的普及为标志；1995年前后则发生了互联网革命；2010年前后出现了物联网，为智慧城市提供了技术准备。

智慧城市是应对城市发展挑战的需要。世界上城市人口比例由1900年的13%（约2.2亿）增长到2005年的49%（约32亿），预计到2050年将有2/3人口（超过60亿）居住在城市或城镇。城市快速发展带来人口膨胀、交通拥堵、环境污染、资源短缺等一系列问题，智慧城市正是为解决这些问题而被提出的。

智慧城市是全球金融危机后经济发展的需要。金融危机以后，以美国为首的发达国家实施“再工业化”战略，从过去以消费和金融创新为主要推动力的经济增长模式转向以出口和制造业增长为主要推动力的新型增长模式。发达国家积极抢占以新能源、新一代信息技术产业为代表的高端制造业技术和产业制高点，继续保持对发展中国家的竞争优势。智慧城市充分利用物联网、云计算、大数据等新一代信息技术更好地理解和运营城市，优化城市资源配置。

2008年11月，IBM首席执行官彭明盛在纽约的外国关系理事会上首次提出“智慧地球”概念。2009年1月，奥巴马与美国工商业领袖举行了一次圆桌会议，彭明盛在会议上建议政府投资新一代的智慧型信息基础设施。随后，美国政府将其上升为国家战略，而IBM也开始在全球广泛推行“智慧地球”理念和战略，并将“智慧城市”作为“智慧地球”策略中最重要、最综合的应用。

基于中国市场的广阔前景，IBM于2009年8月专门发布了《“智慧地球”赢在中国》的白皮书，并相继与我国十多个省市签署了“智慧城市”共建协议，引发我国“智慧城市”建设热潮。2010年9月，中共宁波市委、宁波市人民政府出台《关于建设智慧城市的决定》，成为国内第一个明确提出智慧城市建设规划的城市，其后，深圳、武汉、北京、上海、广州、南京等大城市纷纷跟进。2013年，住房和城乡建设部分两批确定193个城市（区、县、镇）为国家智慧城市试点。2014年3月，《国家新型城镇化规划（2014—2020年）》明确要求推进我国智慧城市建设，提出信息网络宽带化、规划管理信息化、基础设施智能化、公共服务便捷化、产业发展现代化、社会治理精细化六大建设方向。

12.2.2 武汉市智慧城市的建设历程

2010年，武汉市被国家科技部认定为首批创新试点城市，同深圳市一起成为国家863计划“智慧城市主题”项目仅有的两个试点城市，以此为契机率先启动智慧城市建设试点。武汉市专门成立以市长任组长的智慧城市建设领导小组，由市科技局和市信息化产业办公室分别负责智慧城市的顶层设计和建设实施。

2011年1月，武汉市投入1 000万元面向全球公开招标，分“概念设计”与“总体规划与设计”两个阶段开展智慧城市顶层设计工作，整合国内外一流机构的规划理念和技术优势编制武汉智慧城市规划。

2012 年 8 月，武汉市人民政府通过武汉智慧城市总体规划与设计，计划在 2020 年基本建成智慧城市。根据这一总体规划与设计，到 2015 年，支撑武汉智慧城市建设的信息基础设施日臻完善，一批重点领域的智慧城市应用工程基本建成，基本构建完成现代化智慧产业体系；到 2020 年，武汉智慧城市基本建成，成为中部“智慧之都”，建立完成一个集应急指挥、行政管理、社会民生、公众服务等综合信息为一体的智能化协同信息系统，智慧基础设施达到全国领先水平，“信息通衢”成为城市新品牌，武汉将打造成智慧城市建设典范。

2013 年，住房和城乡建设部公布国家智慧城市试点 90 个，武汉市和武汉市江岸区被确定为其中两个单位。后来，试点又扩大到武汉市蔡甸区。

12.2.3　武汉市智慧城市的建设内容

武汉市在综合国内外智慧城市建设先进理念和成功经验的基础上，结合该市经济和社会发展的实际情况，于 2012 年 8 月确定了武汉智慧城市总体规划与设计方案，形成了“113”的总体架构（见图 12—6），即“确立一个发展目标，建设一套信息化基础设施，构建三大核心体系”，全面提升武汉市的综合竞争力。

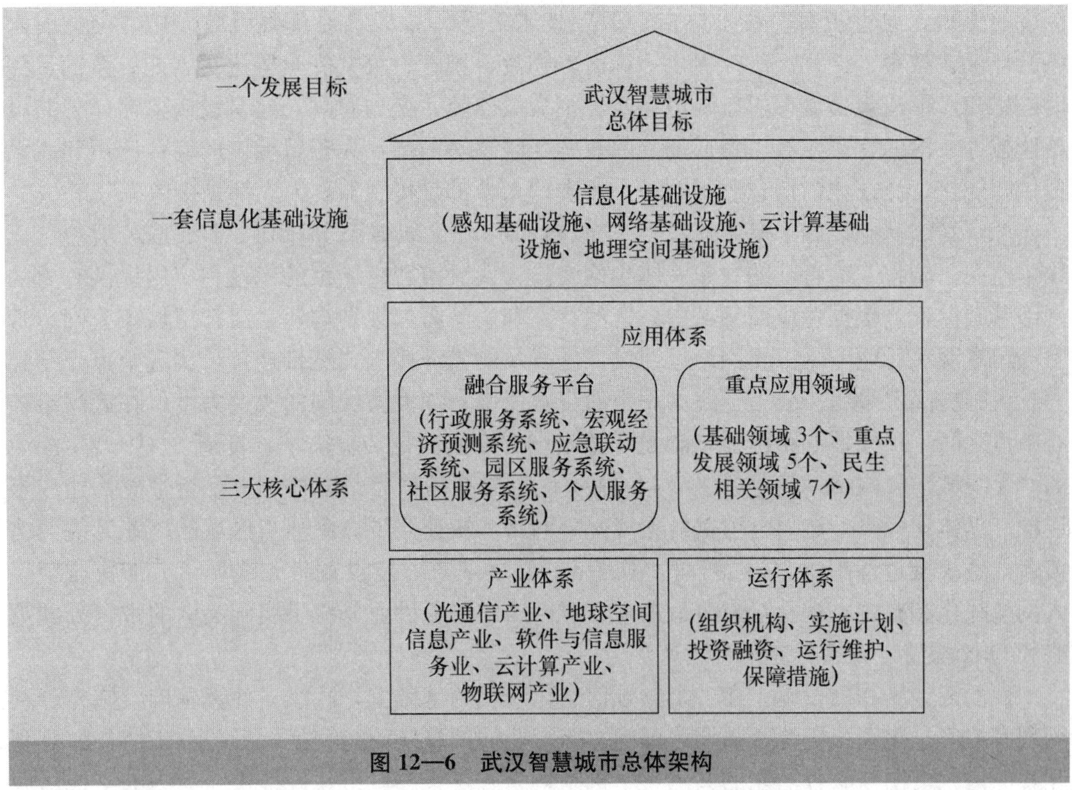

图 12—6　武汉智慧城市总体架构

1. 发展目标

通过智慧城市建设，全面实现社会综合管理与服务、公共安全、物流、旅游、环保、食品安全、水利等重要领域的智慧化建设，形成较为完善的智慧城市政策支持体系，全面实现城市信息的高效传递和智能响应；掌握 RFID 核心技术、物联网组网技术、深度互联技术、智能终端技术等一批核心技术，初步形成高新技术产业链；智慧应用达到全国领先水平，使武汉市成为“发展更科学、管理更高效、社会更和谐、生活更美好”的中部“智慧之都”。总体目标具体又分为两个阶段的目标。

第一个阶段的“五年发展目标”：到 2015 年，支撑武汉智慧城市建设的信息基础设施日臻完善，实现全面物联和有效整合，形成基础网络发达、基础设施集约建设、信息资源充分共享、信息安全体系充分保障、信息技术普遍应用的信息化整体格局。

第二个阶段的“十年发展目标”：到 2020 年，武汉智慧城市基本建成，具备较高的全景化城市态势感知能力、网格化城市社会管理能力、一体化城市运行指控能力、全程化城市公共服务能力与智慧化城市产业创新能力。智慧产业集群发展壮大，对城市经济发展的贡献率大幅提高，有效引领和带动城市经济转型和提升。

2. 信息化基础设施

武汉智慧城市信息化基础设施包括感知基础设施、网络基础设施、云计算基础设施、地理空间基础设施四部分。

（1）感知基础设施。充分发挥城市数字化信息采集和监控的功能，对基础市政设施、基础城市实体、移动的商品和物体、城市资源与环境和城市居民等几大城市要素进行全面深度的感知，通过视频、移动终端、射频技术等感知手段，对基础市政设施、交通、水务、环保、教育、文化、医疗卫生、社区、物流、城管、公共安全等进行智能、全面、深度的感知，形成包括城市生态环境感知、生命线监控、交通管理、建筑设施监测、公共设施监控等在内的、覆盖城市组成部分的智能互联感知网络，为智慧城市的综合应用和建设提供智能化、泛在化的信息感知网络，实现“人人都是传感器，人人都是摄像头”。

（2）网络基础设施。基于武汉市“光城计划”“无线城市”计划，形成以“宽带、无线、泛在、融合”为特征的智慧一体化网络，为武汉市智慧城市的建设和应用提供有力的网络基础保障。根据各应用领域中系统的特点和实际需求规划构建武汉智慧城市公网、智慧城市专网和行业专网三类网络。建设广泛普及的光纤接入式宽带连接，实现全市光纤到户，大幅提高“最后一公里”终端用户的带宽速率；加大城域网的改造力度；在武汉市核心节点之间，连接核心路由器，满足智慧城市的海量数据传输需求。打造“3G＋WLAN”的“无线城市”网络。优化升级 3G 网络质量，提高用户容量，增加上下行带宽，建成多层次、立体化、高带宽、全覆盖的无线基础网络。快速实现城市热点区域的高速无线网络覆盖，系统推进各制式 3G 网络向 4G 网络的发展演进，建设宽带无线城市。加快城市接入网光纤化和有线电视网双向改造进程，对网络中的各种业务流量实施灵活的带宽分配策略和 QoS 配置，打造智能信息管道。

（3）云计算基础设施。在各个领域信息化现状的基础上，武汉云计算基础设施充分利用现有的信息化系统资源，强调跨部门、跨行业的信息交流与交换，形成分工协作、互利互惠的信息资源与服务功能的共建共享机制，为武汉智慧城市建设提供强有力的支撑。武汉规划建设 1 个武汉市云计算中心和 6 个行业云计算中心。武汉市云计算中心由政府主导建立，依托市民之家、社会综合管理与服务网格化建设，整合武汉现有的人口库、法人库、空间地理与自然资源数据库和宏观经济数据库，建立和完善城市部件库、事件库等数据库，形成云计算中心海量数据库，实现以武汉市为中心，辐射范围逐步延伸至“1＋8”城市圈、中部其他 5 省乃至全国。行业云计算中心建设充分考虑各个应用领域的信息化建设现状和建设成本，充分利用已有基础，满足“建设集约化、集成一体化、运行协同化”的需求，选择公安、交通、教育、环保、医疗卫生、水务等 6 个行业，建设行业云计算中心，为各类专业用户提供高效、优质的云服务。

(4) 地理空间基础设施。建设国内首个位置源数据中心，为武汉智慧城市建设提供高精度地理信息服务。面向社会管理、政务服务和民生工程，不断深化地上、地表、地下一体化的地理空间信息管理与开发利用，促进地理信息资源的集约利用，实现地理空间信息的“智慧感知、智慧融合、智慧分析、智慧服务、智慧决策”，开展武汉地理市情监测，满足城市管理、经济建设、社会发展以及市民生活的不断发展需求，进一步提升地理信息服务能力，形成武汉智慧城市建设的核心基础之一，为武汉智慧城市建设提供有力支撑。

武汉市力争经过 3～5 年的智慧城市信息化基础设施建设，不断建设和完善感知基础设施、网络基础设施以及云计算基础设施。进一步扩大武汉市城区感知基础设施，感知设备规模达到百万数量级，形成覆盖全市范围的视频感知网、GPS 感知网、无线感知网、数字集群专网等感知网络，建设国内首个位置源数据中心。进一步完善网络基础设施，全市光纤到户覆盖面达到 100%，实现家庭接入速率 100Mbps 级别，企业接入速率 1 000Mbps 级别；城区“3G＋WLAN”无线宽带覆盖率接近 100%，接入带宽达到每秒 20Mbps 以上。实现电信网、互联网和广播电视网“三网融合”，“三网融合”的多屏融合与互动业务得到广泛应用。建成面向政府、企业和市民服务的武汉市云计算和面向特定领域的行业云计算服务体系，提供云计算基础设施服务、云平台服务和云应用服务，云计算能力超过 1 000 万亿次/秒，存储能力达到 100PB (10 万 TB)。

3. 核心体系

武汉智慧城市建设包括应用体系、产业体系和运行体系三大体系。其中，应用体系是武汉智慧城市建设的核心，产业体系是武汉智慧城市建设的基础，运行体系是武汉智慧城市建设的保障。三大体系相辅相成、和谐统一，共同促成武汉智慧城市建设全面、协调和可持续发展。

(1) 应用体系。

武汉智慧城市应用体系由融合服务平台、重点领域应用、信息安全体系和标准规范体系等组成，如图 12—7 所示。

融合服务平台包括行政服务系统、宏观经济预测系统、应急联动系统、园区服务系统、社区服务系统、个人服务系统六大系统。通过融合服务平台六大系统建设，形成对智慧城市建设过程中所有应用的整合，直接提升城市主体对智慧城市的感受和体验，提高武汉市应急指挥中心、市民之家、29 个园区、1 342 个社区、300 万家庭、近千万移动终端用户智慧化水平。

重点领域应用包括智慧社会管理、智慧国土规划、智慧市政设施、智慧公共安全、智慧医疗卫生、智慧食品药品、智慧交通、智慧城管、智慧文化、智慧教育、智慧环保、智

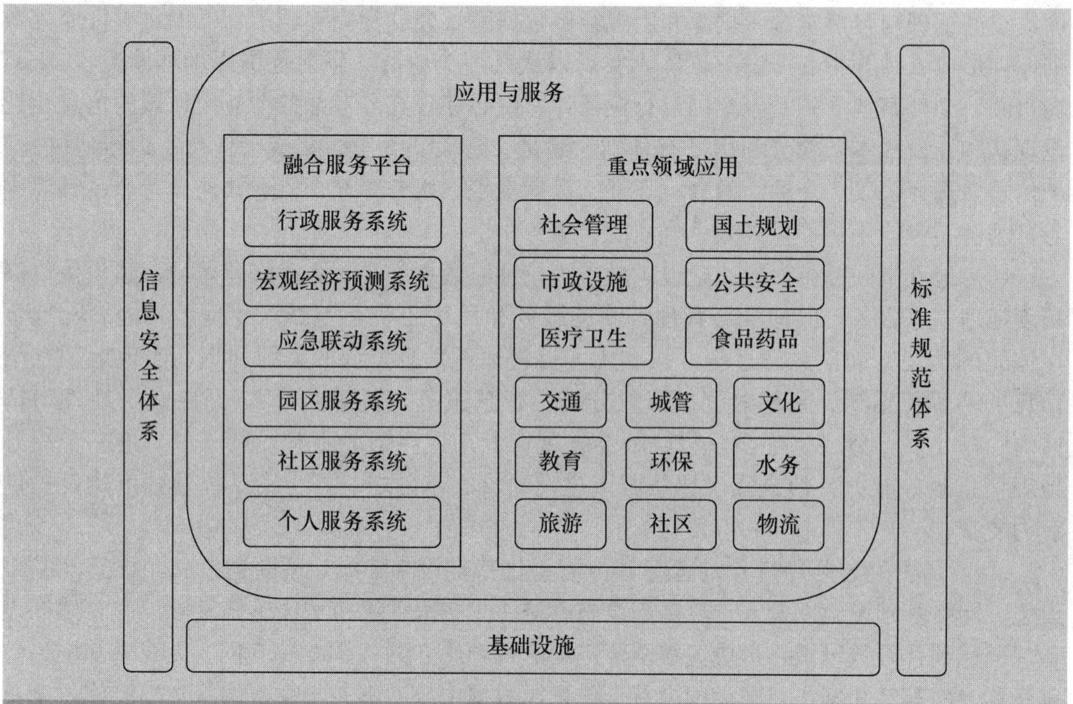

图 12—7　武汉智慧城市应用体系架构

慧水务、智慧旅游、智慧社区、智慧物流 15 项重点应用。其中，基础领域 3 个（智慧社会管理、智慧国土规划、智慧市政设施），重点发展领域 5 个（智慧文化、智慧教育、智慧环保、智慧水务、智慧物流），民生相关领域 7 个（智慧公共安全、智慧食品药品、智慧医疗卫生、智慧社区、智慧交通、智慧城管、智慧旅游）。

武汉市希望通过智慧城市建设，迅速提升武汉城市功能和管理现代化水平，逐渐形成完善的社会公共服务体系；注重保障和改善民生，通过一系列智慧工程，构建和谐稳定、经济良性发展、安全、环保、宜居的城市，营造更加美好的城市生活。力争通过五年努力，实现以下四个方面的目标：

1）城市智能运行方面。全市道路和高速公路的综合监控比例达到 90%以上，安全生产重点行业领域网络监管覆盖率达到约 100%，重点单位的消防智能监控网络覆盖率达到 90%以上，环境智能在线检测率达到 90%以上，城市和社会网格化管理覆盖率达到 90%以上。

2）市民智能生活方面。基本实现全民上网，全体市民享受无处不在的信息服务，人人拥有电子档案，全面普及电子商务，智慧生活进入普通家庭。互联网普及率达到 75%以上。3G 用户比例达到 55%以上。能够提供在线预订服务的旅游星级饭店比例达到 85%以上。

3）企业网络运行方面。实现智慧的供应链，提供无处不在的电子商务，建成绿色企业。实现关键业务信息化的规模以上企业占比 75%以上，有效利用信息化手段实现节能减排的规模以上企业的比例达到 75%左右，企业信息化投入占主营业务收入的比例达到 0.5%左右。

4）政府整合服务方面。实现移动的政府、贴身的政府和24小时服务的政府。通过市民主页提供的服务比例达到75%以上，全流程在线办理的政府公关服务比例达到85%以上，行政服务事项网络监察率达到90%以上，基层政务数据统一采集和部门数据实现共享与需求比例达到75%以上。

（2）产业体系。

通过武汉智慧城市建设，将催生以新一代信息技术为基础的光通信产业、地球空间信息产业、软件与信息服务业、云计算产业、物联网产业等支柱产业，进一步优化全市电子信息产业结构，间接带动先进制造业和现代服务业，拉动周边地区经济的发展（见图12—8）。

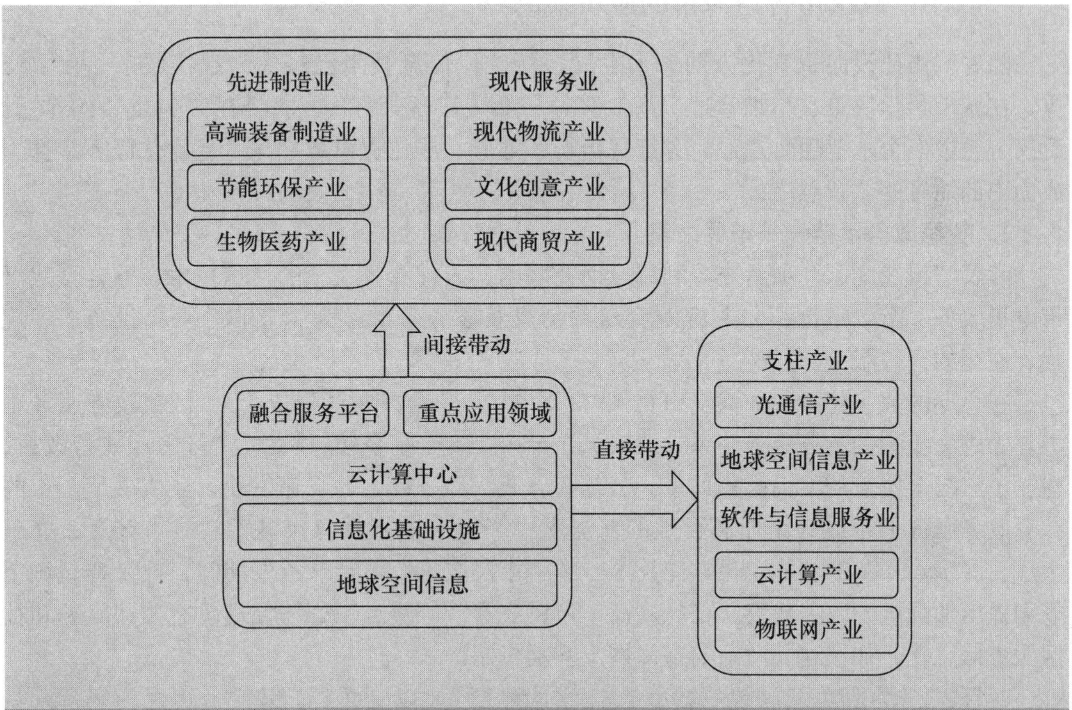

图12—8　武汉智慧城市产业带动效应

武汉市智慧城市产业发展以“建立适应智慧城市发展的创新型产业体系”为总体目标，不断扩张产业规模，完善产业体系，提高产业附加值，增强企业自主创新能力，使武汉市智慧城市产业向规模化、纵深化和高端化发展，为实现国家中心城市、两型社会和国家自主创新示范区提供了重要产业支撑，具体体现在：加快推进物联网、云计算产业化进程；巩固发展地球空间信息产业，保持武汉地球空间信息产业在全国领先地位；发挥武汉光通信产业优势，积极拓展产业发展渠道，加强优势企业联合发展；争取软件与信息服务业综合竞争力指数在全国省级城市中居前3位，信息服务能力达到国内先进水平；大力发展武汉先进制造业、现代服务业和培养百家具有国际竞争力的优秀企业、文化创意产业；等等。

（3）运行体系。

运行体系分为试点示范（2012—2015 年）和全面推广（2016—2020 年）两个阶段。其中，试点示范阶段的主要任务是基于武汉现状和现有基础，继续深化 15 个在建智慧城市试点项目的建设，全面推广阶段的主要任务是以武汉市智慧城市建设第一阶段完成的基础设施和重点示范项目为基础，扩大试点范围，在全市全面开展智慧城市建设。

按照“基础先行，民生优先”的原则，优先选择提升信息基础设施、夯实智慧应用基础、与民生息息相关的项目先行示范建设。

按照“政府规划、企业投资、市场化运作”的投融资模式，分阶段，滚动推进实施计划，促进智慧城市建设持续深入发展。

12.2.4　武汉市智慧城市的应用案例

随着城市建设向智慧化方向深入发展，新一代信息技术已经成为现代城市的重要支撑，在城市科学决策、精细管理、高效服务和低碳运营等方面发挥着越来越重要的作用。武汉市通过多个示范项目建设，为市民出行、办事、居住提供数字化、智能化服务，努力成为中部地区的“智慧之都”。

1. 智慧政务示范——市民之家

武汉“市民之家”项目充分利用当前物联网、云计算等最新的信息技术，整合全武汉市电子政务、行政审批和公共资源交易的信息及业务资源，为企业和公众提供统一、现代、便捷的行政服务。

在早期的数字化阶段，武汉市在 13 个行政区、2 个开发区建成 15 个区级政务服务中心。为进一步完善政务服务体系，武汉又在全市 162 个街乡镇、3 235 个社区（或行政村）建立了三级全覆盖的便民服务体系。但是随着武汉经济社会的飞速发展，建成一个全市的综合政务服务平台成为企业和百姓的新需求。2009 年初，武汉市基于“城市客厅、办事大厅、展示大厅”的功能定位，建设了一个“市民之家”。“十二五”期间，武汉智慧城市规划提出加强电子政务建设，依托武汉“市民之家”等重点工程，促进政府公共服务和社区服务信息化，加快建立政府与市民网上互动机制。

“市民之家”作为武汉智慧城市的重点示范工程，以全面、高效服务市民为宗旨，具有行政审批、公共资源交易、规划展示、综合政务、行政电子监察、中介及商务配套服务等六大功能。目前，“市民之家”汇集了公安、工商、税务、市政、民政等 66 个单位，设立了 318 个窗口，可办理 426 个行政审批和公共服务事项。

武汉“市民之家”一共分为 5 层，其中 1～2 层的行政审批服务区，集中了所有的服务窗口，市民和企业可在这里办理 426 个审批和服务事项；3～5 层是公共资源交易区，土地交易、建设工程等项目在这里集中进场交易。未来，它不仅成为武汉政务服务的“大窗口”，还将成为武汉市民的“大客厅”，集市民办事、规划展示、培训讲座、商务洽谈、文化休闲等功能于一体，为武汉的“智慧城市”建设提供有力支撑。

武汉“市民之家”的特点有：

（1）网络互联。“市民之家”千台电脑共用一个主机，主干核心采用万兆光纤＋万兆交换机，楼层之间网速达到万兆，桌面电脑网速达到千兆，且实现无线网络全覆盖。“市民之家”覆盖了政务外网、政务专网、业务网和公安专网等，与66个入驻单位实现了网络通、数据通、业务通，还与全市15个区级政务服务中心、162个街乡镇、3 000多个社区网络全部连通，成为武汉建设智慧城市的“神经中枢”；通过信息化平台实现多个政务服务垂直系统横向关联，为广大市民打造了便民办事的快车道。

（2）信息共享。“市民之家”建设基于“数据整合”理念，采用云服务技术，构建全市统一的网上行政审批平台，实现网上流转、网上审批、网上查询等功能。通过信息共享，行政审批和信息服务效率大为提高，例如武汉市工商局每月的统计报表搜集、分析、处理时间，就由2天缩短到30分钟。此外，武汉“市民之家”还将开展入驻单位的数据共享，向民众开放市质监、安监、食药监、农业等部门数据，在财政、环保、招投标等领域开展数据公开试点，引导企业和个人对数据开展创新性应用。

（3）“全天候”在线。“市民之家”能够提供24小时自助公共服务，市民可通过网络及大厅服务设备，进行网上预约，自助申报，查询、跟踪办事进度。

（4）“一站式”服务。所有审批事项一次性申报，窗口自动生成办理告知，实现了“一窗受理、一次录入、长期使用”。各类审批事项的申报信息、过程信息、结果信息，实现了自动整合、实时交互、全程共享。武汉市民进一次“家”，一次性提交材料，便可“一站式”解决问题，办成原来需要多部门跨区域审批的事项，办理市级行政审批手续再也不用东奔西跑了。

（5）主动推送式服务。“市民之家”是一家以集成推送式服务为特征的政务中心。一旦进入申报流程，所有相关单位立刻将“服务”打包，集中在为申报者定制的网页上操作，包括最新办件、常用事项、办事日历、资料柜等具体内容，申报者无须到中心门户网站查询，只要通过身份证或组织机构代码证认证即可进入个性化页面，并通过手机短信实现全程导引服务。

（6）全过程督查。先进的网络信息技术，使“市民之家”电子监察的范围不断延伸，功能更趋完备。系统对行政审批、公共资源交易、行政投诉、政务公开全过程，进行实时监察、提醒督办、预警纠错、红牌警告、异常数据分析和绩效考评，使行政监察工作从“柔性”转化为“刚性”，从事后监管转化为全方位监督。

2. 智慧交通示范——“翼出行”和智能停车

（1）“翼出行”。

“出行难”是目前全球城市发展急需解决的突出问题，利用信息化手段建设车联网以“疏堵保畅”是智慧城市建设的重要任务。从2012年开始，武汉市应用物联网、云计算、移动互联网等技术在市政府门户网站上推出“翼出行”服务，以缓解市民重点关注的“出行难”问题。

“翼出行”由武汉市公安交通管理局提供授权信源，通过武汉电信的技术整合，向市民全天候免费发布武汉市城区三环主次干道交通路况。市民可通过电脑屏、手机屏和电视屏等“三屏”，查看视频直播、文字路况、语音播报，也可自行采集路况视频并分享（见图12—9）。目前，“翼出行”已提供了市内40条主次干道的实时路况视频。

公众可登录武汉市人民政府门户网站或武汉热线下载客户端。ITV用户则可通过901、902两个直播频道查看实时直观的交通路况信息。移动及联通智能手机用户同样可在

图 12—9 武汉“翼出行”智能交通系统界面

“天翼空间”“安卓市场”“百度应用”下载使用。

（2）智能停车管理系统。

武汉市正在建设智能化路边停车管理系统。车辆只要进入路边车位，系统就可自动识别车号、车位，自动启动计时，自动核算应缴费用。工作人员持智能手持终端，录入收费信息、打印发票，能有效保障停车费真实上缴。市民还可通过这个系统查询停车空位，解决车位难找的困扰，提高道路通行效率。

3. 智慧食品安全示范——二维条码食品追溯系统

武汉中百集团股份有限公司是武汉市大型商业集团，中国商业上市公司，国家商务部重点培育的全国 20 家商业企业之一。目前，中百集团经营网点 674 家（含 140 家仓储超市、500 家便民超市），形成大型仓储超市辐射城乡、便民超市服务社区的经营格局，已成为以商业零售为主，百货店、仓储超市、便民超市等多种业态并存，涉足进出口贸易、电子商务、物流配送等领域的现代化企业集团。

武汉市利用二维条码物联网感知技术，在武汉中百仓储相关超市进行了食品/农产品质量安全追溯体系示范试点，建成以食品/农产品质量安全为主线的智慧超市，实现了食品/农产品“从农田到餐桌”的追溯模式，如图 12—10 所示。图中的物流链采用了物联网二维条码感知技术，实现了商品追溯信息和检测信息的互联网自动接入，进而解决了商品流通信息的自动实时采集和共享问题，使商品质量安全监管体系更加系统化、科学化，更好地服务于普通消费者、生产企业和相关职能监管机构。

二维条码食品追溯系统提供了多层全体系的食品/农产品的追溯方式，通过提取生产、加工、流通、消费等供应环节消费者关心的公共追溯要素，建立食品安全信息平台数据库和检测预警体系，一旦发现问题，就能够根据溯源进行有效的控制和召回，从源头上保障消费者的合法权益。

目前，食品质量安全信息追溯系统已经覆盖了全市 14 家中百仓储超市。2014 年，该公司还将稳定有序地在武汉市各大卖场推进食品质量安全信息追溯系统，追溯的范围将由原来的几十个品种扩展到更多品种。

4. 智慧社区示范——“武汉通”

武汉市将对武汉通卡、公交卡、社保卡、各类商业用卡等，进行统一的融合、梳

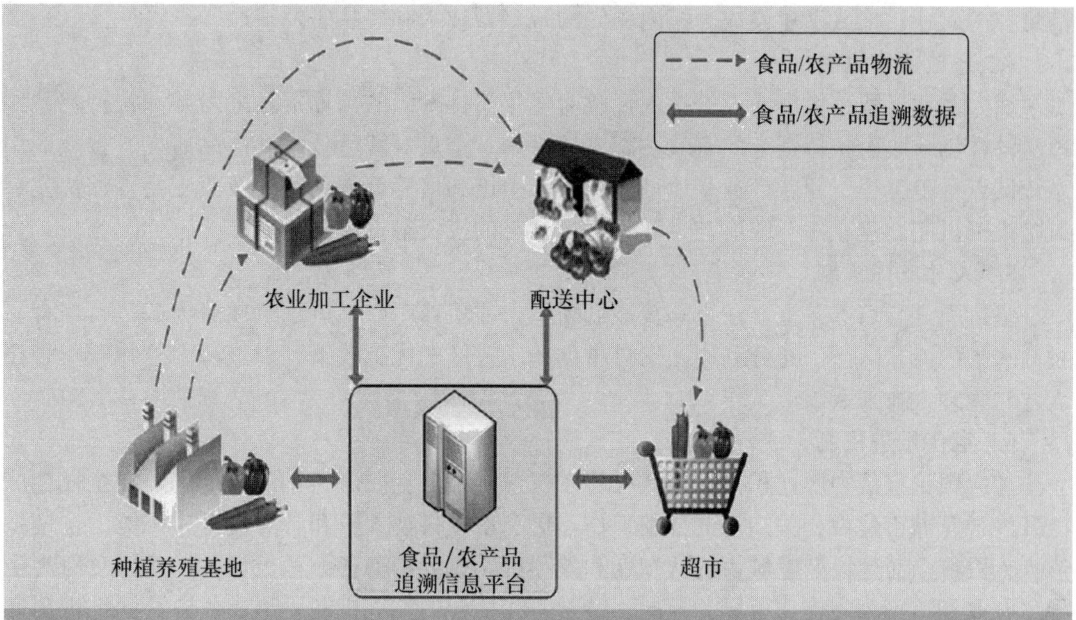

图 12—10　二维条码食品追溯系统架构示意图

理和管理，为行政服务系统提供统一的身份识别模式。通过一张“武汉通”，实现公汽、轮渡、地铁、机场、公路的通行支付及电影、电视、超市、药店的消费支付，提供医保、住房公积金、养老金等“五险一金”的办理、提取等多种服务。通过该卡与个人信用关联，建立社会诚信体系，形成一套覆盖全市多行业、多领域的应用体系和应用模式，实现“一城一卡，一卡通用”。

12.2.5　武汉市智慧城市建设的保障措施

智慧城市建设是一个复杂系统工程，涉及城市的农业、工业、商业、服务业、交通、医疗、教育、能源、环保等各方面，在智慧城市的建设过程中，必须加强组织协调、建立咨询评估、创新产业模式、构建开放合作机制、强化人才培养、推进宣传影响等。

1. 组织协调机制

武汉市成立智慧城市建设工作领导小组，由市长担任组长，负责智慧城市建设决策指导和协调，全面整合科技、发改、城建、电信、广电、交通、卫生等多部门力量，齐心协力推动智慧城市建设，形成领导小组牵头，全市各职能部门共同参与、齐抓共建的工作局面。

2. 咨询评估机制

成立智慧城市建设专家咨询委员会，加强对智慧城市建设的咨询指导，开展智慧城市发展战略与规划、各应用体系建设方案、标准与法规的研究制定等工作。

3. 技术创新机制

发挥武汉科教资源，推动“产学研”合作，突破关键技术，形成一批自主知识产权的核心技术和集成应用方案。加强与国内外知名 IT 企业和武汉物联网联盟、云计算产业联盟等深度合作，建立一批高起点、高水平的技术研发中心，聚集一批国内外知名的新一代信息技术人才，把武汉建设成为国内领先的智慧型技术和产品研发基地。

4. 开放合作机制

加大对武汉智慧城市建设的投入，政府每年安排专门的预算资金来引导和扶持智慧城市建设，创新政府扶持资金的有效动态支持机制，重点对智慧技术和产品研发、智慧应用系统试点示范工程、智慧产业基地创建、人才引进和培养等方面给予政策支持。加快完善风险投资机制，建立健全政府与企业等多方参与的投资融资体系。

5. 人才支撑机制

坚持引进与培养并重，注重高技能创新型人才培养，以推进示范项目为载体，培育一批高水平的人才队伍。充分利用国家自主创新示范区的优惠政策，引进海内外物联网科技人才和管理人才来武汉市工作。

6. 宣传推进机制

加大舆论宣传力度，积极宣传武汉建设智慧城市的重要意义和工作部署，在全社会广泛开展智慧城市建设相关知识的普及工作，提高市民科技素养和智慧技术应用能力，增强广大人民群众对建设智慧城市的认知度和参与度。充分调动各方积极性，构建以政府为主导、企业和市民为主体、市场为导向、产学研相结合的推进机制，形成各方共同推进智慧城市建设的强大合力。

12.2.6 武汉市智慧城市建设的初步成效

三年来，武汉市紧紧围绕提高城市运行效率、提升城市承载能力、为市民创造更美好的城市生活，大力推进智慧城市应用示范项目建设，并已在智慧政务、智慧交通、智慧旅游、智慧公安、智慧医疗等领域初显成效。

1. 智慧政务——市民之家

“市民之家”作为武汉智慧城市落地应用的核心枢纽，具有行政审批、公共资源交易、规划展示、综合政务、行政电子监察、中介及商务配套服务等六大功能。目前已有 66 个单位进驻，设立了 318 个窗口，可办理 426 个行政审批和公共服务事项。同全国其他副省级城市的市级政务服务中心相比，“市民之家”具有“规模最大、功能最全、进驻部门最多、审批流程最优、信息化集成水平最先进”等特点。

2. 智慧交通——基于 ETC 的智能停车管理系统

武汉 ETC 工程已在全市约 120 万辆汽车上加装了电子标签，覆盖规模和范围居全球之首。部分高校和社区已经建成的智能停车管理系统，不仅能让市民通过网站、手机、诱导屏等终端查询实时交通路况，还可以提供车位引导、反向寻车、车位预订等个性化服务，从而有效提高该区域停车泊位利用率，大幅降低汽车巡游时间和尾气排放，缓解区域停车难造成的交通拥堵问题。

3. 智慧旅游——智慧黄鹤楼、智慧磨山、智慧博物馆

武汉市将建成智慧黄鹤楼景区、智慧磨山景区、智慧武汉博物馆等三个示范项目。智慧旅游示范项目运用实景三维技术、3S 集成技术、移动互联网技术、物联网技术、智能感知技术和多媒体应用技术等多种高科技手段，通过搭建交通诱导、电子导游、游客体验、电子门票等系统，全面提升景区的游客体验和管理水平，形成武汉智慧旅游综合服务示范。

4. 智慧公安——城市视频监控系统

武汉市目前已基本建成覆盖全市主城区的视频监控网络，铺设完成了 25 万个监控探头，平均每平方公里的“探头”数目超过 500 个。通过搭建视频监控管理平台、监控中心、前端监控、车牌识别、可视化指挥等 10 个应用子系统，武汉市治安防控能力和城市综合管理水平得到了显著提高。自 2011 年以来，该系统在侦破案件、震慑犯罪上的作用越来越明显，年均破案率上升 17%，命案发生率降低到原来的 1/3，命案破案率达到 98.7%，居全国第二。

5. 智慧医疗——市中心医院智慧医疗试点项目

武汉市中心医院引入物联网、三网融合、移动宽带互联网等新理念和新技术，充分整合、延伸并拓展医院现有信息化系统，以打造“智慧医疗”为目标，创新医疗服务模式，在系统集成、病人服务模式、移动医疗服务和电子病历等系统建设上做出了一些新的尝试和突破，实现了基于三网融合的病房多媒体信息自助服务、移动查房、无线网络监控、医疗物联网示范应用、院内一卡通等多种应用创新，并尝试开展医疗云计算平台建设。

12.2.7　武汉市智慧城市建设的启示

从武汉智慧城市的规划方案和建设实践来看，其主要特色是从“顶层设计、示范突破”两个层面推进工作，以加快产业经济发展和提升市民幸福指数为目标，以智慧应用为导向，以运行机制为保障，以智慧产业为支撑，通过智慧城市的建设，大力提高城市管理及服务的智慧化水平。武汉智慧城市建设的启示如下：

(1) 在理念上，不仅要注意核心技术的研发，还应注重城市功能提升。智慧城市是一个信息技术高度集成的系统，包括信息处理、大数据存储、数据挖掘、云计算、物联网等方方面面，有些技术尚未完全掌握，仍然需要加大研发力度。但在抢占技术制高点的同时，应注重城市功能的提升，在智慧城市应用上要注重能源的节约、交通的便利、城市的宜居、市民可感知性等方面。

(2) 在实施上，不仅要关注技术创新，更应注重技术在行业的应用、资源的整合和共享。加快引进和培育智慧产业的优势企业，完善产业链建设，培育一批具有持续创新能力的智慧产业集群。重点关注融合物流和信息技术的智能物流产业、融合服务民生和城市管理为一体的现代服务业、新材料新能源等低碳能源产业以及高端装备制造业。

(3) 在运行上，要坚持全市统筹、分步实施、市场运作、提升功能。不管武汉智慧城市应用在哪个方面，都应当由一个部门统一安排。同时由于智慧城市是一个复杂的系统工程，不可能一蹴而就，所以应当有重点地分步实施，先主后次，循序渐进。智慧城市要想得到可持续发展，最终还是要依靠市场。应采用市场化运作，公司化运营，引入竞争机制，以企业为主体来实现城市功能的提升。

(4) 在示范上，要重点考虑实现数据互联、共享、协同的解决方案。各部门智慧城市应用在统一规划下进行的同时，各种数据应当能够共享和互联，而共享和互联的关键点是数据协同的解决方式。为促进城市功能提升，在技术创新和应用的同时，各部门要能够将自己的数据库进行共享。

（5）在安全上，要高度重视大数据信息安全，采取得力措施，防止各类信息被窃取和泄露。构建安全的智慧城市，掌控智慧城市核心安全，是武汉市智慧城市建设的重要内容。要建立积极主动、纵深防御、技术领先、以人为本的信息安全防护与管控体系，提升突发事件下的信息安全应急响应能力，确保城市基础设施的稳定运行与安全可靠。

本章小结

案例1介绍了行政审批制度改革中的“吉林模式”——吉林省政务大厅相对集中行政审批模式的实践探索，主要介绍了其相对领先的相对集中审批模式以及所积累的改革成果和经验。案例2介绍了国内较早探索智慧城市建设的武汉市的实践做法，着重介绍了武汉市智慧城市的建设内容与重点示范应用，并分析了其建设成效与经验启示。

复习思考题

1. 与国内其他省级行政服务中心相比，“吉林模式”的主要特征是什么？
2. 在新一届政府大力推进行政审批制度改革背景下，吉林省政务大厅应如何通过体制机制创新全面落实改革任务？
3. 根据路径依赖理论，吉林省政务大厅要实现由相对集中审批模式和“一站式”办公方式向审批模式和网上行政审批的迈进，应选择何种改革路径？
4. 如何理解城市产业发展、社会管理与公共服务在智慧城市中的角色？三者的相互关系如何？
5. 智慧城市与城市信息化、数字城市、智能城市有何联系及区别？
6. 国内在短短几年内就有200多个城市提出了智慧城市建设计划，然而这些智慧城市建设也出现了一些问题。你认为当前我国智慧城市建设存在哪些突出问题？如何解决这些问题？
7. 请从政府的立场或公共管理创新的视角提出我国智慧城市发展战略的建议。

参考文献

1. 李卫忠．智慧武汉，和谐宜居．中国信息界，2013（6）
2. 张毅，陈友福．智慧城市的价值分析．电子政务，2012（10）
3. 张锐昕，张学华主编．走向集中审批——吉林省政务大厅建设的研究与实践．北京：党建读物出版社，2011
4. 谷苏．国外行政审批制度改革对我国的启示．四川教育学院学报，2009（3）
5. 李莲．美日行政审批制度改革的经验借鉴．商业经济，2008（11）
6. 段龙飞．机制创新与我国行政服务中心建设研究．中国行政管理．2008（6）
7. 贾涛，陈翔．国外一站式政府服务机构建设的做法及对我国的启示．中国行政管理，2007（5）

8. ［美］安东尼·唐斯. 官僚制内幕. 北京：中国人民大学出版社，2006

9. ［英］安德鲁·海伍德. 政治学. 北京：中国人民大学出版社，2006

10. 吴爱明，孙垂江. 我国公共行政服务中心的困境与发展. 中国行政管理，2004（9）

11. 王曙光. 转轨经济的路径选择：渐进式变迁与激进主义. 马克思主义与现实，2002（6）

12. ［美］盖伊·彼得斯. 政府未来的治理模式. 北京：中国人民大学出版社，2001

13. 张成福. 面向 21 世纪的中国政府再造：基本战略的选择. 教学与研究，1999（7）

14. 严强. 新时期制度创新的方式、战略与策略. 南京大学学报，1999（1）

15. 张国庆编著. 行政管理中的组织、人事与决策. 北京：北京大学出版社，1997

16. ［美］詹姆斯·M·布坎南. 自由、市场与国家. 上海：上海三联书店，1989

17. 梁建东，魏丽艳. 我国政府审批制度改革的理念追寻. 福建经济管理干部学院学报，2003（1）

18. Geraldine Fraser-Moleketi，Demetrios Argyriades. Good Democratic Governance with Government：Scope，Objectives and Significance－A New Paradigm Shift. *International Institute of Administrative Sciences*，2009

19. Darrell M. West. *Digital Government*：*Technology and Public Sector Performance*. New Jersey：Princeton University Press，2005

20. 食品质量安全信息追溯——武汉中百超市项目方案介绍. http://news.xinhuanet.com/info/2014-01/15/c_133047637.htm，2014-01-15

21. 智慧武汉：探寻未来城市发展之路. http://www.digitalchina.com/zhcszzg201309/z24.html，2013-07-23

22. 陈菲. 最高法出台《审理行政许可案件若干问题的规定》. http://www.china.com.cn/news/law/2010-01/04/content_19172493.htm，2010-01-04

后　记

本书为普通高等教育“十一五”国家级规划教材，由吉林大学行政学院电子政务系博士生导师、澳门理工学院社会经济与公共政策研究所访问教授张锐昕担任主编，并由17所高校和科研单位中从事公共管理、计算机和电子政务教学与科研工作的专家学者合作编写完成。

主编张锐昕负责本书的策划、组织工作，并负责统稿和审稿。苏州大学金太军，清华大学孟庆国，北京大学杨雅辉，华东理工大学朱琳，中国人事科学研究院杨国栋，山东大学曹现强，大连民族大学高静学，大连理工大学李鹏，吉林建筑大学李健，吉林大学于秀峰，南开大学徐晓日，东北大学陈德权，华南理工大学刘红波，深圳大学郑维东，吉林大学赫亮、于跃和张玉春，辽宁省委党校秦浩，华中科技大学张毅等专家学者（名次按写作章节顺序排列）承担了本书的编写任务。具体分工如下：

金太军：第1章

张锐昕：前言、第2章

孟庆国：第3章

杨雅辉：第4章4.1～4.8

朱琳：第4章4.9

杨国栋、张锐昕：第5章

曹现强：第6章6.1和6.3

高静学：第6章6.2和6.4

李鹏、李健、张锐昕：第7章

于秀峰、徐晓日：第8章

陈德权：第9章

刘红波、郑维东：第10章

赫亮、于跃：第 11 章 11.1～11.4

张玉春：第 11 章 11.5

秦浩、张锐昕：第 12 章 12.1

张毅：第 12 章 12.2

在本书编写和付梓过程中，得到了各方面的大力支持和鼎力相助，他们是：

中国人民大学出版社朱海燕、徐小玲等编辑提供了细心周到的编审服务，并提出了许多建设性意见，为本书的顺利出版做出了重要贡献。

所有作者在写作过程中表现出极强的协作精神、互助共享的优良品质和联合攻关的能力，使本书以理论系统、知识前沿、资料丰富、文理综合和理论与实践有机结合见长，在电子政府理论框架建构和电子政务实践发展研究方面有许多突破性进展。

美国著名学者、麻省大学国家数字政府研究中心主任简・E・芳汀（Jane E. Fountain）教授不仅为本书推荐了多本参考书籍，还多次与主编就一些理论问题进行细致探讨，给予了有益启示。

美国麻省大学阿姆斯特分校图书馆丰富的电子政府和数字政府研究资源为作者们开阔学术视野及跟踪前沿成果提供了帮助。

吉林大学行政学院电子政务系的博士研究生崔凤生和硕士研究生李汝鹏、宋晓娟、王泽宇、王斯妤、潘静祎参与了本书的校稿工作。

主编对上述人士在工作中所表现出的严谨、认真的治学态度和刻苦钻研的敬业精神怀有深深敬意，并对他们所付出的艰苦努力和倾力支持致以诚挚谢意。希望各位作者今后能继续携手合作，为我国的电子政府理论构建和电子政务实践发展做出更大贡献。

主编

人大版公共管理类教材

公共管理类专业教材——学科基础课教材

书名	作者
现代管理学原理（第三版）（“十一五”国家级规划教材）	娄成武　魏淑艳
一般管理学原理（第四版）	张康之　周　军
管理学基础（第三版）	方振邦
管理学教程	方振邦
政治学原理（第三版）	景跃进　张小劲
现代政治学原理（第四版）	石永义　刘玉萼　张　璋
政治学教程	舒　放　刘琼莲
公共管理学（第二版）	陈振明
公共管理学——一种不同于传统行政学的研究途径（第二版）	陈振明
公共管理学（第二版）（“十二五”国家级规划教材）	蔡立辉　王乐夫
公共管理学（精编版）	王乐夫　蔡立辉
公共管理学（第二版）	张康之　郑家昊
公共管理概论（第二版）	朱立言　谢　明
公共管理学概论	曹现强　王佃利
公共管理学导引与案例（第二版）	王丛虎
公共管理案例	中国人民大学公共管理学院
公共政策导论（第五版）（数字教材版）	谢　明
公共政策概论（第二版）	谢　明
公共政策学——政策分析的理论、方法和技术（“十一五”国家级规划教材）	陈振明
公共政策学	杨宏山
政策科学——公共政策分析导论（第二版）	陈振明
公共政策学导引与案例	陈季修
公共政策案例	中国人民大学公共管理学院
公共经济学（第三版）（“十二五”国家级规划教材）	高培勇
公共经济学教程	秦立建
政府经济学（第四版）（“十一五”国家级规划教材）	郭小聪
政府经济学（第四版）	潘明星　韩丽华

公共管理类专业教材——方法课教材

书名	作者
行政学研究方法与应用案例	萧鸣政
管理定量分析：方法与技术（第二版）	刘兰剑　李　玲
公共管理的方法与技术（第二版）	魏　娜
公共管理实用分析方法	汪明生　胡象明

公共管理类专业教材——行政管理、公共事业管理专业教材

书名	作者
行政法学导论	姜晓萍
行政法学	朱新立　唐明良　李春燕
公共部门人力资源管理（第四版）	孙柏瑛　祁凡骅
公共部门人力资源开发与管理（第五版）（“十二五”国家级规划教材）	孙柏瑛　祁凡骅
公共部门人力资源开发与管理（第三版）	孙柏瑛
公共部门人力资源管理（第三版）	滕玉成　于　萍
公共部门人力资源管理	方振邦

书名	作者
公共部门人力资源管理概论	方振邦
公共部门人力资源管理案例	周均旭
公共人事制度	刘俊生
行政管理学（第五版）	郭小聪
公共行政学（第五版）	彭和平
公共行政学	张康之　张乾友
行政学导论（第三版）	齐明山
行政管理学导引与案例	陈季修
管理心理学（第二版）	范逢春
公共组织行为学（第三版）（“十一五”国家级规划教材）	孙　萍　张　平
公共组织学（第三版）	李传军
行政组织学（第二版）	张　昕　李　泉
公共组织理论	陆明远　冯　楠
公共事业管理概论（第三版）	朱仁显
公共事业管理概论（“十一五”国家级规划教材）	娄成武　李　坚
公共组织财务管理（第三版）（“十一五”国家级规划教材）	王为民
国家公务员制度（第四版）（数字教材版）（“十二五”国家级规划教材）	舒　放　王克良
国家公务员制度概论（第二版）	刘碧强　郗永勤
公务员制度概论	李如海
公务员制度导论	孙德超
行政领导学（第三版）	朱立言　李国梁
领导学（第五版）	邱霈恩
领导学	王自亮
领导学：理念、行为与艺术	祁凡骅
领导学	孙　健
现代市政学（第四版）（数字教材版）	王佃利　张莉萍　高　原
市政管理学（第四版）（“十一五”国家级规划教材）	杨宏山
市政学导引与案例（第二版）	李燕凌
社区管理（第三版）	汪大海　魏　娜　郇建立
社区管理原理与案例	魏　娜
电子政务教程（第三版）（“十一五”国家级规划教材）	赵国俊
电子政府与电子政务（第二版）（“十一五”国家级规划教材）	张锐昕
电子政府概论（第二版）	张锐昕
管理信息系统	张维明　黄金才
行政伦理学教程（第三版）（“十二五”国家级规划教材）	张康之　李传军
公共危机管理导论（“十一五”国家级规划教材）	肖鹏军
公共危机管理概论（第二版）	王宏伟
公共危机管理	唐　钧
公共危机与应急管理：原理与案例	王宏伟
行政决策学	许文惠　张成福　孙柏瑛
非营利组织管理	吴东民　等
非营利组织管理（第二版）	康晓光
非营利组织管理导引与案例	崔向华　张　婷
当代中国政府与政治	景跃进　陈明明　肖　滨
当代中国政府与行政（第三版）	魏　娜　吴爱明
当代中国政府（第二版）（“十一五”国家级规划教材）	吴爱明
地方政府学概论（第二版）	方　雷
地方政府管理（第二版）	陈瑞莲　张紧跟
管理秘书实务（第三版）	赵锁龙
行政秘书学	唐　钧
公文写作与处理	赵国俊
机关管理的原理与方法（第三版）	赵国俊　陈幽泓

书名	作者
公共部门绩效管理	方振邦
政府绩效管理	方振邦　葛蕾蕾
政府绩效评估	蔡立辉
公共关系概论（第二版）	邹正方
政府公共关系（第二版）（“十一五”国家级规划教材）	廖为建　张　宁
社会管理	汪大海
社会管理——理论、实践与案例	陈振明
西方行政学理论概要（第二版）（“十一五”国家级规划教材）	丁　煌
公共行政学史	何艳玲
公共行政学经典理论导引与案例	付小均
西方公共管理名著导读	汪大海
管理思想史教程	方振邦　葛蕾蕾
文化管理学（第三版）（“十二五”国家级规划教材）	孙　萍
文化创意产业导论	魏鹏举
卫生事业管理（第二版）（“十一五”国家级规划教材）	李　鲁
教育经济与管理（第二版）（“十一五”国家级规划教材）	娄成武　史万兵
现代公用事业管理	崔运武

公共管理类专业教材——劳动与社会保障专业教材

书名	作者
社会保障概论（第六版）（数字教材版）（教育部推荐教材）	孙光德　董克用
社会保障管理（“十一五”国家级规划教材）	邓大松　刘昌平
劳动经济学（“十一五”国家级规划教材）	董克用　刘　昕
劳动法与社会保障法	黎建飞　李　静
人力资源管理	彭剑锋
社会保险学（第三版）	孙树菡　朱丽敏
社会保障基金管理	李春根
社会保险精算原理与实务	王晓军
社会保障国际比较	仇雨临
国际社会保障制度教程	穆怀中
员工福利概论（第二版）（“十一五”国家级规划教材）	仇雨临
医疗保障	王虎峰

公共管理类专业教材——土地资源管理专业教材

书名	作者
土地经济学（第八版）（“十一五”国家级规划教材）	毕宝德
土地法学（中国人民大学“十三五”规划教材）	严金明
土地法学	王守智　吴春岐
土地科学导论	叶剑平
土地资源管理学	张正峰
国土空间规划学	张占录　张正峰
土地利用规划学	张占录　张正峰
不动产估价（第二版）（“十一五”国家级规划教材）	叶剑平　曲卫东
土地信息系统	曲卫东　韩　琼
地籍管理（第五版）（“十一五”国家级规划教材）	谭　峻　林增杰

公共管理类专业教材——城市管理专业教材

书名	作者
城市管理学（第三版）	杨宏山

书名	作者
城市管理法	王丛虎
城市总体规划原理	郐艳丽　田　莉

公共管理硕士（MPA）教材——核心课教材

书名	作者
全国公共管理硕士（MPA）核心课程教学指导纲要	全国公共管理专业学位研究生教育指导委员会
社会主义建设理论与实践（第三版）	李景治　蒲国良
公共管理英语（修订版）	顾建光
公共管理学（第三版）	张成福　党秀云
公共管理学原理（修订版）	陈振明
公共管理导论	竺乾威　朱春奎　李瑞昌
公共政策分析	陈振明
公共政策分析导论	陈振明
公共政策分析概论（修订版）	谢　明
政治学：基本理论与中国视角	任剑涛
公共部门经济学（第三版）	高培勇　崔　军
公共经济学	唐任伍
行政法学（修订版）	皮纯协　张成福
行政法学概论（第三版）	胡锦光
非营利组织管理概论（修订版）	王　名
非营利组织管理	王　名　王　超
公共管理伦理学（修订版）	张康之
社会研究方法	陈振明
定量分析方法（第三版）	谭跃进
电子政务理论与方法（第五版）	金江军
电子政务	吴爱明　何　滨
公文写作概论	高永贵
信息技术及其应用（第三版）	张维明

公共管理硕士（MPA）教材——专业方向必修课、选修课教材

书名	作者
公务员制度教程（第六版）	舒　放　王克良
比较政府与政治（修订版）	卓　越
当代中国政府与政治（第三版）	吴爱明　朱国斌　林　震
公共部门人力资源管理及案例教程（第三版）	陈天祥
领导学	祁凡骅　刘　颖
领导学教程	常　健
领导理论与实践	邱霈恩
西方公共行政管理理论精要	丁　煌
社会管理概论	唐　钧
公共部门绩效评估（修订版）	卓　越
公共危机管理（修订版）	王宏伟
公共部门危机管理（第三版）	张小明
公共部门战略管理（修订版）	陈振明
城市管理理论与实务	杨宏山
公共冲突管理	常　健
MPA 学位论文写作指南	汪大海

图书在版编目（CIP）数据

电子政府与电子政务/张锐昕主编. —2 版. —北京：中国人民大学出版社，2016.8
新编 21 世纪公共管理系列教材 普通高等教育“十一五”国家级规划教材 国家级精品课程教材
ISBN 978-7-300-23109-9

Ⅰ.①电… Ⅱ.①张… Ⅲ.①电子政务-高等学校-教材 Ⅳ.①D035.1-39

中国版本图书馆 CIP 数据核字（2016）第 163732 号

普通高等教育“十一五”国家级规划教材
国家级精品课程教材
新编 21 世纪公共管理系列教材
电子政府与电子政务（第二版）
张锐昕 主编
Dianzi Zhengfu yu Dianzi Zhengwu

出版发行 中国人民大学出版社
社　　址 北京中关村大街 31 号　　**邮政编码** 100080
电　　话 010－62511242（总编室）　　010－62511770（质管部）
010－82501766（邮购部）　　010－62514148（门市部）
010－62515195（发行公司）　　010－62515275（盗版举报）
网　　址 http://www.crup.com.cn
经　　销 新华书店
印　　刷 北京七色印务有限公司
规　　格 185 mm×260 mm 16 开本
印　　张 23.5
字　　数 531 000
版　　次 2011 年 1 月第 1 版
2016 年 8 月第 2 版
印　　次 2021 年 4 月第 5 次印刷
定　　价 42.00 元

教学支持说明

（教学课件）

中国人民大学出版社政治与公共管理出版分社秉承“出教材学术精品，育人文社科英才”的出版宗旨，多年来，出版了大批高质量的公共管理、教育学、政治学、政治理论公共课教材和学术著作。

我们为本教材制作了相应的 PPT 教学课件，任何一位采用本书作为授课教材的教师均可免费获得该课件。为了确保该课件仅为授课教师获得，烦请您填写如下材料，并将相关信息通过 E-mail 发送给我们，我们将在收到相关信息后通过 E-mail 给您发送该课件。欢迎您加入我们的 QQ 群（全国政管教师交流群，群号为 236159213），或登录我分社官方网站（www.crup.com.cn），注册并认证成为教师会员，以获得更好的服务。

我们的联系方式：

地址：（100872）北京市中关村大街甲 59 号文化大厦 1202 室

中国人民大学出版社政治与公共管理出版分社

电话：（010） 82502724　62514775（传真）

E-mail：ggglcbfs@vip.163.com

QQ 群：236159213

兹证明__________大学/学院__________院/系__________专业__________学年第__________学期开设的__________课程，采用中国人民大学出版社出版的____________________（书名、作者）作为本课程教材。授课教师为__________，授课班级共______个、学生______人。授课教师需要与本书配套的教学课件。

联 系 人：____________________

通信地址：____________________

邮　　编：____________________

电　　话：____________________

E-mail：____________________

系/院主任：__________（签字）

（系/院办公室章）

______年____月____日